JN093332

大学入試問題問題シリーズ3

絶対に解けない
受験世界史3
悪問・難問
奇問・出題ミス集

稲田義智

パブリブ

2

■■■序文■■■

　『絶対に解けない受験世界史』シリーズも3冊目となった。前巻・前々巻からの読者には感謝申し上げたい。しかし，前巻を出版した頃は早大・上智大などの難関私大を中心に悪問の数が減少していて，社会的なインパクトも大きかったように思われるが，継続して活動しているからこそ「喉元過ぎれば」という状況なのか，近年はまたしても悪問の数が増えてきているように思われる。一方で，大学の側もあのような悪問を生む状況を絶対的に回避したいのか，入試で世界史を課す日程が減少するという現象も起きている。なぜこの2017〜2020年に集中したか，大学側が挙げる理由としてはセンター試験が2020年を最後に廃止となり，2021年からは大学入学共通テストに切り替わるからというものであった。特に2020年を最後に上智大がほとんどの日程で，早稲田大が政経学部と国際教養学部で入試科目を大きく変更して世界史を扱わなくなったのは大きなトピックであった。本企画で収録されることは無かったが，国立大でも和歌山大・埼玉大・福井大など伝統的に二次試験で世界史を課してきた大学が次々と廃止している。世界史，というよりも地歴公民はどんどん入試科目として軽視されていく流れかと思われるが，だからこそ残す大学には良質な出題を期待したい。

　以下は前著にも書いた内容であるが，繰り返しておきたい。なぜ出題ミスや悪問が許されないかと言えば，端的に言って公正さを欠くからである。より具体的に言えば受験生の努力を無に帰す行為である。作題者の大学研究者からすると単なる厄介な年次行事でも，受験生からすると一生のかかった大事な試験だ。無論，「大学入試が人生の全てではない」のだが，それとこれとは別の命題であり，一生がかかっていることには違いない。問題を解くことに膨大な勉強時間を費やしてきたからこそ，どうがんばっても解けない問題を出すのは出題側の不始末であり，指定した範囲から逸脱するのも，ルール違反だ。範囲に関しては明確なルールが存在しないとはいえ，「高校生として必要な知識・教養を問う」というのが大学と受験生の間の紳士協定であろう。

　また，多くの悪問は知的怠惰と傲慢さから生じているものであり，避けがたいケアレスミスではない。ここは非常に重要なところで，前者と後者には天と地ほど開きがある。作題者も人間であるから，どれだけ注意をしていてもミスを起こすことはある。そのためにクロスチェックをするであろうが，複数の人間が見落とすことも稀にある。そういった場合にはミスの存在を発表し，適切な措置をとれば，責任は相当に軽くなる話なのである。少なくとも私はなんら糾弾しないし，私自身しばしば誤字脱字を起こすのでむしろ同情したくなる。

　しかし，実際に解いて分析してみると，出題ミスや悪問は，単純な怠惰と傲慢さから生まれたとしか思えないものがほとんどである。課すべき出題範囲を把握しておらず，歴史の問題ではあるが，明らかに高校世界史の範囲を逸脱した出題をする。結果，紳士協定は守られない。また，クロスチェックを通していないとしか思えないほど独りよがりな問題を作り，しかもミスを出したところで発表も訂正もしないで，スルーしようとする大学さえある。はっきりと言ってしまえば教育研究機関としてあるまじき態度であり，知的怠惰と傲慢と言われても仕方がない。その実態は案外と知られていないのではないか。センセーショナルに一部の弩級の悪問だけが騒がれ，それ以外は無視されているのではないか。むしろ問題は，センセーショナルではない程度の悪問が跋扈していることだ。こうした現状は，暴露されなければなるまい。

本書の目的

　本書の目的はいくつかある。

1．入試世界史の一部大学に見られる，杜撰な作問を明らかにし，糾弾すること。特に，有名大学・難関大学にあぐらをかいている方々の知的怠惰の暴露を最大の目的とする。

2．真摯に作られた問題でも，出題ミスになることはある。そこで，出題ミスを集めることで，出題ミスの出やすい傾向を分析する材料として世の中に提供する。

3．単純に，バカバカしい入試問題をエンターテイメントとして笑い飛ばし，当時の受験生たちの無念を供養することにする。

4．受験世界史範囲外の超難問を収録することで，受験生および一般の歴
史好きに対する挑戦状とする。なお，本書を参考書として用いた結果と
して落ちても著者は責任を取りません。

　本書の目的として注記しておくこととして，現行の大学入試制度の批判
は目的としていない。要するに「世界史という科目自体の存在意義」ひい
ては「知識を問う筆記試験という問題形式自体の存在意義」に関する議論
は，本書ではしない。それは私の手に余る議論だ。本書はあくまで，「現
行の世界史という試験として，糾弾されるべきもの・笑えるもの・特異な
ものを記録として収集し，分析する」ことだけに特化している。また，本
書は調査範囲を近年に限っているため，遠い過去の伝説的な過去問はほぼ
収録してない。この点はご了承いただければ著者として幸いである。

収録の基準と分類
　悪問というものを考えるとき，反対に言って良問・標準的な問題とは何
だろうか。私は以下のように定義する。そしてここから外れたものを悪問
として扱う。

・世界史という科目の都合上，歴史的な事象ないしそれに関連する地名等
　を問うもの。
・大学入試という形式上，最低限どれかしらの高校生向け検定教科書に記
　載がある内容を範囲とするもの。これを逸脱するものは完全なルール違
　反である。
・また，現実的に考えて受験生が販路の限られた教科書の全種類に触れる
　ことは不可能であり他科目への圧迫となるため，可能な限り半分以上の
　教科書に記載がある内容を範囲とするもの。
・歴史的知識及び一般常識から，「明確に」判断を下せるもの。作題者の
　心情を読み取らせるものは世界史の問題ではなく，現代文の試験として
　も悪問である。

　以上の条件から外れたものは，悪問として扱えるだろう。しかし，この
緩い判定では，あまりにも多くの問題が引っかかってしまうのが現状であ

る。よって，さらにここからさらに厳しい条件を課しつつ，以下のように
分類してリストアップすることとした。

出題ミス：どこをどうあがいても言い訳できない問題。解答不能，もしく
　　　　　は複数正解が認められるもの。
悪問：厳格に言えば出題ミスとみなしうる，国語的にしか解答が出せない
　　　問題。
奇問：出題の意図が見えない，ないし意図は見えるが空回りしている問題。
　　　主に，歴史的知識及び一般常識から解答が導き出せないもの。
難問：一応歴史の問題ではあるが，受験世界史の範囲を大きく逸脱し，一
　　　般の受験生には根拠ある解答がおおよそ不可能な問題。

　補足説明として。**出題ミス**は「完全に解けないこと」が条件。少しでも
解けそうならば**悪問**に分類した。難問・奇問の判定基準であるが，基本的
に「山川出版社から刊行されている『世界史 (B) 用語集』（以下カギカッ
コ無しに用語集と記載）に記載がないもの」は難問・奇問とした。もう少
し説明すると，用語集とは高校世界史Bとして検定を突破した教科書に
記載されている歴史用語を網羅的に収録した辞書のようなものである。網
羅的に収録しているため，この用語集に収録されていないということはど
の教科書を見ても載っていないと言ってもまず問題ない。つまり，範囲外
である。このうち，一応ジャンル的には歴史になりそうなものは**難問**，そ
もそもジャンルが歴史ではないものは**奇問**とした。

　……という運用で 2014 年頃までは問題なかったのだが，用語集は 2014
年 10 月に新課程の版に改訂された際に，用語の大幅なリストラを行って
約 20％をカットした（収録用語が約 7000 語から約 5600 語になった）。これ
は検定教科書の冊数が 11 冊から 7 冊に減少した影響もあるが，「編者で
ある全国歴史教育研究協議会が不要と判断した用語は教科書に記載されて
いても収録しない」という新たな方針を採用したという点も大きく影響し
ており，結果的に用語集の網羅性はかなり下がっている。ゆえに，2014
年 10 月以降の版では「用語集には記載がないが，教科書のうちいずれか
に記載がある」という現象がそれなりに見られるようになってしまい，以

前より高校世界史範囲内・外の判定が困難になった。一応，用語集に記載がないがいずれかの教科書には記載があるという用語に遭遇した場合，掲載されている教科書のシェアや，常識的に考えて通常の受験勉強で覚える用語かどうか等の観点から総合的に検討して判定した。また，用語集に記載されていても，普通は覚えないもの・覚えようとは考えないものが出題されていた場合は，難問として収録した。そこは実際に解く上での難易度を勘案して柔軟に運用したつもりである。よって，本書には「そりゃ載ってはいるけどさぁ……」という類の超難問がいくつか収録されているので，腕に覚えのある方は範囲外の問題とともにチャレンジしてみてほしい。また，分類：難問については，用語集に載っていないものを完全に機械的に収録したため，いくつか良問も含まれている。この種別については収録即悪質というわけではないことを注記しておく。

　もう一つ，用語集の説明として。用語集では，収録された用語の横には丸数字がついており，これが検定教科書に載っていた数を示している。たとえば「シュメール人⑦」であれば，7冊の教科書に「シュメール人」という記載があることを示す。なお，7冊というのは最大数であり，シュメール人は全ての教科書に載っているということがわかる。逆に「フルリ人①」は7冊中1冊にしか記載がない。ここからシュメール人はメジャーな用語，フルリ人はマイナーということがわかる。以後，この丸数字は特に注記がない限り用語集頻度を示す数字として扱う。その他，図版や地図を使った問題については，手持ちの何冊かの資料集を見て掲載があるかないか，また私の判断で知名度を勘案し，範囲内・外を判断した。一般的な認識とずれている可能性が無くはないので，この点もご了承いただきたい。

　最後に，入試問題については，現物の入手が可能だったものについては現物を参照した。しかし，実際にはほとんど不可能だったので，ほぼ旺文社の『入試問題正解』といわゆる『赤本』，主要予備校の解答速報を参照した。難問・悪問になってくると各予備校・参考書の解答が割れているものもあって，おもしろい。そこも注目していただければと思う。これらの書誌情報については以下の通り。

[主要な参考文献一覧]

通称『入試問題正解』(本文では『入試問題正解』と表記)

『2018 年受験用 全国大学入試問題正解 世界史』旺文社, 2017 年。

『2019 年受験用 全国大学入試問題正解 世界史』旺文社, 2018 年。

『2020 年受験用 全国大学入試問題正解 世界史』旺文社, 2019 年。

『2021 年受験用 全国大学入試問題正解 世界史』旺文社, 2020 年。

通称『大学入試シリーズ』(本文では『赤本』と表記)

『早稲田大学(法学部)(2021 年版 大学入試シリーズ)』教学社, 2020 年。

『早稲田大学 (政治経済学部) (2021 年版 大学入試シリーズ)』教学社, 2020 年。

『早稲田大学(商学部)(2021 年版 大学入試シリーズ)』教学社, 2020 年。

『早稲田大学 (社会科学部) (2021 年版 大学入試シリーズ)』教学社, 2020 年。

『早稲田大学(文学部)(2021 年版 大学入試シリーズ)』教学社, 2020 年。

『早稲田大学 (文化構想学部) (2021 年版 大学入試シリーズ)』教学社, 2020 年。

『早稲田大学 (教育学部 (文科系)) (2021 年版 大学入試シリーズ)』教学社, 2020 年。

『早稲田大学 (人間科学部) (2021 年版 大学入試シリーズ)』教学社, 2020 年。

『早稲田大学 (国際教養学部) (2021 年版 大学入試シリーズ)』教学社, 2020 年。

『慶應義塾大学 (法学部) (2021 年版 大学入試シリーズ)』教学社, 2020 年。

『慶應義塾大学 (経済学部) (2021 年版 大学入試シリーズ)』教学社, 2020 年。

『慶應義塾大学 (文学部) (2021 年版 大学入試シリーズ)』教学社, 2020 年。

『慶應義塾大学 (商学部) (2021 年版 大学入試シリーズ)』教学社, 2020 年。

以下，入試問題を収録した大学については，収録された巻を参照した。

解答速報各予備校 URL

河合塾　http://www.kawai-juku.ac.jp/

駿台予備学校　http://www.sundai.ac.jp/

代々木ゼミナール　http://www.yozemi.ac.jp/

東進ハイスクール・衛星予備校　http://www.toshin.com/index.php

早稲田予備校　http://www.waseyobi.co.jp/index.html

増田塾　https://masudajuku.jp/

※　このうち，全大学の入試解答を出しているのは東進のみ。ただし，早慶上智等
　の難関大学以外は「速報」ではなく，かなり遅れてから解答が発表される。しか
　も会員制であり，かつ解答の精度は正直に言って低い。三大予備校はさすがに解
　答の正確性がどこも高い。頼りになるのが代ゼミ・駿台で，分析がしっかりして
　いる。河合塾は速報が出るのがやや遅い点と，分析があっさりしている点で，他
　社よりも力が入っていない印象。しかし，河合塾の大きな特徴として，他の予備
　校は1年分しか掲載していないのに対し，ここは過去二年分（東大・京大・セン
　ター・共通テストに限れば10年分！）掲載があり，この点ではとても重宝する。
　早稲田予備校は名前の通り，早稲田のみ。増田塾は私大文系専門塾で，解答速
　報も早慶とMARCH等の難関私大中心である。増田塾は解説が丁寧だが，発表
　が入試日から4〜6日後であるので「速報」とは言いがたいという欠点がある。

教科書

『詳説世界史B　改訂版』山川出版社，2019年。

『新世界史B　改訂版』山川出版社，2019年。

『世界史B』東京書籍，2019年。

『世界史B　新訂版』実教出版，2019年。

『新詳世界史B』帝国書院，2019年。

参考書

『世界史用語集　改訂版』全国歴史教育研究協議会編，山川出版社，
2018年刊行，2019年・2020年各版。

『山川　詳説世界史図録　第2版』山川出版社，2014年刊行，2017年版。

『詳説世界史研究』山川出版社，2017年刊行。

『日本史用語集　Ａ・Ｂ共用』全国歴史教育研究協議会編，山川出版社，2018 年刊行。
『最新世界史図説タペストリー』帝国書院，2018 年・2019 年・2020 年各版。

　その他使用した参考文献は，本文中使用したページにて書誌情報を記載。

目次

■ 序文……………………………………………………………………… 2

2020 年度上智………………………………………………………………… 12
2020 年度早慶………………………………………………………………… 31
2020 年度国公立……………………………………………………………… 73
2020 年度私大その他………………………………………………………… 93
■コラム1　世界史用語の変化……………………………………………… 193

2019 年度上智………………………………………………………………… 208
2019 年度早慶………………………………………………………………… 221
2019 年度国公立……………………………………………………………… 257
2019 年度私大その他………………………………………………………… 275
■コラム2　大学入学共通テストの導入騒動の記録……………………… 346

2018 年度上智………………………………………………………………… 358
2018 年度早慶………………………………………………………………… 369
2018 年度国公立……………………………………………………………… 398
2018 年度市立その他………………………………………………………… 404
■コラム3　高校世界史で，近世・近代の経済史学上の論点はいかに扱わ
　れているか…………………………………………………………………… 470

2017 年度私大その他………………………………………………………… 488
■コラム4　大学入学共通テストの試行調査……………………………… 544
■終章　最後にちょっと，まじめな話を…………………………………… 552

■あとがき……………………………………………………………………… 558

2020年度

上智・早慶・その他

■■■ 2020 上智 ■■■

1．上智大　2/3 実施

奇問・悪問の可能性

問題3　問4　下線部（エ）（編註：<u>ローマ帝国</u>）の時代のキリスト教に
関連して述べた次の文（ア，イ）の正誤の正しい組み合わせを選びなさい。

ア　313年にコンスタンティヌス帝がニケーア公会議を開催した。
イ　唐に伝わった景教は，キリストを神と同一視する。

a　ア－正　　イ－正
b　ア－正　　イ－誤
c　ア－誤　　イ－正
d　ア－誤　　イ－誤

◀解答解説▶

　アは特に問題なく誤文。ニケーア公会議は325年。困ったのはイ。**そ
こは別にアタナシウス派とネストリウス派の違いではないのでは**，と考え
出してドツボにはまってしまった。
　アタナシウス派とネストリウス派の差異は，キリストの中の属性の状態
であって，アタナシウス派は神性と人性が同質不可分（融合はしていない
が分離もしていない）とみなしているのに対し，ネストリウス派は神性と
人性がキリストの中で分離して存在しているとみなしている。……と言わ
れてもそれの何が重要なの？　という話になると思うが，これが聖母マリ
アの扱いにかかわってくるから問題になった。アタナシウス派の解釈では
聖母マリアのお腹にキリストが宿った時点でキリストはすでに神性と人性
を持つことになる。キリストの神性と人性は分離して存在しえないのだか

ら，懐胎の段階からキリストは「神にして人」なのだ。したがって聖母マリアは神の子を産んだ「神の母」ということになる。一方，ネストリウス派では聖母マリアはあくまで人間としてのキリストの母であって，キリストの神性にはかかわりがない。キリストの神性は処女懐胎とは全く別にキリストに宿ったものであるとする。誤解を恐れずに言えば，キリストは後付で神性を得たのだ。したがって聖母マリアは神の母ではないということになる。結果的に，聖母マリア崇敬を推し進めたい主流派にとってネストリウス派は邪魔になり，431 年のエフェソス公会議で異端と認定された。

　さて問題に戻ると，仮にイの文がネストリウス派ではなくアリウス派であったならば，アリウス派におけるキリストは父なる神に劣った神性しか持たず，すなわち父なる神とは同質とはされない。よって誤文と判断できる。しかし，ネストリウス派では上述の通りで，この点ではアタナシウス派との差異が無い。いずれの教派であってもキリストは間違いなく神であり，父なる神と同質である。「人性と神性が分離しているから，神と同一視されない」という理屈が成り立ちうるだろうか。私には成り立たないように思える。

　実は山川の教科書『詳説世界史』p.48 に「キリストを神と同一視するアタナシウス派」という記述があり，おそらくこれをそのままコピペで持ってきて，主語を景教に変えておけば誤文になるだろうという安直な発想で作問したのではないか。もしこの仮定が正しいならば神学部がある大学の入試問題にしてはあまりに杜撰で，**「上智大のキリスト教からの出題に限って雑」という伝統は最後まで受け継がれた。**しかもこの 2/3 実施は神学部を含んだ日程である。大学からの公式解答では，d を正解としていたので，やはりこの仮説は正しいと思われる。しかし，ということは前述のような神学的な理屈との不整合が生じるのではないか。

　加えて，実は面白い現象が起きている。以下のイタリック体の文章は同 2020 年度の上智大の，別の日程にあたる 2/8 実施の世界史の問題。

2　*(A) この聖にして偉大な全世界教会会議は，このような真理に反対する説をとなえることをやめさせる(中略)。われわれはみな，教父たちに従って，心を一つにして次のように教え，宣言する。われわれの主イエス・キ*

14

リストは唯一の同じ子である。☐。

問1　この史料は，451年に開催された公会議における決議文である。この公会議が開かれた場所は地図中のうちどれか。（編註：これはカルケドン公会議であるのでカルケドンの場所を示せばよく，小アジアの西部でミレトスではないことだけわかれば正解できる。本題ではないので地図は省略。）

問2　☐に入る文章として正しいものはどれか。
a 彼（キリスト）において神性と人性の二つの本性は分離している
b 彼（キリスト）は神性を完全に所有し，同時に人性を完全に所有する
c 彼（キリスト）は父と同質であり，神性のみを有する
d 彼（キリスト）は父と異質であり，人性のみを有する

　aはネストリウス派，bはアタナシウス派，cは単性論，dはアリウス派の教義であるので，問2の正解はbでこれはちゃんと成り立っている問題であるが，ポイントは誤答の作り方である。**アリウス派と単性論は同質（異質）という言葉を使ってアタナシウス派との差異を示せているのに，ネストリウス派は同質という言葉を用いていない。**そこが差異ではないから，同質という言葉を用いて作れなかったのであろうと推測できる。これは重要な傍証になろう。

2．上智大　2/3実施（2つめ）

難問

問題3　問6　下線部（カ）（編註：シトー修道会）について述べた次の文（ア，イ）の正誤の正しい組み合わせを選びなさい。

ア　クレルモン宗教会議の3年後に創立された。

イ　この会のクレルヴォーのベルナルドゥスは，修道院を舞台に神学を発
　　展させた。

```
a  アー正    イー正
b  アー正    イー誤
c  アー誤    イー正
d  アー誤    イー誤
```

◀解答解説▶━━━━━━━━━━━━━━━━━━━━━━━

　純粋な難問。アもイも用語集に記載はあるものの，そんなところを覚え
ているやつは極々稀である。シトー修道会はさすがに用語集頻度⑥だが，
クレルヴォーのベルナルドゥス（聖ベルナール）はそもそもが用語集頻度
①。両方とも正文で，シトー修道会設立は 1098 年。聖ベルナールは聖母
マリア信仰を深めたという神学上の業績がある。第 2 回十字軍を提唱した
ことでも知られるが，第 2 回十字軍自体が受験世界史ではマイナー。

　なお，本問のリード文はワインの歴史で，ワインの歴史を滔々と語るオ
タク大学教授の授業を聴講する学生という会話文の形式となっていたが，
授業冒頭が「わたしは未成年ですのでお酒の話には興味が持てません」と
いう学生の一言で始まっていたのにちょっと笑った。上智大学は未成年の
飲酒を勧めない健全な大学です。

3．上智大　2/4 実施

悪問・出題ミス（複数正解）に限りなく近い

問題2　その際,カシミール地方では（　8　）が住民の多数を占めたが,
藩王がインドへの帰属を表明したため，そのことが原因となって 2 回にわ
たる（　9　）が生じた。

(8)　a　ムスリム　　b　シク教徒　　c　ヒンドゥー教徒　　d　仏教徒
(9)　a　カシミール戦争　　b　インド＝パキスタン戦争

　　　c　ビアフラ戦争　　d　インド大反乱

◀解答解説▶

　（　8　）の方はaのムスリムが正解でいいとして，よくわからない
のは（　9　）。aの**カシミール戦争はまずそんな言葉が高校世界史に存
在していない。**「カシミール紛争」の誤植なのではないかと疑うのが普
通の反応だと思う。英語でも Kashmir conflict はメジャーな言葉だが，
Kashmir war はあまり使われない。断続的に大小の衝突が続いているの
で紛争とした方がニュアンスは出る。とはいえカシミール戦争が本問の造
語かというとそうではなく，第一次印パ戦争，第二次印パ戦争の同義語と
して第一次カシミール戦争，第二次カシミール戦争という言葉は存在す
る。第三次印パ戦争があって第三次カシミール戦争が無いのは，あちらは
戦争勃発の直接の原因がバングラデシュの独立問題だからだ。もっとも，
第三次印パ戦争でもカシミールの領有は争われているので，戦闘が無かっ
たというわけではない。また，1999 年の軍事衝突を第三次カシミール戦
争（Third Kashmir war）と呼ぶ用法も英語圏では少数ながら存在してい
るので，必ずしも第三次カシミール戦争が存在していないとは言い切れな
い。カシミール戦争という言葉自体が明確な定義を持っているわけではな
いのだ。

　その上で問題に戻ると，「2回にわたる」を「3回目は無かった」とい
うニュアンスを出していると捉えると，aのカシミール戦争を正解と想定
しているように思われる。しかし，前述の通りカシミール戦争は定義が曖
昧で第3回が無かったとは断言できない。加えて最近の上智は用語集の片
隅に載っている系の難問は多いが，完全な範囲外の用語を出すことは少な
くなっている（誤答にしか用いない）傾向にあることも考えると，カシミー
ル戦争を正解にするかは疑わしく思える。他方でbの印パ戦争を入れて，
文が成り立たないほど事実関係がおかしくなるわけでもない。「そのこと
（＝カシミール領有問題）が（直接の）原因となって，2回にわたる印パ
戦争が生じた」という読み方をすれば，言外に3回目はカシミール領有問
題が直接の原因ではないことを示唆しながら，意味の通る文として成り立
つはずである。しかし，こんな解釈を要する文はまあ回りくどい。

　という思考を経てから，**上智大の公式解答を見たところ（9）の正解は**

b の印パ戦争であった。ではなぜ範囲外かつ定義の曖昧なカシミール戦争などという語を選択肢に入れたのか。実際には，複数正解の出題ミスと言いうるのではないかと思う。作題者は a のカシミール戦争が不正解と断定できる学術的に明確な根拠を提示してほしい。

４．上智大　2/4 実施（2つめ）

出題ミスに近い

問題3

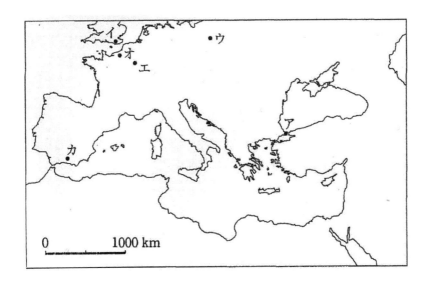

問9　オの説明として正しいものはどれか。

a　1346 年，長弓隊の活躍によりイギリス軍がフランス軍を破った戦場。

b　1347 年以降イギリス大陸領土として残った地。

c　1356 年，エドワード黒太子率いる軍隊が勝利を得た地。

d　1429 年に解放され，シャルル 7 世の戴冠が実現した都市。

問10 オでの戦闘を含む長期的英仏抗争と無関係なものはどれか。

a　フランドル地方　　b　ヴァロワ朝
c　ギエンヌ（ギュイエンヌ）　　d　模範議会

◀解答解説▶

　皆さんお待ちかね，**上智大名物「地図上に打たれた点がガバガバ」シリーズ**。名物と言いつつも，かなり久々の登場である。本問に関係のない点，すなわちアはコンスタンティノープル，イはヘースティングズ，ウはワールシュタット（レグニツァ），エはカタラウヌム，カはグラナダであり，いずれも名だたる古戦場や包囲戦が行われた都市である。残ったオだけは難度が高い。こういう場合は問9の内容から逆算するという手がある。しかし，cの指すポワティエはポワトゥー地方，dの指すオルレアンはパリより南だから明確に異なるが，aの指すクレシー，bの指すカレーは場所が近接していて判別が困難である。しいて言えばカレーは海に面しているので，同様に海に面しているイのヘースティングズと比較するにオはやや海岸から離れている。これを根拠にaのクレシーと絞るのは一応可能だろう。

　しかし，どうにも違和感がぬぐえなかったので地図帳を参照すると，**クレシーの場所は実際にはオよりもかなり北東で，オの位置にあるのはどちらかというとルーアン**ということが判明した。厳密に言うと本問は正解なしでは。問10はdが正解と思われるが，問9が正解なしなら問10も連動して正解なしとなるかもしれない。あるいはルーアンであっても百年戦争中の戦闘があった場所ではあるので，独立して問題は正解していると強弁するかもしれないが。

5．上智大　2/4実施（3つめ）

難問・奇問

問題4　問14　下線部（ス）について（編註：メキシコでゲリラ戦の訓練），

カストロはこのときゲバラと出会ったが，ゲバラが生まれた国と死亡した国の組み合わせとして適切なものはどれか。

a　アルゼンチン・ボリビア
b　アルゼンチン・キューバ
c　キューバ・キューバ
d　キューバ・ボリビア
e　キューバ・ソ連

◀解答解説▶

ゲバラクイズかな？　チェ＝ゲバラの生地はアルゼンチン。ゲリラ戦で捕虜になって殺されたのはボリビアなので正解は a。一応どちらも用語集に記載があるが，容赦なく範囲外判定でいいだろう。別の大学でもゲバラの評伝をリード文に使ったのを見かけたのでプチゲバラブームの様相なのだが，2020 年って何かあったっけ。

6．上智大　2/4 実施（4 つめ）

|難問|

問題4　問 15　下線部（セ）（編註：アメリカ合衆国はキューバと断交）を通告したアメリカ合衆国大統領は誰か。

a　アイゼンハワー　　　b　ジョンソン
c　ケネディ　　　d　トルーマン　　　e　ニクソン

◀解答解説▶

　最近の流行，キューバ断交シリーズ。キューバと断交した時のアメリカ大統領は a のアイゼンハワーであって，c のケネディではないというやつは過去に何度も解説しているのでもはや解説する気力もない。あまりに頻出すぎて予備校の難関私大クラスでは当たり前のように教えられるように

なってしまい，満点防止問題としての機能を果たさなくなっているのでは
ないか。

7．上智大　2/5実施

> 難問・奇問・悪問・出題ミス（複数正解）に近い

問題2　マレー半島では，1957年に（　10　）が独立し，その後，北ボル
ネオとシンガポールを加えて（　11　）が形成されたが，1965年にシンガ
ポールが離脱している。

(10)　a　マラヤ連邦　　　　b　マレー連合州
　　　c　マレーシア　　　　d　マラヤ共和国

(11)　a　マレー連合州　　　b　マレーシア
　　　c　マレーシア連邦　　d　マラヤ＝シンガポール連邦

◀解答解説▶

　（10）の正解はaのマラヤ連邦とすぐに出るのだが，（11）はbのマレー
シアとcのマレーシア連邦をどう判別すればいいのかが全くの不可解。
そう思って調べてみると，**マレーシアの正式な国名は「マレーシア」で，「マ
レーシア連邦」はあくまでも俗称**らしく，それを踏まえるとbが正解と
想定された設問なのだろう。実際に上智大の公式解答もbが正解となっ
ていた。しかし，問題文のどこにも正式名称で答えよとは書かれていない。
また俗称と言っても意味的な誤りがある，失礼にあたる等の明確に欠点が
あるような類の俗称とは見なされておらず，人口に膾炙している。さらに
教科書・資料集でも「マレーシア連邦」としているものがあり，用語集は
気にした人がいるのか「マレーシア」であったので，教材間でも表記は割
れている。以上の理由から，マレーシアと比較した際にマレーシア連邦を
不正解にすべき根拠が無い。**よしんば正式名称を優先してマレーシアのみ
を正解とするとして，それは完全に世界史の範疇ではなくカルトクイズで
ある。**この選択肢を作ったやつは確実に頭がおかしい。校正者の一人が「（後

世の入試問題への悪影響を考えれば）出題者は打ち首獄門がふさわしい」
と言っていたが，全くの同感である。**本問の理屈を逆手にとればどれだけ
でも出題ミスの指摘ができるようになってしまう。**

　本問は結果的に，過剰な難易度の範囲外を問うているという点で「難
問」，世界史ではない分野からの出題なので「奇問」，正式な名称を知って
いても解答を出すには迷いが生じるという点で「悪問」，実際に理屈の上
で多くの人が正解を２つと判断すると思われるという点で「出題ミスに近
い」となり，本企画の種別グランドスラムを１問で達成した。長くやって
いる本企画でも極めてレアケースである。記念すべき１問と言えよう（全
く褒めていない）。

8．上智大　2/5 実施（2つめ）

難問・奇問

問題３

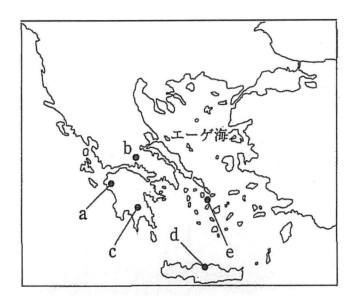

問4　以下の説明は，地図2のどの場所についてのものか。

(1)　アテネを盟主とするデロス同盟の本部が最初に置かれた。

(2)　エヴァンズが発掘した宮殿跡からは線文字が刻まれた粘土板が発見された。

(3)　オリュンピア（オリンピア）の祭典が，前776年から4年ごとに開催された。

(4)　アポロン神殿があり，その神殿で出された神託を参考に各ポリスが重要事項を決定した。

(5)「リュクルゴスの制」という軍国主義的な国制により先住民を支配し，強国になった。

◀解答解説▶━━━━━━━━━━━━━━━━━━━━━

　上智大名物，気の狂ったように細かい地図シリーズ。世界史入試最終年の今回にリバイバルしてきた。(5)はスパルタなのでc，(2)がクノッソスなのでdまでは楽勝だろう。(1)はデロス同盟の本部なのでデロス島，名前の通り島なので，クノッソス＝dさえ消していれば，消去法でeに絞れる。デロス島は小島なのだ。残った(3)のオリュンピア，(4)のデルフォイが無理めの難問。正解は，オリュンピアがペロポネソス半島の北西に位置するのでa，デルフォイはアテネやテーベの北西に位置するのでb。ギリシアに観光旅行に行ったことがあればけっこう場所を覚えているものではあるが，上智大としてはそれくらい家族旅行で行ったことがあるというセレブを学生としてご所望ということだろうか。

9．上智大　2/5実施（3つめ）

難問

問題3　問5　ギリシア本土出身の人物は誰か。

a　アルキメデス　　　b　ゼノン　　　c　トゥキディデス

d　ヒッポクラテス　　e　ヘロドトス

◀解答解説▶

　続けての難問。しかも，それを知っててどうすんだよというところを突いてきて，かつ一応全部用語集の片隅に載っていることから出しているからすごい（褒めてない）。aのアルキメデスがシチリアのシラクサ出身，eのヘロドトスが小アジアのハリカルナソス出身なのは有名だが，残り3択から絞るのは普通の受験生には不可能に近い。dのヒッポクラテスはコス島出身，bのゼノンはキプロス島出身，よって正解はcのトゥキディデス。この人はアテネ出身でペロポネソス戦争にも従軍し，作戦失敗の責任により将軍を罷免されて追放されている。追放後にトラキアの所領に移って著述に専念したようだ。

10．上智大　2/5実施（4つめ）

出題ミス

問題4　問1　下線部(ア)（編註：バルト海）に関連して述べた文として正しいものを選びなさい。

a　11世紀にノルウェー王がイングランドを征服し，ノルマン朝を創始した。
b　ドイツ北西部の港町ハンブルクは，14世紀半ばにハンザ同盟に加わった。
c　ハンザ同盟はモスクワに在外商館を設置した。
d　イングランド王クヌートがデーン人の侵入を撃退した。

◀解答解説▶

　aはノルウェー王がノルマンディー公の誤り。また，根本的にノルウェーもイングランドもノルマンディー地方もバルト海に面していない。cはモスクワがノヴゴロドの誤り。dはクヌート自身が侵入してきたデーン人な

ので誤り（『ヴィンランド・サガ』のアニメを見ていた受験生には余裕だったはず）。またこれもaに同じでバルト海に面していない。

　残ったbが正文＝正解として作られた選択肢だったと思うのだが，①ハンブルクはハンザ同盟の結成メンバーであるので「加わった」という表現は疑義がある。②**ハンブルクはドイツ「北部」中央の都市であって，北西部ではない。**上智大が依拠する山川の用語集ですら「北部」としているので言い逃れはできないはずである。北西部のイメージがあるとすれば，バルト海ではなく北海に注ぐエルベ川の下流域に位置しているからではないだろうか。あるいは旧西ドイツの北部の中心地，というイメージが強かったのかもしれない。③これもまたハンブルクがバルト海に面していない。以上の３つの理由からbを正文と見なすのは無理があり，本問は正文＝正解が存在しない。出題ミスと断定する。

　本問，一番意味がわからなかったのは下線部が「バルト海」だったことで，この時点で世界史の知識が一切なくてもヨーロッパの地理が頭に入っていればa・b・dが誤文とわかってしまう。この後の文章が「（バルト海）から大西洋沿岸部におよぶ広い範囲」と続いているのだから，ここまで下線を引っ張っておけばこういうことにはならなかったはずである。

１１．上智大　2/6実施

悪問

問題1　問4　殷（商）に関する次の文A，Bの正誤を判断し，その正しい組み合わせを選びなさい。

A　殷で発達した青銅器は，祭祀や武器，さらに農具としても使われた。
B　現在のところ，実在が確認されている中国最古の王朝である。

a　A－正　B－正　　　b　A－正　B－誤
c　A－誤　B－正　　　d　A－誤　B－誤

◀解答解説▶━━━━━━━━━━━━━━━━━━━━━━

　B は正文。夏王朝は実在が確認されているとは見なされていない。問題は A で，一般に春秋時代末期に鉄製農具が普及し始めるまで，古代中国では木製農具が主流だったとは習う。しかし，青銅製の農具の存在については高校世界史では触れられない。触れられていないものは，判断のしようがない。仮に本問の作問者が「木製農具が主流だったということは，青銅製農具は全く存在していなかったのだろうから，こうすれば A は誤文になるだろう」と考えてこう作問してしまったなら，それは安直すぎよう。実際には，古代中国で青銅製農具がどの程度普及していたかは議論がある。CiNii で簡単に検索をかけただけでも，やや古い論文になるが，次のようなものが見つかる。

https://ci.nii.ac.jp/naid/110006388163

小澤正人「中国における鉄器普及以前の農工具」『成城大学社会イノベーション研究』第 1 巻第 1 号，2005 年

　おそらく教科書を書く側はそのような論争の存在を踏まえて「木製農具が主流だった」としか書かず，青銅製農具の存在に言及していないはずである。なお，日本史の場合は青銅器と鉄器が弥生時代のほぼ同時期に流入した影響から，青銅器は祭器，鉄器が実用品とかなり綺麗に使い分けられ，鉄が貴重品であったために普及が追いつかないところでは木製の道具や石器を使い続けていたというのが判明している。このような現象は青銅器と鉄器がほぼ同時に入ってきたという極めて特殊な環境下だからこそ発生したのだが，この知識があるとかえって「青銅器の農工具なんてありえないだろう」という先入観が湧いてしまうかもしれない。そのような先入観こそ，研究者が持っていてはいけないものだと思うのだが，どうだろうか。案の定であるが，上智大の公式解答は c，すなわち A は誤文という扱いであった。

１２．上智大　2/6実施（２つめ）

難問・奇問

問題２　問７　イスラーム世界を広く旅したイブン＝バットゥータが訪問した都市の組み合わせで誤っているものはどれか。

a　サライ・バグダード・トンブクトゥ
b　グラナダ・カイロ・モンバサ
c　デリー・コンスタンティノープル・キルワ
d　マリ・カーブル・カノ

◀解答解説▶

　清々しいくらいクソみたいな難問＆奇問。ｄのカノがナイジェリアの地名というのを知っていれば一発でｄが正解とわかるが，それができるのは地理マニアか，ナイジェリアに縁がある人だけだろう。私はちょっと前に『物語　ナイジェリアの歴史』（島田周平，中公新書，2019 年）を読んでいたので，偶然わかったが。

　カノはナイジェリア北部の都市で，ハウサ人が建設した中ではかなり古い部類に入り，おそらく 12 世紀頃に建設されたと見られている。ハウサ人が建設したナイジェリア北部の都市国家群をハウサ諸王国と呼ぶ。イブン＝バットゥータが活動した 14 世紀前半にはまだサハラ縦断貿易の交易網に組み込まれておらず，トンブクトゥなどの西サハラとつながるのはしばらく後，特にソンガイ王国が滅んでからと考えられている。そういうわけでイブン＝バットゥータはトンブクトゥまでは移動しているが，ハウサ諸王国には赴いていない。なお，カーブルは普通に立ち寄っている。マリは何を指しているのかがよくわからなかったのだが，調べてみると，そもそもマリ王国のマリはイブン＝バットゥータがマリ王国の首都の都市名として『三大陸周遊記』に書き記したものに由来しているとのこと。なお，実際にはマリ王国の首都がどこにあったのかよくわかっておらず，この「マリ」が現在のどこを指しているのかは，一応ニアニという場所ではないか

と言われているものの判然としていない。イブン＝バットゥータは行っているようである。つまり，d は正誤のポイントが本当にカノしかない。多分，作問者の意図としては，イブン＝バットゥータがナイジェリアを訪れていないことは自明として，カノの場所を知っているかどうかを問いたかったのだと思われる。地理でやれ。

１３．上智大　2/6実施（３つめ）

難問・奇問

問題２　問13　下線部 (G)（編註：マリ王国）の交易都市として栄えたトンブクトゥは地図のどこに位置するか。

a ア 　 b イ 　 　 c ウ 　 　 d サ

e シ 　 f ス 　 　 g セ

━━━◀解答解説▶━━━━━━━━━━━━━━━━━━━━

　地理でやれパート２。 作問している頃に何か嫌なことでもあったのか
な，と作問者のことが心配になる。サ・シ・スまでは絞れようが，そこか
ら先は勘になろう。なんとなくニジェール川の湾曲部の最北端くらいだっ
たような……というのを思い出せた受験生は，資料集を穴が空くほど眺め
ていた私と同じタイプなので素質（？）がある。そういうわけで正解はシ
＝ e。誤答のサとスも歴史的な地名なのかと思いきやそんなことはなく，
サは現在のマリ共和国の首都のバマコ，スは現在のニジェール共和国の首
都のニアメーを指していると思われる。確かに，ソンガイ王国の首都だっ
たガオはシとスの中間地点からやや北くらいの位置，トンブクトゥに次
ぐ交易都市だったジェンネはサとシの中間地点からやや南くらいの位置で
ある。これらはあまりにもトンブクトゥに近すぎて，さすがに鬼畜の所業
だろうという良心的判断が働いたのだろう。しかし，**そのガオとトンブク
トゥを判別させる本問以上の鬼畜的行為を上智大は過去に働いている**ので
（**2015年9番**，拙著2巻 p.235），その配慮は4年前にしてほしかった
なと思う。

１４．上智大　2/6実施（4つめ）

限りなく出題ミスに近い

問題4　**問2**　下線部 (1)（編註：サライェヴォでの<u>オーストリア皇族暗
殺事件</u>）に関する次の文 A, B の正誤を判断し，その正しい組み合わせを
選びなさい。

A　パン＝スラヴ主義の中心勢力であるセルビアの青年による犯行であっ
　た。

B　犯人はオーストリアのボスニア・ヘルツェゴヴィナ併合を不服として

いた。

a　A－正　B－正　　　b　A－正　B－誤
c　A－誤　B－正　　　d　A－誤　B－誤

◀解答解説▶

　Bは正文としてAの何がまずいのか，すぐに気づいた人も多かろう。プリンツィプは民族的にはセルビア人だが出身はボスニアなので，**Aの文中の「セルビア」が指すのは国籍なのか民族なのかで解答が変わってしまう**。加えて，

- ・通常の受験世界史において，プリンツィプがセルビア人であることは問われても，ボスニア出身であることはあまり問われないこと
- ・近年の用語集ではプリンツィプの項目が消滅し（教科書では頻度ゼロ），用語集の「サライェヴォ事件」の説明文内にのみ登場するが，それが**「セルビア人青年プリンツィプ」**としか書かれていないこと

ということから，範囲内の情報のみで作られている問題という前提で普通に読めば，正誤のポイントはプリンツィプが民族的なセルビア人であるか否かしか考えられない。しかし，前段の「パン＝スラヴ主義の中心勢力である」という余分な修飾があるせいで話がややこしくなる。パン＝スラヴ主義運動においてロシアと強く提携していたのは国家としてのセルビアである（と少なくとも高校世界史では扱われる）。しかも，本問を出題しているのは範囲外からの出題の常習犯，上智大である。結果的に，問いのポイントが国籍なのか民族なのかが不明瞭な問題になってしまった。

　ここで用語集の説明文と本問の問題文を見比べてみると，問題文は「セルビア人」ではなく「セルビア」になっていることに気づく。これを深読みすれば，「パン＝スラヴ主義の中心勢力である」という修飾とのあわせ技で，国籍という説が濃厚と言える。とするとAは誤文になるので正解はcである……というのが，上智大の公式解答が発表される前までの私の結論だったのだが，なんと上智大の公式解答はaであった。つまり公式解答に従えばAは正文であり，問われているポイントは国籍ではなく民族だったことになる。**これは細部まで検証した考察によって出される解答と公式解答が決定的にずれているという点で限りなく出題ミスに近い。**

　そうしてみると，なぜ「パン＝スラヴ主義の中心勢力である」という余分な文言を入れたのかという点と，なぜ用語集の説明から「人」の一文字を外したのか，という非常に不可解な謎が2点残る。いずれもハンロンの剃刀で考えると，

- 前者については，「セルビア人青年」と「セルビアの青年」は同じ意味だと考えていて，かつ正誤のポイントを増やすべく「パン＝スラヴ主義」の文言を問題文に入れたかった。
- 後者はボスニアの複雑な民族状況を知らず，かつ用語集の丸パクリは避けたいと考えて削ってしまった。

という推測が成り立つ。これが正しいかどうかはわからないが，いずれにせよ本問の作りは愚かの極みと言わざるを得ない。作問者がボスニアの複雑な民族状況を知っているのかを疑いたくなる。**公式解答が発表されるようになったら，新たにこういう形での出題ミスが発生する**という点で，本問は受験世界史の歴史に名を刻んだと言えよう。

　上智大5日程のうち最後の2/8実施分は収録対象問題が無かった。一応最後の最後だけは綺麗に作った，ということだろうか。収録に迷うものはいくつかあったので，偶然かもしれない。

■■■ 2020 早慶■■■

1. 慶應大　経済学部

出題ミス

問題1　問2　（1）　下線部 a に関連して（編註：1582 年に，九州のキリシタン大名 3 名の名代として，伊東マンショら 4 名の少年が長崎港から出発した。日本からの使節は，<u>ポルトガルの植民地の港を経てリスボンに入り</u>），使節が日本とローマの往復の途上寄港した場所の位置として適切なものを，地図中の 1 ～ 9 から 4 つ選び，番号が小さい順に左から記入しなさい。

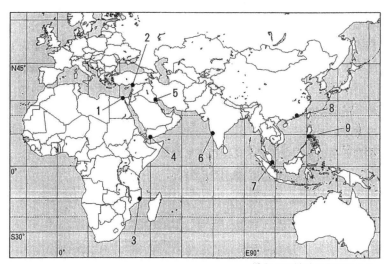

備考：国境線は現在のもの.

◀解答解説▶

本問は世界史・日本史共通問題であるが，日本史ではやや厳しい問題だっ

たのではないだろうか。世界史選択としては当時のポルトガルの植民地（または勢力圏）かつアフリカ周りのインド航路を選んでいけばよいので，３（モザンビーク）・６（ゴア）・７（マラッカ）・８（マカオ）の４つが正解とすぐにわかる。ちょっとひねっていて思考力を要する良問である……と解説を終われたらどんなに良かったか。地図をざっと眺めた段階で，７の点の位置に違和感を覚えた方は少なからずいたのではないかと思う。**７の場所はマラッカではなくシンガポールである。**この地図の過失はもう１つある。**８の点の位置は明らかにマカオではない。**よく見るとこの地図は珠江河口（穿鼻湾）が書かれている。珠江河口は，その最奥に広州が位置し，入り口の東側に深圳と九竜半島（と香港島）が，入り口の西側に珠海とマカオが位置する。この位置関係は受験生も社会人も覚えておいて損は無いだろう。要するに，**珠江河口の東側に点がある時点でここは絶対にマカオではないと言えてしまう**のだ。さらに言えば，８の点は北回帰線が通っているが，マカオは北回帰線よりも南に位置するということからも，マカオであることを否定できてしまう。多分，８の点が指しているのは汕頭（スワトウ）だろう。

　よって，本問は４つの解答を求められているが，正解が２つしかない。解答不能なので出題ミスである。慶大の経済学部は例年良問が多く，2020年もちょっと感動するくらい，作問者を尊敬すべき出来の良い問題が何問か出題されていた。それだけに，この地図の点の打ち方は残念である。こんなところで瑕疵を作らないでほしかった。代ゼミから同様の指摘あり。というよりも代ゼミ以外が指摘していないのが意外。『赤本』・『入試問題正解』でも指摘無し。

〔番外編〕慶應大　商学部

問題２　２月14日はバレンタインデー，甘いチョコで甘い恋を──。チョコレートの原材料であるカカオはメキシコ南部を原産地とし，かつてはアステカ王国などの王や特権階級のみに限られた苦い飲み物であった。（中略，以下40行ほど普通の問題が続く）昨今の世界問題は，G8，新興経済国11か国および　(73)(74)　で構成されるG20の首脳会議で対応するよう

になった。昨年は大阪で開かれ，各国首脳へのお土産にゆずや日本酒味の
チョコレートが選ばれた――**さてさて，今宵は甘いチョコを召し上がれ。**
　（強調は編者による）

―◀コメント▶―――――――――――――――――――
　慶應大商学部の入試日は 2 月 14 日であるということを念頭に入れて読
むと，大変に味わい深い。こういうお遊びは個人的には面白くて好きだが，
末尾の絶妙なウザさはいかにもリア充系のイメージが強い慶應大という感
じがする。同様のことは受験生にもつっこまれていた。そういえば，保険
会社の方のロイズを聞いておいて，誤答選択肢に「チョコレート会社」を
用意したのも 2016 年の慶應大の商学部であった（**2016 早慶 2 番**，拙著
2 巻 p.94）。
　なお，(73)(74)　の正解は EU で，割と難しい問題ではあるが，用語集
に記載がある点と，選択肢から消していくと EU しか残らない点を考慮し
てぎりぎりセーフとした。

2．慶應大　商学部

難問

問題 2　やがてカカオの味はスペイン本土にも広まり，そしてルイ 14 世
と結婚したスペインの王女，(41)(42)　は，フランス宮廷にカカオを脱脂し
て苦みを抑えたココアを嗜む習慣を浸透させた。

　60　マリ＝テレーズ　　　61　マリ＝ルイーズ
　（編註：関係のある選択肢のみ抜粋）

◀解答解説▶――――――――――――――――――――
　他にも多くの人名が選択肢に並んでいるものの，事実上この 2 択であ
る。正解はマリ＝テレーズ。チョコレートの歴史上，このエピソードは有

名で，以降ココアは薬から甘味に変化してフランス菓子の仲間入りを果たすことになる。マリ＝ルイーズと呼ばれる人物は歴史上何人かいるが，ここで指しているのはハプスブルク家からナポレオン1世に嫁いだ人物であろう。こちらの方が有名であるので，消去法で解答にたどり着いた受験生もいたかもしれない。

3．慶應大　商学部（2つめ）

出題ミス

問題3　イラクは1991年に　(103)(104)　に侵攻し，湾岸戦争が勃発した。

（編註：正解がクウェートで自明すぎるので選択肢省略）

◀解答解説▶

　イラクがクウェートに侵攻したのは1990年8月である。同年11月に「翌年1月までにイラクがクウェートから撤退しない場合，武力制裁に移行する」という国連安保理決議がなされ，1991年1月に湾岸戦争が勃発した。したがって，厳密に言えば　(103)(104)　にクウェートが入らない。**大学当局から謝罪と受験生全員に得点を与えた旨の発表があった。**

4．慶應大　商学部（3つめ）

出題ミス

問題3　最近では地球環境に対するダメージを心配する国際世論の高まりとともに，温室効果ガスの排出量が多い石油への規制を強める動きが広がっている。たとえば，1994年に　(109)(110)　が採択され，この条約に基づいて1995年から毎年，国際会議が開催されるようになった。1997年に開催された第3回会議では，先進国に温室効果ガスの排出量削減を求め

る　(111)(112)　が採択された。

27　気候変動枠組条約　31　国連環境計画　62　モントリオール議定書
（編集：関係のある選択肢のみ抜粋。また，　(111)(112)　の正解は京都議
定書。）

◀解答解説▶━━━━━━━━━━━━━━━━━━━━━━━

　正解は 27 の気候変動枠組条約……と言いたいところなのだが，**気候変
動枠組条約の採択は 1992 年**で，発効が 1994 年である。本条約が 1992
年の地球サミット（国連環境開発会議）で採択されたのは有名であり，解
いていて違和感があった受験生もいたのではないか。**大学当局から謝罪と
受験生全員に得点を与えた旨の発表があった。**2020 年の商学部は〔番外
編〕で取り上げたように問題文が凝っていたし，収録した出題ミス 2 問と
難問 1 問，G20 の 1 問を除くとちょうどいい難易度の良質な問題であっ
た。経済学部にも言えることだが，それだけに不注意な出題ミス 2 問がもっ
たいない。

　慶應大・文学部は収録対象無し。クルップ財閥，イラク南部のミスルの
「バスラ」あたりが用語集頻度低めでやや難しかったかとは思うが，収録
対象 4 つ，グレーゾーン 6 つだった昨年とは段違いの易しさ。慶應大の文
学部と商学部は年度による難易度の振れ幅が大きすぎる。隔年現象という
わけでもなくランダム性が高いので本当に読めない。難易度が高止まりし
ている法学部よりはマシと考えるか，対策が無に帰す可能性を悲しむべき
か，受験生としては思考の持っていき方が難しい。

5. 慶應大　法学部

難問

問題2　1960 年代以降，ラテンアメリカ地域では困難に直面しつつも民主化と経済発展に向けた努力が続き，文化面では『百年の孤独』等の作品で知られる　(33)(34)　が 1982 年にノーベル文学賞を獲得した。

09	ガルシア＝マルケス	20	パステルナーク	26	ペサーニャ
31	マルセル＝デュシャン	33	モラエス	38	ロマン＝ロラン

（編註：関係のある選択肢のみ抜粋）

◀解答解説▶

　後に詳述するが**2020 年の慶應大・法学部は今年度で最難の日程**であった。ここから怒涛の難問ラッシュが続く。閑話休題，本問は大人だとかえって常識的にガルシア＝マルケスと答えられるが，受験生にとってはよほど文学に興味がないと厳しかろう。用語集末収録で帝国書院の教科書にのみ記載あり。誤答の５人はロマン＝ロランのみ範囲内で頻度②，残りの４人は全員範囲外。26 のペサーニャと 33 のモラエスはどちらもポルトガルから極東に移住した詩人で，ペサーニャはマカオ，モラエスは神戸と徳島に在住した。互いに交流があったそうだが，なぜそんなところから誤答用選択肢を持ってきたのかはよくわからない。

6. 慶應大　法学部（2つめ）

難問

問題2　しかし，21 世紀に入っても　(35)(36)　大統領による独裁的支配が継続したベネズエラのように，政治や経済が不安定な地域も少なからず残っている。

01	アサーニャ	02	アジェンデ	03	アフマディネジャド
05	ヴァルガス	10	カルデナス	16	チャベス
18	デュボイス	23	ピノチェト	25	フジモリ
27	ペロン	28	ボルソナロ	30	マルコス

（編註：関係のある選択肢のみ抜粋）

◀解答解説▶

　半ば時事問題。正解はチャベスで，これも大人の方が正答率が高かろう。もっとも，ガルシア＝マルケスともども将来的には教科書に掲載されても全くおかしくない。ボルソナロは 2021 年現在のブラジル大統領。「ブラジルのトランプ」と呼ばれているが，あの舌禍はトランプやドゥテルテよりひどいと思う。一応，チャベス・フジモリ・ボルソナロ以外は範囲内なので，３択まで絞ってニュース等で聞き覚えがあるかどうかまでは受験生でも可能であるから，そこまで正答率は低くなかったかもしれない。

7．慶應大　法学部（3つめ）

難問

問題2　［設問1］　下線部（ア）に関連して（編註：ラテンアメリカ地域では，紀元前から高度な文明が発達した），誤っているものを下から選び，その番号を　(37)(38)　にマークしなさい。

［01］　アステカ王国，インカ帝国，マヤ文明の版図を東西に並べると，インカ帝国が最も東側でアステカ王国が最も西側となる。

［02］　アンデス地方では，リャマやアルパカが家畜化され，牽引や食肉のために活用された。

［03］　今日世界で広く食用とされているカカオ，カボチャ，キャッサバ，ピーマンは，いずれもアメリカ大陸原産の作物である。

［04］　ラテンアメリカ地域の諸文明では天文学や数学が発達し，天体観測器のアストロラーベが発明された。

◀解答解説▶━━━━━━━━━━━━━━━━━━━━━

　[02] は常識的に正文とわかろう。それ以外が難しい。[03] は個々の食べ物の判断がやや細かく，キャッサバ・ピーマンで悩む受験生はいたかもしれないが，正文である。キャッサバは帝国書院の教科書にのみ記述があるが，範囲外と見なしていいだろう。[01] は**マヤ文明は「版図」なのか**という根本的な問題があるが，メルカトル図法の地図が頭に入っていれば解答できる。メキシコシティが西経 99 〜 100 度付近，ユカタン半島は西経 90 度線が通っていて，インカ帝国は西経 70 度付近に展開したからこれも正文。

　残った [04] が誤文で，アストロラーベはイスラーム世界で発明された器械。太陽や北極星の位置から現在時刻や緯度を計測できた。直径が 15cm ほどであったので持ち運びが容易であったため，アストロラーベと羅針盤があればとりあえず長距離移動が可能になったという点で偉大な発明である。中世から近世にかけてのユーラシア西側では広く普及していたが，東側ではなぜか使われなかった。当然，大航海時代以前のラテンアメリカ地域では使われていない。当時に数が出回っていてデザインも凝っているため，学術的にも骨董品としても価値が高く，ヨーロッパでは多くの博物館で収蔵されており，私も実物を見たことがある。アストロラーベは教科書類にはほとんど記載がないが，資料集では頻繁に見かけるので，資料集をよく眺めていた受験生はこれが誤文と一発で見抜けただろう。あるいは語学的なセンスがある人であれば「アストロ」が astro- であり，英語等で「天体の」を意味する接頭辞であることから，新大陸の命名ではなさそうと推測を立てられるかもしれない。正答率はそれほど低くなさそうだが，キャッサバとアストロラーベを機械的に範囲外と見なした点と，多くの予備校の解答速報で難問判定が下されている点を考慮して収録対象とした。

8．慶應大　法学部（4つめ）

難問・悪問

問題3　5世紀から7世紀のインド南端部では　(51)(52)　朝（前3世紀頃〜後14世紀）や，　(53)(54)　朝（3〜9世紀）が繁栄した。

04　ヴァイシュラヴァナ	17　サラスヴァティー	30　チェーラ
31　チャールキヤ	32　チョーラ	38　ナンダ
41　パッラヴァ	43　パーンディヤ	
47　プラティシュターナ	51　ラーシュトラクータ	

（編註：関係のある選択肢のみ抜粋）

◀解答解説▶

　この慶大・法学部の大問3は，大問レベルでは受験世界史の歴史の中でもワーストクラスの超難問ぞろいで，これよりやばいのは2011年の早大・社学の大問1くらいしか挙げられない。これを受けさせられた受験生はかわいそうである。作りが全体として用語集の片隅に載っているものか，用語集に無く特定の教科書1冊にのみ記載があるものを引いてきており，よくもまあこんなことに無為な労力をかけているなと思う。

　閑話休題。厳密に言えば範囲内だが，そこは常識的に問わないやつ。南インドの王朝は以前に取り上げた際に論じたことがあるが，**南インドは研究している人が少ないのかそもそも教科書・用語集に載っている王朝の存続年代がかなり雑**なので，自身が研究者でよくわかっているわけでもない限り出題しない方がよいし，少なくとも用語集のコピペで作問するのはやめてほしい。本問はそのコピペ問題なのだが，それこそ用語集を一字一句暗唱できるくらいじゃないとこれは無理。判別しうるポイントが王朝の存続年代しかない。正解は　(51)(52)　はパーンディヤ朝，　(53)(54)　はパッラヴァ朝である。ただし，パーンディヤ朝は用語集では前3世紀頃〜後14世紀となっているが，実際には二度中断しており，前3〜後3世紀，6〜9世紀，12世紀末〜14世紀初頭とするのが正確。**1500年以上**

続いたとする用語集の表記を誤りと見なすのであれば，**本問は不成立**である。なお，チョーラ朝も中断を無視して存続年代を書いていいなら前3〜13世紀となるので（実際には前3〜後4世紀，9〜13世紀），パーンディヤ朝との区別がほぼつかなくなる。また，パッラヴァ朝も，本問では「インド南端」と示されているが，**パッラヴァ朝の実際の位置はインド南東岸**であって，南端ではない。たとえて言うなら，宮崎県南部を「九州南端」といって許されるかどうか。場所が誤っていると考えれば本問も不成立になる。この雑さを見るに特に南インドにこだわりがある作題者だったわけでもなさそうであり，何の意図があってこんなクソみたいな問題を作ったのかが全くわからない。なお，年代表記の雑さを含めて用語集における南インド諸王朝の問題点は拙著2巻の p.313-314 にまとめているので，興味がある方はご参照ください（宣伝）。

　誤答のうち，ヴァイシュラヴァナは毘沙門天のサンスクリット語表記でそもそも王朝や都市の名前ではない。サラスヴァティーも弁財天のサンスクリット語表記。プラティシュターナはサータヴァーハナ朝の首都。ラーシュトラクータ朝はデカン高原に8〜10世紀に存在した王朝。ナンダ朝は古代インドのマガダ国の王朝。マウリヤ朝によって滅ぼされた。これらは範囲外である。

9．慶應大　法学部（5つめ）

難問

問題3　7世紀以降，マレー半島横断ルートに代わりマラッカ海峡ルートが主流になると，　(59)(60)　文化と呼ばれる漁撈文化をもとに形成されていた林邑が，南シナ海交易を主導した。

14　サーフィン　　　37　ドンソン
（編註：関係のある選択肢のみ抜粋）

◀解答解説▶

　そのまま素直にチャンパーを聞いておけよと思う難問。チャンパーの漢字表記は忌避される世の流れを無視して「林邑」と書いてしまうあたりにも，門外漢が作った雰囲気が見られる。正解はサーフィン（サフィン）文化だが，多くの受験生はドンソン文化しか選べないだろう。早慶の超難問対策としてはたまに見る用語ではあるので，対応できた受験生もいたかもしれない。東京書籍の教科書にのみ記載あり（p.107）。

10. 慶應大　法学部（6つめ）

難問

問題3　続く第2次大交易時代に勢力を拡大した港市国家マラッカは，(63)(64)　とよばれる港務長官を置き，東西海洋交易の中継港としての地位を確立したが，ポルトガルの侵攻により姿を消す。

02　アーヤーン　　　08　カーディー　　　20　シャーバンダル
39　ニザーム　　　　45　ファキーフ
（編註：関係のある選択肢のみ抜粋）

◀解答解説▶

　本年の最難問。 ペルシア語の素養があれば，訳せば正解にたどり着けるかもしれない。正解はシャーバンダルで，「バンダル」が港，シャーが「王」の意味。シャーの方は普通に高校世界史で出てくるとして，バンダルはアッバース1世が建設した港の名前が「バンダレ＝アッバース」であることから推測できるかもしれないが，語末が変化していて完全に一致していないことや，バンダレ＝アッバースの用語集頻度①でしかないことを踏まえると，無理な要求であろう。そもそもそのペルシア語の素養は受験世界史として要求していいものかも疑問である。実教出版の教科書にのみ記載あり（p.175）。イスラーム教国の港市国家はシャーバンダルを設置して港の管理にあたらせていて，マラッカ王国とサファヴィー朝のバンダレ＝アッ

バースのものが有名。マラッカ王国では来航する船舶の量が多かったため
シャーバンダルが４名設置され，民族別の管理を敷いていたというのは海
域史の本を読んでいるとたまに出てくる。

　誤答の選択肢のうち，アーヤーンはイスラーム世界の名士のことで，特
に後期のオスマン帝国の地方有力者を指す。カーディーはイスラーム世界
の法官・行政官の意味。これらは用語集頻度①で一応範囲内。ニザームは
アラビア語で「統治者」の意味で，ハイデラバード等で王号としても用い
られた。ファキーフはウラマーのうち特に法学に特化した学者を指す。私
はファキーフだけ初見で意味がわからなかった。イスラーム教用語は覚え
ても覚えても未見の用語が出てくるから恐ろしい。

１１．慶應大　法学部（７つめ）

難問

問題３　[設問２]　下線部（イ）に関連して（編註：<u>古マタラム朝</u>），古
マタラム朝が，ジャワ島中部に建造したヒンドゥー教寺院は　(67)(68)　で
ある。　(67)(68)　に入る最も適切な語句を語群より選び，その番号を解
答用紙の所定の欄にマークしなさい。

01　アヌラダプラ	03　イシャナプラ	13　クトゥブ＝ミナール
18　サーンチー	28　タフティバヒー	42　ハルマンディル
48　ボロブドゥール	54　ロロジョングラン	55　ワット＝アルン

（編註：関係のある選択肢のみ抜粋）

◀解答解説▶

　これは普通に考えれば正解はプランバナン寺院群になるはずであるが，
語群にプランバナン寺院群がない。地獄である。正解はロロジョングラン
で，プランバナン寺院"群"の中の主要寺院をロロジョングランと呼ぶ。
一応用語集のプランバナン寺院群の項目内にその説明があるが，これを覚
えていた受験生は皆無に近かろう。というよりもプランバナン寺院群自体

が用語集頻度③でそれなりに難易度が高い用語であるのだから，こちらを問うのでも十分であったはずである。そこからもう一ひねり加えるのはあまりにも性格が悪い。

　誤答のうち，アヌラダプラはスリランカの古都。イシャナプラはアンコール朝以前のカンボジア（真臘）の首都。この２つは世界遺産である。旅行にでも行きたかったのだろうか。タフティバヒーはガンダーラにある遺跡。ハルマンディルはハリマンディル＝サーヒブのことで，アムリットサルにあるシク教の黄金寺院のこと。ワット＝アルンはバンコクにある代表的な仏教寺院。ハルマンディルは黄金寺院の名前であればいくつかの教科書に記載があるが，ハルマンディルの名で掲載しているのは実教出版の教科書のみ。ワット＝アルンは実教出版と帝国書院の教科書に記載あるが，ハルマンディルの様子を見るに実教出版の教科書から持ってきたものと思われる。私もさすがにハリマンディル＝サーヒブとワット＝アルン以外は知らない地名ばかりだった。これだけ知らない用語ばかり並んだ選択肢群は最近ではさすがに新鮮だった。

１２．慶應大　法学部（８つめ）

難問

問題３　[設問４]　下線部（エ）に関連して，『東方見聞録』や『三大陸周遊記』にも記述のある，スマトラ島北端の港市国家は (71)(72) である。 (71)(72) に入る最も適切な語句を語群より選び，その番号を解答用紙の所定の欄にマークしなさい。

11　クダ	15　サムドゥラ＝パサイ	21　ジャンビ
23　新マタラム	24　水真臘	26　スラバヤ
40　パタニ	46　フーナ	49　マジャパヒト
50　羅越	52　ランサン	53　陸真臘

（編註：関係のある選択肢のみ抜粋）

44

◀解答解説▶━━━━━━━━━━━━━━━━━━━━━━━━━━━

　これも「アチェのことか？　でもアチェは15世紀末成立だからマルコ
＝ポーロやイブン＝バットゥータとは時代が合わないな」と思って選択肢
を見ると，**そもそもアチェが無い。地獄の再来である。**正解はサムドゥラ
＝パサイ（サムドラの表記が一般的）で，13世紀末にイスラーム化した
東南アジア最初のイスラーム教国とされている。ただし，イスラーム化の
程度がわからず，他地域へ広がった点を考えるとやはり15世紀半ばのマ
ラッカ王国改宗の方が重要であるので，あえてサムドラ＝パサイを強調す
ることはないという指摘がなされ，それゆえに以前は範囲外の典型例でた
まに見かける用語だったが，近年は見なくなっていた。専門家の指摘なん
ぞ知るかということか。「サムドゥラ」という表記が特徴的だったので出
典があるだろうと探してみたら，実教出版の教科書に掲載されている地図
中に小さな文字で記載があった（p.174）。しかし，教科書本文で特に補
足されているわけではなく，これを範囲内と言うのは完全な無理筋である。
　誤答のうち，クダはマレー半島のインド洋側の付け根にあった港市国家
で，シュリーヴィジャヤや三仏斉（ジャーヴァカ）の有力都市の一つ。こ
れも実教出版の教科書に記載あり。ジャンビも同じく，シュリーヴィジャ
ヤや三仏斉の有力都市でスマトラ島中部に位置。スラバヤはジャワ島東部
の港市で，近現代史での方が重要だろう。パタニはマレー半島中部のタイ
ランド湾側の港市国家。マラッカと並んで早くにイスラーム化した。現在
のいわゆるタイ深南部にあたる。フーナはエフタルの異称。なぜここに並
んでいるのかがわからない。他の設問の誤答にもなりえないし。羅越は8
〜9世紀頃にマレー半島南端にあったと『新唐書』に記述があるが，どこ
の港市を指しているのか定説がない。日本史では平城天皇の子の高岳親王
が没した地という記録に見える。当然範囲外というか，羅越は私も初めて
見た。どこから引っ張ってきたのだろう……

１３．慶應大　法学部（９つめ）

難問

問題4　華北の農村では，反キリスト教の動きが広まり，清朝によって
(77)(78)　として公認された宗教的武術集団が北京や天津に入り外国人を
攻撃した。

23　常勝軍　　　28　団練　　　34　八旗　　　40　緑営
（編註：関係のある選択肢のみ抜粋）

◀解答解説▶

　緑営と団練のどちらかまでは絞れても，そこからの判断は難しかろう。
正解は団練。団練は地方の自警団のことで，地方官や郷紳が結成を主導し
たものや，政府の公認を得たものもあった。こうした団練の中から大規模
化して郷勇と呼ばれる軍団が現れることになる。義和団の「団」も団練に
由来する。実教出版の教科書に記載があるので（p.323）収録対象とする
か迷ったが，実教出版以外で義和団が団練の一種であることに触れている
教科書がなく，団練自体の用語集頻度が②しかなく難関私大対策以外では
まず触れない用語であることを加味して収録とした。

　収録9つ，全て難問という驚愕すべき事態である。とある予備校講師が
「鬼畜の所業」と罵っていたし，私とこの企画を長年並走している校正者
の方も**「人の心がない」**と評していた。納得の評価と言わざるをえない。
出題ミスが無かったのは不幸中の幸いであろう。なお，実際には受験生に
は難問だが範囲内と見なして収録から落としたものも列挙すると，チャド
湖周辺に栄えた前近代の王国カネム＝ボルヌー（用語集頻度①），インド
憲法の制定年（1950年），ガンダーラとは別の仏像発祥の地マトゥラー
（頻度②），アラビア語で宰相の意味のワズィール（頻度①），13～14
世紀の変わり目に北インドに存在した王朝（ハルジー朝，事実上のヒント
がこれしかないのは厳しい）。この5個も足せば計14問，全50問であ

るから，配点の約30％は激烈な難問だったと言える。もっとも，昨年も正式収録8問＋グレーゾーン7問で計15問，一昨年も収録4問にグレーゾーン10問の計14問だったので，3年連続で難易度変化はなく，難易度調整としては絶妙である。また，日本史も同様程度に激烈であるので，科目間のバランスはとれている。それにしてもお前いい加減にしろよとは思う。**一昨年・昨年の分析では各予備校とも切れ気味のコメントを載せていたが，今年は諦め気味のコメントが多かった**のはちょっと面白かった。多分，来年もこんなんだと思うので，慶應大・法学部を受ける人は覚悟しといてください。

　慶應大・法学部の作問者一同は，良問かつ難問を作るのは単なる超難問を作るよりも労力も能力も必要ということを肝に銘じ，3年連続で怠惰と無能を晒している自覚をもっていただきたい。

１４．早稲田大　文化構想学部

難問

問題1　設問2　下線部 B に関連し（編註：原人が現れ，<u>アフリカ大陸の外へと拡散した</u>），19世紀にジャワ島トリニールで化石人骨を発見した人物は誰か。次のア〜エの中から一つ選び，マーク解答用紙の所定欄にマークしなさい。

ア　デュボワ　　イ　シーボルト　　ウ　ヘッケル　　エ　シュレーゲル

◀解答解説▶

　早稲田の文学部と文化構想学部は伝統的に古代オリエントと先史の出題が多く，ここ十年ほどは古代オリエントが続いていたが，2020年は先史が舞い戻った。シーボルトを削って3択からは絞れまい。正解はアのデュボワ。ヘッケルはドイツの生物学者で，海産の無脊椎動物の研究で有名らしい。シュレーゲルは有名人が多いのだが，シーボルト・ヘッケルの並びからするとドイツの生物学者のことだろう。シーボルトが日本で収集した

標本を研究し，シュレーゲルアオガエルにその名を残しているという。してみると，正解のデュボワ→同じ医学者のシーボルト→日本産の動物の研究つながりでシュレーゲル→ドイツの生物学者つながりでヘッケル，という連想で本問の選択肢を作ったように思われる。結果的にデュボワからヘッケルまでがすごく遠い。一応デュボワは用語集のジャワ原人の項目に記載があるので厳密には範囲外ではないのだが，ここを覚えているやつは極少数であるという点とヘッケル・シュレーゲルが範囲外であるという点を加味し，本企画の趣旨を踏まえて収録とした。

　ぎりぎり範囲内で解けると見なして収録しなかったが，同大問の「チャドで発見された最古の化石人骨」からサヘラントロプスを答えさせる問題も難しい。また，グリマルディ人とハイデルベルク人のいずれかが新人ではないかを選ばせる問題も難問（グリマルディ人が新人，したがってハイデルベルク人が正解）。この大問は小問が4問しかないので，4分の3が難問である。ただでさえ受験生は先史が苦手であるので，普通に全滅した受験生も多そう。

15．早稲田大　国際教養学部

出題ミス（複数正解）

問題2　ナポレオンに敗北したプロイセンではフランスを強く意識した改革が行われ，またハイチでは革命の影響を受けた［ i ］がフランス軍を打ち破って，独立を実現した。

問9　空欄［ i ］に当てはまる人物の名前を記述解答用紙の所定欄に記入しなさい。

◀解答解説▶

　まず間違いなくトゥサン＝ルヴェルチュールを正解と想定して作られた問題だと思われるが，**トゥサン＝ルヴェルチュールは独立達成前にフランス軍に捕らえられて獄死している。**実際に独立を実現したのはデサリーヌ

である。このために教科書類はいずれも，ハイチの独立の指導者について
はもってまわった言い回しになっている。よって厳密に言えばここの正解
はデサリーヌしか当てはまらないが，そこまで厳密に考えなければトゥサ
ン＝ルヴェルチュールも当てはまらなくはない。ハイチ独立の第一人者と
言えばトゥサンに違いなく，デサリーヌが範囲外であるから，高校世界史
に則って解答しようとすれば史実に反しようがトゥサンとしか答えようが
ないからである。ほとんどの受験生はデサリーヌの存在を知らない。一方
で，範囲外まで含めて過去の早大で出た人物を全て暗記してきているよう
な受験生は「デサリーヌ」と解答したと思われる。以上のことを踏まえれ
ば，片方のみ正解という処置は論外で，複数正解として処理されるべきで
あろう。河合塾・代ゼミ・増田塾から同様の指摘あり。早大の公式解答は
「トゥサン＝ルヴェルチュール」のみであったが，世界史の公式解答全体
について「※以下は解答例であり、別解がある場合があります。」という
注意書きがあった。結局デサリーヌが正解扱いになったのかどうかは闇の
中である。

１６．早稲田大　国際教養学部（２つめ）

出題ミス（複数正解）

問題4　**問1**　下線部 a（編註：Great Depression）に関連する以下の記
述のうち，誤りを含むものを一つ選びなさい。

ア　1929 年のニューヨーク株式市場における株価暴落が，米国経済の恐
　　慌を引き起こした。
イ　1932 年の選挙で民主党のフランクリン・ローズベルトが大統領に当
　　選し，ニューディールとよばれる経済復興政策を実施した。
ウ　英国の経済学者ケインズは，「雇用・利子および貨幣の一般理論」で，
　　財政収支均衡を目的とした財政支出削減を主張した。
エ　フランスはベルギー，オランダなどとフラン・ブロックを形成し，金
　　本位制を維持した。

◀解答解説▶

アとイは正文。ウは全体的に誤りで，これが想定された正解だろう。ちょっと困ったのがエで，**「維持した」とはいつまでを指すのか**という点の解釈次第で解答が変わってしまう。イギリスと日本とドイツが 1931 年に金本位制を離脱し，1933 年にアメリカがこの流れに追従する中で，フランス・イタリア・ベルギー・オランダ・スイス・ポーランドは金本位制を維持する協定を結んだ。しかし，この金ブロックは 1935 年にベルギーが脱落し，1936 年に残りの国々も金本位制を離脱して解散となった。つまり，維持された期間はわずか 3 年である。これを，世界恐慌という環境の中で 3 年とはいえ維持していた，と読めばエは正文になるし，逆に第二次世界大戦開戦まですら維持できなかったというような読み方をすれば誤文になる。個人的には，こういう文は性善説（誤用）的に読んであげるべきだろうと思うので，悪問とは言えても出題ミスではないだろうと思っていたのだが，**大学当局から謝罪と複数正解を認める旨の発表があった。**河合塾から同様の指摘あり。

１７．早稲田大 国際教養学部（3 つめ）

解答用紙のミス

問題5 問8 イギリスでは 18 世紀に新しい農法が採用され，大幅な食糧増産が実現したといわれる。その農法とは何か。その用語を記述解答用紙の所定欄にカタカナで書きなさい。

◀解答解説▶

正解は「ノーフォーク農法」が想定されていると思われるのだが，解答がカタカナ指定である。こういう場合は，解答用紙にあらかじめ「農法」のみ印字されていることが多いのだが，実際の解答用紙には何の補足も印字されていなかった。したがって，本問の解答は 3 つのパターンが想定されるも，いずれも解答として不備が生じてしまう。

① ノーフォーク：カタカナのみで自然な解答を出そうとするとこうな

る。しかし，「ノーフォーク」は単なる地名であって，農法の名前ではない。

② ノーフォーク農法：問題の要求に対する解答としては過不足無いが，「カタカナで書け」の指定に従えていない。

③ ノーフォークノウホウ：解答として過不足無く，カタカナ指定にも従えているが，日本語の記述としてはあまりにも不自然である。

④ ノーフォーク（農法）：妥協案。解答にカッコを使っていいものかという葛藤はあるが。

　私が受験生だったら，②と解答すると思う。④がベストな対処だと思うが，現場で思いつく自信が無い。本問のような解答用紙のミスはたまに見かけるのだが，大体当日の試験中のうちに現場の受験生からの指摘があって訂正が入り，ぎりぎりのタイミングで事なきを得る。そのため，本企画の収録対象となることがめったにない。しかし，本問はこの国際教養学部の世界史の最後の問題であったためか，それとも引っ込み思案の受験生が多かったのか，当日中に訂正が入らなかったようである。その意味で大変に珍しい。代ゼミから同様の指摘あり。大学当局の公式解答は①または②だったが，④は当然正解扱いになるとして，③がどうなったのかはちょっと気になる。

　国際教養学部は2020年で入試科目から世界史が消える。その最後の年の最後の問題でこんなうっかりミスを出すとは，立つ鳥跡を濁すとはこのことであろう。

１８．早稲田大　法学部

出題ミスに近い

問題3　設問4　下線部④に関連して（編註：14世紀末，デンマーク女王のもとで北欧3国がカルマル同盟を結び，同君連合の王国が成立して北欧が一大勢力となった），デンマークやカルマル同盟について述べた次の1～4の説明の中から明白な誤りを含むものを一つ選びなさい。

1　ユトランド半島一帯のノルマン人はデーン人と呼ばれ，デンマーク王国を形成した。
2　11 世紀に，デンマーク王のクヌート（カヌート）がイングランドを征服し，新たな王朝を建てた。
3　カルマル同盟は，デンマーク女王マルグレーテが主導して，デンマークのカルマルで結成された。
4　カルマル同盟は，リューベックを盟主とするハンザ同盟と，北ヨーロッパの商業上の利益をめぐって争った。

◀解答解説▶

　本問は 3 が正解＝誤文で，カルマルはスウェーデンの都市である。これは一応用語集に記載があるが，かなりマイナーな知識であり，通常は 1・2・4 が基礎的な知識で正文とわかるのだから，消去法で 3 という解法をとるはずである……のだが，クヌートは **1016 年にイングランド王となってから，その 2 年後にデンマーク王に即位する**ので，選択肢 3 は順序が逆であり，厳密に言えば誤文である。1014 年に父のスヴェン 1 世が亡くなると，長男のハーラル 2 世がデンマーク王を継ぎ，次男のクヌートがイングランド王を継ぐことになった。しかし，イングランドにはアングロ＝サクソン系の前王エゼルレッド 2 世が舞い戻って即位してしまったため，内戦となる。エゼルレッド 2 世は人望が全く無かったので，イングランドの封建諸侯がクヌートを支持して勝利し，1016 年に正式にイングランド王となった後，1018 年に兄ハーラル 2 世が病死してデンマーク王を兼ねることになる。この辺の経緯は漫画『ヴィンランド・サガ』が創作混じりにかなり詳しくやるので，読んでいれば違和感に気づいたかもしれない。

　一応，ナポレオン 1 世やアレクサンドロス大王のように高校世界史上で即位前と後の事績がはっきり区別されるような人物でなければ，入試問題でも即位前後の時系列がさして気にされない傾向がある。出題ミスと確定させるにはこの点でやや弱い。なお，元から誤文の選択肢 3 のことなので本題には直接無関係だが，マルグレーテは「事実上のデンマーク女王」であって，正式な女王ではない。用語集もちゃんと「事実上の」と入っている。これも欠いていることも踏まえると本問は北欧史が専門ではない人が作ったと思われ，クヌートが先にデンマーク王に即位していたイメージがあっ

52

たのだろう。同様の指摘は『入試問題正解』にもあり。『赤本』は指摘無し。

１９．早稲田大　文学部

問題文のミス

問題1　ヘブライ人の唯一神 [A] が誕生した背景には，エジプト新王国末期のB太陽神だけを信仰する宗教改革が，強い影響を与えたとされるが，定かではない。

（編註：空欄 A の正解はヤハウェ。）

◀解答解説▶

　下線部 B からアメンホテプ４世時代のエジプトについての問いが作られているが，**アメンホテプ４世時代は新王国末期ではなく中期**だろう。古代エジプト新王国は前 1567 年から前 1085 年に存続した約 480 年の王朝である（年代は諸説あるが高校世界史の年号を採用）。アメンホテプ４世の在位は前 1351 年頃から前 1334 年頃であるので，本当にちょうど真ん中である。歴史学上，年代的には中頃でも衰退期に入っていたら後期と見なしてしまうような事例はあるが（たとえば安史の乱後の唐），エジプト新王国の場合はアメンホテプ４世の後にラメス２世が登場するのでそういうわけにもいかない。幸いにして下線にかかっていないので出題には影響が無いが，仮に下線部 B がここまでかかっていたら，その問いは出題ミス扱いだったであろう。駿台から同様の指摘あり。

２０．早稲田大　文学部（２つめ）

悪問

問題6　設問1　下線部 A に関して，第一次世界大戦中のイギリスについて正しい説明はどれか。

イ　大戦中に，成人女性の国政への参政権が認められた。
ロ　総力戦といわれたが，男子への徴兵は見送られた。
ハ　戦争指導の失敗のため，戦時下にロイド＝ジョージは首相を罷免された。
ニ　フランス，ロシアとともにサイクス・ピコ協定を結んだ。

◀解答解説▶

　ニがどう見ても正文なので，残りの選択肢を吟味するまでもなく正解が出る。ロは厳密に言うと範囲外だが，総力戦なのに徴兵制ではないというのも考えづらいというところで推測がつくだろうし，ハは基礎知識で誤りとわかる。困ったのはイで，ここでいう**「成人女性」の範囲が不明瞭**である。イギリスは大戦末に第４回選挙法改正を行って 30 歳以上の女性（戸主または戸主の妻）に参政権を認めているが，男性は同改正で 21 歳以上の普通選挙を認めているので差別があり，条件がついたのも女性だけであった。よって，この「成人女性」を成人女性全員と読めば誤文になるし，一部ではあれ認められたと読めば正文になる。ここは成人女性全員と読まないと複数正解の出題ミスになってしまうので，そう汲んであげるのが適当だろう。実は私は割と自然に「全員の」と読んだので，初見では違和感が無かった。予備校の解答速報では，代ゼミと東進が指摘無し，駿台は「限りなく出題ミスに近い」と指摘し，河合塾は完全に出題ミスと断定。参考書では『入試問題正解』が出題ミスと指摘していたが，逆に『赤本』は「当時のイギリスの成人年齢は 21 歳であり，30 歳以上という規定は成人女性すべてに参政権を与えたとはいえない」と理由を付して問題が成立していると主張していた。これだけ意見が真二つに分かれた問題も珍しい。

２１．早稲田大　人間科学部

難問

問題2　康熙帝は，明の残存勢力を平定して中国全土に支配を広げ，つづく（　5　）および乾隆帝にいたる3代の皇帝が統治した130年余が清の黄金時代として知られている。

設問 X
(5)　a　太祖　　b　太宗　　c　世宗　　d　毅宗　　e　成祖

◀解答解説▶
　正解は雍正帝だなと思って選択肢を見て愕然とする問題。唐や宋以外の中国の王朝で廟号を問うのは非常識だろう。大体において太祖は開祖，太宗は2代目であるということからaとbは外せるだろうが（実際にヌルハチとホンタイジである），残りはかなり厳しい。正解はcの世宗で，朝鮮王朝のセジョン（世宗）と同じである。eの成祖は明の永楽帝が有名で，清朝にはいない。dの毅宗は全く知らなかったので調べてみたら，明の崇禎帝がいた。なお，康熙帝は聖祖，乾隆帝は高宗。世宗・高宗は最盛期の君主や中興の祖の廟号でそれなりに見かけるが，聖祖は珍しく，私自身康熙帝以外に知らない。似たような廟号の聖宗は遼の2代目，澶淵の盟を結んだ時の皇帝が有名。世宗は朝鮮王朝と清朝以外だと前漢の武帝が該当。高宗は唐の3代目と南宋の初代が最も有名。

２２．早稲田大　人間科学部（２つめ）

難問・奇問

問題4　**設問 Y**　⑥　オバマに関して述べた以下の文のうち，誤りを含むものを選びなさい。

a　オバマはケニア人の父とアメリカ人の白人の母の子供としてハワイで生まれ，インドネシアでも子供時代を過ごした。

b　オバマはアメリカ合衆国内に存在する人々の間の経済格差や，それに伴う医療格差の是正を目指し，医療保険制度の改革に取り組んだ。

c　オバマは大統領となってほどなく，プラハで核兵器廃絶を目指す姿勢を明らかにする演説を行い，そのことも評価されてノーベル平和賞を受賞した。

d　オバマはイスラームとの対話を重視する立場と，財政負担軽減のため，前政権から続いていたアフガニスタンへの派兵を取りやめ，撤兵した。

◀解答解説▶

　世界の左派知識人にはたまに異様にオバマが好きな人がいるが，これもそういう作題者なのだろうか。**これは世界史の問題ではなくてオバマの個人史では。**高校世界史と言いうるのはｃだけである。これは容易に正文と判断できるだろうが，残りは受験生には厳しい。ａとｂは正文，ｄは入試が実施された 2020 年 2 月頃にようやくトランプ政権が撤退するかしないかという話をしているくらいなので誤文である。一応，ｄの内容は東京書籍の教科書にのみ記載あり（p.430）。ａの内容は実教出版の教科書にのみ記載あり（p.415）。何度も繰り返し書いているが，こういうことをされても受験生はオバマに関心を持つどころか嫌いになるだけなのでやめてほしい。

２３．早稲田大　教育学部

出題ミス

問題2　(3)　現 EU 加盟国について誤っている説明はどれか。

a　イギリスは，1973 年に EC（ヨーロッパ共同体）に加盟した。

b　クロアティアは，2004 年に EU（ヨーロッパ連合）に加盟した。

c　スペインは，1978 年憲法で民主的な君主制に移行した。

d　ルーマニアでは，反政府運動の中で，大統領夫妻が処刑された。

◀解答解説▶━━━━━━━━━━━━━━━━━━━━━━━

　2020 年の出題ミス大賞は間違いなくこれ。よりによって皆そこだけは気をつけるだろうと思っていた箇所でやらかすのはかえってすごい。c と d は普通の正文。b はクロアティアの EU 加盟年が 2013 年なので誤文。**a はこの入試が行われた 2020 年 2 月 19 日時点でイギリスが EU 加盟国ではないので**（イギリスは 2020 年 1 月 31 日に EU から離脱），「現 EU 加盟国」についての説明として誤っていると判断できる。作問者は「離脱交渉が長引いているので 2 月の段階ではまだ無理だろう」と考えていたのだろうか。ジョンソンは賛否があるにせよ豪腕であった。この 2020 年というタイミングでしかできない出題ミスであり，図ったかのようなミスに初見時思わず感動してしまった。駿台・代ゼミから同様の指摘あり。**大学当局から謝罪と全員正解としたという発表があった。**選択肢に現 EU 加盟国ではない国を含んでしまっている時点で，残りの 3 つがどうだろうと問題全体が不成立と判断したようだ。

２４．早稲田大　教育学部（２つめ）

出題ミス（複数正解）

問題2　（7）　フランスとドイツをめぐる 20 世紀の出来事について正しい説明はどれか。

a　イギリス，ドイツ，フランス，ベネルクス 3 国で集団的自衛権を目的とした西ヨーロッパ連合条約が締結された。

b　ヴィシー政権がドイツ占領に抵抗を示すと，レジスタンスがこれに協力した。

c　フランスとベルギーによるルール占領後，フランスでポワンカレ内閣が成立した。

d　フランスのミッテラン大統領がドイツのコール首相とともに，ヨーロッパ統合を推進した。

◀解答解説▶━━━━━━━━

　ありがちなミス。a はドイツが余分なので誤文。b は何を言っているのかがよくわからないが，ヴィシー政権とレジスタンスが協力したという事実はないので誤文と見なしていいだろう。d は正文で，これが作問者の想定する正解と思われる。審議の対象は c。これはポワンカレ内閣はルール占領を実施した時の政権で，ルール占領が国際的な批判を浴びて退陣したから誤文という作りなのだと思われる。しかし，**ポワンカレは 1924 年に退陣した後，1926 年に再組閣している**ので，ルール占領後に成立したポワンカレ内閣は存在していると見なすことができてしまう。この場合 c は正文になるので，複数正解の出題ミスとも解釈できる。**大学当局から謝罪と複数正解を認める旨の発表があった。**

２５．早稲田大　教育学部（３つめ）

難問

問題4　（7）　イギリスがインドで行った戦争について，次の①〜④が，年代の古いものから順に正しく配列されているのはどれか。

①　グルカ戦争

②　シク戦争

③　ブクサールの戦い

④　マイソール戦争

a　③→①→④→②　　　　b　③→④→①→②

c　④→②→③→①　　　　d　④→③→②→①

◀解答解説▶━━━━━━━━━━━━━━━━━━━━━━

　定番と言えば定番の問題。範囲内の知識だけだと④マイソール戦争→②シク戦争しか判断できず，どの選択肢とも④→②は変わらないので詰みである。一応，シク戦争が最後の征服戦争であることは基本事項として習うのでaとbに絞れるか。この段階でブクサールの戦いを知らなくても最初ということは判明するが，結局グルカ戦争とマイソール戦争のどちらが先かがわからないとどうしようもない。

　もっとも，ブクサールの戦いもグルカ戦争も範囲外としては比較的見るもので，近年だとブクサールの戦いは 2017 年の慶應大・法学部で見た。早慶対策では触れられることがあるから，解答できた受験生もいただろう。ブクサールの戦いは 1764 年，プラッシーの戦いの後。マイソール戦争は第一次の開戦が 1767 年なのでこちらの方が後である。グルカ戦争は1814 〜 16 年なので，1845 年開戦のシク戦争よりも前。よって正解はb である。しかしまあ，他の私大が出したからうちも出そうという発想，本当にやめないか。際限なく出題してもいいものが広がってしまうという負の波及効果に想像を働かせてほしい。

２６．早稲田大　政経学部

難問

問題２　A　2　下線部 b（編註：<u>近世以降のローマ教皇庁は，幅広い分野の芸術を積極的に後援した</u>）に関する説明として，正しいものはどれか。

イ　教皇シクストゥス４世が，ミケランジェロに「天地創造」を描かせた。
ロ　教皇ユリウス２世が，ラファエロに「アテナイの学堂」を描かせた。
ハ　教皇アレクサンデル６世が，サン＝ピエトロ大聖堂の新築工事を始めた。
ニ　教皇レオ 10 世が，ヴァチカン宮殿内にシスティナ礼拝堂を造らせた。

◀解答解説▶━━━━━━━━━━━━━━━━━━━━━━

　早慶上智名物，ローマ教皇マニアシリーズ。**長年この企画をやっている**

私でも，シクストゥス４世の出題は初めて見た気がする。この中で範囲内と断言できるのはレオ１０世だけ。ユリウス２世とアレクサンデル６世はグレーゾーンだが，ユリウス２世をサン＝ピエトロ大聖堂の再建着工とブラマンテの起用以外で，アレクサンデル６世を教皇子午線以外で問うのは反則だろう。本問の凶悪さは，そのグレーゾーンの知識を用いても，ハはアレクサンデル６世がユリウス２世の誤りで誤文ということ以外は確証をもって解答できず，３択からは絞れないところにある。

　さて，シクストゥス４世はシスティナ礼拝堂の建設開始を命じた教皇で，高校世界史では無名だが，西洋美術史上は有名。ローヴェレ家の出身で，ユリウス２世の叔父でもある。よってニは誤文。そのシスティナ礼拝堂の天井画をミケランジェロに依頼したのがユリウス２世で，これを受けたミケランジェロが「天地創造」を描いた。したがってイも誤文である。結果としてロが残るが，これが正解。本問をすぱっと正解できた人は西洋美術史マニアかルネサンス期イタリアマニアかローマ教皇マニアのいずれかだと思う。

２７．早稲田大　政経学部（２つめ）

難問

問題２　Ａ　７　下線部ｊ（編註：ザクセン選帝侯）に関わる説明として，正しいものはどれか。

イ　神聖ローマ皇帝カール４世が発布した金印勅書によって，当時のザクセン辺境伯が選帝侯になった。

ロ　宗教改革の際，当時の選帝侯が建設した城で，ルターが『新約聖書』のドイツ語訳を完成させた。

ハ　北方戦争の際，ポーランド王を兼ねていた当時の選帝侯は，スウェーデン国王の軍と戦った。

ニ　ティルジット条約によって，当時の選帝侯は王に昇格し，ワルシャワ大公を兼ねることになった。

60

◀解答解説▶━━━━━━━━━━━━━━━━━━━━━━━━━━━━━━

　イはザクセン「辺境伯」がザクセン「公」の誤り。ニは神聖ローマ帝国が解体した時点で王に昇格しているので誤り（この誤文の作りは機転がきいていて上手い）。よってロとハの２択までは絞れるが，そこからは判断に窮する。ヴァルトブルク城を建てたのがフリードリヒ賢明公だとすると，新築の城に要人を匿うだろうかという疑念がわけば，その直感を信じてよい。11世紀に建てられたものとのこと。残ったハが正解。ポーランドがロシア側についていたのは普通に学習する事項なので，ザクセン選帝侯がポーランド王を兼ねていたかは知らなくても，なんとなく正文っぽく見える文ではあり，正答率はそれなりに高かったかもしれない。とはいえ，**ヴァルトブルク城の建築年代を問う意味が全くわからず，**出題意図に対する疑問だけが残る。

２８．早稲田大　政経学部（３つめ）

難問・悪文

問題２　Ｂ　４　下線部ｍに関連して（編註：君主の神秘的な力），カペー朝以来のフランス王は，ある病の治癒力を持つと信じられていた。この治癒の儀式を行なったブルボン朝最後の国王の名を記せ。

◀解答解説▶━━━━━━━━━━━━━━━━━━━━━━━━━━━━━━

　これは問題の読み方によって難易度が変わってくる。この問題文を「ブルボン朝の歴代国王の中で，この治癒の儀式を行った最後の人物」と読むと，治癒の儀式自体が範囲外であるので受験生には歯が立たない問題であるが，どうも作問者は「この治癒の儀式を行なった，ブルボン朝最後の国王」と読んでほしいらしく，そうすると途端に易しい問題になる。正解はシャルル10世。事実，シャルル10世は治癒の儀式を行っている。もう近代に入っていて，そんな非科学的現象あるわけがないだろうという風潮の中，シャルル10世はいやいやながらに挙行したようだ。もうちょっと自然な日本語の問題文を作ってほしい。

２９. 早稲田大　政経学部（4つめ）

難問

問題2　B　5　下線部 n（編註：王権神授説）を唱えたボシュエは，フランス教会の教皇権からの独立を唱えていた。このような考えは何と呼ばれるか，カタカナで記せ。

◀解答解説▶

　ストレートな難問。正解はガリカニスム。『詳説世界史研究』には記載があるのでグレーゾーンではある。過去の早慶で出てたかなと思って検索してみたが，意外にも，少なくとも現行の課程になった 2014 年以降では出題例が無かった。

３０. 早稲田大　政経学部（5つめ）

難問・誤記

問題2　B　6　下線部 o（編註：こじんまりした快適な隠れ家）のひとつサンスーシ宮殿がある都市の名と，その地で 1685 年にユグノーの受け入れを命じる王令を発した君主の名をそれぞれ記せ。

◀解答解説▶

　前者の正解はポツダム。後者はそのままフリードリヒ2世を聞く問題かと思いきや，範囲外に飛んでいった。正解はフリードリヒ＝ヴィルヘルム大選帝侯。ところで，**フリードリヒ＝ヴィルヘルムは選帝侯であるので"王令"ではない**のではないだろうか。これ，プロイセンが王国だったと誤誘導して，フリードリヒ1世またはフリードリヒ＝ヴィルヘルム1世と誤答させるおそれがあるから，普通にまずい誤記では。駿台・河合塾から同様の指摘あり。

　念のため「ポツダム王令」という使用例があるか調べてみたが，ネット上では全く見つからなかった。一応「ここで言う『王家』は君主家の意味であって，king を示したものではない。天皇家でも王家と言い表すことはある」という言い訳はぱっと思いつくところだが，それを言うなら**君主の命令を表す一般的な語は"勅令"ではないか**という反論で死んでしまう。英語では区別がなくどちらも edict である。高校世界史でも 10 年ほど「ナントの勅令」と書かれていたが，近年は「ナントの王令」の表記が一般的になった。こういう事例に接してしまうと無理に王令という語を使う必要もないような気がしてくる。

３１．早稲田大　政経学部（6つめ）

難問

問題3　［都市 δ］　ポルトガル支配ののち，19 世紀に入ってスルタンの支配領域の中枢都市として台頭し，沿岸部に対する覇権の拠点となった。奴隷貿易，象牙貿易の発展とアラブ人がこの島で所有する丁子のプランテーションの成長により，沿岸域，インド洋交易の主要な中継港となった。1820 年代から奴隷貿易の禁圧を口実に　b　が支配に乗り出し（編註：空欄 b の正解はイギリス），1890 年に保護領化を宣言した頃には，土着住民に加えて少数のヨーロッパ人，奴隷や商人などからなる多民族都市となっていた。1890 年代以降は対岸沿岸部の都市の成長と鉄道建設によって中継港としての役割を終えた。

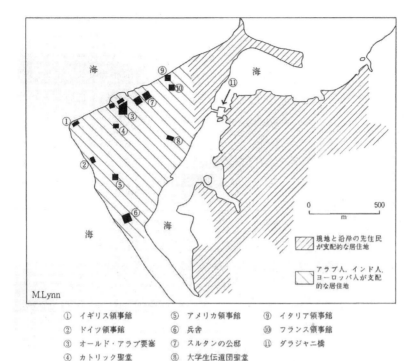

① イギリス領事館 ⑤ アメリカ領事館 ⑨ イタリア領事館
② ドイツ領事館 ⑥ 兵舎 ⑩ フランス領事館
③ オールド・アラブ要塞 ⑦ スルタンの公邸 ⑪ ダラジャニ橋
④ カトリック聖堂 ⑧ 大学生伝道団聖堂

B 1 都市 α ～ δ を，地図が描かれた当時の名称で記せ。
（編註： α ～ γ は省略。）

◀解答解説▶

　本問は説明文と地図から都市名を当てる問題で， α・β・γ は問題とし
て大変に面白いので，紙幅の関係で省略したが，興味ある方は『赤本』等
で見てみるとよい。δ も問題としての完成度は高く，正直に言えば面白い
とも思うのだが，難易度が高すぎて範囲内の知識では判断できないと見な
して収録とした。

　地図の方はあまりヒントが得られないので（ダラジャニ橋でわかったら
この都市の出者かよほど海外旅行経験がある人だけだろう），説明文の
方を読解する。まず，「奴隷貿易，象牙貿易」からアフリカの都市と断定。
次に「アラブ人がこの島で所有する丁子のプランテーションの成長」から

大陸東岸，スワヒリ文化圏の港市と推測する。西岸では大航海時代以降の
ヨーロッパ人が強く，ムスリム商人は喜望峰を回っていない。香辛料貿易
があったことを踏まえても東岸と言える。なお，アフリカ西岸にはリベリ
ア・シエラレオネの古名として「胡椒海岸」という地名があるが，これは
ヨーロッパ人がギニアショウガという現地の香辛料を胡椒と見間違えて命
名してしまったもので，胡椒海岸に胡椒は自生していない。

　解法に戻ろう。ここまで来るとやっと冒頭の「ポルトガル支配ののち」と
いう情報が生きてきて，アフリカ東岸のスワヒリ文化圏という推測を固める
ことができる。そして「19 世紀に入ってスルタンの支配領域」とあるから
ポルトガルが保持し続けた現モザンビークのモザンビーク（島）やソファラ
は消える。最後に「この島で」とあることから，この都市は大陸にはなく，
インド洋に浮かぶ島であることがわかる。とするとマリンディは大陸にある
都市なので外れて，キルワ・モンバサ・ザンジバルの３つが残る。さらに，
これら３つは最終的に全て英領になるものの，キルワのあったタンガニーカ
が英領になったのは第一次世界大戦後のことで，それ以前はドイツ領であっ
た。よって「1890 年」にキルワが英領になったというのはありえないので
選択肢から消せる。よって正解はモンバサとザンジバルの２択になる。しか
し，ほとんどの受験生はここで詰みであろう。とはいえ，この２つまで絞れ
たなら相当大したもので，実際にこの２つの中に正解があるのだが，どちら
を解答していても正解扱いにしてあげたい気はする。なお，地図の左側に大
きな海があることから，モンバサはほぼ大陸と接している島であるので，西
側に大海という配置はありえないという根拠をもってザンジバルに絞れる
のではないかという発想はありうる。ところが，これが通用するのは地図の
上が北ということが示されている場合のみで，この地図はそれが保証されて
いないから危うい解法である。実際に，この地図δ自体は上が北になってい
るものの，地図αは地図の右が北になっている。

　したがって，ここからは反則技による解法になる。範囲外の知識で攻略
する正攻法なら，「19 世紀に入ってスルタンの支配領域の中枢都市として
台頭」からオマーン海上帝国を想起でき，オマーン海上帝国のアフリカ領
における首都はザンジバルであるから，正解はザンジバルとわかる。地図
上に「スルタンの公邸」とあるのも，これを補強する。それはそれとして，
キルワやモンバサが島であるということがあまり知られていないので，こ

の段階をスキップして正解にたどり着いた受験生もいたかもしれない。

　もう一つの解法として，別の設問で（A-3），「β〜δに共通する現象として都市αの周辺出身地域の女性が 19 世紀末に居住していた」とあり，「この女性たちが渡航していた共通で最大の理由は何か」ということが問われている。ここから都市αの正解が長崎とわかっていれば，これは「からゆきさん」のことを指しているとわかり（実際に A-3 の正解選択肢は出稼ぎや人身売買の対象として渡航である），さらにアフリカに「からゆきさん」がいたのはザンジバルが有名な事例であるから，逆算してδがザンジバルとわかる。**完全に範囲外の知識になってしまうが，「からゆきさん」くらいは常識的に知っておいてほしいという作問者のメッセージが含まれた設問だったのかもしれないし，**この A-3 から逆算するのが作問者の想定する解法だった可能性すらある。科目融合の流れや女性史の流行から，この用語が将来的には範囲内に入っている可能性はゼロではないと思う。5 年後くらいの教科書に取り上げられていたら先見の明があった問題ということになるかもしれない。なお，この A-3 自体は消去法で解けるために収録から外したが，「からゆきさん」のことを知らない受験生は正解を選びつつも何のことか全くわからなかったと思われる。

　とはいえ，紹介した解法は 2 つとも現時点での受験生には過剰な要求であるに違いない。せめて説明文に「対岸はドイツ領となったが」と一言入れておいてくれれば，それでも難問ではあるが範囲内に落ち着いたと思う。説明文にアフリカと明記せず，特徴からスワヒリ諸都市と絞らせて，さらに旧宗主国から都市を特定させる仕掛けや，「からゆきさん」を迂回路として用意する仕掛けは凝っていて面白かっただけに，純粋な範囲内の問題に落とし込めていないのは本当に惜しい。

　早大・政経学部は収録 6 つで，出題ミスではなく難問・悪問止まりのものであったのは国際教養学部よりもマシか。**26 番**のような新奇性のある問題も，**29 番**のような何の捻りもない問題も，**31 番**のやけに凝った問題を含めて，「来年度からやらないし，ストックの難問全部入れとくか」という雰囲気を感じた。最後の打ち上げ花火としては十分な輝きだったのではないだろうか。観客席の受験生に大やけどを負わせつつ……。

３２．早稲田大　商学部

[難問]

問題１　同盟市戦争や奴隷の反乱が起こりローマ社会は混迷したが，とりわけ前73年から前71年に勃発したＣスパルタクスの反乱はローマの支配者層を大きく動揺させた。この騒乱は　Ｄ　の剣闘士養成所から奴隷が脱走したことで始まり，一時は大軍となる大反乱となったが，　Ｅ　らにより鎮圧された。

問Ｃ　下線部Ｃについて，この反乱の統率者スパルタクスの出身地域はどこと伝えられているか。

１．ガリア　　２．トラキア　　３．サムニウム　　４．ブリタニア

問Ｄ　　Ｄ　にはいる都市の名前はどれか。

１．アッピア　　２．ローマ　　３．カプア　　４．ナポリ

問Ｅ　　Ｅ　について，この人物はつぎのうちどれか。

１．ポンペイウス　　２．スラ　　３．マリウス　　４．クラッスス

◀解答解説▶

　問Ｅのみ範囲内の真っ当な問題。正解はクラッスス。残りの２つは過剰に難しい。問Ｃの方はまだいい。用語集のスパルタクスの項目の説明文に記載がある。もっとも，こんなところを覚える人は少ないが。私はなんだか知らないが覚えていた。『ローマ人の物語』辺りの記憶だろうか。普通の受験生はブリタニアは遠すぎるから違いそう，サムニウムとトラキアはそもそもそんな名前知らないとして，ガリアを選ぶと思う。しかし正解はトラキア（おおむね現在のブルガリア）である。なお，過去の出題例

を調べてみたところ，トラキアが出題されていたのは 2010 年の上智大までさかのぼらないと無かった（**2010 上智 5 番**，拙著 1 巻 p.374）。受験生が覚えるにはあまりにも費用対効果が悪い。

　問 D はもっとひどい。完全な範囲外である。アッピアは街道の名前だから違う，ローマで反乱を起こしたということもなさそうということで 2 択までは絞れるだろうが，受験生にとってカプアは聞いたこともない地名であるのでナポリを選ぶと思う。しかも，**スパルタクスはヴェスヴィオ山に立てこもっている**ので中途半端に知識があると余計にナポリを選んでしまう鬼畜仕様。正解はカプアである。

３３．早稲田大　商学部（２つめ）

難問

問題 1　問 F　下線部 F について（編註：『対比列伝』（『英雄伝』）を記したローマ帝政期の哲学者・著述家），この人物が晩年に神官を務めた場所はどこか。

１．アテネ　　２．アレクサンドリア　　３．デルフォイ　　４．オリンピア

◀解答解説▶

　知るかこんなもんと言いたいところだが，用語集のプルタルコスの説明文に記載がある。これは載っている方がおかしい。知らないなりに選択肢を削るということすらできず，受験生は鉛筆を転がすしか手段がない。正解はデルフォイ。まあ神託をやってたしな，という直感が働いていた受験生がいたならなかなか勘が鋭い。しかし，実際にはプルタルコスが生きていた頃にはデルフォイの神託はすっかり廃れていて，それを復活させる目的でプルタルコスが最高神官に自薦で就任したという経緯がある。実はその直感は的外れなのである。用語集はそこまで解説してくれていない。果たして作問者がそこまで知っていて本問を出したのかは疑問で，用語集の説明だけ読んで実情を知らずに作ってしまったようにも思える。

３４．早稲田大　商学部（３つめ）

難問・奇問

問題1　問H　下線部H（編註：<u>ガリア</u>）に関連する内容として，正しい記述はどれか。

1．ルグドゥヌムは，現在のフランスの首都になっている都市である。
2．マッシリアは，前600年頃にローマ人によって植民された都市である。
3．ブルディガラは，現在はワインの生産地として世界的に知られている都市である。
4．トロサは，現在は自動車産業の町として世界的に知られている都市である。

◀解答解説▶

　実に早大商学部らしい意味不明問題。さすがはマイクロソフトの本社の位置を聞いた日程である。フランスの古代の都市名くらいは常識と言いたいのだろう。とりあえず範囲内の知識で取り掛かると，１はパリの古名がルテティアなので誤り。ルグドゥヌムはリヨンの古名である。２はマッシリア（現在のマルセイユ）がギリシア人の植民市なので誤り。ところで，マッシリアはラテン語表記で受験生には見慣れない。古代ギリシア語表記のマッサリアと書いてほしかったところ。で，３と４は絞れない。この２択に絞るところまでで十分な難易度なので，できればこの水準で正解が出せる作りにしておいてほしかった。

　正解は３のブルディガラで，これは現在のボルドーのこと。**４のトロサはトゥールーズのラテン語（およびオック語）での名称で，トゥールーズの主要産業は航空機産業**であり，エアバス社の本社がある。自動車産業の町ではない。一応トゥールーズが航空機産業の都市というのは高校地理で習うので，トロサの音からトゥールーズを連想し，かつ高校地理の知識があれば消去法で正解が判明する（実際に私の解法はこれだった）。しかし，ブルディガラからのボルドーにせよトロサからのトゥールーズにせよ，こ

れらの音からの連想は高校生に求めていい発想を超えているし，高校地理
での学習内容は世界史にとっては完全に範囲外であるから，全く擁護でき
ない問題の作りをしている。

３５．早稲田大　商学部（４つめ）

問題3　問 D　下線部 D に関連して（編註：<u>スコットランド</u>），正しいも
のはどれか。

1．スコットランド王ジェームズ６世は，イングランド王ジェームズ１世
　を兼ね，自由主義的な立憲王制を理想とした。
2．1707 年，ジョージ１世の手によってイングランドとスコットランド
　は合同し，大ブリテン王国となった。
3．スコットランド生まれのアダム＝スミスは，『諸国民の富』などの著
　作で，古典派経済学を拓いた。
4．16 世紀，スコットランド女王のメアリ＝スチュアートは，スコット
　ランドのプロテスタント化を進めた。

◀解答解説▶

　何十年か前の，ヨーロッパ史と中国史だけが詳しかった時代の高校世界
史を彷彿とさせる問題。1は「自由主義的な立憲王制」が完全な誤り，2
はジョージ１世がアン女王の誤り。ここまでは範囲内の知識で絞れるが残
りが難しい。メアリ＝スチュアートは範囲外なのであるが，作問者にそ
の意識がなく，消去法で解いてくれるだろうと思っていた節が見受けら
れる。メアリ＝スチュアートはフランスに嫁いでいることからもわかるよう
にばりばりのカトリックであるので4は誤り。アダム＝スミスは確かにス
コットランド生まれであるので3が正文＝正解である。なお，驚くべきこ
とに**この大問3のリード文に「15 世紀の『地理上の発見』以降」という
文が出てくるので，割と本当に何十年か前の高校世界史の記憶でこの大問**

3を作ってしまった可能性があり，そうすると逆にこの問Ｄ以外の収録対象を生み出さなかったのはとんでもない不幸中の幸いであろう。実際，残りの事項は世界史というよりも時事ネタとして言及したと思しき21世紀のもの以外は全て何十年か前の高校世界史と変わらない内容からの出題である。

３６．早稲田大　社会科学部

難問

問題３　問７　下線部 (G) について（編註：<u>オリンピア</u>），下の地図の中からオリンピアの正しい場所を示した記号を１つ選べ。

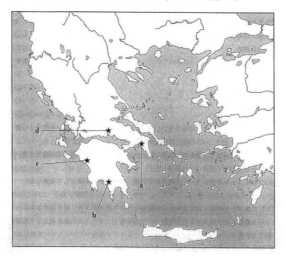

◀解答解説▶

　ほぼ全く同じ問題が同年の上智大で出ている（**上智８番**）。概ねそちらで解説した通り，ａがアテネ，ｂがスパルタ，ｃがオリンピア（正解），ｄがデルフォイである。商学部でもデルフォイの名前が問われていた（**３３番**）。2020年はオリンピックイヤーだから古代ギリシアを積極的に出題しようということでこうなったのだろうか。作問の時点ではまさか2020

年にオリンピックが開催されないとは，誰も予想していなっったかところで
あるが。2020 年に限っていえばオリンピアとデルフォイの名前と場所は
頻出であった。

３７．早稲田大・社会科学部（２つめ）

出題ミス

問題4　問1　下線部（A）について（編註：<u>アヘン戦争とアロー戦争</u>），
アヘン戦争とアロー戦争に関する記述のうち，最も適切なものを１つ選べ。

a．アヘン戦争の背景には，清からの大量の綿輸入に伴うイギリス側の対
　清貿易赤字の深刻化があった。
b．インド産アヘンの密貿易を取り締まるために，乾隆帝は林則徐を欽差
　大臣に任命した。
c．アロー戦争の要因のひとつには，広西で起こったイギリス人宣教師殺
　害事件があった。
d．清の公羊学者魏源が両戦争にまたがる時代の世界情勢を記した地理書
　『海国図志』は，日本でも大きな影響を与えた。

◀解答解説▶

　aは「綿」輸入が「茶」輸入の誤り，bは乾隆帝が道光帝の誤り。cは
「イギリス人」宣教師が「フランス人」の誤り。よって消去法でもdが
正解と絞れ，これが作問者の想定する正解と思われる。しかし，**『海国図志』
が示したのは明代からアヘン戦争以前の世界情勢**であり，「両戦争にまた
がる時代」の世界情勢を記したとは言いがたい。ただし，著者の魏源の問
題意識はアヘン戦争の敗戦を受けた近代化改革にあり，西洋諸国の侵略の
意図を明らかにすることであったから，広い意味では 19 世紀前半から半
ばにかけての世界情勢を写し取ったと言えなくもない……書いていて自分
でも苦しいと思った。**大学当局から謝罪と正解の不在，全員に得点を与え
た旨の発表があった。**駿台から同様の指摘あり。なお，『海国図志』は中

国ではあまり読まれなかったが，むしろ日本で佐久間象山や吉田松陰が広めたために強い影響力を持った。その意味で世界史用語というよりも日本史用語である。用語集頻度も①と低い。

■■■ 2020 国公立 ■■■

1. センター試験・本試験　世界史B

出題ミス？

問題 1　問 5　下線部⑤に関連して（編註：支配体制），制度や政策について述べた文として正しいものを，次の①～④のうちから一つ選べ。　　5

① 　魏で，屯田制が実施された。

② 　ムガル帝国が，貴族に軍役と引き替えに土地を与えるプロノイア制が導入された。

③ 　ベルンシュタインが，プロイセンで農奴解放を行った。

④ 　ポルトガルで，アトリー政権が社会福祉制度を充実させた。

◀解答解説▶

　②～④はわかりやすく誤文。なお③はベルンシュタインがシュタインの誤りなのでダジャレである。①が正文＝正解という普通の問題であったのだが，**魏が三国時代の魏（三国魏，曹魏）か戦国時代の魏か区別がつかず，正誤判定ができない**という指摘があって，全員正解という扱いとなった。この対応については受験業界のみならず，受験に関心が深い大学人，歴史好きの人々などから概ね非難轟々であった。

　私もこの出題ミスは認めるべきではなかったという立場をとる。本問は過失が無いわけではなく，試験実施前に見つかっていたら「三国時代の」と書き足すべきだと考えるのは，対応を批判している人の間でも満場一致で賛成するところだろう。しかし，**これは 1 文ごとの正誤判定ではなく 4 文の正誤判定，それも 1 つしか正解がないことが明らかにされている**ものであるから，残りの 3 つが誤文であることが明確となった段階で①は正解

として読むべきと考える。本企画の出題ミス判定もこの基準で運用していて，4択のうち明確な不正解が3つ，不明瞭が1つという状況であれば，悪問には認定しても出題ミスには認定していない。**「善意の解釈をすれば正解が出る」ものは，悪問ではあれ出題ミスではない**のだ。あとはその不明瞭の度合いによって収録せず・悪問・出題ミスに近いの3つに割り振っている。本企画上でも読者の皆さんの与り知らないところで，初見で私が首を捻ってチェックをつけたものの，検討の段階で瑕疵が小さいと考えて収録せずとした問題は山のようにある。本問について言えば，①は正文であることを前提に読む以上は三国時代の魏として読むのが善意の解釈であり，悪問と認定するような不明瞭さがあるとは考えられない。入試問題で三国魏と戦国時代の魏を混同させるような問題はほとんどなく，この点でパリ条約やロンドン会議とは話が違う。

　センター試験だけは悪意のある解釈の余地がゼロでなければならないというのは，センター試験の社会的影響を考えればわからないでもないが，過剰コンプライアンスと言えよう。むしろ**入試問題の本意から言えば知識・理解による選抜性を失わせる分，全員正解という対応はかえって悪影響**と言える。出題ミスとは知識・理解・思考力を試すに値しない問題に貼られる負のレッテルなのだ。仮に本問の水準で出題ミスを出していくなら，つまり過剰コンプライアンスになろうがなんだろうがちょっとでも疑義の出たものは出題ミスとみなしていくのなら，もっと危ない問題は他にもある。たとえば第4問の問5にある次の選択肢。

①　アテネでは，ペルシア戦争後，軍船の漕ぎ手として活躍した下層市民（無産市民）の発言力が高まった。

　この文を正文として読まなければこの問題は正解が消滅してしまうのだが，アテネの下層市民の発言力が高まったのはサラミスの海戦（前480）後であるから，ペルシア戦争が前449年のカリアスの和約で終戦したと見なす立場を取れば誤文になってしまう。しかし，ペルシア戦争は前479年のプラタイアの戦いで実質的に終戦しているという立場もあるから，こちらの立場をとればこの文はセーフになる。いずれの立場も高校世界史上で存在していて無理のない解釈であるから，ここは善意の解釈を

して本問は問題なく成立していると見なすべきである。しかし，前述の水準で言えば本問も「ペルシア戦争後とは具体的に何年頃を指しているのかが不明瞭であるので，正誤の判定ができない」という疑義を発することが可能であり，出題ミスと見なされうる。しかしながら，入手できる限りの世界史の大学入試問題を毎年解いて狂気的に出題ミスや悪問を探している私でさえ，この水準では出題ミスと見なさない。こんな水準でのチェックを日本社会は望んでいるのだろうか。私にはそうは思えないのだ。

　さて，本問についてはもう一つの論点がある。本問の選択肢４つの時代・地域がばらばらなことにお気づきだろうか。下線部も「支配体制」と非常に抽象的な言葉になっている。そもそもこの下線が「三国時代」等であればそれが縛りになって，本問は出題ミスとはならなかったのではないか，という指摘はこの騒動で散見された。このようなセンター試験の問題の作りについては，昔から一定の批判がある。これについて知らない読者も多かろうと思うので，補足的に説明を加えておく。

　このような「正誤判定の選択肢文４つに，時代も地域もかけ離れたものを持ってくる」仕様はセンター試験に特有である。私大の正誤判定だとめったに見ないものだ。私大ならそれこそ三国時代というような下線部を用意して，選択肢を４つとも三国時代の関連で作る。センター試験がその特殊な作りをしているのには理由が２つある。

　１．文科省から「単年で教科書の全範囲を押さえるような作りにせよ」と指示を受けているため。特定の時代・地域に偏った出題をしてはいけないというよりも，特定の時代・地域が出題 "されない" のを極力避けている。しかし，36 問で固定という縛りもあり，基本４択（一部仕方のない事例のみ６択）という縛りもあるため，最大でも 36 × 4 ＝ 144 の事項しか問えない。この制限を両立させるためには，４択の中身をばらばらにせざるをえない。

　２．センター試験は用語の意味・内容よりも，用語の出現する時代・地域を問うことに特化している節があるため。そのために用語の意味・内容や，概念的な理解はかなりの程度投げ捨てている。

　そうして見ると本問も，わずかこの４つの文で「三国時代の中国」「後期のビザンツ帝国」「ムガル帝国」「近代のプロイセン／ドイツ帝国」「現代のポルトガル／イギリス」とかなり広範囲の時代・地域をカバーできて

いることがわかる。代わりに屯田制やプロノイア制の中身を全く理解していなくても解けてしまう。

　こうしたセンター試験の特徴に対しては，一部の歴史家から以下のような意見や批判がある。

　1については，「複数年で教科書の全範囲」が守られれば十分であり，単年で達成する必要はない。

　2については，そういう能力が日本国民にとって必要だとは思えないので，世界史の入試問題で問う必要はない。また，用語の出現する時代・地域よりも，用語の概念的理解の方が重要である。

　日本学術会議の声明として以下のようなまとめもあるので，ご興味のある方は一読を勧める。

　http://www.scj.go.jp/ja/info/kohyo/kohyo-24-t283-2-abstract.html

　これらに対しての私見を述べておく。

　1については，日本学術会議の提言に賛成。無理に単年で全範囲をカバーする必要はないだろう。

　2については，私は与しない。用語と時代・地域の一致は，それはそれで必要な理解と思われる。実際に，**世界史が苦手な子は「用語は覚えたが，それがどこの時代でどこの地域だったかは覚えてない」となっているケースが多い。**また，世界史が得意でも私大専願だとこういう子はたまに見かける。用語と時代・地域の一致を測るのであれば，時代と地域を散りばめた設問を作るのが手っ取り早い手段であろう（最適かどうかは別として）。また，この種の問題は根本的に受験世界史の用語数が多すぎるために，用語自体を覚えるのに必死になっていて時代・地域にまで手が回っていないことに起因していると思われる。ゆえに，用語の削減政策が進めばある程度自然に解消されると考えている（それこそプロノイア制が高校世界史に必要な用語かと言われると……）。

　皆さんはいかにお考えだろうか。これは趣味的に歴史にかかわる人も含めて，国民的議論が期待されるところだと思う。

２．高崎経済大・前期

解答のミス

問題2　また彼ら（編註：ソグド人のこと）はゾロアスター教（拝火教）あるいはそれと他宗教を融合したマニ教を信仰し，前者は中国では　B　教と呼ばれた。

◀解答解説▶

　唐代中国でのゾロアスター教の呼称は祆教であるので正解は「祆」となるが，**高崎経済大の当局が発表している公式解答を見ると「祅」が正解になっていた。**前年の早稲田大でも同じミスが見られたが（**2019 早慶１３番**，p.237），「祆」と「祅」は意味が異なる全く別の漢字であり，異体字ではない。したがって公式解答が間違っている。出題ミスに比べるとミスの程度は小さいが，ちゃんとした採点がなされているか，中国史に詳しい人がこの問題を作ったのかが不安になり，入試問題への信頼性は下がるミスだろう。

３．高崎経済大・前期（２つめ）

難問

問題2　問２　下線部①に関して（編註：山脈），タリム盆地の南側に連なる山脈の名称を漢字で答えなさい。

◀解答解説▶

　正解は「崑崙山脈」だが，まずこの山脈名は通常の世界史学習で登場せず，グレーゾーンである。用語集でもタリム盆地の項目の説明文に出てくるだけで，項目自体は立っていない。仮に出題自体が正当としても，**通常は漢字指定にしない。**日本語として馴染みのない漢字は，用語集頻度があ

まりに高い最頻出のものを除けば，受験生の過度な負担になるので避けられる傾向がある。また，高校世界史だとそこまででもないが，地理では中国や朝鮮半島の地名は「漢字でもカタカナでもよい」というルールが存在しており，漢字指定での地名の出題はほぼありえない。世界史でも歴史的に漢民族が多数派ではなかった地域については地理と同様のルールがかなり広がっていて，特に近現代朝鮮史では「朴正熙」でも「パクチョンヒ」でも問題なしとする採点基準は入試や模試でも定着している。これらから敷衍して考えると，本問の漢字指定も（悪い意味で）非常識と言えよう。同じ大問なのでまず間違いなく前問と同じ作題者だと思われるが，**その作題者本人が「祇」と「祇」の区別がついていないというのはなにかのジョークだろうか。**これで「最近の受験生は崑崙も書けないのか」等と採点していたかと思うと腹が立ってきた。この他にもグレーゾーンなので収録にしなかったが，サン＝ピエトロ大聖堂の再建を開始した人物としてユリウス2世を出題しており，高崎経済大の受験生の水準を考えても明らかに過剰難易度だった。高校世界史をよく知らない担当者に替わったのだろうか。

4．高崎経済大・中期

難問・出題ミス

問題3 例えば1925年には，西ヨーロッパの集団安全保障を定めるロカルノ条約が結ばれ，イギリスの D 外相，ドイツの E 外相，フランスの F 外相といったロカルノ条約の立役者は，いずれもノーベル平和賞を授与された。

問1 文章中の空欄 A ～ J に入れる人名として最も適当なものを【語群】から選び，その記号を答えなさい。ただし，同じアルファベットには同じ人名が入るものとする。

【語群】
（イ）クレマンソー （エ）ケロッグ （オ）チャーチル

（コ）　ブルム　　（シ）　エーベルト　　　　（ス）　ブリアン
（タ）　ポワンカレ　　　（チ）　オーティス＝チェンバレン
（テ）　ロイド＝ジョージ　（ト）　シュトレーゼマン
（編註：関係のある選択肢のみ抜粋，**原文ママ**）

◀解答解説▶

　E はシュトレーゼマン，F はブリアンまでは易しいが，D の人物は現行課程の高校世界史では習わず，範囲外である。正解はオースティン＝チェンバレンなのだが，ここで語群を見ると**（チ）の選択肢は「オーティス」になっていて「オースティン」ではない**ことに気づいてしまう。該当する人物が語群にいないので出題ミスである。大学当局発表の公式解答では堂々と正解が（チ）になっていたので，全く気づいていないのではないかと思う。本企画では重ね重ね書いていることだが，範囲外から出しておいての出題ミスは恥の上塗りであるので，せめて範囲外から出題するのはやめてほしい。なお，赤本は難問としつつ，解説で「オーティス（オースティン）」と補っていた。オースティンをオーティスと呼ぶ風習がイギリス英語に存在するならこの補いは理解できるのだが，あるのだろうか。少なくとも日本語のカタカナ表記では存在していないし，オーティスと書く人名は Otis，オースティンと書く人名は Austen（チェンバレンはこちら）・Austin を指すと使い分けているように思われ，混同するような翻訳はしないだろう。

5．愛知教育大

難問

問題2　蒸気機関は 18 世紀初めごろにイギリスの技術者（　4　）によってすでに実用化されていたが，ワットはそれを改良し，（　5　）年，熱効率や燃費の点で，はるかに優れた蒸気機関を生み出すことに成功した。

◀解答解説▶

　空欄4はニューコメンが正解で特に問題ではない。一方，空欄5は複数の点でまずい。第一に，**800年や1453年，1914年といった目立つもの以外の年号を語句記述で聞くのは非常識**である。難関私大はたまにこういうマイナー年号を問うことがあるが，それにしたって選択肢や順序入れ替えのような形であり，直接年号を書かせることは少ない。ワットの蒸気機関改良年は明らかにマイナーであり，ましてや国公立大がそのまま数字を書かせるようなものではない。次に，**ワットの蒸気機関改良は二度の契機があり，**出題は慎重であるべきだ。すなわち1769年と1781年である。ただし，最初の改良が問題文の指す熱効率・燃費の改良であり，二度目の改良がピストン運動を歯車によって回転運動に変えるものであったので，ここで求められている正解は1769年の方だろう。限定はしているので正解自体は出る。この他，この年の愛教大は明らかに作り慣れていない感じの出題や誤字があった。

6．名古屋大

難問

問題1　問2　下線部②について（編註：②いわゆる「ヘラクレスの柱」を越えた大西洋岸にも植民市を建設），「ヘラクレスの柱」に挟まれた海峡の現代名 (a)，及びこの人々がイベリア半島沿岸部に多くの植民市を建設した理由 (b) について述べなさい。（編註：70字程度）

◀解答解説▶

　(a) の正解はジブラルタル海峡。**(b) は2016年の問題をそのまま持ってきている。**本企画にも収録したアレですよアレ（拙著2巻 p.145，**2016その他2番**）。正解は当時の解答とほぼ同じでよく，「イベリア半島は銀等の鉱物資源が豊富であり，それらを獲得するための現地民との交易拠点が必要であったから。」とか書いておけばよいだろう。ちょっと厄介なのは，当時は解答欄が2行（50字程度）であったのに対し，今回は3

行に増えていることである。これ以上何を書き足せばよいのかという気はするが，各予備校の解答速報を見ても 50 字を超えていないので，現実的に無理なのだろう。

　過去問で一度出ている問題の再出題は，現在の入試は過去問演習を前提としている以上当然許される。大学側が受験生にどうしても知っておいてほしい知識・理解であればむしろ有効であろう。しかし，**再出題も範囲外のものとなると話は別**である。過去問演習が前提とされるのは，現代の大学受験が予備校・参考書文化によって支えられていて，安価に過去問が入手可能であり，高度な解答解説が付されているからに過ぎない。出題の形式や難易度，傾向は大きく変わらないと見なされているので，受験生はやっておいた方が有利と考えて"自主的に"過去問を解いてくるのである。**受験生は大学に課されたから解いてきているのではない。**範囲外の問題をそっくりそのまま再出題するのであればそのような予告は必要であり，**受験生の自主的な努力と予備校・参考書文化に支えられた出題は甘え**であろう。大学人としてそれでいいのかは再考してほしい。

7．名古屋大（2 つめ）

悪問

問題2　草原地帯ではひとたび遊牧国家が興ると，①かなりの大国に成長することがあった。そのような大国が生まれると，　　②　　世界史の舞台に遊牧国家として最初に名前を記した ク ，そしてそれに続いてユーラシア草原の東部にあらわれた ケ は，当時の先進的な定住農耕地帯であったギリシアや西アジア，中国にたいして，それに匹敵するかあるいはそれを凌ぐ強大な軍事力によって，その名をとどろかせた。また，それらの地帯の国家とはまったく異なる社会制度をもっていたことも，定住社会の住民にとっては驚異であった。そのため定住社会からは偏見をもって蔑視され，悪魔の申し子とか人間よりも鳥や獣に近い野蛮な存在とみなされてきた。

しかしそのような時代状況の中でも，草原では遊牧がもっとも適した生活

様式であり，遊牧民には彼らなりの価値観が存在することを認めることのできる，柔軟な思想の持ち主もいた。 コ と サ である。興味深いことに，両者の語る ク と ケ の風俗習慣は驚くほどよく似ている。それを比較してみよう。

シ 巻四
「町も城壁も築いておらず」
「その一人残らずが家を運んでは移動してゆく」
「騎馬の弓使いで」
「種も蒔かねば耕す術も知らない」
「生活は……家畜に頼り」
「ペルシア王が……向ってきた場合には……逃れつつ……撤収し，ペルシア王が退けば追跡して攻める」
（松平千秋訳，岩波文庫）

ス 巻一一〇
「城壁とか定まった住居はなく」
「水と草を追って移動し」
「士卒は弓を引く力があればすべて甲冑をつけた騎兵となった」
「耕作に従事することもなかった」
「家畜を放牧しつつ点々と移動した」
「形成有利とあれば進撃し，不利と見れば退却し，平気で逃走した」
（小川・今鷹・福島訳，岩波文庫）

（林俊雄『遊牧国家の誕生』山川出版社，2009 年，一部改。）

問2 下線部①「かなりの大国に成長することがあった」とあるが，そのうち世界史上最大の国の名を答えなさい。

また， ② はそのような大国の成立が，地域にどのような影響を与えたかを述べた部分である。その内容として考えられることを書きな

さい。（編註：50 字程度）

問6　本文中では定住社会の騎馬遊牧民に対する偏見が述べられている
が，実際のところ騎馬遊牧民が世界史にあたえた影響は決して小さくな
い。そのような影響として考えられることを解答欄の枠内に書きなさい。
（編註：70 字程度）

◀**解答解説**▶━━━━━━━━━━━━━━━━━━━━━━━━━━━

　問2の①はモンゴル帝国（最近は「大モンゴル国」の表記の方が強いか
も）。②は「交通の安全を保証して，東西の経済・文化交流を活性化させた」
あたりが正解だろう。原文を見てもほぼ同様のことが書いてあった。**困っ
たのは問6で，これは素直に捉えれば問2の②と同じ解答になる**。騎馬遊
牧民が世界史に与えた最大の影響を挙げようとすれば，真っ先に東西交渉
への影響になるのは誰だって同じだろう。しかし，当然同じ解答を求めて
いるわけではないと思われるから，これを外して解答を作ることになる。
なるのだが，**であれば問題文に「問2の②以外の観点で」とつけておくの
が筋**であり，そうでないなら同じ解答をされても文句は言えないし，実際
に加点されなければ理不尽ということになる。予備校でもそう考えた人は
いるようで，駿台は半ばやけくそ気味に問2の②とほぼ同じ解答を載せた
上で，分析で「問2と問6は解答が難しかったと思われる。」としていた。
問2は受験生にとって難しいはずがないので，言外に問6は問題の設定に
無理があると示しているのだろう。

　さて，一応は名大の作問者の意図を汲み取って，東西交渉の活性化以外
の解答を作ってみよう。問題文のまだ使っていない部分というと「本文中
では定住社会の騎馬遊牧民に対する偏見が述べられているが」になる。こ
れは本文中の「それらの地帯の国家とはまったく異なる社会制度をもって
いたことも，定住社会の住民にとっては驚異であった」とあるのに対応し
ていると考えられる。これらから，遊牧民の社会が持っていた特有の制度，
あるいはやや拡張して遊牧民特有の風俗・文化が，実際には定住社会を含
めた世界史全体に影響を与えている，という論を展開してほしい，という
ことが推測できる。あとは具体例を想起して，書き添えておけば解答は完
成する。

　真っ先に挙げやすいのは「騎馬」そのもので，騎射までは難しくても，騎乗は定住社会が遊牧民から学んだ文化と言っていいだろう。日本の鎌倉武士のように，騎射まで習得してしまった集団もいるが，あれは例外である。「騎馬」は河合塾も代ゼミも東進も挙げていた解答であった。逆に，騎馬遊牧民への対抗から定住社会の軍事が発展した事例を挙げてもいい。中国は明代の万里の長城を築くまでに土木建築技術を高めたし，オスマン帝国はチャルディラーンの戦いで銃火器を活用し遊牧民を打ち破った。風俗・文化なら，現在の我々が履いているようなぴっちりしたズボンを生み出したのは遊牧民であり，中国では「胡服」と呼ばれていた。東アジアに限れば椅子も遊牧民が持ち込んだ文化で，中国では魏晋南北朝時代に定着する以前はあまり椅子が用いられていなかったというのは比較的知られているところである。この辺は範囲外の知識になるが，範囲外の出題をする名古屋大に文句を言われる筋合いは全く無いので，知っていれば解答に使っていいだろうし，さすがに加点してくれると思う。

　そう考えると，問題文は「実際のところ騎馬遊牧民が世界史にあたえた影響は決して小さくない」という表現も良くない。「世界史」を「定住社会」としておけば意図がわかりやすかった。「世界史」ではスケールが大きすぎ，どうしたって東西交渉に発想が向いてしまう。なんなら，**この設問の文言で遊牧民が農耕民に与えた影響を書かせるのは，農耕民だけが世界史の主体であるという誤った認識を追認する**形になろう。それは作問者の意図には反するのではないか。

8．名古屋大（3つめ）

悪問

問題2（編註：リード文は前問と同じ）　**問4**　コ・サ に当てはまる人名および，彼らの著作である シ・ス の書名を答えなさい。また，それぞれの書物の主要な内容について，簡潔に説明しなさい。（編註：各20～30字程度）

◀解答解説▶

　本問は素直に解答すれば空欄コがヘロドトス，空欄サが司馬遷，空欄シが『歴史』，空欄スが『史記』になる。しかし，冷静に考えるとこの文章の情報だけでは『史記』と『漢書』の区別が不可能である。『漢書』にも匈奴についての描写はあるし，しかも『漢書』はそれを『史記』から引いているので内容がほぼ全く同じである。しいて言えば匈奴について記した巻の番号が違う。『史記』は問題文中にある通り 110 巻であるが，『漢書』では 94 巻である。本問は「こういう時に挙げられるのは常識的に考えれば『史記』であって『漢書』ではない」という"常識"によって支えられているだけで，機械的に判断するなら巻の番号以外で判断がつかない超難問である。

　しかし，本問の最大の問題点はここではない。悪質なのは，原文を読むとわかる。なんと，本問は『史記』と『漢書』を区別する手がかりになる部分の文章をカットしているのだ。本来は，「興味深いことに，両者の語る　ク　と　ケ　の風俗習慣は驚くほどよく似ている。」の前に，以下のような文章が入る（pp.20-21）。

　人間にたいする深い洞察力をもち、また物事を客観的にしかし同時に読者の興味を引きつける書き方をすることができたこの二人は、歴史家としての最高の資質をかね備えていたということができる。その著作が東西の史書の最高峰に位置づけられ、今なお読み継がれているのも当然であろう。

　「その著作が東西の史書の最高峰に位置づけられ」と言われれば，司馬遷の『史記』しかない。『漢書』も名著とは言われるが，最高峰に挙げられるかと言われれば『史記』に軍配が上がるし，その判断は受験生にも付く。なぜこの部分を削ったのか。悪意以外に理由を見出すなら紙幅の問題しか考えられないが，実は紙幅にはかなり余裕があるので，それも考えづらい。不可解である。

9. 名古屋大（4つめ）

悪問というか何というか

問題4 以下の史料は，スペインの植民地官僚であったアントニオ・デ・モルガが著した『フィリピン諸島誌』の一部である。モルガは1595年に代理総督としてフィリピンに渡り，1603年にヌエバ・エスパニャ（現在のメキシコを中心とする副王領）に転出している。

　この史料を参考にしながら，16世紀後半に始まった，マニラ，アカプルコ，中国間の国際交易について350字以内で説明しなさい。

〔史料〕
フィリピナス諸島の〔エスパニャ人〕居住者の大部分は商人及び貿易商である。……そこで商品を買付け，毎年ヌエバ・エスパニャへ（そして今日では日本へも）行く帆船に積んで送り出している。ヌエバ・エスパニャでは生絹が非常な利益をあげ，帆船がマニラへ帰る時にその売上げ金を商人のもとに持ち帰るが，今までのところ大きなそしてすばらしい利益をあげている。（中略）この通商取引は極めて大規模で利益があり，しかも（〔外国の〕帆船が商品を持って来てからヌエバ・エスパニャへ行く帆船がそれら商品を持って行くまで，僅か一年のうち三ヵ月しかかからないために）非常にきりまわしやすいので，エスパニャ人は，これ以外のことに精も出さなければ従事してもいない。従って，これといえる農耕も畑作もしていないし，鉱山も，（たくさんある）砂金採取場も開発しておらず，その他（もしチナ貿易がとだえるようなことになれば）非常な利益を生むようなたくさんの仕事にも従事していない。チナ貿易はこの点からいっても，また，原住民がかつて行なっていた仕事や農業を今では放棄してしまい，忘れていっているという点からいっても，非常に有害であり，大きな損失となっている。その上，この貿易の窓口を通して，年々莫大な銀が異教徒の手に渡り，もはやいかなる経路からもエスパニャ人の手に戻ることはないという大きな損害があるのである。

（神吉敬三訳，箭内健次訳・注『フィリピン諸島誌』岩波書店，1966 年，385-386, 395 ページ，一部改。）

◀解答解説▶

　本問の問題点は「国際交易について説明しなさい」となっているという点に尽きる。なぜなら，この国際貿易とはアカプルコ貿易を指しているが，**アカプルコ貿易の内容について説明するだけなら史料を考慮する必要が一切ない**からである。アカプルコ貿易の説明なんて名大の受験生なら誰だってできるだろう。史料を活用しようにも，史料で語られる内容はアカプルコ貿易の説明ではないので，全く足しにならない。よって，「**この史料を参考にしながら**」「**国際交易について**」説明するのは不可能であるのだ。問題が成立していない。

　本問を成立させるには，2 つの要件のいずれかを無視するしかない。手っ取り早いのは「この史料を参考にする」のをやめることで，これは前述の通り 350 字使って悠々とアカプルコ貿易の内容の説明をすればよい。アカプルコ貿易の内容の説明なんて 200 字程度でできてしまうので大きく字数が余るが，余分な情報をたくさん入れたり，流入した銀が一条便法の成立に影響を与えたこと等を苦し紛れに入れたりしておけば埋まらないことはないだろう。河合塾と駿台と東進の解答はこちらで，史料の内容には一切触れていない。

　では逆に，「この史料を参考にする」のを優先したらどうなるか。史料文の著者は明らかにアカプルコ貿易を糾弾していて，その問題点は

　・原住民もスペイン人も，貿易に精を出していて，農耕も鉱業も放棄してしまっている

　・莫大な銀は中国に流出する一方であり，スペイン人には戻ってくることがない

　という 2 点に集約できる。つまり，アカプルコ貿易はその後のフィリピンの長い低開発の起点を作ってしまったことと，スペイン本国は重金主義政策をとっているにもかかわらず，高級な絹織物と陶磁器の入手という奢侈のために，植民地ではむしろ正反対の政策がとられている，ということになる。とすると受験生がすべき解答は，最初の 200 字ほどでアカプルコ貿易の端的な説明をした後，これら 2 点の問題点を残りの 150 字で論

じればよい。代ゼミの解答はこちらである。

　どう考えても出題者がほしかった解答は後者であろうと思……っていたのだが，なんと**名古屋大の公式解答例は前者，すなわち史料を一切無視したものであった。**なぜ史料文を載せたのか，私には全く理解できない。後者であれば史料の読解と思考力を試す良問になっていただけに惜しい。問題文を「史料を参考にしながら，国際貿易とそれがスペインやフィリピンに与えた負の影響について説明しなさい」としておけばそうなっていたのに。

　以上４問，毎年のことではあるが，**名古屋大学は受験生とのコミュニケーションを取る気が全く無い**と評するほかない。別に私が名古屋大学が嫌いとか，名古屋大学を目の敵にしているとかそういうことはなく，**公平な目で旧帝大＋一橋大の問題を解いた上で，こんなに日本語が下手で独善的な問題文を書くのは国立大の中で名古屋大だけ**というのは改めて明言させてもらいたい。しかも中国史だけおかしいとかならまだしも，**どこの時代・地域からでも悪文が飛び出してくるオールレンジ攻撃**なので，もはや名大の文学部自体に組織的な問題点があるのではないかという疑いを持たざるを得ない。

１０．京都府立大・前期

難問

問題1　問14　下線部 (f) について（編註：モンゴル帝国の相続争いを経て即位したフビライ），この争いでフビライが打倒した人物の名を記せ。

◀解答解説▶

　正解はアリクブケ。中国史偏重の名残でちょっと前の課程までは残っていたが，現行課程では用語集のフビライの項目の説明文でしか見ない。ほとんどの受験生はハイドゥと解答したと思われる。ちょっと整理しておくと，チンギス＝カンの４男トルイには嫡出子が４人おり，上からモンケ，フビライ（クビライ），フラグ（フレグ），アリクブケである。1259 年に

第4代皇帝にして長兄のモンケが亡くなった時，フビライは南宋遠征に従軍していたため長江流域におり，逆にアリクブケはカラコルムで留守居役を任されていた。ここで当時のモンゴル人の家督相続は末子相続が基本であったが，一方で実力主義の風潮も強かったことが災いする。……というよりも末子相続は明らかに家政の範囲を超えない遊牧国家を想定した制度であって，超巨大なモンゴル帝国の継承には不向きであったと思われる。結果として翌1260年，有能で知られて現地軍の支持のあるフビライと，末子相続の正当性と根拠地にいたトルイ家重臣たちの支持を得たアリクブケが互いにクリルタイを開催し，第5代皇帝即位を宣言して内戦が始まった（フラグは中東に遠征していて状況に入れず，そもそもフビライ支持であったから自らは即位しなかった）。これが4年続いて，アリクブケが敗北を認めたのが1264年である。

　このようにアリクブケとフビライの争いはトルイ家内の内紛に過ぎなかったが，アリクブケ敗退後に他家が乱入してくる。そもそもチンギス＝カンの嫡子はジョチ，オゴタイ（オゴデイ），チャガタイ，トルイの4人いる。チンギスは末子相続の伝統から後継者にトルイを指名し，トルイは十分に優秀であったが，肝心のトルイが兄たちに遠慮してこれを拒否，自らは皇帝の補佐役となってオゴタイを第2代に即位させた……という余分なことをしたのが全ての発端である。当然オゴタイ家の人々はオゴタイ家の中での末子相続を主張し，トルイ家の人々はオゴタイの死後は本来の継承系統であるトルイ家に戻るべきだと主張し，これに前述の通り「最大実力者が自ら帝位を継ぐか，皇帝を指名するべきだ」という実力主義の伝統も相まって，3代目以降は帝位継承のたびに散々揉めることになった。フビライの即位に噛み付いたのがオゴタイの孫のハイドゥ（カイドゥ）である。1266年に挙兵したハイドゥはアリクブケほど甘くなく，優秀で人望もあったため，フビライ（元朝）とフラグ（イル＝ハン国）と，ハイドゥを支持するチャガタイ家とジョチ家（キプチャク＝ハン国）という帝国を二分する内戦に発展した。最終的にハイドゥ側が降伏するのは，フビライもハイドゥも亡くなった後の1305年，乱の勃発から約40年後であった。

　こうして考えてみると，アリクブケが教科書から消えて，ハイドゥは生き残っているのは合理的であると思う。トルイ家内部の争いが高校世界史で教えられるほどの歴史的意義を持つかというと疑問であるが，ハイドゥ

の乱は決定的にチンギス＝カンの築いた帝国を分裂させている。

１１．島根県立大

公式解答のミス

問題2 **問4** 下線部（C）に関連して（ウィーン体制下の<u>勢力均衡</u>），この時代の勢力均衡について，110字以内で記述しなさい。

◀解答解説▶

　まず，そんな大学知らないという方や，この大学は世界史で受験できたんだ，と驚く方が大半だろう。多くの国立大学が世界史で受験できない中で，公立大学の状況はさらに厳しく，まだ二次試験に世界史を課している根性のある大学は2020年度の時点で東京都立大・高崎経済大・京都府立大・島根県立大・高知工科大の5つと，文字通りに片手で数えられてしまう。世界史の入試を止めてしまう理由には，入試科目数を増やすと受験生が離れてしまうので，ある程度ブランドに自信がある大学でなければ設置が難しいという点と，本企画で重々証明されている通り，社会科の入試をミス無く実施するのはかなり苦労する業務になり，手慣れた教職員が必要になるという点がある。ずっと作成を担当してきた教員や，工程を回してきた職員が定年で辞めたりして実施が現実的ではなくなったというパターンはありうる。

　閑話休題。そんな珍しい大学の，極めて珍しいミスである。島根県立大は，その逆風に耐えて世界史を実施してきた大学だけはあって，古くから公式解答例を発表している。本問の公式解答例が以下の通り。

　「ウィーン会議終了後、主にイギリスによって提唱された主権国家体制成立後のヨーロッパの外交政策の基本原則。同規模、同程度の主権国家および諸勢力の勢力均衡を維持する考え方であり、特定の国家や勢力による国際関係の支配を阻止することを目的としていた。【120字】」

　内容上はそれほど異論がないのだが，最後の字数表記を見て気づくこと

はないだろうか。**なんと字数オーバーである。** せっかくの公式解答ではあるのだが，これでは満点にならない。加えて，別の問題が採点の段階で生じる。120 字が埋まっていることを前提に採点要素を割り振った場合，当然 10 字少ない分，受験生は不利な戦いを強いられる。同じ要素を含んだ文章を作る場合，10 字多いほうが冗長性があるので楽である。まあ 120 字と 110 字ならそんなに大きな違いはないし，公式解答例の文章自体に冗長性があるので（たとえば冒頭の「ウィーン会議終了後」からして不要である），本問ではそれほど不利にならなかった可能性は高いが。

１２．島根県立大（２つめ）

悪問

問題3　17 〜 18 世紀にかけてのヨーロッパでは（　1　）主義の活動が盛んになるにつれ，インド各地にはイギリス，（　2　），フランスなどヨーロッパ諸国の（　3　）が置かれた。各勢力は地方勢力と結びつき，商業利益をめぐって争った。（中略）イギリス（　3　）は（　7　）年フランス軍をうしろ盾としたベンガル太守軍を破った（　8　）や，1767 年からの（　9　），マラータ戦争，シク戦争などで地方勢力を倒し植民地化を進めた。

問1　空欄（　1　）〜（　15　）に入れるべき最も適切な語句・数字を解答欄に記入しなさい。

◀解答解説▶
　（1）は「重商」，（2）は「オランダ」とすぐにわかって，（3）が審議の対象。私は最初「『商館』とか『拠点』が求められているのかな」と思った。中略を挟んで（8）はフランスとベンガル太守が敗れたのであるから「プラッシーの戦い」，逆算して（7）は 1757（年），（9）は「マイソール戦争」が入る。これらから（3）はプラッシーの戦いや諸戦争の主体として「東インド会社」とわかるのだが，最初の（3）には東インド会社を

入れるとおかしなことになる。**東インド会社が設置されたのはあくまで本国であって，インド現地で設置されていたわけではない。**イギリス東インド会社の本社機能はロンドンであったし，同じくオランダ東インド会社はアムステルダムであった。現地にあったのは商館や要塞などの機能を持った拠点である。善意の解釈をしないと正解が出ないということで悪問としたが，厳しくとるなら出題ミスであろう。

■■■ 2020 私大その他■■■

13. 北海学園大　経済・人文学部〔2/9 実施〕

出題ミス

問題2　問3　下線部 (b) に関連して（編註：<u>王権神授説</u>），この説やガリカニスム（フランス国家教会主義）を唱え，ルイ 14 世の王太子時代に教育係を務めた人物は誰か，答えよ。

◀解答解説▶

　正解はボシュエであるが，**ボシュエが務めたのはルイ 14 世の王太子の教育係である。**教育を受けたのはグラン゠ドーファンと呼ばれたルイ 14 世の息子ルイであって，王太子時代のルイ 14 世本人ではない。以上の内容は用語集にも記載があり，これは言い逃れようなく出題ミスだろう。同様の指摘は『入試問題正解』にもあり。

14. 青山学院大　全学部〔2/7 実施〕

出題ミス（複数正解）

問題3　問10　下線部 a に関連して（編註：<u>第一次世界大戦は，ヨーロッパ列強の争いから始まり，世界中へと広がった</u>），第 1 次世界大戦前のバルカン半島について述べた次の文の空欄に当てはまる語句の組合せとして正しいものを下の選択肢から一つ選び，その番号をマークしなさい。

1908 年にオスマン帝国で青年トルコ革命が起こると，オーストリアは，管理下に置いていた　ア　を併合した。他方で，ロシアは，　イ　などをバルカン同盟に結束させ，同盟はオスマン帝国と戦争を行った。戦後，獲

得した領土配分から同盟国間で再び戦争となった。

① 　アーブルガリア　　　　　　　　イーセルビア
② 　アーボスニア・ヘルツェゴビナ　イーセルビア
③ 　アーブルガリア　　　　　　　　イーギリシア
④ 　アーボスニア・ヘルツェゴビナ　イーギリシア

◀解答解説▶━━━━━━━━━━━━━━━━━━━━━━
　空欄アの正解はボスニア・ヘルツェゴビナ。一方，空欄イは，バルカン同盟を結成したのはギリシア・セルビア・モンテネグロ・ブルガリアの4カ国であるので，**セルビアとギリシアのどちらも正解である**。よって②と④の複数正解の出題ミスである。**大学当局から謝罪と複数正解を認める旨の発表があった。**

15. 青山学院大　法・国際政治経済学部A方式〔2/18実施〕

[難問]

問題2　（史料）1　The maintenance of general peace, and a possible reduction of the excessive armaments which weigh upon all nations, present themselves in the existing condition of the whole world, as the ideal towards which the endeavors of all Governments should be directed. The humanitarian and magnanimous ideas of （　あ　）, have been won over to this view…the Imperial Government thinks that the present moment would be very favorable for seeking, by means of international discussion, the most effectual means of insuring to all peoples the benefits of a real and durable peace, and, above all, of putting an end to the progressive development of the present armaments…This conference should be…a happy presage for the century which is about to open. It would converge in one powerful focus the efforts of all States which are sincerely seeking to make the great idea of universal peace triumph over the elements of trouble and discord.

説明文：これは軍縮や国際平和を目的とした国際会議への参加を呼び掛ける文書である。

問1 この文書が各国に伝えられた翌年に実際に国際会議が開催された。開催された都市名を解答用紙（その2）に解答しなさい。

問2 この国際会議の提唱者とされ，（　あ　）にあてはまる人物の名前を解答用紙（その2）に回答しなさい。

問3 この国際会議の成果の一つとして，国家間の紛争を平和的に解決する手段として考えられた裁判所が設置されたことが挙げられる。

A) この裁判所の名前として最も適切な選択肢を一つ選び，解答用紙（その1）の解答番号 6 にマークしなさい。

① 国際海洋裁判所 　　　② 国際司法裁判所

③ 常設国際司法裁判所 　④ 常設仲裁裁判所

B) この裁判所は2016年，南シナ海をめぐる問題について中国の主張を斥ける判決を下して有名になった。中国を相手として裁判に訴えた国はどこか。最も適切な選択肢を一つ選び，解答用紙（その1）の解答番号 7 にマークしなさい。

① インドネシア 　② ヴェトナム 　③ フィリピン 　④ 台湾

◀解答解説▶

　青学では久々に見た作題者切腹級の難問。 英文がかなり難解で，世界史で出題していいレベルを超越している。この2/18実施の法学部A方式は国際政治経済学部の受験日程も兼ねているが，「国際政治経済学部の受験生だからどれだけ難しい英語を出してもOK」ということなら，付き合わされる法学部の受験生がかわいそうである。本問の最大のヒントは英語史料ではなく問3の問題文で，「この国際会議の成果の一つとして，国家間の紛争を平和的に解決する手段として考えられた裁判所が設置された」

から，ハーグで開催された万国平和会議とわかり，提唱者はロシア皇帝ニコライ2世であるから問1・2は解答できる。実際の原文を確認すると空欄あに入る文言は「His Majesty the Emperor, my August Master」であった。

　次に万国平和会議は1899年に第1回，1907年に第2回が実施されているので，この英文史料がどちらの招待文なのか判断する必要がある。解法としては招待状の中の「This conference should be...a happy presage for the century which is about to open.」を拾って「この会議はまもなく来たる世紀の吉兆となるだろう」と訳せれば，世紀末の開催で1899年の第1回と導ける。とはいえ**高校世界史上で重要なのは第2回のみで，第1回は存在が用語集に記載されているのみ**であるから，そもそも2回開催されていることすら知らなかった受験生の方が圧倒的に多かろうし，第1回の内容なんてましてや。下手をすると英文をまじめに読解した結果，「万国平和会議の開催は1907年だから，世紀末に開いたというのはおかしい」と誤誘導されて，問1・2が不正解になってしまった受験生もいるだろう。つまり，これが日本語史料であったとしても無理のある問題である。

　そして決定的にまずいのは問3。まずA，**高校世界史上で登場するのは（常設）国際司法裁判所のみである**ので，ほとんどの受験生は①・④の存在自体を知らない。一応，常設国際司法裁判所の設立は国際連盟設立と同じタイミングであり，これが国際司法裁判所に改組されたのは国際連合の設立の時であるのは用語集に記載があるので，1899年や1907年のタイミングではないから，これらを外して2択までは絞れるが，あとは完全に運だろう。正解は④の常設仲裁裁判所である。常設仲裁裁判所は1899年の第1回万国平和会議で設立が決定された。誤答の①が国際海洋裁判所になっているのはBから逆算して正解を割り出すのを防いでいると思われ，上手いが腹立たしい小細工である。

　Bは完全に政経の内容で世界史ではない。これが世界史になるのは，この判決により南シナ海問題が前進したと後世の歴史家に歴史的意義を認められ，かつそれが高校世界史の教科書に採用されるというプロセスを経た後であって，現時点では高校世界史として扱う理由が全くと言っていいほど認められない。もっとも，政経の出題としても過度な難問だろう。正解

はフィリピンである。なお，インドネシアはスプラトリー諸島の領有権を
主張していない。

16・17．青山学院大　法・国際政治経済学部 A 方式〔2/18 実施〕（2・3つめ）

難問

問題2　（史料）4　WE THE PEOPLES OF THE UNITED NATIONS DETERMINED

to save succeeding generations from the scourge of war, which twice in our lifetime has brought untold sorrow to mankind, and

to reaffirm faith in fundamental human rights, in the dignity and worth of the human person, in the equal rights of men and women and of nations large and small, and

to establish conditions under which justice and respect for the obligations arising from treaties and other sources of international law can be maintained, and

to promote social progress and better standards of life in larger freedom,

AND FOR THESE ENDS

to practice tolerance and live together in peace with one another as good neighbours, and

to unite our strength to maintain international peace and security, and

to ensure, by the acceptance of principles and the institution of methods, that armed force shall not be used, save in the common interest, and

to employ international machinery for the promotion of the economic and social advancement of all peoples,

HAVE RESOLVED TO COMBINE OUR EFFORTS TO ACCOMPLISH
THESE AIMS

Accordingly, our respective Governments, through representatives
assembled in the city of San Francisco, who have exhibited their full
powers found to be in good and due form, have agreed to the present
Charter of the United Nations and do hereby establish an international
organization to be known as the United Nations.
（編註：改行は原文ママ）

説明文：これは第二次世界大戦を契機として国際平和を目的として設立さ
　　　　れた国際機関の設立条約の前文である。

問 12　旧三大枢軸国の中で最も早くこの国際機関に加盟を許された国と
　　　最も遅くに許された国の順番通りの組み合わせとして最も適切な選択
　　　肢を一つ選び，解答用紙（その１）の解答番号 [14] にマークしなさい。
①　イタリアとドイツ　　②　イタリアと日本　　③　ドイツとイタリア
④　ドイツと日本　　　　⑤　日本とイタリア　　⑥　日本とドイツ

問 15　この国際機関の関連機関である国連開発計画（UNDP）が 1994 年
　　　の報告書で初めて公に取り上げたとされる，すべての人々の生存・生活・
　　　尊厳を守ることを目的とする概念の名称を解答用紙（その２）に解答
　　　しなさい。

（編註：この史料４に対しては他に問 11・13・14 が問われているが，い
ずれも標準的な問題であるので省略）

◀解答解説▶━━━━━━━━━━━━━━━━━━━━━━━━━━

　問 12 は惜しい問題で，日本の国連加盟は 1956 年の日ソ共同宣言後，
ドイツの国連加盟はブラントの東方外交の成果であるから 1973 年という
のを想起すればよく，これらを問うなら青学の受験生には適した難易度の
ちょっとした難問で，解答手順がちょっと複雑な良問だったと思う。しか
し，高校世界史で全く習わないイタリアの加盟年を混ぜてしまったことで

ただの範囲外の難問になってしまった。作問のセンスが無いと言わざるを
えない。ドイツが圧倒的に最後として①と⑥までは絞れるだろうが，受験
生には２択から決める材料が無いだろう。

　一応，ドイツ・オーストリア以外の欧州枢軸諸国は 1947 年のパリ講和
条約でまとめて講和している，加えてイタリアは 1943 年に英米に降伏し
ているため，国連加盟も早そうという推測を立てる受験生はいたかもしれ
ない（ただし，パリ講和条約は範囲内ながらマイナー知識）。この推測は
半ば正しく半ば誤っていて，実はイタリアの加盟もかなり遅く，1955 年
と日本よりもわずかに早いに過ぎない。1955 年はイタリアの他に，パリ
講和条約の対象国だったルーマニア・ブルガリア・ハンガリー・フィンラ
ンドと，中立国だった権威主義国家のポルトガルとスペインがまとめて加
盟しているので，1955 年に加盟した欧州諸国は多い。要するにスターリ
ンがイタリアの加盟を阻み，アメリカが対抗措置としてルーマニア等の加
盟を拒否していたのだが，雪解けによって「分断国家以外の加盟は相互に
認める」という妥協がなされた。というように説明がやや回りくどくなっ
たが，順番はイタリア→日本→ドイツであるので，正解は①。

　問 15 は純然たる難問。帝国書院の教科書にのみ記載があるのでグレー
ゾーンであるが，正答率は極端に低かったと予想される。選択肢でなく記
述問題であるので，知らなければ解答しようがない。正解は「人間の安全
保障」。

１８．青山学院大　総合文化政策学部 A 方式〔2/21 実施〕

地図のミス

問題 1　地中海の島と，地中海で行われた海戦について述べた文章（ア）
〜（シ）を読み，設問に答えなさい。

（キ）　オスマン帝国は，ベルリン条約によってこの島の行政権を失った。

（ク）　1720 年に，この島の名前を冠する王国が成立した。

（コ）　イギリスは，ユトレヒト条約によってこの島をスペインから獲得し
　　た。

（サ）　この島は，1768年にフランスに売却された。

（編註：（ケ）と（シ）は**問15**に無関係なので省略）

問15　文章（キ）から（シ）で述べられている島の名称と，下の地図中で示された位置の組み合わせとして適切なものを一つ選び，その番号をマークしなさい。

① （キ）　－　キプロス　－　Ｄ　　　② （ク）　－　シチリア　－　Ｃ

③ （コ）　－　コルシカ　－　Ｂ　　　④ （サ）　－　エルバ　　－　Ａ

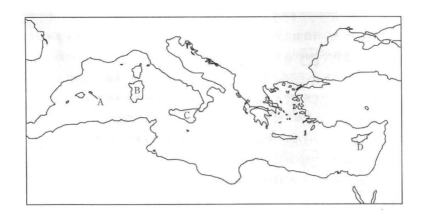

◀解答解説▶━━━━━━━━━━━━━━━━━━━━━

　この地図，ペロポネソス半島が島になっているというとんでもないミスがある。既視感があるな？　と思って調べてみたら，2016年の中央大・法学部が全く同じ地図で同じミスを犯しているのを見つけた（拙著２巻のp.163-164，**2016私大その他１９番**）。このダメな地図，入試作題者の中で出回っている……？

　しかも，とりあえず地図を無視して問題を解くと，（ク）が指しているのはサルデーニャ島なので②は誤り，（コ）が指しているのはミノルカ島なので③は誤り，（サ）が指しているのはコルシカ島なので④は誤りと，**実は本問は説明文と島の名前の組み合わせだけで正解が出せてしまい，地図の存在意義がない。**なんで地図が付されているの？　不可解である。

１９．青山学院大　総合文化政策学部 A 方式〔2/21 実施〕（2 つめ）

出題ミスに近い

問題2　D　アメリカではイギリスの (8) 課税強化による植民地への圧迫に抵抗して独立戦争が勃発した。

問8　下線 (8) の課税強化の法の名前を選び，その番号をマークしなさい。

①　強制移住法　　②　茶法　　③　保甲法　　④　ホームステッド法

◀解答解説▶

　細かいことを気にせず解答するなら②の茶法が正解でよいのだが，細かいことを言えば**茶法は課税強化法ではない**のがひっかかる。確かにイギリスが 13 植民地に押し付けた重商主義政策の多く，たとえば砂糖法や印紙法，タウンゼンド諸法といった法律はイギリスの歳入増が目的であった。しかし，茶法はちょっと違う。これはイギリス東インド会社に無関税で 13 植民地に茶を輸出する特権を認めたものであって，東インド会社の救済措置だった。イギリス東インド会社以外の茶には関税がかかっていた（これを定めたのはタウンゼンド諸法である）ので，イギリス東インド会社の茶のみが安価になり，事実上の独占につながると考えられた。また，13 植民地の商人はフランス等を経由した密貿易でイギリスの課した関税を回避していたため，同時にイギリスは密貿易の取締りを強化して，茶法に実効性をもたせようとした。それゆえに 13 植民地は茶法に大きく反発したのである。

　なお，通常の高校世界史で茶法の内容にこれほど深入りすることはない。しかし，茶法の内容はたまに難関私大で出題がある（たとえば拙著 2 巻の p.366，**2014 私大その他２３番**，法政大の問題）。そのために参考書等の説明も細かくなっていたところがあり，難関私大全体で言えば，この出題ミスは自業自得の感がある。こうやってブーメランになっちゃうの

だから範囲外からの出題は一律で控えましょう，とは本企画で繰り返し述べている通りで，本問はその良い実例と言えよう。

２０．学習院大　経済学部

難問

問題1　A　戦国時代の (3)〔①秦　②趙　③燕　④楚〕の都の邯鄲や，周の都の洛邑，(4)〔①魏　②韓　③斉　④普〕の都の臨淄などは鉄も塩も製造できる場所であった。

◀解答解説▶

　本問は漢文で故事成語をしっかりと扱っていた 20 年前くらいまでだったら難問ではなかったと思われる。しかしながら，漢文で故事成語を扱うことが減っていて，それに伴って高校世界史でも古代中国史の用語はどんどん削減されている。現在だと春秋・戦国時代の都市で基礎知識といえるのは東周の洛邑，秦の咸陽くらいで，かなりマイナーなところで斉の臨淄，燕の薊（燕京）が現在の北京というくらいまでが範囲内だろう。したがって本問の (3) も趙と楚までは絞れても，解答が出せない。正解は②趙である。こんな易しい問題なのに難問扱いなのか，と思われた読者も多かろうと思うし，私も日本人の基礎教養として「邯鄲の夢」くらいは押さえられていてもいいのではないかと思わないではない。しかし，それを習うべきは漢文の領域ではあり，漢文側で「故事成語は日本人に必要な教養にあらず」と切って捨ててしまった以上は，社会科の科目の側からとやかく言うことはできず，世界史自体が用語減少の傾向があるために「では世界史で引き取ります」とも言えない。本問は便宜上の区分を「難問」としたものの，難易度がまずいというよりも，「邯鄲という地名はどこで教えられるべきか／邯鄲という地名は日本人の基礎教養か」という，より大きな枠組みの議論の種が埋まっていると言えよう。

２１．学習院大　文学部

難問

問題４　(8)　下線部 (8) について（編註：琵琶は西域から伝えられた楽器である），唐の長安城内の市場では，西域から来た人々で賑わっていた。二つの市場のうち，西域の人々が集まり，ゾロアスター寺院の多くや景教寺院が近くにある市場を何というか，答えなさい。

◀解答解説▶

　これは難問ではあるが，ひねり方が面白く，日本史の知識があれば正解に肉薄できるという意味でも珍しい問題である。また，資料集のレベルなら記載があるので，批判されるべき難問というよりかはグレーゾーンの興味深い問題として掲載した。まず，長安城（大興城）は都城制による都市で，都市は巨大な宮殿と条坊制の街路（碁盤の目状の街路のこと）を基盤に形成され，概ね左右対称であった。都城制の都市には２つの市場が設置され，東側の市場を東市，西側の市場を西市と呼ぶ。世界史では都城制が日本や渤海等の周辺諸国の首都に採用されたことを習うが，都城制の中身までは深入りしないので，２つの市場が設置されていた事自体を習わないし，東市・西市という名前も当然出てこない。だから本問の解答には日本史の知識が必要になってしまい，本問の残念なポイントである。

　東市・西市という名前を知っていれば正解までもうあと一歩で，西域からの来訪者なのだから都の西側に住み着くだろうという予測で正しく，正解は「西市」。大秦景教流行中国碑が発見されたのも西市の近くであり，大秦寺（ネストリウス派キリスト教の教会）もこの場所にあったと推測されている。

２２．学習院大　法学部

難問

問題5　(11)　下線部 (11) について（編註：<u>1814 年の敗北によってそのほ</u>
<u>とんどを失った</u>），フランスがフランス革命後に獲得した新領土のうち，
かつての教皇領は 1815 年のウィーン会議以降もフランス領にとどまっ
た。この教皇領の地名を答えなさい。

◀解答解説▶

　正解はアヴィニョン。高校世界史上全く触れられないが，実は大シスマ
の解決後もアヴィニョンは教皇領に据え置かれた。とは言っても完全にフ
ランスに囲まれた領土であったから，かえってままならない領土だった
ことは想像に難くない。1791 年に革命政府が占領してフランス領となっ
た。ウィーン議定書でも教皇領に戻らなかったのは当然と思われる。

２３．学習院大　国際社会学部

難問

問題3　**設問 (4)**　ラテンアメリカとの貿易を主要な業務として 1711 年に
設立された会社があった。ただこの会社は市場で売却が困難なイギリスの
政府の債務（公債）を自社の株式に転換して市場に流通させるといった役
割を担うことになった。そうした中で 1720 年にこの会社の株式を中心に
投機ブームが起こったが，最終的に株価が暴落し，経済が混乱することに
なった。この会社の名称を答えなさい。

◀解答解説▶

　南海泡沫事件を知っていれば一発で「南海会社」が正解とわかるが，南
海泡沫事件が受験世界史の範囲外である。2008 年国際金融危機以降に過

去のバブル経済に注目が集まっていて，リード文で使われることが多くなったので，難関私大の過去問を多く解いている受験生はそれで知っていたかもしれない。

２４．國學院大　Ａ日程

出題ミス

問題２　問１　下線部 (21) の人物（編註：ティムール）に関する説明文として最もふさわしいものを，次のア～オの中から１つ選び，解答欄 21 にマークしなさい。

ア　この人物が建てた王朝は，ダマスクスを首都としていた。
イ　この人物が建てた王朝は，ウズベク人に滅ぼされた。
ウ　この人物が建てた王朝では，多数のアラベスクが制作されていた。
エ　この人物は，キプチャク＝ハン国の出身である。
オ　この人物は，マムルーク朝を滅ぼした。

◀解答解説▶━━━━━━━━━━━━━━━━━━━━

　アはティムール朝の首都がサマルカンドまたはヘラート，エはティムールがチャガタイ＝ハン国出身，オはマムルーク朝を滅ぼしたのがオスマン帝国なのでそれぞれ誤り。イは正文で作題者の想定した正解だろう。審議の対象はウで，おそらくイル＝ハン国以降のイランでは中国の絵画技法が伝わって細密画が流行したということから誤文として作られた文と思われる。しかし，それでイスラーム世界伝統のアラベスクが衰退したということはなく，アラベスクの文様を使った装飾は現代に至るまで連綿と制作されており，ティムールがサマルカンドで造営した巨大建築群も見事なアラベスクで装飾されている。**大学当局から出題不備のお詫びと全員正解とした旨の発表があった。**全員正解にする必要はなく，イ・ウの複数正解という対応で良かったとは思う。

25. 國學院大　A日程（2つめ）

出題ミス

問題4　　**問9**　下線部 (69) の理念（編註：<u>社会主義</u>）に基づいて建国されたのではない国家として最もふさわしいものを，次のア～オの中から1つ選び，解答欄 69 にマークしなさい。

ア　中華人民共和国　　イ　ドイツ連邦共和国
ウ　朝鮮民主主義人民共和国
エ　キューバ共和国　　オ　ソビエト連邦

◀解答解説▶━━━━━━━━━━━━━━━━━━━━━━

　イがドイツ民主共和国の取り違えで正解という想定だったと思われるが，**キューバも1902年の建国時点ではアメリカの保護国で資本主義国だったからこれも正解に該当する。大学当局から出題不備のお詫びと全員正解とした旨の発表があった。**これも全員正解ではなく複数正解という対応で良かったとは思うが，それが國學院大の方針なら反対はしない。

26. 成城大　文芸学部A　日程

難問

問題4　アフリカ諸国の独立後も先進国の経済的介入は続いた。コンゴ民主共和国はこうした国の一つである。同国は，当初ベルギー直轄の植民地ではなく，国王の私有地として支配されていた。その所有者 c は天然ゴムの採取に現地人を酷使したため，『トム＝ソーヤーの冒険』の著者として有名な d が批判的な著作を出版するなど国際的な非難を浴びた。その領地は 20 世紀初頭にベルギー政府直轄の植民地となり，1960 年にコンゴ共和国として独立を果たすが，その後も現地の経済的利権を確保しよ

うとするベルギーによる介入は続き，コンゴ動乱が引き起こされた。動乱が収束した後も，独裁体制が強まるなかで貧困などの経済問題が深刻化した。その間，コンゴ民主共和国に改名していた同国は，その後 71 年に国名を　e　に変更し，97 年には国名にコンゴという名称を復活させた。

◀解答解説▶

　c の正解はレオポルド 2 世で，これだけが範囲内である。残りは厳しい。d の正解はマーク＝トウェイン。かなり古い課程では「金ぴか時代」の語とともに範囲内であったが，現行課程では消えている。e の正解のザイールは盲点で，ザイールとなっていた期間は 1971 〜 97 年であるから，2000 年代の教材だとまだ併記されていたものも多かった。しかし，近年の教材では独立時と同じ国名に戻ったことからコンゴ民主共和国のみの記載になっている。教科書や用語集でもザイールの国名で登場することはないから，現在の大多数の受験生はザイールに改称していたこと自体を知らないだろう。

　なお，この大問では他に「解放の神学」（用語集頻度②）等の細かい用語が問われていて，早慶の受験生であっても厳しい難易度であった。

２７．聖心女子大　現代教養学部〔2/1 実施〕

難問・悪問

問題 1　問 2　(3)　五賢帝時代，皇帝の位はどのような方法で継承されたのか説明しなさい。（編註：解答欄は 35 〜 40 字程度）

◀解答解説▶

　出題者が欲しい解答は「実子ではなく，優秀な部下や近親縁者から選抜し，養子にして帝位を継承させた。」というようなものだろう。しかし，**五賢帝の養子皇帝制は俗説である**。五賢帝は確かにそのように帝位を継承させていったが，ねらってやったわけではない。**そもそも最後のマルクス＝アウレリウス以外の 4 人は実子に恵まれていないので**，実子に継承させ

ようがなかった。逆に言ってマルクス＝アウレリウスは，とんでもない愚
物とわかっていても，実子がいたから仕方なく実子に継承させた。実子が
いたら，いかに優秀な人物が近くにいても養子をとらないというのが当時
の社会通念だったというのはそこからもわかる。また，五賢帝は養子継承
であったから帝位継承がスムーズであったというのも無理がある見方であ
る。トラヤヌスはネルヴァに対して自らを養子とするよう軍を率いて迫っ
たという説があり，次のトラヤヌスからハドリアヌスへの継承もハドリア
ヌスのクーデタ疑惑が当時からささやかれていた。

　加えて，ローマ皇帝に実子がいなかった場合に優秀な部下や近親縁者を
養子にするのは，五賢帝の時期でなくても珍しい現象ではなかったから，
五賢帝期の特徴とするのは無理がある。初代皇帝オクタウィアヌスからし
てユリウス＝カエサルの妹の孫というやや遠い縁戚であり，２代皇帝ティ
ベリウスはオクタウィアヌスの妻の連れ子（前夫の子）でオクタウィアヌ
スと血の繋がりがない。いずれも優秀とみなされての抜擢である。

　五賢帝の養子皇帝制は京大教授の南川高志氏が著作で盛んに否定してい
るので（たとえば『ローマ五賢帝──「輝ける世紀」の虚像と実像』講談
社学術文庫，2014 年），さすがにそろそろ定着してきたと思っていたの
で，この出題を見てさすがに驚いた。一応「意図的に養子をとっていた」
「五賢帝に特有だった」「養子皇帝制こそが五賢帝が賢帝たる所以」といっ
たことが否定されているだけで，「優秀な部下や近親縁者の若者から選抜
し，養子にして帝位を継承させた」ということ自体は事実であるので，出
題ミスとまでは言えまい。単に出題意図がダサいだけである。また，五賢
帝が養子による継承だったということは一部の教科書にしか記載がなく，
用語集にも記載がないので，受験世界史の範囲としてもグレーゾーンであ
る。その意味でもわざわざ出題する価値は無い。

２８．清泉女子大　2/6 実施

難問

問題1　(4)　わたしは諸侯の家に生まれましたが、継母によって兄が殺さ

れたため国を出ました。諸国を流浪すること 19 年ののち、ようやく帰国
して即位しました。苦労をともにした家臣らに補佐されて国力を増強し、
王に代わって諸侯をとりまとめる覇者となりました。

問 1 文章 (1) 〜 (4) の「わたし」は誰か。最も適切な語を漢字で記せ。
（編註：(1) 〜 (3) は省略）

◀解答解説▶

　ひどく古風な難問。春秋五覇の誰かということは見当が付いても，この
情報から一人に絞れるのは趣味的な歴史好き，それも古代中国史に関心が
ある人だけだろう。正解は晋の文公。5 人が一定ではない「春秋の五覇」
の中では斉の桓公と同様に必ず挙げられる人であるが，現行の高校世界史
では影が薄く，入試で問われることも極端に少ない。一応は用語集頻度が
④あるが「載ってはいるが普通は聞かない」たぐいの用語である。春秋の
五覇では斉の桓公と並んで 2 人だけ載っているので，「清泉女子大は絶対
に範囲外から出題しない」と確信していれば消去法で解答にたどり着くこ
とは可能であるが，前述の事情からそもそも春秋の五覇を斉の桓公以外
で覚えている受験生自体が稀であるので，ほとんど意味の無い解法であろ
う。作題者の頭が中国史偏重の時代の高校世界史で止まっていたか，「用
語集頻度が④もあることだし，消去法で解答できるだろう」と実態を知ら
ずに機械的に判断したか，いずれかだろうか。

〔**番外編**〕専修大　全学部統一日程

問題 2 〔**設問 35**〕下線部 (35) に関連して（編註：2009 年の毎日新聞の
新聞記事中の，日本とイタリアは地震国同士であるから相互に協力すべき
とする文），このように日本とイタリアは地震や津波といった自然災害を
受けやすい自然環境下にある。そのためイタリアでは原子力発電所の建設
を断念してきているが，日本では，これまで何度となく地震や津波による
その制御不能の危険性が専門家の研究や国会・地方議会で指摘されながら
も，安全神話の下に原発建設が強引に促進されてきた。しかし，このコラ

ム記事から3年後の3月11日に発生した東日本大震災では，予想されていたように福島第1原発がメルトダウンに至り，広域的な周辺住民には避難生活を強いるなどの深刻な事態を引き起こした。そして，「トイレ無きマンション」と形容された原発のいまだに出口の見えない収束作業が続けられ，事故から9年経った今でも減ることの無い放射能汚染水の処理すらままならない危機的状況下にある。さらには，今なお多くの被災者が故郷を離れた生活を余儀なくされるなど，原発事故が多大な犠牲を生み出している。そうした，絶対に起こしてはならない原発事故はこれまでも世界各地で発生している。1986年に旧ソ連でもチェルノブイリで原子炉爆発が起こった。この原発のあるところは，現在の国名ではどこか。もっとも適するものを次の①～⑤の中から一つ選び，解答欄 35 にマークしなさい。

① モルドヴァ　　② ベラルーシ　　③ ジョージア
④ ウクライナ　　⑤ キルギス

◀コメント▶

　正解はウクライナで問題自体は易しいが，本問は**解答とは無関係な文章があまりにも長すぎる**。究極的に言えば，入試問題は問題が適正に成立していれば後は大学の自由であり，受験生の思想信条の自由を侵すのは不適切だが，作題者の思想信条が表面化する分には特に問題が無い。だから本問は正式収録ではなく〔番外編〕扱いにしている。しかし，それは問題文が短ければ，あるいは問題文がちゃんと解答に影響するのであればの話である。解答と無関係な政治主張を，解答と関係あるかもと思って必死に読まされる受験生の身になって考えてほしい。この問題文を読んで「うん，そうだな。日本の原発政策は間違っていたな」と真っ先に思う受験生がどれだけいるだろうか。圧倒的な大半は「解答と関係ない文章読まされて時間を無駄にした。**学者そういうとこやぞ**」と切れて，むしろ反原発運動の押し売り的態度に対する怒りしかわかず，逆効果であろう。この場で自らの政治的な意見を読ませることが本当に効果的であるか，ちょっと考えてほしかった。

　さらに，本筋ではないが，リード文になっている毎日新聞の新聞記事は2009年4月8日のもので，東日本大震災は2011年であるから，「この

コラム記事から3年後の3月11日に発生した東日本大震災では」は「2年後」の誤りと思われる。また，「トイレ無きマンション」とは使用済み核燃料の再利用方法が乏しいことから原発を形容した言葉であって，原発事故後の放射能汚染水の処理問題とは直接的な関係が無い。この問題文は無意味に長いだけでなく誤植・誤解が含まれていて校正まで最悪である。

２９．専修大　全学部統一日程

難問

問題3　〔設問43〕下線部(43)に関連して（編註：アメリカ独立革命），以下の語群の中に，1776年に独立を宣言した13の植民地に**含まれていなかったもの**はいくつあるか。もっとも適するものを次の①〜⑥の中から一つ選び，解答欄 43 にマークしなさい。

> 語群：メイン，ジョージア，ヴァージニア，ミズーリ，ニューヨーク，ニュージャージー，デラウェア，ルイジアナ，ニューハンプシャー，フロリダ，ノースカロライナ，サウスカロライナ，オレゴン

①1か所　　②2か所　　③3か所　　④4か所　　⑤5か所　　⑥6か所

◀解答解説▶

「アメリカ13植民地は常識」シリーズ。一部の大学教員の13植民地は絶対に暗記していてほしいという強い願望は一体何なのだろう。ミズーリはミズーリ協定で，ルイジアナは仏領植民地・フロリダはスペイン領植民地として登場するのでこの3つは明らかに違うとわかるが，残りの判別は難しい。よく勉強していれば，オレゴンは1846年のオレゴン併合で出てくるので（用語集頻度①），これも違うと気づけるだろう。最後に，メイン州は独立後にマサチューセッツ州から分離して成立した州であるので，13植民地だった土地には含まれるが，「13」には数えられていない。残

りは 13 植民地に該当するので，正解は 5 つで⑤。

３０．専修大　全学部統一日程（２つめ）

難問

問題3 〔設問 45〕下線部 (45) に関連して，この人物（編註：<u>イトゥビル</u>
<u>デは初代メキシコ皇帝アウグスティン 1 世として即位した</u>）は中央アメリ
カもメキシコ帝国に統合しようと試みたが，結局，この地域は中央アメリ
カ連邦として独立した。その後，1839 年に中央アメリカ連邦は解体され
て 5 つの国となるが，それら 5 か国の組み合わせとして正しいものはどれ
か。もっとも適するものを次の①〜⑥の中から一つ選び，解答欄 ⎡ 45 ⎤ に
マークしなさい。

① グアテマラ，エルサルバドル，ホンジュラス，ニカラグア，コスタリカ

② グアテマラ，エルサルバドル，ニカラグア，パナマ，コスタリカ

③ グアテマラ，ベリーズ，ニカラグア，パナマ，コスタリカ

④ グアテマラ，ベリーズ，エルサルバドル，ニカラグア，コスタリカ

⑤ グアテマラ，ホンジュラス，ニカラグア，パナマ，コスタリカ

⑥ グアテマラ，ベリーズ，ホンジュラス，ニカラグア，コスタリカ

◀解答解説▶
　パナマがコロンビアから独立したことを想起すれば，①・④・⑥の 3 択
までは絞れるだろう。しかし，そこからは無理である。正解は①だが，④・
⑥を誤答と見なすにはベリーズが英領だったという知識が必要で，これは
受験生に求めていい知識ではあるまい。

３１．専修大　学部個別日程〔2/9 実施〕

難問

問題 1 〔設問 11〕下線部 (11) に関連して，ドイツ帝国が 1880 年代に獲得し，第一次世界大戦まで保有した植民地はどれか。もっとも適するものを次の①〜⑤の中から一つ選び，解答欄 11 にマークしなさい。

① コンゴ　　② ケニア　　③ シエラレオネ
④ トーゴ　　⑤ アンゴラ

◀**解答解説**▶

　コンゴは旧ベルギー領，ケニアは旧英領，アンゴラは旧ポルトガル領までわかれば受験生としてはハイレベルな部類で，シエラレオネとトーゴの判別はあまりにも厳しい。正解は④のトーゴが旧ドイツ領。西アフリカに位置し，西がガーナ（旧英領），東がベナン（旧フランス領）である。なお，シエラレオネは同じく西アフリカに位置し，旧英領。

３２．中央大　文学部

難問

問題 2 (7)　マムルークと呼ばれたイスラーム世界の奴隷軍人を表わしている図像はどれか。次のア〜エの中から一つ選び，記号で答えなさい。

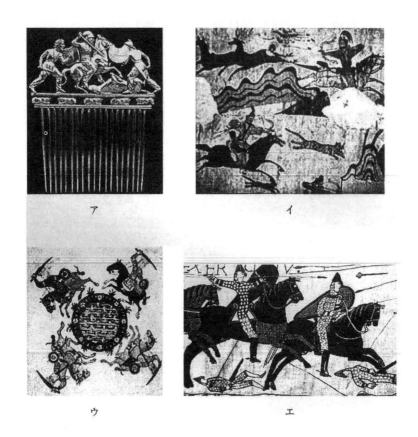

ア

イ

ウ

エ

◀解答解説▶━━━━━━━━━━━━━━━━━━━━━━━━━

　グレーゾーンだが，グレーゾーンになる理由がちょっと面白いので収録
対象とした。本問で選択肢となっている４つはいずれも教科書の挿絵や資
料集に掲載がある。では範囲内なのではないかというと，いずれも載って
はいるが普通は覚えない画像なのである。本問の画像４点いずれも騎兵を
描いたものであり，しかもうち３点は遊牧民を描いたものであるから共通
点が多く，マムルークが描かれているという情報だけでは全く絞れない。
つまり本問は「知っている文字情報を手がかりに，見知らぬ図像から条件
に適合するものを選ぶ」というような，思考力を試す問題ではない。した
がって**本問は「覚えようと思って見ていない画像がどれだけ記憶に残って**

いるか」**問題**であり，地頭的記憶力の良さを測る問題としては適している
かもしれない。それは世界史という科目で測るべきものなのか，という疑
問点は置いといて。

　さて，アはスキタイの遺跡から発掘された金細工。イは，おそらくこれ
が一番マイナーな画像で，高句麗の古墳壁画。ウが正解のマムルークの画
像。エはバイユーのタペストリーで，これだけ描かれているのが遊牧民の
軽装騎兵ではなく，重装騎兵である。

３３．中央大　商学部（会計／商業・貿易学科）

| 難問・悪問 |

問題2　問2　下線部②（編註：<u>中国商人</u>）に関連する記述として，**誤っ
ているものを１つ**選びなさい。なお，該当するものがない場合は (e) を選
びなさい。

(a)　ヨーロッパのギルドと異なり，商工業者の同郷・同業団体は正式に行
　　政に関わることはなかったが，福祉事業や紛争の調停など，都市生活に
　　おいて大きな役割を果たした。
(b)　政府と結びついて北方の軍事地帯での物資調達を担当して巨富を積
　　み，その資本をもって東南沿岸の大都市で金融業などを営んでさらに富
　　を増やした。
(c)　徽州商人や山西商人など，全国的な商業ネットワークを持つ特権商人
　　が巨大な富を築いた。
(d)　都市における商業の発展にともない，商工業者は，同郷や同業を理
　　由に結束し，都市に会館・公所を作って活動の拠点とした。

◀解答解説▶

　「該当するものが無い場合は」はシリーズ。簡単に判断できるところか
らやっていくと，c・d は普通に正文。**b の文は主語が無いので困惑する。**
おそらく暗黙の了解として c と同じく山西商人や新安（徽州）商人を主語

としていると思われ，とすると正文である。しかし，当然ながら中国商人全般に当てはまる性質ではないので，愚直に下線部を主語とするなら誤文になる。cではちゃんと「徽州商人や山西商人など」と主語が示されているだけに意味がわからない。**残ったaは範囲外の話題である**が，そもそも選択肢文が何を言いたいのか，受験生にはよくわからなかっただろう。ヨーロッパの都市は諸ギルドの親方衆が人を出し合って参事会や行政組織を形成して自治を行っていたが，中国の都市は中央政府から派遣されてきた官僚組織がしっかりしていて，行・作と呼ばれたギルド的組織は行政に組み込まれなかった。ただし，官僚組織は基本的に治安と戸籍把握・徴税以外に興味がないので，実際の民政はギルドが自治的に行っていた……という知識の確認がしたかったのだろうと思われる。正文であり，中国の歴代王朝は中央集権化されている分，かえって官民乖離が起きやすい。都市ではこうした行・作や大商人が，農村では郷紳が民政の実態を担った。

　以上から，bが主語不在で誤文と見なせばこれが正解。温情措置でbの主語はcと同じと見なせば，全ての選択肢が正文になるので正解はeである。しかし，実際にはaの文の意味がとれず，意味不明だから誤文＝正解と判断した受験生が多かったのではないか。これも以前から繰り返し指摘しているが，入試問題で「該当するものがない場合は○を選ぶ」という問題は極力避けるべきで，どうしても出すなら選択肢は正誤が明瞭な文にしてほしい。なお，『赤本』は何の解説もなくeを正解としていた。さすがに手抜きではないか。

３４．中央大　商学部（経営／金融学科）

悪問

問題1　【設問Ⅱ】　問2　下線部②に関連して（編註：<u>エルベ川以東への東方植民</u>），以下の文章で誤っているものを１つ選びなさい。なお，該当するものがない場合は (e) を選びなさい。

(a)　12世紀から14世紀にかけてドイツ人による大規模な植民がおこなわ

れ，ブランデンブルク辺境伯領やドイツ騎士団領などの諸侯国がつくら
れた。

(b) 商業革命により，西ヨーロッパ諸国は商工業が活発な経済的先進地
域となった。他方，エルベ川以東の東ヨーロッパ地域は，西ヨーロッパ
向けの穀物生産を大規模におこなうようになり，西ヨーロッパへの穀物
輸出が増加した。

(c) エルベ川以東の東ヨーロッパ地域では，領主が西ヨーロッパ諸国への
輸出用穀物を生産するために直営地経営をおこなう農場領主制（グーツ
ヘルシャフト）が広まり，農奴に対する支配が強化された。これは再版
農奴制とよばれる。

(d) エルベ川以東の東ヨーロッパ地域は，中世後期の植民を通じてドイ
ツ領となり，初期には入植促進のため農民に有利な地位が与えられた
が, 15〜16世紀以来,ユンカーとよばれる領主層が農民支配を強化した。

◀解答解説▶

　これも「該当するものが無い場合は」はシリーズ。単純に考えるなら (a)
〜 (d) は全て正文になるが, (d) は単純に考えるにはまずい点がある。「中
世後期の植民を通じて**ドイツ領となり**」の意味が曖昧なのだ。これをエル
ベ川以東のドイツ人の人口が増えて社会がドイツ化したとか，エルベ川以
東でドイツ人の領主が支配する領域が拡大したという意味ととるなら (d)
は正文になる。しかし,「ドイツ王国(≒神聖ローマ帝国)の領土となった」
という意味ととると，東方植民が行われた地域の全てが神聖ローマ帝国の
国土となったとは言えないから，誤文になると思われる。最も端的な事例
として，東西プロイセンはドイツ騎士団領になったのだから，神聖ローマ
帝国領になったわけではない。また，ポーランド王国は多くのドイツ人が
移住していても，ポーランド王国のままである。

　しかも困ったことに本問は「該当するものがない場合は (e) を選ぶ」
問題であるから，「(d) を誤文とみなしてこれが正解」とはいかない。(d)
の正誤が曖昧である以上は解答を出しようがない。ここからは推測になる
が，作題者は (d) を正文のつもりで作ったと思われ，正解は (e) のつもり
なのだと思われる。東進と『赤本』の解答は (e) であった。

３５．中央大　経済学部Ⅰ〔2/14 実施〕

悪問

問題2　問2　下線部②に関連して（編註：フビライ），フビライの在位した時期の出来事として，誤っているものを次から１つ選び，マーク解答用紙にマークしなさい。

ア．ヴェネツィア出身のマルコ＝ポーロは大都に至った。
イ．チベット仏教の高僧パスパはモンゴル語を表記するためにチベット文字を基礎としたパスパ文字を考案した。
ウ．郭守敬はイスラーム暦法の成果を吸収してそれまでより精密な授時暦を作成した。
エ．元曲と呼ばれる演劇が大都で流行し，施耐庵は『金瓶梅』を著して商人階層の欲望に満ちた生活を描写した。
オ．フビライの即位に反対してハイドゥの乱が起こった。

◀解答解説▶

　ア・イ・オは問題なく正文。エは施耐庵が『金瓶梅』の著者ではないので誤文。「商人階層の～」も『金瓶梅』の説明であるので施耐庵とは無関係である。作題者の想定する正解もエであろう。審議の対象はウ，詳しい説明は別記したコラム１に譲るが（p.198），**郭守敬はイスラーム天文学を参照して授時暦を作成したのであって，イスラーム暦法は誤り**である。ただし，用語集の表記が「授時暦はイスラーム暦法の影響を強く受けた太陰太陽暦」となっているので，作題者がこれを参照した可能性があるため出題ミスとまでは踏み込めない。『赤本』・『入試問題正解』ともに言及無し。

３６．中央大　経済学部Ⅰ〔2/14 実施〕（２つめ）

出題ミスに近い

問題2　問 11　下線部⑪に関連して（編註：東南アジア），この地域について述べた文として，正しいものを次から１つ選び，マーク解答用紙にマークしなさい。

ア．アメリカはベトナム戦争に介入したが失敗し，ジュネーブ休戦協定を結んで撤兵した。

イ．ビルマではパガン朝滅亡後の混乱をタウングー（トゥングー）朝が統一し，侵攻してきた清朝を撃退しタイのアユタヤ朝を滅ぼした。

ウ．16 世紀の日本では東南アジアとの交易に乗り出す商人が増え，江戸幕府を開いた徳川家康は彼らに朱印状を与えて朱印船貿易を行った。

エ．オランダはジャワ島のバタヴィアを拠点にアジア交易を進め，1623 年にはアンボン（アンボイナ事件）を起こしてポルトガルに対する交易上の優位を確立した。

オ．フランスはラオスとカンボジアを合わせてフランス領インドシナ連邦を形成し，清仏戦争後には阮朝を滅ぼしてベトナムも連邦に加入させた。

◀解答解説▶

アはジュネーブ休戦協定がパリ和平協定の誤り。イはアユタヤ朝を滅ぼしたのがコンバウン朝なので誤文。エはポルトガルがイギリスの誤り。オはラオスとベトナムの加入順が逆な上に，ベトナムの阮朝は保護国化されたのであって滅ぼされていない。最後に残ったウは，当然ながら徳川家康が江戸幕府を開いたのが 1603 年，16 世紀ではなく 17 世紀であるから誤文である。

　……全ての選択肢が誤文である。出題ミスではないか。そこで各選択肢を再度吟味してみると，おそらくウの文はカンマのところで文脈が切れているつもりと思われ，「16 世紀の日本では東南アジアとの交易に乗り出す商人が増え，**（17 世紀初頭に）**江戸幕府を開いた徳川家康は彼らに朱印状

を与えて朱印船貿易を行った。」と読んでほしいつもりで作られた選択肢なのだと思われる。こう読めばウが正文＝正解になる。他の選択肢はどこをどう読んでも誤文なので，問題を成り立たせるにはこれしかない。『赤本』・『入試問題正解』の解答もウで，特に言及無し。

３７．中央大　経済学部Ⅱ〔2/15実施〕

難問

問題3　パリ伯であったユーグ＝カペーが王位についてカペー朝が成立し，フランス王国といわれるようになった。だが，カペー朝の力はパリや（　B　）とその周辺に限定されており，諸侯の力が強かった。

◀解答解説▶

　これ以外にヒントがないとちょっと厳しい問題。パリから近く，後々までフランス王家にとって特別な意味を持つ土地……で気づく人はフランスの歴史と地理に相当に詳しいだろう。正解はオルレアン。パリの南東に位置し，王の親族がしばしばオルレアン公に封じられ，百年戦争ではジャンヌ＝ダルク活躍の場となるなど，後世でも目立つ土地であるが，カペー朝の当初から王家の所有地であった。

〔**番外編**〕東京女子大　現代教養学部〔2/3実施〕

問題1　以下の会話文をよく読んで，設問に答えなさい。

学生　きのう本屋でグレアム・アリソンという学者が書いた『米中戦争前夜』という本をちらっと見たんですが，その本の帯に，アメリカと中国の開戦確率は75％って書かれていて，びっくりしました。

教授　ああ，「トゥキディデスの罠」のことだね。トゥキディデスは知っているよね？

学生　ペルシア戦争の歴史を書いた古代ギリシアの歴史家ですよね。

教授　……。ペルシア戦争の歴史を書いたのは，小アジアのハリカルナッ
　　ソス出身の（　②　）だよね。

（中略）

教授　アリソンを中心とした研究チームは過去 500 年間の歴史を振り返
　　り，新興国が覇権国を脅かした事例を 16 件見つけたんだ。で，これら
　　16 件のうち，戦争を回避できたのはわずか 4 件で，③残りの 12 件は「トゥ
　　キディデスの罠」にはまって戦争に突入してしまった。だから 12 ÷ 16
　　で 75％ というわけさ。

学生　えーっ。そんな風に歴史で説明されると，なんだかリアルに思えて
　　きて怖いです。しかも 75％ って，けっこう高い確率ですよね。何とか
　　ならないんですか，先生！

教授　わたしに言われてもねぇ…。

（中略）

教授　そういえば，最近，片山杜秀という学者が書いた『歴史という教養』
　　という本の中でも歴史の中で似たもの探しをすることが重要だ，みたい
　　なことを言っている。だから，きみも自分で，「トゥキディデスの罠」
　　にあたるような類似例を探してみたらどうだい？　そのためには，いろ
　　んな歴史書を読んで…

学生　あ，わたし，次の授業があるんでした。それじゃ，わたし，行きま
　　すね。

教授　……。

問3　下線部③について，「トゥキディデスの罠」にはまって戦争に至っ
た 12 件としてアリソンが列挙している事例は下表の通りであるが，争点
に着目した場合，新興国にあたるのは A 国群と B 国群のどちらか，アルファ
ベットで答えなさい。

時期	A 国群	B 国群	争点	結果
16 世紀前半	フランス	ハプスブルク家	西ヨーロッパにおける陸の覇権	第 3 次イタリア戦争など
16 ～ 17 世紀	ハプスブルク家	オスマン帝国	中央・東ヨーロッパにおける陸の覇権・地中海の覇権	ウィーン包囲など
17 世紀前半	ハプスブルク家	スウェーデン	北ヨーロッパにおける陸の覇権と海の覇権	30 年戦争の一部
17 世紀半ば～末	オランダ	イギリス	世界帝国，海の覇権，貿易	英蘭戦争

（編註：表は以下略）

◀コメント▶

　このリード文，こんな感じで教授と学生のボケとツッコミで会話が進むので，読んでいてかなり面白かった。オチまでついていて完璧である。各設問もなかなか工夫されていて面白かった。試しに問 3 だけ載せておく。正解は，英蘭戦争から導くのが一番わかりやすいが，B 国群が新興国である。

　それはそれとして，このアリソンの計算はかなりうさんくさく，選ばれた 16 件からして西洋に偏っていて違和感がある。たとえば文禄・慶長の役は明確に新興国の日本が覇権国の中国に挑んだ事例であるが，「トゥキディデスの罠」にはカウントされていない。また西洋史でも，イタリア戦争のフランスとハプスブルク家の場合，カール 5 世が神聖ローマ皇帝に即位した後は，むしろフランスが挑戦者の立場になるわけだが，上掲の表のような整理でよいのという疑問もある。こういう雑なグローバルヒストリーは好きじゃないなぁ。

３８．東京理科大　経営学部

難問

問題 1　(5)　オルメカ文明において聖獣として信仰された動物の種の名称を解答用紙の指定欄にカタカナ 4 文字で記入しなさい。

◀解答解説▶

　用語集に書いてはあるけど普通は覚えないシリーズ。正解はジャガー。そもそもオルメカ文明だけ聖獣が強調される理由もよくわからず，高校世界史上でかろうじて扱われるのは中国史におけるキリンくらいである。キリンの方は鄭和の遠征が東アフリカに到達した証拠の意味合いがあるからまだ理解できるが，ジャガーは理解できない。

　ところで，東京理科大には実は経営学部があって，地歴公民で受験できるというのはあまり知られていないかもしれない。残念ながら問題入手難度が高く，『赤本』ですら不掲載なことが多いので，尚更知られていないものと思われる。珍しく入手できたと思ったらこの 2020 年は収録 4 問という惨事で，未収録としたものまで見渡すと問題の質は良くない。本腰を入れて作っていないように感じた。

３９．東京理科大　経営学部（２つめ）

難問

問題 1　(9)　次の (a) ～ (d) に挙げた 4 つの記述のうち，インカ帝国について述べた記述として正しいものの数を，下記の選択肢の中から 1 つ選び，その番号を解答用マークシートの指定欄にマークしなさい。

(a)　インカ帝国の建設が完了したのは 12 世紀半ばのことである。

(b)　インカ帝国の領土は，現在のベネズエラからアマゾン川河口にまで

124

及んだ。

(c) インカ帝国の遺跡の中には，20 世紀以降に存在を確認されたものが
ある。

(d) インカ帝国では，灌漑施設を用いた農業が行われていた。

1　1つ
2　2つ
3　3つ
4　4つ全て

◀解答解説▶━━━━━━━━━━━━━━━━━━━━━━━

　(b) は誤文，(d) は正文までは標準的な知識で判別可能だが，残り２つ
は難しい。(a) は範囲内で，年代をしっかり覚えてきた受験生なら苦も無
くわかるかもしれない。インカ帝国の成立は 15 世紀と見なされているの
で誤文。前身となるケチュア族の部族国家は 1200 年頃の成立とされてい
るが，他部族への侵略を開始した 15 世紀半ば以前のそれはインカ帝国と
見なさないのが普通である。残った (c) は用語集に記載がなく，普通は覚
えないので範囲外と見なすことにした。一応，探すと教科書に記述が無い
わけではないが……マチュ＝ピチュの発見が 1911 年なので，正文であ
る。よって，正解は (c) と (d) が正文で２。

４０．東京理科大　経営学部（３つめ）

出題ミス・難問

問題1　(10)　インカ帝国の遺跡がある場所として正しくないものを次の
選択肢の中から１つ選び，その番号を解答用マークシートの指定欄にマー
クしなさい。

1　ポトシ
2　クスコ

3　ヒーラ
4　チャンチャン

◀解答解説▶━━━━━━━━━━━━━━━━━━━━━━━━━━━

　2のクスコはインカ帝国の首都であるので，インカ帝国の遺跡があると判断していいだろう。しかし，範囲内で判断可能で，かつ選択肢として瑕疵が無いのはこれだけである。3のヒーラと4のチャンチャンは範囲外。ヒーラは現在のアメリカ合衆国・ニューメキシコ州にあるアメリカ先住民（プエブロ）の岩窟住居跡がある遺跡で，当然インカ帝国とは無関係。現在のメキシコやアメリカ合衆国南西部にいたプエブロについては，時代にもよるが日干しレンガによる住居跡の遺跡が有名であるので，岩窟住居跡の遺跡は珍しい。しかしながら知名度が高いとは言いがたく，私もチャコやメサ＝ベルデ等の日干しレンガ遺跡なら知っていたが（両方とも世界遺産），ヒーラ遺跡は今回が初見である。また，プエブロの日干しレンガ遺跡は東京書籍や実教出版の教科書なら記述があるが，ヒーラ遺跡は載っていない。加えて，日本語だと調べてもネットでも書籍でもほとんど情報がなく，特にネットだと同名のササン朝の遺跡がイラクにもあるために，完全にそちらに負けている。英語だとアメリカのものは Gila，イラクのものは Al-Hirah で区別できることもあって豊富に情報が出てくるが，いずれにせよ高校世界史として出題していい遺跡ではないだろう。どこからこの遺跡をとってきたのか。

　すると正解は3のヒーラで終わりにしたいところだが，そうもいかない。勘のいい人はお気づきの通り，**ポトシ銀山の発見はインカ帝国滅亡後の 1545 年であるのでインカ帝国の遺跡はない**。ポトシは銀鉱発見後に開かれた銀山・都市である。銀山発見前もひょっとしたら寒村程度のものは存在したかもしれないが，それを遺跡とは言わないだろう。さらに，**チャンチャンはインカ以前にペルー北部で栄えたチムー王国の遺跡**である。チムー王国はインカ帝国に滅ぼされて版図に組み込まれたものの，チャンチャンをインカ帝国の遺跡と言うのは無理がある。つまり，ポトシとチャンチャンはいずれも「インカ帝国の最大領土だった領域に存在する遺跡」であって，インカ帝国 "の" 遺跡ではない。本問は正解が3つもある出題ミスである。

４１．東京理科大　経営学部（４つめ）

出題ミス

問題２　(6)　次の (a)〜(d) に挙げた４つの記述のうち，百年戦争後のイギリスについて述べた記述として正しいものの数を，下記の選択肢の中から１つ選び，その番号を解答用マークシートの指定欄にマークしなさい。

(a)　ランカスター・ヨーク両家による王位継承の内乱であるバラ戦争は，半世紀以上続いた。

(b)　1485 年に即位したヘンリ７世は，ヴァロア朝を開いた。

(c)　テューダー朝がおかれている時期に，ケルト系の隣国ウェールズは，イギリスに併合された。

(d)　ヘンリ７世は統治制度の一環として，星室庁裁判所を整備した。

1　1つ
2　2つ
3　3つ
4　4つ全て

◀解答解説▶

　「正しいものの数」はやめろシリーズ。星室庁裁判所で何がまずいか，すぐに気づいた人も多かろう。最初から見ていくと，(a) は，バラ戦争は 1455〜85 年なので 30 年間，半世紀は続いていない。(b) はヘンリ７世が開いたのはテューダー朝なので誤り。(c) は正文。そして審議の対象 (d)。**星室庁裁判所は形式的な創設者はヘンリ７世で，実質的に整備したのがヘンリ８世**であるので扱いに注意を要する。山川は教科書・用語集含めてヘンリ８世を創設者としているが，帝国書院の教科書はヘンリ７世を創設者としていて，教科書間で見解が割れている。４択で正文を選ぶ問題ならまだしも，「正しいものの数」問題でこのような紛らわしいものを選択肢に入れるのは避けなければならない。本問は正しいものの数が１とも

2とも言えてしまい，正解が出ないため出題ミスである。

　東京理科大の杜撰な出題は，おそらく山川の『詳説世界史』１冊しか参照していないまま作問したためと思われる。しかも，インカ帝国と遺跡の関係のような教科書内容の曲解が見られ，１冊しか参照していない上に斜め読みしかしていないのではないか。猛省を促したい。

４２．東洋大　2/9 実施

出題ミス

問題2　問13　下線部 (j)（編註：17世紀以降ヨーロッパの商業勢力が進出し，商業の覇権を競う各国の動きは，その後植民地政策へと移行していった）に関して述べた文 X ～ Z について，その正誤の組み合わせとして最も適切なものを，次の中から一つ選べ。

X　オランダ商人は早くからアジアに進出し，ジャワのバタヴィアを拠点に香辛料貿易の実権を握った。
Y　フランス東インド会社は，1845 ～ 49 年のインドにおけるシク戦争の勝利により地元勢力を圧倒した。
Z　イギリスは 1895 年，マレー連合州としてマレー半島部と北ボルネオ地域の諸州を支配した。

① X 正 Y 正 Z 正
② X 誤 Y 正 Z 正
③ X 正 Y 正 Z 誤
④ X 誤 Y 誤 Z 正
⑤ X 正 Y 誤 Z 正
⑥ X 誤 Y 正 Z 誤

◀解答解説▶
　X は正文。Y はフランスがイギリスの誤り。Z は，マレー連合州はマ

レー半島の一部のみであって，当然ながらボルネオ島北部は含まれない。よって誤りである。ということは**X：正，Y：誤，Z：誤が正解になるが，なんと選択肢にこの組み合わせがない**。非常に確度の高い出題ミスであるが，大学当局からの発表は特に無い。『入試問題正解』にも同様の指摘有り。一方，『赤本』は「**X・Yだけ見れば⑤の組合せが正しいから，Zを見なかったことにして正解は⑤**」というすごい理屈で正解を⑤としていた。その理屈だと，Yを見なかったことにすれば③も正解になるのだが……『赤本』はそこまでして出題ミス認定を避けたいのか。理解できない。

４３．日本大　商学部

難問

問題1　次のヘレニズム世界に関する略地図をみて，関連する以下の**問1～問10**に答えなさい。

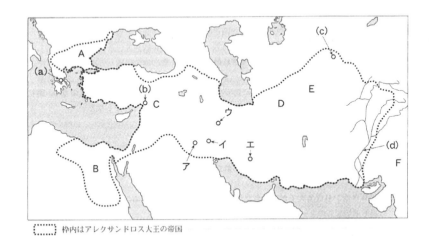

‥‥‥‥：　枠内はアレクサンドロス大王の帝国

問4　略地図上 (c) の都市はどれか。次の①～④から最も適切なものを一つ選びなさい。

①　アレクサンドリア　　　②　エクバタナ
③　ティルス　　　④　ヘカトンビュロス

◀解答解説▶━━━━━━━━━━━━━━━━━━━━━━━━━

　アレクサンドロス大王の遠征の最北端といえばサマルカンド（古代ギリシア語ではマラカンダ）であるから，(c)はサマルカンドだろうと思って選択肢を見るとサマルカンドがない。慶應大を彷彿とさせるような地獄がここにもあった。

　普通の受験生であれば，まともに誤答とわかるのは③のティルスだけ。これは現在のレバノンに位置すると必ず習う。残りは厳しいが，②のエクバタナが用語集頻度①，メディアの首都で現在のイラン西部に位置するというのも難易度は高いが範囲内である。地図中ではウにあたる。日大と併願している人は少なかろうが，早慶レベルの対策をしていれば知っていよう。残りの2択からはどうにも無理がある問題で，なぜこの2択にしたのか理解に苦しむ。ヘカトンビュロスはパルティアの国家建設の地で，クテシフォンに遷都するまでの首都であった。以前の課程なら用語集に記載があったが，現行課程ではいくつかの教科書・資料集の地図でパルティアの主要都市として掲載されているのみで，受験生が覚えるべき都市とは見なされていない。場所はカスピ海南東岸で，上掲の略地図のウとDの中間地点あたりに位置した。(c)はバクトリアの版図であってパルティアの版図になったことはないから，ヘカトンビュロスの位置を知らなくても初期の首都だったことだけ知っていれば誤答であると推測がつくものの，ヘカトンビュロスの名前を知っている人は場所も知っていると思われるので，これはほとんど意味がない解法だろう。

　最後に残った(a)のアレクサンドリアが正解である。「アレクサンドロスは領内に多数のアレクサンドリアを建設したが，最も有名で最大のものが現在のエジプトにあるもの」ということは必ず習う。おそらく，アレクサンドリアといえばエジプトのものだけという一問一答的な暗記を打破して，教科書的な説明をちゃんと思い出してほしい……という設問意図からこういう問題になったと思われるが，**選択肢に範囲外の用語を入れたために設問意図が崩壊している**。普通にアレクサンドリア以外はティルスレベルの頻出都市を並べておけば，その設問意図通りの良問であった。こうい

う設問意図は良いのに実態が伴っていない問題は残念である。意欲は買ってあげたいのだが……

４４．日本女子大　文学部〔2/1 実施〕

難問

問題3　ローマはライン川右岸のゲルマニア支配も企てたが，(A)紀元9年に派遣した軍がゲルマン諸族に奇襲されて敗れ，東進をはばまれた。

問2　(A)　この戦いの名称を答えなさい。

◀解答解説▶

　正解はトイトブルク森の戦い。純然たる難問で，教科書・用語集から消えて久しく，範囲外であることが知れ渡っている用語であり，近年では早慶上智でも出ていないから，出題を見てちょっと驚いた。

４５．日本女子大　人間社会学部

難問

問題4　2　フランス（　1　）は，厳密な意味での憲法をもつことができなかった。「元老院の組織に関する法」「公権力の組織に関する法」「公権力の相互関係に関する法」，この③三つの基本法を総称して憲法とよんでいるが，正式な憲法は（　1　）の最後まで存在しなかった。この三つの基本法は（　2　）と共和派らが妥協したことで成立した。

問1　文中の(1)〜(8)にあてはまる語句を語群から一つ選び，その記号を解答欄にマークしなさい。

語群

a. 第三共和政　e. 第二共和政　g. 大統領
l. 王党派　　　　s. 下院　　　w. 第二帝政
（編註：関係のある選択肢のみ抜粋）

問2　③　これらの基本法はいつ成立したか，その年を記入しなさい。

◀**解答解説**▶━━━━━━━━━━━━━━━━━

　用語集に記載があるが，普通は覚えないところで過剰に難しいと判断した。空欄1から考えるに候補は第二共和政・第二帝政・第三共和政の3つだが，このうち憲法が用語集に立項されているのが第三共和政憲法のみ，という安直な推測が実は正しい。また，第三共和政の初期は王党派と共和派の対立が激しく，共和派の勝利が確定したのは20世紀初頭に入った頃，という情報は教科書本文に書いてあるから，空欄2の正解が王党派，そこから逆算して空欄1は第三共和政が正解と導けた人もいるだろう。しかし，一般に第三共和政は高校世界史上で影が薄く，ここまで覚えてきた人は少ないと思われる。第三共和政憲法は用語集頻度⑥という高さを誇るが，実際の難易度は用語集頻度①や②のレベルであり，要するに早慶レベルであろう。

　とはいえ，これだけなら受験世界史の盲点を突いただけの問題で悪質さは皆無である。真にまずいのは問2で，**第三共和制憲法の制定年が1875年なんていうのは早慶レベルの受験生はおろか，高校教員や予備校講師でも暗記している人は少ないだろう。**いや，私を含めて「5の倍数で切りが良いからなんとなく頭に残っていた」という人はそこそこいそうだが。これは出題意図が全くわからない。受験生の満点を阻止したいなら，問1の空欄1・2だけで目的はほぼ達成されるだろうし，念を入れるとしてもっと用語集に載っていないような用語を聞くストレートな難問にすればよい。なんでわざわざこの年号。

４６．法政大　2/7 実施

問題１　問８　以下のａ～ｄのうち，下線部 (7) のブルガリア王国に関する記述として正しいものはいくつあるか。その数を解答欄にマークせよ。

ａ　トルコ系遊牧民であったブルガール人が建国したが，ブルガール人は時とともに数的に優勢なスラヴ人に同化していった。

ｂ　トルコ系遊牧民であったブルガール人が建国し，数で勝るスラヴ人を隷属農民として支配しつつ，発展していった。

ｃ　領土を拡大していき，10 世紀始め，「皇帝」を称したシメオン１世のもとで最盛期を迎えた。

ｄ　11 世紀には A 帝国に征服され，その後，再独立を果たしたが，14 世紀末にはオスマン帝国に征服された。

（編註：空欄 A の正解はビザンツ）

◀解答解説▶

「正解がない場合はｅを選べ」問題と同じ理屈で，**悪問や出題ミスを作りたくないなら絶対にやめてほしい問題の作りがこの「正しいものの数」問題**である。全選択肢を精査することになるので難易度が跳ね上がる上に，正誤のポイントが曖昧な選択肢が１つでもあれば一気に解答不能になってしまう。本問もその典型例で，ａ・ｃ・ｄは正文と断定できるが，ｂは「初期の第１次ブルガリア帝国におけるスラヴ人農民の隷属性」なんて当然範囲外なので判断不能である。一応，常識的に考えればビザンツ帝国以外の中世欧州は農奴制が強かったのであるから大多数のスラヴ人は隷属農民だったのだろうと思われる。しかし，ブルガリアはそのビザンツに隣接しているし，第１次ブルガリア帝国はビザンツ帝国から領土を奪って自立しているから，その例外の可能性はある。

　そもそも「農奴と領主を中心とする封建社会はあくまでモデルであって，イベリア半島からロシアまで，また時代によって実態は多種多様であ

るので，一概に封建的主従関係と農奴制が広がっていたと見なすのは不当
である」というのが近年の封建社会研究のトレンドであるので，こんな「初
期の第１次ブルガリア帝国におけるスラヴ人農民の隷属性」というピンポ
イントにもほどがある時代・地域には高校世界史レベルの封建社会モデル
から推測して当てはめるなど，怖くてできたものではない。こうした場合
はいずれかの教科書からのコピペを疑うべきであるが，７冊いずれにも記
述がなく，また CiNii なりで検索してはみたが，こんなピンポイントの論
文など見つかるはずもなく，英語で「serfdom Bulgaria」でググっても
出てくるのは廃止の過程ばかりである。作題者が中世ブルガリア史の専門
家とも思われないので，**明らかに「作者の人，そこまで考えていないと思
うよ」案件であることもあって深々と調べる気が起きなかった。**

　それでも一応解答を出すなら，私は b も正文と見なして正解を「４」
とするが，東進と『入試問題正解』の解答は「３」になっていた。『赤本』
は正解を「３」として，「南スラヴ人に同化していったから」というのを
b の誤りの理由としていたが，この解法は誤っている。a で述べられてい
るように同化していったということは民族的な違いによる支配－被支配の
関係は成立していなかったという理屈なのだと思われるが，まず，リード
文を下線部の周囲まで広げて読んでみると「７世紀末にバルカン南東部に
建国され，ビザンツ帝国と戦った (7) ブルガリア王国も，９世紀にギリ
シア正教に改宗した」となっているから，本問で問われているブルガリア
王国とは選択肢内に時代が書かれていない限り初期のものであると解され
る。その上で，a の「同化していった」が７～９世紀の数百年の時間をか
けた話であるのに対して，b は素直に読めば建国直後の時期だけを指して
いて，a と b は時期が一致していない。a を根拠に b を否定するのは不可
能であり，本問を国語的に解くのは誤った解法である。

４７．法政大　2/8 実施

難問

問題１　問９　下線部 (6) について（編註：コリント），下記の説明文のう

134

ちに，正しいものはいくつあるか。その数を解答欄にマークせよ。

a　コリントは，ペロポネソス半島北東部に位置する，商業で栄えたポリ
　スであり，コリント式という建築様式にもその名をとどめている。
b　カイロネイアの戦いに勝利した後，フィリッポス2世はコリントの地
　で会議を開催し，ヘラス同盟を結成させた。
c　紀元前395年に，コリントは，アテネ，テーベなどと手を結んで，ス
　パルタとの戦いを始めた。
d　レウクトラの戦いは，コリントが，スパルタ軍を破った，記念碑的な
　戦いであった。

◀解答解説▶━━━━━━━━━━━━━━━
　2020年の法政大の2/8実施日程は異様な難問が多かった。その1つめ
は古代ギリシアのうちコリント（コリントス）に関する問題で，**コリント
ス自体が用語集頻度ゼロで項目が立っていないポリスであるのに，そこか
ら4つ文が作られている**時点で地獄である。aは正文だが，コリントスが
ペロポネソス半島北東部に位置したかどうかなんて覚えていた受験生は皆
無に近かろう。アテネとスパルタ以外の古代ギリシアのポリスの位置を聞
いてくるのは上智大だけだったところ，その上智大が一般入試で世界史を
出題する最後の年に後継者が現れるというまさかの展開である。bは唯一
範囲内の知識でまともに正文と判断可能。高校世界史でコリントスの名前
が出てくるのは，コリントス同盟（ヘラス同盟）とコリント様式の2つだ
けである。
　残りはcが正文，dが誤文で，よって正解は「3」になる。cは完全な
範囲外，dはレウクトラの戦いが用語集頻度①でぎりぎり範囲内である。
まとめて解説しておこう。cはコリントス戦争と呼ばれる戦争で，ペロポ
ネソス戦争ではスパルタを支援していたアケメネス朝が，今度はテーベ・
コリントス・アテネを支援してスパルタを攻撃させた。テーベとコリント
スは元はペロポネソス同盟に加わっていたから，寝返った形になる。しか
し，途中でアケメネス朝が寝返ってスパルタ支援に戻ったため，前386
年にスパルタとアケメネス朝有利の講和が結ばれる。このようにアケメネ
ス朝はペルシア戦争での敗北を教訓に，ギリシア世界には直接侵攻せず

に，ポリス間の対立を煽る方針に切り替えていて，それが功を奏した形になる。しかし，こうしたアケメネス朝の介入にギリシア側も恨みを募らせていて，これが最終的にマケドニアの東方遠征の際に諸ポリスのギリシア人が積極的に参加することになった要因になった。d の前371 年に起きたレウクトラの戦いは，テーベがスパルタを破った戦いで，これによりペロポネソス戦争後に約30 年続いたスパルタの覇権がテーベに移ることになる。しかし，その後のテーベはアテネ・スパルタと戦うことになって衰退，さらにカイロネイアの戦いでマケドニアに惨敗した。そのすぐ後，アレクサンドロス大王の即位に際して離反したため，東方遠征直前の大王に攻撃され，徹底的に破壊されて歴史の表舞台から消えることになった。ついでに言うとコリントスはまだ少し生き延びたが，ローマとの戦いで矢面に立った結果，前146 年にローマ軍によりこれまた徹底的に破壊された。結局，異民族支配の下とはいえ，最後まで生き延びたのはアテネとスパルタであった。

４８．法政大　2/8 実施（２つめ）

難問

問題２　2013 年，中国江蘇省揚州市の市内で，宅地造成中に一対の煉瓦造りの小規模な墓が発見された。その一つからは隋煬帝と記された墓石が出土し，（中略）もう一つの墓の被葬者は煬帝の皇后である蕭氏と考えられており，皇后の冠も出土した。蕭皇后は南朝梁を建てた　う　（武帝）につながる。

問２　　あ　～　う　には人物の姓名が入る。その人物の姓名を漢字で解答欄に記入せよ。
（編註：あ・いは省略）

◀解答解説▶
南朝の宋・斉・梁・陳は，最初の宋を建てた初代皇帝劉裕以外の人名は

受験世界史上ほとんど問われたことがない。梁の武帝の名前も用語集の梁の説明文には一応いるが，範囲外と見なしてよいだろう。正解は蕭衍。なお，中国の王朝は知られている通り，通常は「易姓革命」であり，天子の姓が変われば王朝の名前も変わる。しかし，南朝のうち斉と梁はいずれも蕭氏であり，皇族の血はつながっている（宋は上述の通り劉氏，陳は陳氏）。蕭衍が国号を変えたのは大いなる例外と言えよう。

４９．法政大　2/8実施（３つめ）

難問

問題２　梁はその武将である　③　に禅譲し陳が建てられるが，梁の一族が西魏の支配で建てたのが後梁であり，蕭皇后はその皇族の出身である。

問１　文中の空欄　①　〜　③　に入る最も適切な語句を，下記の語群の中からそれぞれ一つ選び，その数字を解答欄にマークせよ。
（編註：①・②は省略）

6　陳勝　　　7　陳独秀　　　8　陳霸先
（編註：関係のある選択肢のみ抜粋）

◀解答解説▶
　梁の武帝（蕭衍）は記述で書かせて，陳の武帝（陳霸先）は選択肢から選ばせる謎の設問構成である。だったら蕭衍も選択肢問題で良かったのでは……。先に書いてしまった通り，正解は陳霸先。陳勝と陳独秀があまりにも違うので消去法で正解が出せるから，その意味で本企画の収録基準を満たしていない。しかしながら，**天子の姓と国号が一致したのは偶然であって陳氏が建てたから国号が陳になったわけではない。**モンゴル人の元朝が法則を崩すまでは，皇族の出身地・旗揚げ地・前王朝からの封地に，春秋時代にあった国名を新王朝の国号に採用していた。宋・斉・梁・陳のいずれも春秋時代にも存在した国名である。にもかかわらず，誤答の作り方が

何かいかにも「国号が陳だから，陳氏が作ったに決まっているでしょ」という様子であって困惑する。さらに，前述の通り陳霸先は記号で選ばせておいて蕭衍は記述で書かせるちぐはぐさも気になり，収録対象とした。ただ難しいというだけでなく，こういう気持ち悪さが含まれる問題は一層嫌なものだ。

５０．法政大　2/8実施（4つめ）

難問

問題3　問7　下線部 (5) について，産業革命に関連して，以下のうちで最も早く蒸気機関車の営業運転が開始された国を一つ選び，その記号を解答欄にマークせよ。

a　イタリア　　　b　ベルギー　　　c　ロシア　　　d　オランダ

◀解答解説▶

　イギリスが最初（1830 年，マンチェスター－リヴァプール間）ということ以外は高校世界史範囲外である。イギリスに次いで産業革命が起きた国を選べばそれっぽいから，b のベルギーという当てをつけるとそれが正解。しかし，この4カ国は鉄道開通年が意外にも近接していて，当て勘を試す問題としてはあまり作りが良くない。ベルギーが 1835 年（ブリュッセル－メヘレン間），オランダが 1839 年（アムステルダム－ハールレム間），イタリアも 1839 年（両シチリア王国のナポリ近郊），ロシアは 1837 年（サンクトペテルブルク近郊）。調べてみてロシアが意外と早いのに驚いた。

５１. 法政大　2/9 実施

難問

問題2　18 世紀末にフランス革命軍と同盟した愛国党によってオランダ本国で　$\boxed{\text{A}}$　が樹立され，オランダ東インド会社は解散し，オランダ東インド会社領は本国の直轄領となった。

問2　空欄　$\boxed{\text{A}}$　～　$\boxed{\text{D}}$　に当てはまる最も適切な語句を次の選択肢から選び，その記号を解答欄にマークせよ。

c　オランダ王国　　　g　ネーデルラント連邦共和国
h　バタヴィア共和国
（編註：B～Dは省略。関係のある選択肢のみ抜粋）

◀**解答解説**▶━━━━━━━━━━━━━━━━━━━

　以前の課程なら範囲内だったが，細かすぎるヨーロッパ史の用語が削減される流れで消滅した。正解はバタヴィア共和国（選択肢の h）。「バタヴィア」が古代ローマ時代のオランダの地名であるというトリビアを知っていれば違和感がないものの，高校世界史範囲内の知識だけで判断するなら，バタヴィア共和国はインドネシア関係の用語にしか見えないだろう。しいて言えば，オランダ王国はナポレオン戦争後に成立，ネーデルラント連邦共和国はフランス革命前の国名であって，それらは範囲内であるから，冷静に考えれば消去法で正解にたどり着けなくはない。しかし，本問では前述の通りバタヴィアの語が“引っかけ”として有効に機能してしまっていることから，現実には消去法を解法として選べる受験生がそれほど多くなかったのではないか。正答率が気になる問題である。

５２．法政大　2/9 実施（２つめ）

難問

問題３　電気工業分野の幕開けは，1866 年の ［あ］ 社による発電機の開発にさかのぼる。

問４　空欄 ［あ］ ～ ［お］ に当てはまるもっとも適切な語句を次の選択肢から選び，その記号を解答欄にマークせよ。

b　クルップ　　　　　　d　ジーメンス　　　　　g　ダイムラー
h　ディーゼル　　　　　k　ベッセマー　　　　　l　ベンツ
（編註：関係のある選択肢のみ抜粋）

◀解答解説▶━━━━━━━━━
　これも以前の課程なら範囲内だったもの。2/9 実施の作題者は前の用語集を見て作問したのではないだろうか。正解はｄのジーメンス。ｂのクルップは別の問題の正解（用語集頻度②），ダイムラーとディーゼルは範囲内（どちらも用語集頻度③）で自動車の関係者，ベンツも範囲外だが常識的に自動車関係者であると削れば，ｋのベッセマーとの２択までは絞れるか。ベッセマーは製鋼法を改良したイギリス人技術者である。

５３．法政大　2/12 実施

出題ミス

問題１　**問５**　下線部 (2) において（編註：<u>西ゴート王国を建国し，さらにはイベリア半島まで勢力を伸ばした</u>），イベリア半島に定着していた西ゴート王国が６世紀に改宗した背景には，先に改宗していたフランク王国の影響があった。両国の改宗前と改宗後の宗教として正しいものを次のア

〜エから一つ選び，その記号を解答欄にマークせよ。

ア　アタナシウス派キリスト教からネストリウス派キリスト教に改宗した。
イ　アリウス派キリスト教からアタナシウス派キリスト教に改宗した。
ウ　カタリ派キリスト教からアタナシウス派キリスト教に改宗した。
エ　コプト派キリスト教からアタナシウス派キリスト教に改宗した。

◀解答解説▶

　正解はイのつもりで作られたのだと思うのだが，**アタナシウス派への改宗前のクローヴィスの信仰はアリウス派かゲルマン人の自然信仰かは確定していない。**したがって，本問はアリウス派だったことにしないと正解がなくなる。西ゴート王国の王族はアリウス派で間違いないようなので，話をフランク王国に広げなければ問題なかったものを，どうしてこんなことに。**大学当局から，出題ミスを認めて全員正解とした旨の発表があった。**

５４．法政大　2/12実施（２つめ）

難問

問題２　問６　下線部 (3) について（編註：ランカスター家とヨーク家が王位継承をめぐって争い，バラ戦争が起こった。この戦いを収めたのは，ヘンリ・テューダーであった）述べた文章として誤っているものを次のア〜エから一つ選び，その記号を解答欄にマークせよ。

ア　ランカスター家はプランタジネット系の有力な王家であった。
イ　ヨーク家は 1461 年から 1485 年まで王位についた。
ウ　バラ戦争によってエドワード４世が敗死し，ヨーク家の王朝は絶えた。
エ　バラ戦争は 1455 年から 1485 年まで続き，それによって貴族層は没落し，多くの騎士は疲弊した。

◀解答解説▶

　年号が全て教科書・用語集にあるので厳密に言えば範囲内だが，普通は覚えない年号が多いので収録対象とした。1485 年は覚えている受験生が多いだろうし，バラ戦争は百年戦争終結直後に始まるというのも知っている受験生が多かろうから 1455 年も正しいと推測がつくであろう。問題は1461 年の年号が普通は覚えないものであるのと，エドワード４世が完全に範囲外であるので，イとウの２択までで詰みである。正解はエドワード４世がリチャード３世の誤りなのでウ。エドワード４世はヨーク朝の初代である。

５５. 法政大　2/12 実施（３つめ）

難問

問題３　イギリスは，うやえが上陸したフィジー諸島を併合し，さらには 5 南部を獲得した。（中略）ドイツは 5 にも進出したが，これもイギリスと競合し，さらに 7 ではアメリカとも武力衝突した。結局，この三国は 1899 年に協定を結ぶに至り，7 西部のドイツ領有をイギリスが承認する代わりにドイツはブカ島やブーゲンビル島以外の 5 をイギリスに手放し，7 東部はアメリカが領有することとなった。

（編註：空欄うはタスマン，えはクック。）

問１　空欄 1 ～ 9 にもっとも適したものを以下の語群から選び，その記号を解答欄にマークせよ。

a　ギルバート諸島　　　d　サモア諸島　　　f　ソロモン諸島
h　トンガ諸島　　　l　ビスマルク諸島
n　マーシャル諸島　　　o　マリアナ諸島

（編註：空欄５・７以外は省略。関係のある選択肢のみ抜粋）

◀解答解説▶

　難問製造地域のオセアニアからの出題。ビスマルク諸島・マーシャル諸島・マリアナ諸島を範囲内として除いても，まだ４つ残るのは非常に厳しい。正解は空欄５がソロモン諸島（f），空欄７がサモア諸島（d）。ａのギルバート諸島とｈのトンガ諸島はいずれもイギリスが単独で植民地化している。

５６．法政大　2/16 実施

難問

問題２　**問２**　下線部(2)に関連して，ターヒル朝の首都となった都市は，1038 年にセルジューク朝がホラーサーンに勢力を確立した際に占領したことでも知られている。この都市として正しいものを，ア～オのうちから一つ選び，その記号を解答欄にマークせよ。

　（編註：ホラーサーンについてはリード文中で「イラン北東部からアフガニスタン・トルクメニスタンにかけての地」と説明あり）

ア　イスファハン　　　　　イ　タブリーズ　　　　ウ　テヘラン
エ　ニーシャープール　　　オ　ブハラ

◀解答解説▶

　タブリーズはアゼルバイジャン，イスファハンとテヘランはイラン中部なので外せるが，ニーシャープールとブハラの２択からは絞れないだろう。そもそもほとんどの受験生はニーシャープールという都市を知らないと思われ，ブハラを選びたくなるところだが，正解はエのニーシャープールである。ニーシャープールはイラン北東部の都市で，名前の通りササン朝のシャープール１世が建設したという伝承があり，イスラーム教徒に占領された後も有力なオアシス都市として繁栄した。ウマル＝ハイヤームの生地で，墓廟もこの近郊にある。

５７．法政大　2/16 実施（２つめ）

難問

問題2　**問7**　下線部 (7) に関連して（編註：<u>ニザーム＝アルムルク</u>），以下のア〜エの記述のうち，ニザーム＝アルムルクに関する記述として正しいものはいくつあるか。その合計数を解答欄にマークせよ。

ア　ニザーム＝アルムルクは領内の主要都市にニザーミーヤ学院を設立した。

イ　ニザーム＝アルムルクは宰相として第３代スルタンのマリク＝シャーに仕えた。

ウ　ニザーム＝アルムルクは行政・軍事組織の整備を進め，イクター制を創始した。

エ　ニザーム＝アルムルクの宰相在任時に，ウマル＝ハイヤームらがジャラリー暦を作成した。

◀**解答解説**▶

　これも「正しいものの数」問題のまずいものの典型例。本問はウのみが誤文で正解は「3」になるが，「誤っているものを１つ選べ」であれば普通の問題であったところ，要求を「正しいものの数」にしてしまったせいで全選択肢を精密に吟味する必要が生じ，一気に質の低い難問と化してしまった。範囲内で判断がつくのはアが正文，ウが誤文（イクター制の創始はブワイフ朝，ニザーム＝アルムルクはその改良を行った）というところまでである。イは，マリク＝シャーが用語集に記載がない（セルジューク朝やニザーム＝アルムルクの項目の説明文にすら出てこない）。古い課程なら載っていたという人物であり，難関私大対策では見かける人物ではあるが，それで知っていた受験生であっても「第３代」であるかどうかの正誤判定はできないだろう。エも，ウマル＝ハイヤームやジャラリー暦自体は別に細かい用語ではないし，よく勉強してきた受験生ならウマル＝ハイヤームがセルジューク朝時代の人物であることも知っていてもおかしくは

ないが，「ニザーム＝アルムルクの宰相在任中か否か」となると範囲外である。おそらく作題者はそんな難問にするつもりもなく適当に作ったという雰囲気が漂うが，もうちょっと頭を使って問題を作ってほしい。

2020年の法政大は5日程の全てで収録対象を出し，全12問の収録となった。作りの甘い難問が多く，特に「正しいものの数」問題を乱発していて，未収録のものも含めた全体の問題の質が著しく下がった印象である。担当者が大幅に変わったか。

５８．明治大　全学部統一入試

難問

問題1　**問13**　下線部(11)に関する説明として（編註：唐は，東方や南方の朝貢国には冊封関係を結んで世界帝国としてふるまうなど，力関係や国際情勢に応じた多様な国家間関係を展開したのである），もっとも適切なものを一つ選びなさい。

A．唐代においては，中央ユーラシア勢力との外交は理藩院が統括し，東方や南方の朝貢国との外交は礼部が統括した。
B．高句麗の滅亡後，大祚栄が中国東北部に建国した渤海は，唐に対して朝貢を行わないことで独自性を維持した。
C．唐は服属した諸民族への統治を現地の首長に委任し，都護府を通じてそれを監督する「羈縻政策」をしばしば採った。
D．カンボジアやチャンパーなどのインド文化の影響を受けた東南アジア諸国も唐に定期的に朝貢した。

◀解答解説▶

　Aは理藩院が清朝の機関なので誤り，Bは渤海が唐から冊封を受けているので誤り。Cは範囲内の知識で正文とわかり，実際にこれが正解である。しかし，高校世界史の範囲だとDを誤文と判断するのは困難であり，ほ

とんどの受験生には複数正解の出題ミスに見えただろう。本企画の基準では，正解の選択肢が範囲内の知識で明確に正誤を判定できるなら，誤答の選択肢が範囲外であっても収録しないことにしているので，本来であれば本問は収録対象外である。しかし，本問は出題ミスが多い明治大の入試問題である点と，審議の対象の D があまりにも正文っぽく見えるので，受験生に出題ミスの疑念を抱かせる可能性が高いと考えて例外的に収録対象とした。

　一般に唐（等の中華王朝）は通交のある周辺諸国を冊封国・朝貢国・その他の国に分ける。このうち冊封国は，①君主が中国皇帝から官爵を授けられて個人的な君臣関係を持ち（冊封を受ける），②外交文書で中国の元号と暦を用いることを強制され（時空間の象徴的支配），③代替わりや王朝交代の際には中国の承認を必要とし，④定期的な朝貢使節の派遣を義務付けられる。いずれかの違反があれば咎められ，最悪の場合は遠征軍が派遣されて滅ぼされる。有名な隋・唐の高句麗遠征はこの④朝貢使節の定期派遣義務違反が原因である。内政干渉は受けないし中国以外との外交交渉も制限されないので近代的な意味での属国・保護国に比べると支配は弱いが，以上の②〜④の３つの義務はある。一方で朝貢国はこれらの義務がなく，朝貢使節の派遣は不定期でよく，何十年か来なければ自然と国交断絶と見なされるくらいの立場である。ここから日本の 894 年の遣唐使停止の意味も理解されよう。その前に送られた遣唐使が 838 年であるからすでに 50 年以上経過していたため，すでに唐側では国交が断絶したと見なされていてもおかしくはない。

　まず，この朝貢使節の定期・不定期が冊封国と朝貢国の違いであるという知識からして範囲外であるが，それを知っていたところで次の難題が「カンボジアやチャンパー」が冊封国か朝貢国かという問題が浮上する。これはいくつかの資料集には記載があるので見ていれば知っているが，入試会場でとっさに思い出せる受験生はさほど多くないだろう。「冊封体制」というくらいなのだから３つの分類では冊封国が主要なのだろうと思われるだろうが，実は唐の主要な冊封国は新羅・渤海・南詔の３つだけで，あとは唐自身が新羅と結んで滅ぼした百済と高句麗を入れても５つしかない（これら以外に多数の小国は多くあっただろうが）。一方で主要な朝貢国は日本，チャンパー，カンボジア（真臘），シュリーヴィジャヤの４つで，

145

冊封国とさして数が変わらない（こちらも高校世界史上登場しない小国は
無数にあっただろう）。北方遊牧民の突厥やウイグル，チベットの吐蕃は
その他の国々であり，軍事的に強勢であったので，唐とは事実上対等な関
係であった。

　というわけで，チャンパーもカンボジアも朝貢国であるから，Dの文は
「定期的に朝貢した」が誤りである。こうしてやっとCが唯一の正文＝
正解と絞れるのだが，さすがにこれは高度な知識を求めすぎだろう。

５９. 明治大　全学部統一入試（２つめ）

出題ミス

問題２　問７　下線部(7)に関する説明として（編註：イスラーム勢力），
もっとも適切な説明を一つ選びなさい。

A. ムハンマドはウンマという信仰共同体を組織し，ニハーヴァンドの戦
　いでササン朝ペルシアを破った。
B. ムハンマドの死後，その義父アブー＝バクルが第２代カリフとしてイ
　スラーム教徒の指導者の地位に就いた。
C. ムアーウィヤが開祖となったウマイヤ朝はスンナ派の王朝であり，広
　大なイスラーム帝国を築いた。
D. ウマイヤ朝によって征服された地域では非イスラーム教徒には人頭税
　（ジズヤ）が課されたが，イスラーム教に改宗すれば免除された。

◀解答解説▶
　Aはニハーヴァンドの戦いが第３代カリフのウマルの時代なので誤り。
Bはアブー＝バクルが初代カリフなので誤り。カリフは「（ムハンマドの）
代理人」の意味なので，ムハンマド自身を含まない。Dは，ウマイヤ朝
では最末期を除くほとんどの時期で，アラブ人のムスリムのみジズヤもハ
ラージュ（地租）も免税され，非アラブ人はイスラーム教に改宗してもそ
の両方を納める義務があった。これがイスラーム教の定める信徒の平等に

反するとして批判され，最末期に王朝自身でも改革が進む中，アッバース家が非アラブ人ムスリムの支持を受けて放棄し，ウマイヤ朝を倒してアッバース朝を開くことになる。よって D も誤り。残った C が作題者の想定した答えと思われるが，D で説明した理屈ゆえに，ウマイヤ朝はイスラーム教徒の帝国ではなく「アラブ人の帝国」と見なされており，一般に「イスラーム帝国」と見なされていない。よって C も誤文であり，正解が無い。**大学当局から出題ミスを認め，謝罪と全員正解とする旨の発表があった。**

６０．明治大　全学部統一入試（３つめ）

難問

問題２　問９　下線部 (9) に関連して（編註：天文学），アストロラーベと呼ばれる観測機器の写真としてもっとも適切なものを一つ選びなさい。

A.

B.

C.

D.

148

（出典：Object Collection Database, History of Science Museum, University of Oxford）

◀解答解説▶━━━━━━━━━━━━━━━━━━━━━━

　近年は美術作品以外の図版を使う問題が増えているが，まだこなれておらず難易度が高くなってしまう傾向があるようだ。アストロラーベはそれ自体が範囲外で，資料集にたまに図版が掲載されているのみである。アストロラーベは太陽や北極星の位置から現在時刻や緯度を計測できる，イスラーム圏で発明された器械で，その使用法が同じ2020年の慶應大でも出題されていた（**2020早慶7番，p.37**）。今後，出題が増えたり用語集に拾われたりするかもしれない。

　さて，正解はC。Bは望遠鏡とすぐにわかるが，AとDは特定が難しい。いずれもオクスフォード大学の科学史博物館に所蔵されているということを手がかりに探してみたところ，Aはプトレマイオス宇宙を説明するために用いられた天球儀の一種で，太陽と地球の位置を付け替えて地動説の説明にも使用可能になっているとのこと。1700年頃の制作と見られている。『赤本』は「Aは近代のプラネタリウム」と説明していたが，全く違う。解説の執筆者は一体何を参照したのだろうか。Dは携帯用の日時計で，1500年頃の制作と見られているが詳細不明とのこと。図版を見たことがなくてもアストロラーベの機能を知っていれば，AやDでは緯度を測れそうにないので消去法で正解できるだろうが，アストロラーベの機能を知っている受験生は資料集でアストロラーベの図版を覚えていると思う。

６１．明治大　全学部統一入試（４つめ）

難問

問題3　**問10**　下線部(7)に関連して（編註：ヨーロッパ諸国の支配から多くの国が独立を果たした），スペインからの独立の流れとして，もっとも適切な説明を一つ選びなさい。

A. サン＝マルティンの指導のもとにコロンビアが独立したのち，シモン＝ボリバルの指導のもとにアルゼンチンも独立を果たした。

B. 司祭イダルゴが指導した民衆蜂起を契機にメキシコが独立したのち，サン＝マルティンの指導のもとにアルゼンチンが独立を果たした。

C. サン＝マルティンの指導のもとにアルゼンチンが独立したのち，シモン＝ボリバルの指導のもとにコロンビアも独立を果たした。

D. シモン＝ボリバルの指導のもとにコロンビアが独立したのち，それに触発された司祭イダルゴがメキシコで独立運動を開始した。

◀解答解説▶

　ラテンアメリカ諸国の独立運動は，たまにやたらと細かい時系列問題を出題する人がいるが，ラテンアメリカ史の研究者としてはそこがそれほど重要なのだろうか，それとも門外漢が雑に出題しているだけなのだろうか。さて，A は唯一すぐに誤文とわかる。シモン＝ボリバルとサン＝マルティンが逆。以降が難しい。B はメキシコの最終的な独立が 1821 年，サン＝マルティンによるアルゼンチン独立達成は 1816 年であるから，時系列が逆。D はシモン＝ボリバルとイダルゴの蜂起はどちらも 1810 年，コロンビアの独立達成は 1819 年であるから，触発されたということはない。よって消去法で C が正解となる。

６２．明治大　情報コミュニケーション学部

難問

問題1　8 世紀にカンボジア（真臘）は南北に分裂したが，9 世紀には　1　が両勢力を統合してアンコール朝を創設した。

◀解答解説▶

　正解はジャヤヴァルマン 2 世。用語集のアンコール朝の項目の説明文には登場する。早慶対策としては定番の人物ではあるので，範囲外の中では正答率が高かった部類かも。

６３．明治大　情報コミュニケーション学部（２つめ）

問題３　下線部 (1) 〜 (4) のうち，**適切ではないもの**を一つ選び，その番号を解答欄にマークしなさい。

F　(1) モンゴル高原では，９世紀中頃にキルギスによってウイグルが滅ぼされて以来，統一勢力はあらわれなかった。12世紀初めに遼が滅びると，諸部族の間で統合の動きが強まり，(2) テムジンがクリルタイでハン位について，チンギス＝ハンの称号を受け，大モンゴル国を建てた。(3) モンゴル軍は，西夏を奪ったナイマンを滅ぼし，ホラズム＝シャー朝を倒して西北インドに侵入した。チンギス＝ハンの死後即位した (4) オゴタイは金を滅ぼして華北を領有し，モンゴル高原のカラコルムに都を建設した。

◀解答解説▶

　完全に正文と言えるのは (2) と (4)。(3) は，これが想定された正解で，ナイマンが奪ったのは西夏ではなく西遼。審議の対象は (1) で，この文は下線の部分だけ読むと紛れもなく正文なのだが，下線 (1) と (2) の間の文が引っかかる。確かにウイグル帝国が840年にキルギスの奇襲によって崩壊した後，キルギスに高原を統一する力がなく，80年ほど分裂状態が続いた。その後，10世紀前半に契丹（遼）が統一し，契丹が1125年に滅亡すると再び分裂状態となる。この二度目の分裂状態は華北を有した金が部族間の対立を煽って統制していたが，1206年にチンギス＝ハンが再統一を達成した。この部族間対立を煽られた恨みの仕返しとして，モンゴル帝国は金へ猛烈な攻撃を仕掛けていく。以上を前提にＦの文章を改めて読むと，**(1) の「統一勢力が現れなかった」がチンギス＝ハンの再統一までかかっているように読め，**とするとこれは契丹（遼）の存在を無視しているから誤文である。ついでに言うと，下線が引かれていない箇所になるが「12世紀初めに遼が滅びると，諸部族の間で統合の動きが強まり」は，

むしろ遼の崩壊によって金の分裂統制が始まるのだから，逆である。

　しいて言えば，契丹は遼河流域を拠点とした遊牧帝国であり，出自がモンゴル高原ではない。さらに華北進出も図っている・唐の後継国家を名乗る大乗仏教を大規模に受容する・一時期には国号を中国風の「遼」とする等，既存の遊牧帝国とは明らかに一線を画す政治や文化を持っていた。つまり，契丹はモンゴル高原の遊牧民の部族からすると後の女真人や漢民族と変わらぬ外来勢力であり，「モンゴル高原の遊牧民による自発的な統一勢力」ではなかったというのは確かである。それをもって下線部（1）を正文と言い張るのは苦しい気が……

６４．明治大　情報コミュニケーション学部（３つめ）

難問

問題5 （イ）　以下の A〜E に関する記述の中で，**適切ではない**文章の記号①〜④を解答欄にマークしなさい。
　（編註：取り上げるのは B のみ）

B　1929 年 10 月，ニューヨーク株式市場で株の大暴落がおこり，世界恐慌へと拡大した。

①　ドイツでは世界恐慌の影響はただちに現れ，失業者の急増と工業生産の低下につながり，ミュラー連合内閣は1930年3月に倒れた。ブリューニング内閣は，ヒンデンブルク大統領など保守派・軍部の意向に沿って，当初から国会多数派工作を断念し，少数派内閣として成立した。
②　ブリューニング内閣の恐慌対策はデフレと増税を手段としていたが，国会から拒否された。そのために国会は解散され，選挙の結果，ヒトラーが率いる国民（国家）社会主義ドイツ労働者党（ナチ党）が国会の第二党となった。
③　ヒトラーはオーストリア生まれで，ドイツに移って第一次世界大戦に参加した。戦後，ドイツ労働者党を創設し，ナチ党の礎を築いた。

④　1930年には国会は機能不全におちいった。その結果，政府が大統領緊急令を用いて立法を行い，国会もそれを否定しないという，いわゆる大統領内閣が成立した。

◀解答解説▶

　振り切れた範囲外からの出題。誤文は③で，**ドイツ労働者党はヒトラーの創設ではなく，**ヒトラーは1919年の当初は軍部から右翼団体監視のために送り込まれた人員に過ぎなかった。しかし，巧みな弁舌で正式な入党を勧められて入党し，すぐさま主導権を握り，翌1920年に国民社会主義ドイツ労働者党に党名を改名させ，いわゆるナチ党が出発することになる。①・②・④は正文だが，④はともかく①・②・③は高校世界史の教科書でなくヒトラー関連の新書なりを読まないと正誤を判定できない。なお，この大問5は全体的に激烈で，範囲外と見なしたのはこの（イ）のBだけだが，他もバルバロッサ作戦やカサブランカ会談などの用語が乱れ飛び，教科書・用語集・資料集を隅々まで読まないと判別できない正誤判定が続いた。ナチス＝ドイツか第二次世界大戦の専門家が作ったのなら，専門分野の押し売りが過ぎよう。

　情報コミュニケーション学部は例年収録数が多く，2020年も3つとなった。ただし，例年は出題ミス・悪問が多く，学部名に反したディスコミュニケーションっぷりに解説を書きながらかなりイライラしていたのだが，2020年は難問2つに悪問1つの計3つで少しはまともになったように思う。今後も危険な存在として注視していきたい。

６５．明治大　経営学部

難問

問題3　設問6　下線部(6)（編註：イギリスとの間に生じた貿易不均衡は，アヘンを中国国内に持ち込む理由に使われ）に関する説明として最も適切なものを一つ選んでマークしなさい。

A. イギリスは，綿製品の輸出超過を，インドと中国を交えた三角貿易に
　　よって解消しようとした。
B. アマーストは，自由貿易の実現をとなえて嘉慶帝に謁見したが，不調
　　に終わった。
C. イギリスが東インド会社の中国貿易独占権を廃止したため，民間の貿
　　易商人が中心となってアヘン密貿易をおこなった。
D. 林則徐はアヘン厳禁論を奏上し，道光帝から欽差大臣に任命された。

◀解答解説▶

　　Aは綿製品の輸出超過が茶の輸入超過の誤り，Bはアマーストが嘉慶帝
に謁見できていないので誤り。Dは正文だが，道光帝の名前は用語集頻度
①で，この正誤判定はかなり難しい。
　　さらに厳しいのがCで，この正誤判定は事実上範囲外だろう。実際に
東進はC・Dの複数正解で出題ミスと指摘していたが，これは勇み足であっ
て調べが足りていない。イギリス東インド会社は1833年に中国貿易独占
権の廃止が本国の議会で決議され，これを受けて翌年に商業活動を停止す
る。以後は民間貿易商人によるアヘン密輸が激増することになるから，こ
れを知っていると尚更Cを正文だと思い込みやすい。世界史が得意でよ
く知っている受験生に限って引っ掛けてくるという意味では悪質である。
　　実は，イギリス東インド会社は表向き合法的な通商に徹する必要があっ
たため，商業活動を停止するまで，茶を大規模に輸入して大規模な赤字を
垂れ流す役に徹していた。一方で，インドの東インド会社領でアヘンを生
産し，これを民間の商人に売ることで内部的な収支の帳尻を合わせていた
のである。**アヘンをインドから中国に密輸する過程は，1833年以前から
すでに民間の貿易商人の役目だった。**アヘン貿易が密輸だったからこそ，
逆に茶の輸入は正式な貿易だったからこそ，東インド会社と民間の商社で
役割分担していた。東インド会社の商業活動停止でアヘン密輸が激増する
のは東インド会社が曲がりなりにも統制をとっていたためで，民間商人だ
けが輸出入ともに貿易を担うようになるとタガが外れてしまったのだ。

６６．明治大　経営学部（２つめ）

出題ミス（複数正解）

問題３　設問 10　下線部(10)（編註：太平天国の乱は最終的に鎮圧された）
に関する説明として適切でないものを一つ選んでマークしなさい。

A．洪秀全は自らを天王と称し，南京を占領して天京と改称した。
B．太平天国は「滅満興漢」をかかげ，アヘン吸引などの悪習廃止を打ち
　出した。
C．地方官や郷紳が組織する郷勇が，湘軍や捻軍を担った。
D．太平天国の鎮圧後，洋務派官僚は「中体西用」を主張した。

◀解答解説▶

　ＡとＢは正文。Ｃは「捻軍」が誤り。捻軍は反乱軍の一つである。こ
れが作題者の想定する正解だろう。審議の対象はＤ。一般に洋務運動は
1860 〜 90 年頃に実施されたとされ，太平天国の乱の鎮圧は 1864 年で
ある。とすると「中体西用」の主張が 1860 〜 64 年に現れていたかどう
かが鍵となる。調べてみると，直接「中体西用（中学為体，西学為用）」
の語を用いたわけではないものの，**思想的な初出は 1861 年の馮桂芬（後
に李鴻章の陪臣となる儒学者）の著作と特定されており，完全に太平天国
の鎮圧中である。**「中体西用」の語の初出は意外にも特定されていないの
で，それを追うのは無意味であろう。また，洋務運動の実働もその最初は
曾国藩が 1861 年に建てた安慶軍械所とされている。ただし，この安慶軍
械所は外国人技師の招聘なしに中国人技師の見様見真似だけで洋式銃・大
砲の再現を試みており，全く上手くいっていない。次に李鴻章が 1863 年
に金陵製造局を建て，こちらは西洋人の技師を雇って銃弾・砲弾の大量生
産を開始した。いずれにせよ，やはり太平天国の乱の鎮圧中である。これ
らの証拠をもってＤを誤文＝正解と見なすのは可能だろうし，とすると
本問はＣ・Ｄの複数正解だろう。東進，赤本の解答はＣのみ正解として
いたが，調べが甘い。

６７．明治大　法学部

悪問

問題3　問2 （エ）　下線部㊤に関して（編註：国内の諸勢力を抑え絶対王政をより強固なものとしていく動きが進んでいた），この動向に関する以下の記述のうち正しいものはどれか。

〔選択肢〕

A　ユグノーと呼ばれるカルヴァン派の新教徒とカトリック教徒の争いが激しくなると，プロテスタント勢力をスペインが，カトリック勢力をイギリスが支援するなどして外国の介入を招き，この宗教内乱は数十年にわたってフランスを苦しめた。

B　ルイ13世はカトリック教会の枢機卿であったリシュリューを宰相とした。リシュリューは，ルイ13世の治世下で，三部会の召集停止，高等法院の権限縮小，ユグノーの弾圧などを行ったが，三十年戦争ではハプスブルク家に対抗して新教徒側に立った。

C　ルイ14世は，フロンドの乱を鎮圧し，絶対王政確立の障害となっていた貴族や司法官を退けると，絶対王政最盛期を実現した。傭兵を用いたヨーロッパ最大の軍隊で多くの戦争を行い，スペイン継承戦争の結果，孫フェリペ5世をスペイン王位に即け，ジブラルタルやニューファンドランドを獲得するなどして，国力を大きくのばした。

D　メディチ家出身のカトリーヌ＝ド＝メディシスは，息子が若くしてシャルル9世として即位すると摂政として実権を握り，サンバルテルミの虐殺を策謀したと言われている。シャルル9世が暗殺されたことでヴァロワ朝は絶えたが，そのあとも長期に渡って権力を維持し続けた。

E　ブルボン朝をひらいたアンリ4世はユグノーであったがカトリックに改宗し，そのうえでユグノーの信仰を認めるナントの王令を発布してユグノー戦争を沈静化させた。しかし，ルイ14世によって王令が廃止されると，ユグノー戦争は再び激しさを増した。

156

◀解答解説▶━━━━━━━━━━━━━━━━━━━━━━━━━━━━

　A はイギリスとスペインが逆。C はジブラルタルやニューファンドラン
ドを「手放した」の誤り。国力もどちらかと言えば疲弊した。D は，シャ
ルル 9 世の死因が暗殺ではないし，ヴァロワ朝最後の王はシャルル 9 世の
弟のアンリ 3 世。なお，死因が暗殺なのはこのアンリ 3 世の方で，ユグノー
戦争を国王の立場から調停しようとしたが，狂信的カトリックに刺殺され
た。カトリーヌ＝ド＝メディシスはアンリ 3 世の暗殺直前に病死している
ので，「そのあとも長期に渡って権力を維持し続けた」も誤り。こうして，
アンリ 3 世の後をアンリ 4 世が継ぎ，やっとユグノー戦争が終局に向かっ
ていくことになる。ついでに言うと，カトリーヌ＝ド＝メディシスがサン
バルテルミの虐殺を策謀したかどうかは疑わしく，不明瞭な点が多い。ま
あ，これは用語集もカトリーヌ＝ド＝メディシスの項目で「サンバルテル
ミの虐殺を主導した」と堂々と書いてしまっているので同罪だが。E は末
尾がデタラメ。ルイ 14 世がナントの王令を廃止した時点でユグノーたち
には再度内戦を起こすような勢力が残っておらず，亡命の道を選んでいる。

　残った B が正文で作題者の想定する正解だと思われるのだが，**ルイ 13
世が最後の三部会を開催したのが 1614 年，リシュリューの枢機卿就任が
1622 年，フランス王国の宰相就任が 1624 年**であるから，この文は時系
列が危うい。そもそも三部会停止は高校世界史上で便宜的にリシュリュー
の業績として扱ってしまうことが多いのは確かだが，彼が能動的に三部会
の召集停止を法令として制定したわけではない。なにせフロンドの乱の際
に貴族はルイ 14 世とマザランに三部会の招集を要求しているくらいなの
だから，当代の当人たちにリシュリューが廃止したという意識も無かった
はずである。王権が強化されていったために自然と開催されなくなったの
である。よって，**厳密に言えば「リシュリューが三部会の召集停止を行っ
た」という文は正誤判定に適さない**。ただし，リシュリューが宰相時代に
王権強化政策をとっていたのは事実であり，三部会の召集停止は“実質的
な”リシュリューの事績と見なしてしまうことはある。実際に山川『詳説
世界史』の教科書本文は「ルイ 13 世の宰相リシュリューは，王権に抵抗
する貴族やユグノーをおさえて三部会を開かず」という，どうとでも取れ
る表現になっている。この場合は時系列の問題も法令の不在もクリアでき
て，B は晴れて正文になる。『入試問題正解』は時系列の危うさを理由に

悪問と判定していて，妥当な判断だと思う。『赤本』はいつも通りスルーしていた。

６８．明治大　法学部（２つめ）

難問

問題４　問２　（ア）　下線部㋐に関して，当時（編註：第一次世界大戦のこと）のイギリスの戦時外交に関する次の記述のうち正しいものはどれか。

A　イギリス，フランス，ロシア，イタリアの４国間で，イタリアが連合国側で参戦することを条件に，南チロル，ダルマティア，フィウメ，トリエステをイタリアに割譲することを約束するロンドン秘密条約を結んだ。

B　メッカの大守フセインとフセイン・マクマホン協定を結び，ロシアとの交戦を条件に，戦後にオスマン帝国からアラブ国家が独立することを認めた。

C　イギリス，フランス，ドイツの３国間で，戦後のオスマン帝国領の扱いを定めたサイクス・ピコ協定を結んだ。

D　1917 年，ユダヤ人の財政支援を期待して，イギリスのユダヤ人協会会長ロスチャイルドに対してバルフォア宣言を行い，ユダヤ人の「民族的郷土」建設への支持を約束した。

E　インドの戦時協力を得るため，非暴力・不服従を開始していたガンディーらに対して，責任政府と自治機構の実現を約束した。

◀解答解説▶

　Bはロシアがオスマン帝国の誤り。Cはドイツがロシアの誤り。Eはガンディーの非暴力・不服従運動の開始が大戦後であるので誤り。残ったAとDから絞るのが難しい。Dが正文＝正解で，この文が用語集のバルフォア宣言の説明文のコピペであるから，高校世界史範囲内の知識だけでピンポイントで正解を選ぶのは可能ではあるが，Aを誤文として消せる根拠が

範囲内には無い。出題ミスを疑い，ここで無駄に時間を浪費した受験生も少なからずいたのではないか。

　Ａの文は「フィウメ」が誤りである。**ロンドン秘密条約では南チロル，ダルマティア，トリエステの割譲が約束されたがフィウメは外されていた。**大戦後にイタリアが執拗にねらい，ユーゴスラヴィアから無理やり奪っているくらいなのだから，ロンドン秘密条約で約束された領土に入っていてもおかしくはないとよくできる受験生なら推測してしまい，余計に悩むところだろう。本問も，出来の良い受験生をねらってひっかけに行っている点で悪質である。

　国際日本学部・政経学部・文学部・農学部・商学部は収録対象なし。2018 年に全 9 日程から収録対象を出したこともある明治大だが，2019・2020 年とここ 2 年はいくつか収録対象なしの学部があって免れている。暴れる学部とそうでない学部がくっきりしてきたという意味では，特徴がついてきた。

６９．立教大　2/6 実施

難問

問題2　ローマ帝国においては，皇帝マルクス＝アウレリウス＝アントニヌスの侍医を務めた医師（　イ　）が，その後の中世ヨーロッパ医学の規範となるような高い水準の医学を作り上げた。

◀解答解説▶

　ストレートな難問。正解はガレノス。一つ前の課程まではぎりぎり範囲内だったという，よくあるパターンである。ヒポクラテスとイブン＝シーナーと並べて誰か一人は高校世界史から消してくれと言われたら，まあ中継ぎのガレノスになるのはわかるところ。

７０．立教大　2/6実施（2つめ）

出題ミス

問題2　B　4．ヨーロッパの十字軍に関する次の出来事 a 〜 d のうち，もっとも古いものを解答欄の i に，次に古いものを ii に，以下同じように iv まで年代順にマークせよ。

a．イェルサレム王国が建国された
b．イングランド王，フランス王，神聖ローマ皇帝が参加した
c．エジプトへの遠征途上，チュニスを占領した
d．ラテン帝国が建国された

◀解答解説▶

　a は第1回，b は第3回，d は第4回でよいのだが，審議の対象は c。素直に考えればチュニス遠征を行ったのは第7回であるが，**第7回はあくまでチュニスの攻略途上でルイ9世が撤退しており，チュニスを占領していない。**当然エジプトへの遠征途上でもない。事実に反しているので，時系列を選びようがない。明白な出題ミスのはずであるが，大学当局から特に発表はなく，『入試問題正解』でも指摘なし。『赤本』に至っては「エジプトへの遠征途上でチュニスを攻撃したのは第7回十字軍」と，問題文の「占領」を勝手に「攻撃」と読み替える斬新な解釈を示して，無理矢理問題を成立していると見なしていた。無理がある。

７１．立教大　2/8実施

難問・悪問

問題1　B　6　i．府兵制の崩壊後，辺境募兵軍団の指揮官として置かれた軍職は節度使と呼ばれる。その統制下にあった軍事機関は何と呼ばれて

いるか。その名を漢字2字でしるせ。

◀解答解説▶━━━━━━━━━━━━━━━━━━━━━━━━━━

長年この企画をやっていて初めて見た用語である。 正解は牙軍（衙軍）。東進は解答を「藩鎮」としていたが，そうしたくなる気持ちはわからないでもない。まあ，藩鎮は「節度使を頂点とし，軍事・行政権を掌握して中央から自立した地方軍閥」の意味なので，節度使統制下の軍事機関とは言えまい。

７２．立教大　2/11 実施

|難問|

問題2　B　9．この世紀に（編註：18世紀）中国で起きた出来事を年代順に並べたとき，2番目に古いものはどれか。

a．キャフタ条約　　b．軍機処の設置
c．乾隆帝の即位　　d．『四庫全書』の完成

◀解答解説▶━━━━━━━━━━━━━━━━━━━━━━━━━━

　aとbは雍正帝時代の出来事，dは乾隆帝時代の出来事であるから，3番目がcで4番目がdなのはすぐにわかるが，残念ながら問われているのは2番目である。ということは要するにaとbの年代が問われているに等しく，どちらの年号も用語集にあるから厳密に言えば範囲内ながら，これはさすがに厳しい。特にキャフタ条約の1727年はまだ覚える部類に入るが，軍機処の設置年は盲点だろう。こちらは1730年であるので，bが2番目＝正解。こういう理屈で詰めるのが不可能で，用語集も便宜上載せているだけの年号を用いた時系列整序問題は，受験生に用語集の丸暗記を推奨することになるので，本当にやめてほしい。

７３．立教大　2/12 実施

【難問】

問題1　B　7．日本で火縄銃として知られるこの武器は，銃口の先端から弾丸を込める前装式の銃である。三十年戦争でも主力となったこの銃は，当時のヨーロッパで何と呼ばれていたか。

◀解答解説▶━━━━━━━━━━━━━━━━━━━━━━━

　正解はマスケット銃。高校世界史では範囲外であるが，社会人の歴史好きなら概ね通じるイメージ。ところで，本問の問いは正確には「火縄銃も含め，16 〜 17 世紀頃の世界で盛んに用いられていた銃を一般に何と呼ぶか」であるべきだろう。

７４．立教大　2/13 実施

【難問】

問題1　B　5．この地域（編註：アラビア半島）には 1932 年にサウジアラビア王国が建国された。この頃の中東の出来事 a 〜 d のうち，2 番目に古いものを解答欄にマークせよ。

a．イラク王国成立　　　　　b．エジプト王国成立
c．トランスヨルダン王国成立　d．トルコ共和国成立

◀解答解説▶━━━━━━━━━━━━━━━━━━━━━━━

　2020 年の立教大で目立つ，細かすぎる年号問題の一つ。エジプト王国成立の 1922 年，トルコ共和国成立の 1923 年までは私大専願なら押さえる範囲として，残り二つは無茶振りだろう。イラク王国成立は 1921 年，ただしこの時点ではイギリス委任統治領下で王朝が建てられたに過ぎず，

独立は 1932 年。ここで問われているのは 1921 年の方だろう。トランスヨルダンも同じく，イギリス委任統治領下で王朝が成立したのが 1923 年，独立が 1946 年である。というわけで４つのうち２番目は 1922 年の b となる。その年号を聞いてどうすんだよという虚無感が拭えない。

７５．立教大　2/13（２つめ）

難問

問題１　B　12．このような重要性をもつシンガポールは，イギリスから独立した連邦国家の一部となったが，やがて離脱した。この頃のアジアの出来事 a〜d のうち，もっとも古いものを i に，次に古いものを ii に，以下同じように iv まで年代順にマークせよ。

a．スハルト大統領就任　　b．東南アジア諸国連合結成
c．マルコス大統領就任　　d．南ベトナム解放民族戦線結成

◀解答解説▶

　これも年号が細かい。b の ASEAN 結成が 1967 年は覚えている受験生もいただろう。d の南ベトナム解放民族戦線結成年も，はっきりと知らなくてもベトナム南北分断固定の 1955 年からさほど離れていないだろうから，この中では最初っぽいというのも推測がつきそうである（実際に 1960 年で１番目）。しかし，残りが厳しい。また，c のマルコス大統領就任は 1965 年はいいとして，a は九・三〇事件が同じく 1965 年，スハルトはこの年に実質的に政権を握るので，あれ同じ年では？　ひょっとして月単位の判断？　となるというトラップまである。実は，スハルトが正式に大統領に就任するのは３年の間が空いた 1968 年のことなので，これが４番目なのだ。スハルトは ASEAN 結成を推進した主導者の一人だが，1967 年当時はまだ大統領代行である。よって正解は d→c→b→a の順。これまた九・三〇事件やマルコス大統領就任年まで押さえているよくできる受験生が余計に悩んでしまうタイプの問題で，こういうのは本当に良く

ない。

７６. 立教大　2/14実施

難問

問題2　B　3．これ（編註：抵抗や反発，反乱）に関する次の出来事 a
〜 d のうち，もっとも古いものを解答欄の①に，次に古いものを②に，
以下同じように④まで年代順にマークせよ。

a．デカン高原でシヴァージーが反ムガル運動を糾合し，マラーター王と
　なった
b．ネーデルラントで，新教徒がスペインに対して反乱を起こし，オラン
　ダ独立戦争が始まった
c．明が，重税による民衆生活の窮乏を背景とする李自成の乱によって滅
　亡した
d．モスクワ大公国で，農奴制の強化に対してコサックによるステンカ＝
　ラージンの反乱が起きた。

◀解答解説▶━━━━━━━━━━━━━━━━━
　b は 1568 年。オランダ独立戦争と三十年戦争をくっつけて八十年戦争
と呼ぶので，覚えやすい。c も明清の交代が 1644 年，基礎的な年号なの
で，立教大を受けるなら必須だろう。問題はこの先で，a と d はいずれも
1670 年頃と覚えておけば十分な出来事であり，私だって暗記していない
年号である。これを聞くのは完全に無茶で，よくもまあこんなピンポイン
トに「1670 年頃でおぼろげな年号」を探してきたものだ。a のマラーター
王国成立は 1674 年，d のステンカ＝ラージンの乱発生は 1667 年である
ので，正解は b → c → d → a。後ろ２つが正解するかどうかはほぼ完全
な確率 50％で，こんなところで人生がかかった運ゲーをやらされるなん
てたまったものではない。

７７. 神奈川大　給費生試験

出題ミス

問題1　問12　下線部⑫（編註：その後，東インド会社は，インドの領
<u>土拡大のためにマイソール王国やシク王国などと戦った</u>）に関連して述べ
た下記の文アとイの正誤の組み合わせとして正しいものを次の中から１つ
選び，解答用紙にマークしなさい。

ア　インド南部では，イギリスがシク王国と２次にわたる戦争を繰り広
　　げ，これに勝利した。
イ　マイソール戦争では，18世紀後半にイギリスが４次にわたる戦争で
　　ヒンドゥー教国を破った。

a　アー正　イー正　　b　アー正　イー誤
c　アー誤　イー正　　d　アー誤　イー誤

◀解答解説▶

　アはシク王国があったのがインド北部なので誤文。イはマイソール戦争
はきっちり４回，1767〜69・80〜84・90〜92・94年で全て18世
紀後半というところまでは正文だが，審議の対象は「ヒンドゥー教国」の
部分である。マイソール王国は17世紀初頭に成立してから長らく王族が
ヒンドゥー教徒であったが，18世紀半ばにムスリムのハイダル＝アリー
が簒奪し，このハイダル＝アリーと息子ティプー＝スルタンの２代がイギ
リスとのマイソール戦争を戦った。つまり，マイソール王国はその歴史の
大半や社会から言えばヒンドゥー教国であるが，マイソール戦争当時の
政権はイスラーム政権である。したがってその正誤判定は確かに微妙であ
り，ヒンドゥー教国であったと見なして正文として押し通すこともできる
だろうが，君主の宗教を持ち出して反論する人は出てくるだろう。また，
マイソール王国のそうした宗教事情は一応用語集に記載があるものの，ハ
イダル＝アリーとティプー＝スルタンの宗教までは早慶レベルの受験生で

も普通は覚えないところであるから，かえって世界史が得意な受験生だと
混乱するという意味でも良くない問いであった。**大学当局から出題不備を
認めて全員を正解にした旨の発表があった。**

７８．中京大　Ｍ方式

奇問

問題１　問９　下線部 (d) の上京竜泉府の模範となった長安城はまた，日
本の平城京のモデルでもあった。これら３つの都城が面積の広い順に並ん
でいるものを下記から選べ。

①　上京竜泉府＞長安城＞平城京　　　②　上京竜泉府＞平城京＞長安城
③　長安城＞平城京＞上京竜泉府　　　④　長安城＞上京竜泉府＞平城京
⑤　平城京＞上京竜泉府＞長安城　　　⑥　平城京＞長安城＞上京竜泉府

◀解答解説▶
　都市の広さを問う問題は初めて見た。前近代の都市の繁栄の度合いを測
る・比較するものとして人口は時々話題になるが，広さが話題になること
は少ない。これを高校世界史として出題して何か意味があるのだろうか。
常識的に考えて長安城が一番広いというのは想像がつくところだが，上京
竜泉府と平城京となると全く手がかりが無い。
　実際に隋唐長安城が一番広く，東西が約 9.7km，南北が約 8.6km，こ
れに北側に少しはみ出た宮殿があって，合わせて面積は約 89km^2。２位
は平城京で，東西が約 4.3km，南北が約 4.8km，これに東側にはみ出た
外京があって，合わせて約 25km^2 とされているから，長安城の約 1/4 よ
りは少し大きい。最も狭いのが上京竜泉府で，東西が約 4.5km，南北が
約 3.3km とされているから，他の２つに比べると著しく横長の長方形で
ある。面積は約 14.8km^2 とされているから，平城京の約 3/5。よって正
解は長安城＞平城京＞上京竜泉府で③になる。なお，平安京は東西が約
4.5km，南北が約 5.2km と平城京より外周がやや大きいが，外京を持た

ないため面積は約23km² と平城京よりわずかに小さく、それでも上京竜泉府よりは広い。

　一応、推定人口でも比較すると、長安はよく知られている通り約80～100万人。平城京と上京竜泉府は約10万人と推定されているから、面積よりも差が開き、長安の人口密度が高い。一応、日本は平安京になると人口の集中が少し進んで約15万人となり、また右京は比較的早くに放棄されて多くが左京に住んでいたとされているから、左京に限定すれば長安に比肩する人口密度になる。いずれにせよ、上京竜泉府や平城京・平安京がこのくらいの人口を抱えていた9～10世紀頃、世界全体で見れば人口が10万人規模の都市は稀であり、いずれも当時としては大都市であった。

７９．同志社大　全学部入試〔2/5 実施〕

出題ミス（複数正解）

問題2　設問9　下線部(7)に関連して（編註：（ベトナムでは）漢字にもとづく独自の文字が作られ、中国文化を摂取しつつも、中国とは異なる独自の文化が形成された）、以下の(1)(2)の問題に答えなさい。

(1)　ここでいう「漢字にもとづく独自の文字」はなんとよばれるか。解答欄Ⅱ-Bに記入しなさい。

(2)　(1)の文字のように、10～13世紀にかけての時期には中国周辺の諸地域で独自の文字文化が見られるようになるが、この時期に作られた文字ではないものを以下の1～4から1つ選び、解答欄Ⅱ-Aに番号で答えなさい。

1．仮名文字　　　2．女真文字
3．西夏文字　　　4．満州文字（満洲文字）

◀解答解説▶

　同志社大学は難関私大の中では比較的おとなしく、例年収録数もそれほど多くなかった。しかし、2020年はひどかった。悪質な出題ミスのオン

パレードであり，おそらく作成チームが数年ぶりにごそっと入れ替わったのだと思われる。

　閑話休題。(1)の正解は「チュノム（字喃）」。(2)は４の満州文字が正解として想定されていると思われる。指定された時期に作られた文字は女真文字・西夏文字・契丹文字が代表例で，モンゴル文字をウイグル文字と分ける場合はモンゴル文字も該当する。訓民正音（ハングル）が15世紀半ば，満州文字が17世紀前半でこの２つは例外，と覚えておくと受験世界史の文字史問題で役に立つ。

　実はその中で扱いが難しいのが仮名文字である。国風文化の全盛期，いわゆる王朝文学が開花したのが平安中期の10〜11世紀であるから，仮名文字の成立もその時期だと思われがちである。しかし，仮名文字は漢字の訓読のために自然発生した文字であり，多くの他の文字が王朝主導で制定されたのとは事情が異なる。そのためにはっきりとした成立年代を求めるのは難しいが，**仮名文字の成立が９世紀**というのは共通見解が取れているところで，高校日本史でも必ずそう教えている。世界史・日本史という組合せで学習している受験生がいる以上，本問は明白な複数正解の出題ミスである。代ゼミが解答速報で指摘していたが，同志社大学から公的な見解の発表は無く，不誠実である。『赤本』・『入試問題正解』共に特に指摘なし。これは世界史の解答作成担当者が日本史に詳しくないので指摘できなかったと思われ，図らずも専門たこつぼの欠点が露わになっている。

８０. 同志社大　全学部入試〔2/5実施〕（２つめ）

出題ミスに近い

問題３　ソヴィエト＝ロシア（1917年），　ウ　（30歳以上の女性）（1918年），　エ　（1919年），アメリカ合衆国（1920年），トルコ（1934年）など多くの国で女性参政権が認められた。
設問２　空欄(ア)〜(コ)に入る適切な語句を，下の語群より選び，番号で解答欄Ⅲ-Bに記入しなさい。

168

【語群】

1．イギリス　　3．カナダ　　　4．ギリシア
10．スイス　　　11．スペイン　　15．チュニジア
16．ドイツ　　　18．ニュージーランド
20．ノルウェー　23．フランス　　24．ベルギー
（編註：関係のある選択肢のみ抜粋）

◀解答解説▶

　受験世界史上に現れた新たな出題ミスの温床，女性参政権の問題。空欄ウはイギリスでよいとして，空欄エはドイツを正解と想定して作られた問題だろう。しかし，**ドイツの女性参政権獲得年は 1918 年とする説と 1919 年とする説がある。**このズレは 1918 年 11 月にドイツ革命直後の臨時政府が女性参政権の導入を決定したが，実際に選挙が行われたのは 1919 年 1 月で，また男女普通選挙を確定させたヴァイマル憲法制定も 1919 年 7 月であるので，いずれのタイミングをとるかで解釈が異なるためである。念のため，他の国々ではカナダは 1918 年，ギリシアは 1952 年，スイスは明確な年を定めるのが難しいが 20 世紀後半，スペインは 1931 年，ニュージーランドは 1893 年，ノルウェーは 1913 年，フランスは 1944 年または 1945 年，ベルギーは 1948 年と，残りの選択肢は全て 1919 年を否定できる。したがって，ドイツを否定した場合はここに当てはまる国がなくなるので，**受験生によっては出題ミスにしか見えない問題**ということになる。とはいえ，高校世界史上はいずれの教科書も山川の用語集も 1919 年としているので大半の受験生は違和感なく解答したと思われ，大学側に山川の用語集を盾にされるとこちらも厳しくは批判できない。出題ミスと断定したいが，「に近い」としておく。駿台から同様の指摘あり。これも『赤本』・『入試問題正解』共に指摘無し。

８１．同志社大　2/7 実施

出題ミス（複数正解）

問題２　ヨーロッパ内部では，諸国が自国の利害を求めて戦争と妥協を繰り返していたが，1559 年の（　f　）条約によるイタリア戦争の終結後は，フランスの（　g　）王家と神聖ローマ皇帝位を持つハプスブルク家との対立が国際関係の対立軸となっていた。ハプスブルク家は，15 世紀にネーデルラントを獲得し，さらにスペイン王位も獲得した。

設問１　文中の（　a　）～（　j　）に入る最も適切な語を以下の語群からひとつずつ選び，番号をⅡ-A に記入しなさい。同一記号は同一語句とする。

【語群】
3．ヴァロワ　　5．カトー＝カンブレジ　　27．ブルボン

◀解答解説▶

　ｆはカトー＝カンブレジ（条約）でよいとして，**ｇはヴァロワを入れてもブルボンを入れてもおおよそ意味が通ってしまう。**イタリア戦争終結時点ではまだヴァロワ朝であるからヴァロワ家とも考えられるし，イタリア戦争終結後すぐにフランス国内でユグノー戦争が始まってしまい，17 世紀に入って仏墺の対立が激化したときにはブルボン朝に代わっているからブルボン家とも考えられる。他に空欄ｇが無いので，この文しか手がかりがないし，前後の文脈もさしたるヒントにはなっていない。すぐ後ろの文で 15 世紀の話をしているし，ヴァロワ家って答えてほしいのだろうか。代ゼミから同様の指摘あり。『赤本』も珍しくｇは複数正解と指摘。

８２．同志社大　2/7 実施（２つめ）

難問・出題ミス

問題２　設問２　下線部①〜⑤に関する以下の設問について，ａのみ正しい場合は数字の１を，ｂのみ正しい場合は数字の２を，ａ・ｂともに正しい場合は数字の３を，ａ・ｂともに正しくない場合は数字の４を解答欄Ⅱ-Ｂに記入しなさい。

③　（編註：マルコ＝ポーロがアジアでの経験や伝聞を記した『世界の記述』（『東方見聞録』））

a. マルコ＝ポーロが滞在した元の首都は上都であった。
b. 元のフビライは南宋を滅ぼして中国全土を支配し，チベットや西夏を属国とした。

◀解答解説▶

　ｂは明白な誤文。西夏は滅亡しているし，フビライの時代でもない。審議の対象はａ。まず上都は受験世界史範囲外で，知らないという読者も多かろう。上都は現在の内モンゴル自治区内，フビライがカラコルムと大都（北京）の中間地点に設置した暫定的な首都である。大都が建設途上であったので建設・設置され，大都への遷都後も副都の扱いを受けていた。元の滅亡後しばらくして使われなくなり，現在は遺跡しか残っていない。ということはａの後半は正しいので，正誤の焦点はマルコ＝ポーロが訪れたかどうかである。これが困ったところで，『世界の記述』にあるシャンドゥを上都と見なせば記録上は行ったことがあるようだが，いかんせんマルコ＝ポーロの旅程は記録に乏しく，本当に行ったのかどうかは確証が無いようだ。また，実際の真偽はともかくとしても，**高校世界史上の教科書や資料集の地図にあるマルコ＝ポーロの旅程（推定）では意見が分かれていて**，混乱に拍車をかけている。たとえば山川の『詳説世界史研究』（p.207）と東京書籍の『世界史Ｂ』（p.180）では滞在した説をとっているが，実教出版の『世界史Ｂ』（p.166）や帝国書院の資料集『タペス

トリー』（p.30-31）は滞在していないという説をとっている。これでは目ざとい受験生が地図に載っている旅程まで覚えてきたとしても，**受験生が何を見て勉強してきたかによって正解が変わってしまう。**範囲外であるから山川の用語集という決定打も無く，問題不成立の出題ミスとするか，譲歩してもｂのみ生きているとして１と４の複数正解とすべきだろう。

　代ゼミから同様の指摘があったが，これも大学当局からの発表が無かった。『赤本』も「ａは正誤どちらとも見なせる」と指摘している。なお，大問全体が中世・近世の西洋史で，本問だけやや不自然なモンゴル帝国の出題であったので，専門外だったと思われる。専門外の分野で，かつ受験世界史範囲外から出題する無謀さは擁護の余地が無く，しかも当局発表が無いとなると悪質性が極めて高い。本企画を古くから読んでいる読者はご存じの通り，『赤本』は極力出題ミスを認定しない編集方針であるが，その『赤本』に１つの日程で２つも指摘されている時点で異例の事態である。切腹級のミスであり，この作題者は二度と登板させないでほしい。

８３．同志社大　2/8 実施

出題ミス（複数正解）

問題２　設問２　次の文章を読み，（　あ　）〜（　お　）に入る最も適切な語句をそれぞれ語群から選び，番号をⅡ-Bに記入しなさい。

ルネサンス時代における開発や発明でその後の文化や社会の発展に大きく寄与したのは，（　あ　）印刷術，・羅針盤・火薬である。（　あ　）印刷術は，それまでの手書きの写本と比べて，正確かつ大量に文章を複製することを可能にした。そのことによって，ルターの（　い　）をはじめとする新しい思想がヨーロッパ各地に伝播した。

【語群】
（あ）１．活版　　　２．木版　　　３．石版
（い）１．聖書主義　　２．長老主義　　３．福音主義

（あ）は１の活版が正解として，審議の対象は（い）。**神学上は聖書主義と福音主義が別物でも，高校世界史や一般常識の範囲では区別せず同じ意味**である。この区別を受験生に要求するのは常識知らずの行為と言えよう。そもそも専門領域においても「聖書主義」は「福音主義」の意味合いで普通に使われている。たとえば，「聖書主義の盲点：聖書解釈における他者性の認識」（小林昭博著，『酪農学園大学紀要 人文・社会科学編』40巻２号，2016年，pp.105-113）という論文の脚注から引用するに「本論文における「聖書主義」とは，プロテスタンティズムの聖書原理である「聖書のみ」（sola scriptura）を標榜する立場を広義の「聖書主義」と呼ぶものであり，18-19世紀のドイツで興隆した狭義の「聖書主義」（Biblizismus）を指すものではないということを予め断っておく。」とある（なお，聖書主義にカギカッコがついているのはここだけで，本文ではこの脚注がついている冒頭一箇所を除いて付されていないことも付記しておく）。ここからも，普通に聖書主義と言えば福音主義のことであり，18-19世紀のドイツで興隆した方が"狭義の"聖書主義なのだ。

　以上の理由から１を誤答と見なすのは明らかに不当であり，本問を正常に成立した問題と見なすのはあまりにも頭でっかちで，受験生の方を向いていない。代ゼミからも同様の指摘があったが，これも大学当局からの発表は無かった。2020年の同志社大学は当局が機能していない。これも『赤本』でさえ指摘していた。『入試問題正解』でも同様の指摘があり，逃げ場がどこにもない。

８４．同志社大　2/9実施

難問・悪問

問題３　設問９　下線部⑥と⑦の記述について，短文 (a)(b) ともに正しければ１を，(a) のみ正しければ２を，(b) のみ正しければ３を，(a)(b) ともに誤っていれば４を，下線部⑥については解答欄Ⅲ -C(1) に，下線部⑦については解答欄Ⅲ -C(2) に記入しなさい。

（編註：⑥は普通の問題であるので省略）

下線部⑦（編註：<u>東南アジア諸国連合（ASEAN）</u>）

(a) 1967 年にインドネシア，マレーシア，シンガポール，フィリピン，タイの 5 カ国で結成され，当初は反共同盟としての性格が強かったが，しだいに経済協力機構へと転換した。

(b) 1999 年に加盟国が東南アジア全域に拡大したのち，2010 年には ASEAN 自由貿易協定が発効して貿易自由化のあゆみが始まった。

◀解答解説▶

　(a) は正文として，審議の対象は (b)。ASEAN 自由貿易協定は段階的に発効しているので，何をもって歴史的区切りとしての「発効」なのかという判断がつきにくい。AFTA の創設自体は 1992 年で，2010 年は原加盟国＋ブルネイの 6 カ国で域内関税がほぼ完全に撤廃されたという画期的な年ではあるが，「発効」したというイメージはない。なんとなく作題者は誤文のつもりで作ったのではないかと思われる。『赤本』・『入試問題正解』は正解を 1 として，特に解説では触れていない。

85．同志社大　2/10 実施

出題ミスに近い（複数正解）

問題　1880 年初め，あ 川（ザイール川）地域の領有をめぐるヨーロッパ諸国の対立がおこると，ドイツのビスマルクは，1884 〜 85 年にベルリン会議を開き，（ b ）国王の所有地として あ 自由国の設立を認め，さらにアフリカの植民地化の原則を定めた。

（編註：空欄あの正解はコンゴ）

設問 2　文中の（ a ）〜（ m ）に入る最も適切な語句を次の語群から一つずつ選び，番号を解答欄Ⅲ -B に記入しなさい。同一記号は同一語句とする。

【語群】

31. ベルギー　　　39. レオポルド２世

（編註：関係のある選択肢のみ抜粋）

◀解答解説▶━━━━━━━━━━━━━━━━━━━━━━━

　普通に考えれば31のベルギーが入るのだが，39のレオポルド２世を入れても，やや日本語が不自然ではあれ，意味の通る文にはなってしまう。レオポルド２世を誤答にする理由としては，日本語の不自然さが弱く，これは複数正解としてもよいだろうと思う。こういう問題を作るときは国家名または人名を語群から外すのが作問上の作法であり，作題者が未熟だったのではないか。代ゼミから同様の指摘あり。大学当局は反応なし。『赤本』も特に指摘無し。

８６・８７．同志社大　2/10実施（２つめ・３つめ）

出題ミスと問題文のミス

問題　イギリスは，この戦争の結果（編註：南アフリカ戦争のこと），トランスヴァール共和国と（　g　）をケープ植民地に併合した。イギリスはさらに，□え□とカイロをつなぎ，インドのカルカッタ（現コルカタ）と結びつける3C政策を進めた。

　（編註：空欄えの正解は一応ケープタウン）

設問２　（問題文は前と同じなので省略）

【語群】

10. オレンジ自由国

（編註：関係のある選択肢のみ抜粋）

◀解答解説▶

　正解はオレンジ自由国以外は考えられないのだが，**トランスヴァール共和国とオレンジ自由国がケープ植民地に併合されたという事実はない。**両国は南アフリカ戦争終結後，一度イギリスの直轄領となった後，1910 年にケープ植民地・ナタールと４つ横並びの状態で南アフリカ連邦を結成する。すなわち，問題文が史実に反しているので，解答不能の出題ミスである。ただし，実は**この文章は帝国書院の『新詳世界史 B』の p.241 の完全コピペ**であり，出典の教科書が間違えているから問題も間違っているというどうしようもないことになっている。教科書が間違っているのも恥なら，完全コピペ問題文も恥で，ここに地獄が現出している。もちろん真偽を確認せずに教科書を信用しきってコピペした作題者にも問題はあるが，今回の場合は教科書のミスの方が責任が重かろう。**こんな常識的なミス，帝国書院の執筆者や編集者はともかく，文科省の教科書調査官が誰も気づかなかったの？　本邦の教科書検定ってちゃんと機能してるの？**　これも代ゼミから同様の指摘があったが，大学当局は黙殺している。「教科書本文からのコピペです」ということで恥も外聞も無く通すつもりだろうか。

　それに比べれば全くの些事だが，**問題文にケープ植民地が出ているのにケープタウンを問うのは余りにも作問が粗雑すぎる。**作っていて違和感を覚えなかったのだろうか。あるいは，完成の直前になって空欄をケープ植民地からオレンジ自由国に変えて，ケープ植民地の方は明示するようにしてしまった，というのは考えうる。いずれにせよ，出題ミスではないが間抜けなミスと言えよう。

８８．立命館大　2/4 実施

難問

問題３　さらに彼は（編註：ハプスブルク家のマクシミリアン１世のこと），当時ボヘミアやハンガリーを支配する　Ｂ　家との婚姻を成立させ，後にハプスブルク家がボヘミアとハンガリーを領有する下ごしらえも行った。

◀解答解説▶━━━━━━━━━━━━━━━━━━━━

　そういえばこれ範囲外か，と気づかせられた問題。15 ～ 16 世紀のハンガリー王とボヘミア王は，束ねていたルクセンブルク家がジギスムントを最後に事実上断絶した後，ハプスブルク家・ヤゲウォ家・在地貴族の間で目まぐるしく王朝が交代するため，過程をカットして「1526 年にモハーチの戦いで当時の王が戦死した後は，オーストリア＝ハプスブルク家が世襲」としてしまうことが多い。では，モハーチの戦いで戦死した，ハプスブルク家ではないハンガリー王（兼ボヘミア王）はというと，ヤゲウォ朝のラヨシュ 2 世である。よってこの空欄 B は「ヤゲウォ」が正解になるが，ほとんどの受験生にとってヤゲウォ朝といえばポーランド＝リトアニアの王朝のイメージしかなく，ここに入る王朝名としては思いつかなかったであろう。

　なお，ラヨシュ 2 世の妻はハプスブルク家出身で，マクシミリアン 1 世の孫にあたる。また，ラヨシュ 2 世の姉は，マクシミリアン 1 世の孫のフェルディナント 1 世（カール 5 世の弟）の妻であり，要するに互いの家の兄弟姉妹が結婚した形である。この二重結婚を理由にラヨシュ 2 世の死後はこのフェルディナント 1 世がボヘミア王とハンガリー王を継承した。しばしば勘違いされているが，実はカール 5 世はフェルディナント 1 世を通じて支配を及ぼしていただけで，自身がハンガリー王・ボヘミア王に即位したことはない。カールとフェルディナントの兄弟仲が良かったので弟が兄を立てる形で上手くいったのだが，歴史上のよくある話から言えばここでハプスブルク家が真っ二つに割れて血で血を洗う争いに発展していてもおかしくなかった。

８９．関西大　2/3 実施

難問

問題4　地中海沿岸地域ではビザンツ世界やイスラーム世界の金貨が流通していたが，北西ヨーロッパでは金が不足したため，メロヴィング朝の貨幣は金貨から銀貨へ移行し，（　４　）にはじまるカロリング朝の時代に

は，（　5　）銀貨を中心とする貨幣制度を導入した。

〔語群〕

(セ)　ソリドゥス　　　　(ソ)　ディーナール

(タ)　デナリウス　　　　(ツ)　クローヴィス

(ナ)　ピピン　　　　　　(フ)　カール＝マルテル

（編註：関係のある選択肢のみ抜粋）

◀解答解説▶

　収録自体を迷った問題。（4）の正解は（ナ）のピピンでよいとして，（5）が難問。ビザンツ帝国の金貨がソリドゥスというのは，以前は範囲内の難問くらいの位置づけだったが，近年は頻出となって用語集頻度も④まで上昇した。これは消せるとして，（ソ）と（タ）で悩むことになる。ここでディーナールは現在でも中東のいくつかの国で通貨になっていることから，イスラーム世界の通貨だったと推測して消去できれば，（タ）のデナリウスに絞り込むことができる。また，ウマイヤ朝やアッバース朝が発行していたディーナール金貨は用語集未収録ではあるが，教科書・資料集の挿絵でたまに掲載があるので，完全な範囲外とは言いがたい。黒寄りのグレーゾーンだろう。以上2つの理由から，人によっては範囲内と見なせる，さして難問ではないと主張しうることは付記しておきたい。関西大は例年丁寧な作問で収録対象の問題が少ないが，2020年もこの1問だけで，これを見逃すならパーフェクトピッチングだった。

９０．関西学院大　2/1 実施

難問

問題5　⑥　カストロとゲバラに関する記述として，誤りを含むものはどれか。

a. カストロは，バティスタ政権下での蜂起に失敗し，ドミニカに亡命した。

b. カストロは，亡命先でゲバラと出会い，革命組織を創設した。

c. アルゼンチン生まれのゲバラは，ラテンアメリカ各地の革命に参加した。

d. ゲバラは，ボリビアで革命の指導中に軍隊によって捕らえられ，射殺された。

◀解答解説▶━━━━━━━━━━━━━━━━━━━━━━

　2020年の難関私大でなぜか流行していたカストロとゲバラの問題。当然ここまで細かい彼らの個人史は範囲外である。カストロの亡命先はメキシコで，ここでの訓練中に出会っている。よってaが誤文。ゲバラの生地がアルゼンチン，亡くなったのはボリビアというのは上智大で出題されていた（**2020上智5番**，p.18）。

９１．関西学院大　2/3実施

難問

問題3　⑦　百済の都の変遷を，年代順に並べたものはどれか。

a. 漢城　→　泗沘　→　熊津　　　b. 熊津　→　漢城　→　泗沘
c. 漢城　→　熊津　→　泗沘　　　d. 泗沘　→　熊津　→　漢城

◀解答解説▶━━━━━━━━━━━━━━━━━━━━━━

　用語集の百済の項目に記載はあるが，普通は覚えないところなので収録対象とした。百済は高句麗の侵攻を受けて領土を失い，次第に南に遷都しているので北から順番に並べればよいが，そもそも泗沘と熊津の場所を知らない受験生の方が多かろう。正解はc。漢城は現在のソウルのこと。475年頃に落城して熊津に遷都している。その後の538年，さらに南の泗沘に遷都した。なお，関学は1年前の2019年にも百済の遷都の問題を出して出題ミスとなっており（**2019その他73番，p.334**），本問はそのリベンジのつもりだろうか。余談ながら，本問は出題ミス（2019年）からの難問（2020年）であるから目立っているだけで，関学など一部の私

大で前年の別日程と出題テーマが似通うことがあるのはよくある現象だったりする。おそらく作題者をスライド登板させているものと思われる。この"スライド出題現象"は，「何が何でも特定の大学に受かりたい」という受験生にとってはヤマを張る格好の材料になっている。

９２．関西学院大　2/3 実施（2つめ）

出題ミス（複数正解）

問題4　④　明朝に関する記述として，誤りを含むものはどれか。

a. 朱元璋は大都を奪い，紫禁城を建設した。
b. 永楽帝は靖難の役で建文帝から帝位を奪った。
c. 李贄は急進的陽明学者として，生まれながらの心を肯定した。
d. 顧憲成を中心とする東林派が，張居正の政策を批判した。

◀解答解説▶

　bとcは正文。aは，紫禁城建設は永楽帝に始まるので誤文。朱元璋は南京を首都としていたことからすぐに想起可能だろう。作題者の想定する正解もこれだと思われる。審議の対象はd。顧憲成は張居正の政策に反対していたので正文のように読めてしまうが，張居正が宰相として辣腕を振っていた時期の顧憲成は科挙に合格したての新人官僚であり，一つの派閥を形成するような大物ではなかった。**顧憲成は張居正の死後に中央政界に見切りをつけて在野に下り，東林書院を設立（厳密には復興）している**から，dは時系列が合わない。誤文と見なすべきであろう。年号も出しておくと，張居正の没年が1582年，東林書院の設立が1604年である。『赤本』・『入試問題正解』は指摘無しで，調査不足と言わざるを得ない。

　なお，張居正は顧憲成等の儒学者に批判されたためにイメージが良くないが，これは全くの誤解である。当時の明朝は，皇帝は暗君が続き，官僚が腐敗し，政治が弛緩しきっていた。そこで宰相の権限を強化して官僚を統制し，冗費を節減し，税制を一条便法に改めて財政の再建に成功する一

方で，全国的な検地により郷紳の大土地所有の抑制を図り，農民負担を軽減させる政策もとった。善政と評するほかないのだが，残念なことに政策の理解者が少なすぎて彼一人で全てを背負うことになり，独裁者となってしまったところに彼の不幸があった。また彼は農本主義に偏っていて，商工業に手を付けなかったのも批判の対象となった。張居正の死後，明朝の政治は再び弛緩し，宦官やそれにつるむ士大夫が跋扈するようになる。顧憲成の主要な批判は悪徳の宦官・士大夫に向けられたものと理解した方がよい。一方で，東林派が張居正の改革も批判対象にしていたのは確かで，要するに彼らは彼らで出自である士大夫・郷紳の既得権益を擁護せざるを得なかった。ここに東林派の限界がある。また，関学を擁護しようとするなら，一部の教科書は書き方が曖昧で，確かに東林派の政府批判が張居正を第一としたかのように読めてしまう記述になっている（東京書籍・帝国書院）。

９３．関西学院大　2/3 実施（３つめ）

難問

問題5　①　探検家に関する記述として，誤りを含むものはどれか。

a．ベーリングはカムチャッカを探検した。
b．リヴィングストンはアフリカ内陸部を探検し，『暗黒大陸縦断』を著した。
c．カボット父子はイングランド王の支援を受け北米を探検した。
d．太平洋を探検したクックはオーストラリアの領有宣言を行った。

◀解答解説▶

　どの選択肢も正文に見える。こういう場合は余分な情報が多く入っているものが怪しい，という受験上のテクニックで正解を割り出した受験生はいたかもしれない。正解はｂで，リヴィングストンの主著は『アフリカ探検記』である。ではリヴィングストンをスタンリーに変えると正文にな

るか，というとそうでもないのが本問の奇妙なところ。スタンリーの主著は Through the Dark Continent であるので，あとはどう訳すかという問題ではあるのだが，どうやら**『暗黒大陸横断記』が定訳のようだ。**実際に彼の主要な探検はコンゴ盆地を東西に横切るものであるので，横断と言った方が適切だろう。これはリヴィングストンも同じで，彼らの探検はサハラ砂漠を越えていないどころか，コンゴ川もほとんど越えていない。ひょっとしてリヴィングストンとスタンリーの取り違えでは難易度が高すぎることから，リヴィングストンもスタンリーも“縦断”はしていないという誤り箇所を作って難易度を下げようとした，ということだろうか。ただ，スタンリーのコンゴ探検はともかく，リヴィングストンの探検は高校世界史上深入りしないので，受験生にはリヴィングストンがアフリカを縦断していないという判断ができず，結局難しすぎるのだが。また，リヴィングストンの出身国イギリスが植民地政策としてアフリカ縦断政策を行っているので，そちらのイメージに引きずられて余計に縦断は正文に見えてしまうと思われる。

９４．関西学院大　2/4 実施

悪問

問題4　メキシコでは，下層大衆がカトリック聖職者の　ロ　を指導者として蜂起し，独立を果たした。

a．イダルゴ　　b．フアレス
c．ビリャ　　　d．オクタビオ＝パス

◀解答解説▶

　素直に回答するなら a のイダルゴが正解だが，**イダルゴの蜂起は鎮圧されていて独立を果たしていない。**下層大衆が支持層だったために，クリオーリョの支持が得られず，足並みがそろわなかった。しかし，その後にクリオーリョ層でも独立運動が高揚して，紆余曲折がありつつも 1821

年に独立を達成した。したがって，本問は文自体が不用意な表現となっていて，「下層大衆がカトリック聖職者の $\boxed{ロ}$ を指導者として蜂起し，（$\boxed{ロ}$ 自身は失敗して処刑されたものの，独立運動が継続して）独立を果たした。」とかなり補って読まないと不成立になってしまう。イダルゴ自身が独立運動を成功させたわけではないというのは難関私大受験生なら押さえている知識であるので，正解しつつも混乱した受験生が多かったのではないか。『赤本』・『入試問題正解』は指摘無し。

95. 関西学院大　2/7 実施

難問

問題5 ⑤　OPEC と OAPEC に関する記述として，誤りを含むものはどれか。

a. OPEC 創設時，イランは加盟していなかった。
b. OPEC にはラテンアメリカからベネズエラが参加した。
c. 第4次中東戦争に際し，OAPEC は親イスラエル国に原油輸出の停止や制限を実施した。
d. OAPEC はサウジアラビア，クウェート，リビアにより設立された。

◀解答解説▶

　普通の受験生が判断しうるのは c が正文ということだけだろう。実は a・b・d も用語集のそれぞれの項目に原加盟国が書いてあるから厳密には範囲内になるが，普通は覚えないので収録対象とした。b はともかく，a と d は細かすぎよう。正解は a で，イランは OPEC の原加盟国であるから誤文。ベネズエラも同じく原加盟国で b は正文。d もこの3カ国が OAPEC の原加盟国なので正文。

９６．関西学院大　2/7 実施（２つめ）

難問・出題ミスに近い（複数正解）

問題5　⑥　20世紀後半のイランに関する記述として，誤りを含むものはどれか。

a．バグダード条約機構に加盟した。
b．アングロ＝イラニアン石油会社の資産を接収した。
c．モサデグ首相が追放された。
d．イラクに侵攻しイラン＝イラク戦争が始まった。

◀解答解説▶

　ａとｂは正文。ｃは，モサデグがパフレヴィー２世のクーデタで失脚したのは基本事項だが，失脚した後にどうなったかは通常の学習で触れない。実はモサデグは1953年に失脚した後に投獄され，釈放後は1967年に死ぬまで自宅軟禁状態で国内に留められた。よってｃが誤文＝正解……としたいところなのだが，審議の対象はd。**イラン＝イラク戦争はイラクの奇襲で戦端が開かれている**ので，イランがイラクに侵攻して始まったわけではない。よってｄも誤文である。複数正解の出題ミスなのではないかと思うのだが，ひょっとして**ｃの文の追放とは国外追放の意味ではなく，政権からの追放という意味で書かれたのかもしれない**という疑念があり，とするとｃは正文になって，ｄを正解と絞れる。真相はいかに。私が受験生ならｄにマークしたと思う。なお，イラン＝イラク戦争の開戦は非常に細かいが，用語集に記載があり，全く覚えないものでもないのでぎりぎり範囲内の知識と判断した。

〔番外編〕神戸学院大　2/1 実施

問題　ナポレオン時代に関する漫画を読み, 下記の設問に答えよ。(36 点)

(1)

長谷川哲也『ナポレオン　―獅子の時代―』第11巻　少年画報社

問1　14　傍線部（ア）に関連して, この場面はナポレオンがエジプト遠征を計画した時の一場面である。このときエジプトを支配していた国はどこか。最も適切なものを, 次のA～Dの中から1つ選べ。

A　マムルーク朝　　　B　オスマン帝国
C　イギリス　　　　　D　フランス

問2　15　同じく傍線部（ア）に関連して, ナポレオンがエジプト遠征を行ったときのフランスの政治体制として最も適切なものを, 次のA～Dの中から1つ選べ。

A 立憲君主政　　B 絶対王政　　C 共和政　　D 帝政

問3　16 傍線部（イ）の人物は，このときフランス政府の外務大臣だったが，この人物について説明した文として最も適切なものを次のA～Dの中から1つ選べ。

A ドイツで起こった宗教戦争に介入した。
B 労働者代表として第二共和政の政府に参画した。
C ウィーン会議にフランス代表として出席した。
D ドイツと協調し，ロカルノ条約を締結した。

問4　17 傍線部（ウ）に関連して，ナポレオン戦争期におけるフランスとイギリスの関係について述べた以下の文章のうち適切でないものを次のA～Dの中から1つ選べ。

A アウステルリッツの戦いでフランス軍がイギリス・オーストリア連合軍に勝利した。
B トラファルガーの海戦でイギリス海軍がフランス海軍に勝利した。
C ナポレオンは大陸封鎖令を発し，イギリスを経済的に封じ込めようとした。
D アミアンの和約を結んだ。

問5　18 傍線部（エ）に関連して，この当時インド貿易を独占していた組織として最も適切なものを，次のA～Dの中から1つ選べ。

A カーリミー商人　　B ピルグリム＝ファーザーズ
C 公行　　D 東インド会社

問6　19 同じく傍線部（エ）に関連して，この当時のインド貿易の特徴はどのようなものであったか。以下に示すグラフを踏まえて最も適切なものを次のA～Dの中から1つ選べ。なお，グラフ中の「西」はヨーロッパ方面，「東」はアジア方面を意味し，当時のアジアからの綿織物

貿易はほとんどがインドからのものである。

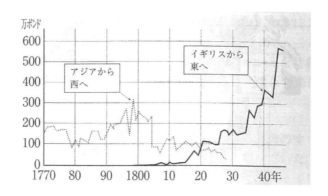

綿織物の輸出額の変化

（松井透「世界市場の形成」岩波書店，2001 年）

A　ヨーロッパは対インド綿織物貿易において赤字であった。

B　インドの対ヨーロッパ貿易は赤字であった。

C　産業革命に成功したイギリスは，対アジア綿織物貿易の黒字化に成功していた。

D　ヨーロッパはインドからほとんど輸入していなかった。

問7　　20　傍線部（オ）について,「エジプトを奪えば（インド貿易を）やりにくくなる」理由として適切でないものを，次のA～Dの中から1つ選べ。

A　イギリスはエジプトを通って紅海からアラビア海に抜けるルートでインドと貿易をしていたから。

B　イギリスはジブラルタルを支配することで地中海からエジプトに至る貿易）ルートを確保していたから。

C　イギリスはエジプトのスエズ運河を事実上支配しており，これを奪えば地中海からアラビア海に抜けることができないから。

D　イギリスはエジプトを通らなければ，遠く離れたアフリカ南端を経由しなければならなくなるから。

(2)

長谷川哲也『ナポレオン　—獅子の時代—』第13巻　少年画報社

問8　21 空欄 a に入る，イスラーム世界で活躍したトルコ系の奴隷兵士の名称として最も適切な語句を，次の A〜D の中から1つ選べ。

　A　シパーヒー　　　B　イェニチェリ
　C　デヴシルメ　　　D　マムルーク

問9　22 傍線部（カ）について，最も適切なものを，次の A〜D の中から1つ選べ。

　A　ピラミッドは古王国から新王国へと時代が進むにつれ，巨大化していった。
　B　最大のクフ王のピラミッドは，当時都のあったテーベの付近にある。
　C　ピラミッドは太陽神ラーの化身とされる王ファラオの権力の大きさ

　を示している。
　D　アメンホテプ4世は壮麗なピラミッドを建設させた。

問10　[23]　同じく傍線部（カ）に関連して，「太陽のピラミッド」を中
　心とする巨大な神殿建造物がならぶ遺跡がある，メキシコ高原の文明
　は何か。最も適切なものを，次のA～Dの中から1つ選べ。

　A　テオティワカン文明　　　B　オルメカ文明
　C　マヤ文明　　　　　　　　D　インカ文明

問11　[24]　傍線部（キ）は，ピラミッドがおよそ4000年にわたってエ
　ジプトの歴史を見守り続けたことを指すと考えられる。そのエジプト
　の歴史について述べた文章あ～うを時系列順に並べたものとして最も
　適切なものを，次のA～Dの中から1つ選べ。

　あ　ファーティマ朝の都としてカイロが建設された。
　い　アケメネス朝が征服し，オリエントが統一された。
　う　ヒクソスが侵入した。

A　あ→う→い　　B　い→う→あ
C　い→あ→う　　D　う→い→あ

問12　[25]　このエジプト遠征の最中に発見されたロゼッタ＝ストーン
　に刻まれたエジプト神聖文字（ヒエログリフ）を，後に解読したフラ
　ンス人は誰か。最も適切なものを次のA～Dの中から1つ選べ。

　A　ローリンソン　　　B　シャンポリオン
　C　ヴェントリス　　　D　エヴァンズ

◀コメント▶

　恒例の神戸学院大の漫画問題は『ナポレオン　－獅子の時代－』であっ
た。問題は例によって平易で，かつ良問が多い。問6は定番のグラフだ

が，よくひねってある。問7・9・11あたりも良い。神戸学院大の「入試ガイド」中にある「出題者アドバイス」には「歴史漫画は5年連続の出題となり，良質な世界史漫画を高校時代に読んで歴史に興味関心を持っている学生に，是非入学してほしいという本学からのメッセージです。」とあり，その実効性はともかく，熱意と意図はよく伝わってくる。なお，5年連続となっているが，私が把握できている限りでは 2020 年『ナポレオン −獅子の時代−』→ 2019 年『アド・アストラ』(2/1 実施)・『イノサン　Rouge』(1/30 実施) → 2018 年『乙女戦争』→ 2017 年：？？？ → 2016 年：『チェーザレ』→ 2015 年が『女帝エカテリーナ』である。作題者が6年連続を5年連続と勘違いしているということだろうか。2017 年の神戸学院大の一般入試について情報あるいは問題原本をお持ちの方，連絡をください。

　一応，各問いの答えを出しておくと，問1はBオスマン帝国，問2はC共和政（総裁政府），問3はC，タレーランが正統主義の提唱者であることを想起したいところ。問4はA，イギリスはアウステルリッツの三帝会戦に不参加。フランスに敗れたのはロシア。問5はD東インド会社。問6はA。ナポレオンのエジプト遠征開始が 1800 年頃（正確には 1798 年）であることを想起してグラフを見ないと間違えるだろう。1800 年前後だとすでにイギリスが産業革命に成功している印象があるが，まだまだインドからの綿布輸入量が，インドへの綿布輸出量を大幅に上回っていて，ヨーロッパの貿易赤字である。問7はC，1798 年当時はスエズ運河が未開通である。

　問8はDマムルーク。問9はC。Aはピラミッド建設は古王国時代中心で，中王国時代以降は廃れている。Bはテーベがメンフィスの誤り。Dはアメンホテプ4世は新王国のファラオで，ピラミッドは建設していない。問 10 はAテオティワカン文明。問 11 はヒクソス侵入が前 18 〜 17世紀，アケメネス朝のエジプト征服が前6世紀前半，ファーティマ朝のカイロ建設が 10 世紀後半でD（う→い→あ）。問 12 はBシャンポリオン。

９７. 武庫川女子大　一般入試 A 方式

難問

問題4　次の１〜５は，16〜17世紀にかけて海外進出を果たした国々に
関する記述である。文中の＿＿に入れるのにもっとも適切な人物を，下
の解答群から選べ。また，各国の海外進出の拠点を次ページの地図上の①
〜⓪から２か所ずつ選べ。ただし，解答の順序は問わない。(20点)

１　スペイン：　21　の治世は「太陽のしずまぬ国」とよばれる全盛期で
あった。

拠点＝　22　，　23

２　ポルトガル：　24　はアフリカ西岸の探険を推進した。

拠点＝　25　，　26

３　オランダ：　27　のもと，スペインから事実上の独立を果たした。

拠点＝　28　，　29

４　イギリス：　30　の治世で，ドレークを中心にスペインの無敵艦隊を
破った。

拠点＝　31　，　32

５　フランス：　33　の治世に，アメリカ大陸に広大な土地を得て，ルイ
ジアナと名づけた。

拠点＝　34　，　35

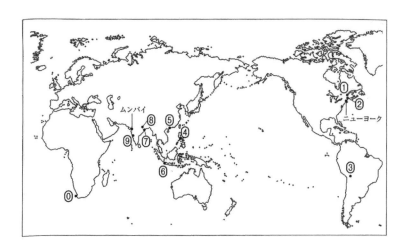

<解答群>
① アンリ4世　② ウィレム3世　　③ エリザベス1世
④ エンリケ　　⑤ オラニエ公ウィレム　⑥ カルロス1世
⑦ チャールズ1世　　⑧ フェリペ2世　　⑨ ルイ14世

◀解答解説▶━━━━━━━━━━━━━━━━━━━━━

　人物は全て容易。スペインは⑧フェリペ2世,ポルトガルは④エンリケ,
オランダは⑤オラニエ公ウィレム,イギリスは③エリザベス1世,フラン
スは⑨ルイ14世。地図の拠点選びも,スペインが③(リマ)・④(マニラ),
ポルトガルが⑤(マカオ)・⑨(ゴア),オランダが⓪(ケープタウン),⑥(バ
タヴィア)まではそこまで難しくないが,英仏になった途端に難易度が跳
ね上がる。イギリスは片方が②(ボストン)で,フランスも片方が①(ケベッ
ク)までは特定できるとして,**⑦・⑧のどちらがカルカッタかというのは
極端な難題**だろう。早慶の受験生でもほとんどの人は判別できまい。正解
はカルカッタの方が沿岸に近いので⑦がカルカッタでイギリスの拠点,⑧
はシャンデルナゴルでフランスの拠点。シャンデルナゴルではなくニュー
オーリンズを聞いてくれれば良問であったのに。

※　この他に神奈川大3/5実施,拓殖大学,福岡大2/5実施で出題ミス

の発表があったが，問題を入手できなかった。

コラム1

世界史用語の変化

・ウラル＝アルタイ語族：解体されてウラル語族とアルタイ諸語に

　扱っていなかったことに気づいたので，今更ながら載せておく。以前は
ウラル＝アルタイ語族という教え方をしていたが，現在ではウラル語族と
アルタイ諸語（語族）の間の系統関係は証明されていないために解体され
た。またそもそもアルタイ諸語自体の系統関係が証明されていないため，
これまた系統関係があることを意味する「語族」ではなく「諸語」と表記
することが多くなっている。

・古代ギリシア人の南下：あまり触れられなくなっている

　以前の高校世界史ではヨーロッパ史偏重であったことに加えて，「古代
ギリシアこそがヨーロッパの起源」という神話が重視されていたことか
ら，やたらと古代ギリシア史が詳しかった。特にクレタ文明崩壊後のギリ
シア人の移動は3つの方言系統の違いも含めて頻出であり，特に21世紀
になった直後くらいの課程までは，以下のように教えられてきた。

［ギリシア人南下第1波］前20世紀頃
・アカイア人：クレタ文明を破壊しながら南下，前16世紀頃にミケー
　ネ文明形成。ミケーネ文明崩壊後は第2波に同化して消滅。
［ギリシア人南下第2波］前12〜11世紀頃
・ドーリア人が南下し，ミケーネ文明を破壊。そのすぐ後にイオニア人・
　アイオリス人が南下。この3つの方言系統が中心となり，前800年
　頃にポリス社会が成立。

　しかし，現行の教科書・用語集の表記は全く異なっている。まず，**クレ
タ文明の崩壊は原因不明**となっていて，アカイア人の攻撃説も含めて複合
的に検討されている。さらにドーリア人が**ミケーネ文明を破壊したという**

説はより否定される傾向が強く，こちらも「海の民」破壊説・天災説など
の異説が挙げられている。こうしたことからポリス成立以前のギリシア人
については「わからないことだらけで，触れるのが怖い」という風潮が強
く，近年の入試でほとんど姿を見せなくなった。面白いのは，最新の用語
集を見るとアカイア人は頻度ゼロで項目が消滅，ドーリア人・イオニア人・
アイオリス人は頻度⑤で重要用語扱いのまま残っているということだ。こ
れだけ用語集頻度が高ければ入試でも頻出になっていておかしくないはず
のところ，実際には消えかかっているというのは余程避けられているとい
うことである。なお，各社の教科書での扱いも「名残惜しく名前を載せて
はいるが，ほぼ説明を加えていない」状態であり，用語集頻度⑤自体が表
面上の高さに過ぎない。もう各社で足並みをそろえて消せばいいのでは。

・エフタルがグプタ朝を衰亡させた：疑問が呈されている

　エフタルは5世紀に中央アジアに出現したイラン系の遊牧民・遊牧国家
で，インドに侵入してグプタ朝を弱体化させ（実質的な滅亡に追い込み），
ササン朝も圧迫して一時巨大な勢力になった。しかし，6世紀半ばにササ
ン朝が反旗を翻し，突厥とササン朝の同盟によって滅ぼされたとされてい
る。しかし，これはグプタ朝の史料にある「フーナ」あるいは「白いフーナ」
をエフタルと同一視する解釈に基づくもので，近年ではエフタルと（白い）
フーナは別の遊牧民ではないかと疑問視する説が有力になっている，と実
教出版の教科書は主張している。これが広がると高校世界史上のインド史
が大きく書き換わることになるので，注目に値する。少なくとも入試で「エ
フタルがグプタ朝を衰退させた（滅ぼした）」という正誤判定を出すのは，
避けた方がいいだろう。

・バクトリアを滅ぼした国：トハラ人（トカラ人）とは断定できず，諸説ある

　2013年以前に使われていた山川の用語集では，バクトリアの項目を引
くと「トハラ人に滅ぼされた」と説明されていた。しかし，2014年以降
2021年現在までの用語集では「月氏により滅ぼされた」と変わっている。
この頃の中央アジアの諸民族は興亡が激しいので史実を確定させるのが難
しいのだろう。トハラ人はアフガニスタン北部で活動していた遊牧民で，

前 130 年頃に大月氏国を訪れた張騫が，トハラ人が大月氏国に服属して
いることを書き残しているから，月氏に敗北して服属したのは間違いない
ようである。

・五経博士の設置と儒学官学化の献策：現在の歴史学では前漢の武帝時代とは考えられていない

　「前漢の武帝の時に，董仲舒の献策によって五経博士が設置され，儒学
が実質的に官学化された」という説明は高校世界史で昔からなされてき
た。しかし，この見解は現在の歴史学では概ね否定されており，高校世界
史でも書き換えが進んでいる。五経博士の設置は班固の『漢書』が典拠と
なっているが，すでに儒学が官学化されている後漢代の視点からの歴史書
となっているので，儒学官学の時代を長く見せようという班固の意図が働
いていて，信憑性が低い。武帝代に存在が確認できる博士は『詩経』『書経』
『春秋』に限られ，また五経博士がそろうのは早くても武帝の三代後の宣
帝期である。儒学の官学化の時期は「官学化（国教化）」の定義の揺れと
ともに議論があるが，儒学の官学化が完成した時期は前漢末から後漢前期
に求めるのが近年の定説である。武帝代はそうした動きが始まった時期に
は違いないものの，完成した時期としては支持されていない。これらは武
帝代を聖域化したかった班固による捏造であり，董仲舒は便利に使われた
形である。ただし，董仲舒は災異説を唱えたこと等，中国思想史の上では
重要な地位を占めていることに違いはない。

　少し視点を変えて言えば，高校世界史では王莽の簒奪を過剰な儒教への
傾倒よりも外戚の専横の文脈で処理する傾向が強いから，「董仲舒」や「五
経博士」の重要性はこれから次第に下がっていくことになるだろう。前漢
の武帝や儒学の官学化とセットだったからこそ意味があった用語であるの
で，残しておく意味が薄い。特に董仲舒は「舒」の字が一般に使用される
漢字でなく，この漢字を暗記させるために高校生に少なくない負担がか
かっているから，その労力を軽減する意義もあるだろう。ただし，儒学の
官学化についてはその後の中国史への影響を考えると削除はできない。私
見では「武帝代が出発点であった」とぼかすか，逆に「王莽が簒奪に利用
したのを経て重要性が高まり，光武帝代までに完成した」として武帝の事
績から外すか，いずれかが妥当であろうと思う。

・大秦王安敦の使者：まず間違いなくローマ人ではない

　大秦王安敦の使者をローマ帝国からの正式な使者と見なすのは非常に危ない。中身はおそらくインド人か東南アジア人である。そもそも当時のローマ帝国が中国に使者を派遣するメリットも意味もないし，その航海能力もない。さらに言えばそのような使者がいたならローマ側に記録が残っていてしかるべきであるが，それもない。正式な使者と見なされれば厚遇されるということを知っていた商人が詐称したと考えるべきであろう。何より『後漢書』自体に「大秦王安敦遣使自日南徼外獻象牙，犀角，瑇瑁，始乃一通焉。其所表貢，並無珍異，疑傳者過焉。」つまり「大秦王安敦の使者が日南郡を訪れて象牙・犀の角，瑇瑁(たいまい)を献上し，大秦とは初めて交流を持った。（しかし）貢ぎ物は珍しいものがないので，伝えた者の誤りではないか。」と書かれている始末である。後漢はすでに西域に進出し，甘英をシリアまで到達させたこともあるから，『後漢書』の編者の范曄はローマの特産品が南洋の産物ではないことくらい把握していた。何かの間違いと疑う方が自然であるが，なぜか後世の人間の方が安直に使者の詐称を信じ込む傾向がある。確かにその方がロマンはあるが，高校世界史にはそぐわない。

・カーバ神殿：近年の表記は「カーバ聖殿」と並記

　「神殿」というと神像やご神体が存在しているかのような印象になるため，山川出版社は言い換えを進めている模様。単に「カーバ」とする表記も見られる。ただし，東京書籍など他の出版社は神殿のまま。珍しくも山川が用語の言い換えをリードする形になっている。個人的には「神殿」に偶像崇拝や神道のイメージが強くないので神殿のままでもよいと思うのだが，反対する強い理由もないので，大人しく従って「聖殿」を使っているくらいの立ち位置である。

・モノモタパ王国が大ジンバブエ（遺跡）を建てた：否定される傾向

　アフリカ南部，現在のジンバブエ共和国に存在する巨大な石造遺跡の大ジンバブエは，以前はモノモタパ王国が建設したとされてきた。しかし，現在ではこれは否定されていて，いくつかの教科書も最新の学説に則ったものに書き換わっている。というのも以前はモノモタパ王国の存続年代が

11 〜 19 世紀とされていたが，これは支配階級の部族や栄えた地域の変化を無視して，ザンベジ川とリンポポ川に挟まれた領域に存在した全ての王国をひっくるめて「モノモタパ王国」と見なしていたためである。研究の進展により，実際には最初に成立した大国家がマプングブエ国（11 世紀後半〜 13 世紀），次に発展したのが大ジンバブエ（13 〜 15 世紀末），そしてトルワ王国（15 世紀半ば〜 17 世紀）と続き，最後に登場するのがモノモタパ王国（15 世紀半ば〜 18 世紀初頭）と分かれることがわかっている。つまり，モノモタパ王国の存続年代を 11 〜 19 世紀としていたのは，北宋以降の中国をまとめて「清」と呼ぶくらいの乱暴さであったということだ。このうちポルトガルと密な接触を持ったのはモノモタパ王国だけであったのが，西洋人にこのような誤解を生じさせたのだった。この時代区分からもわかる通り，**大ジンバブエの建設と繁栄の年代は 13 〜 14 世紀，**トートロジー気味ながら**（都市の）大ジンバブエの建設者は（国としての）大ジンバブエ**ということになる。高校世界史上も，用語削減が叫ばれるこのご時世にマプングブエ王国を増やすことはできないが，大ジンバブエとモノモタパ王国を峻別する教育はされてよいだろう。

・星室庁裁判所：ヘンリ 7 世が創設したことよりも，ヘンリ 8 世が整備したことが強調される

　以前は星室庁裁判所の創設者といえばヘンリ 7 世と教えられていたが，近年の教科書は「ヘンリ 8 世が整備した」という表現になっていて，ヘンリ 7 世の事績としては星室庁裁判所に触れられなくなっている。ヘンリ 7 世が創設したことよりも，ヘンリ 8 世が制度的に整えたことの方が重視されるようになったということだ。

　高校世界史上の星室庁裁判所の歴史的な意義とは，国王が，一般の裁判所では裁判を受ける義務を免除されている高位の貴族をも対象に司法権を行使し得た点になる。ヘンリ 7 世はこれを薔薇戦争の戦後処理にのみ用いたが，ヘンリ 8 世は王権の強化や宗教改革のために用いた。なんでも創始者を強調するという高校世界史の悪癖がただされる風潮の影響を受けた変更と思われる。

・澶淵の盟:「宋の皇帝が兄,遼の皇帝が弟」は固定されていたわけではない

　実は,澶淵の盟締結当時の皇帝の年齢差を考慮してこうなっただけで,いずれかの皇帝が代替わりして年齢差が変わるたびに呼称が変わっていたことが明らかになっている。

・授時暦:「イスラーム天文学を取り入れて作成」が正しい。「イスラーム暦を取り入れて」は誤り。

　授時暦はモンゴル帝国時代の中国の東西交渉の所産として,また日本の貞享暦に影響を与えた暦として頻繁に言及されるが,その成立については誤解が蔓延している。**郭守敬が参照したのは,科学的な意味でのイスラーム天文学のみである。それも観測機器の採用のみに絞られる可能性が高い。**ジャマール＝アッディーンなるペルシア人がイスラーム天文学を中国に持ち込んだのは事実である。しかし,郭守敬がそれをどの程度参照したかは不明であり,導入が確実視されているのは観測機器のみである。日本の科学史家にして中国天文学史が専門の薮内清氏がイスラーム天文学の影響は観測機器の改良に限定されるのであるから,これを強調するのは郭守敬の独創性を損ねることになるし,中国天文学の成果を矮小化することになると主張していて,これは一理あり,授時暦をあまりに東西交渉の象徴としてまつりあげるのは問題がありそうである。

　また,イスラーム科学を含む古代オリエント・ギリシア由来の天文学は黄道座標系を用いていたが,中国の天文学は伝統的に地球の赤道が基準であった。郭守敬はイスラーム伝来の観測機器を導入した上で,中国式の赤道座標系のものに改良して観測結果を記録し,その記録を基に授時暦を完成させた。赤道基準の方が精確な観測結果になると気づいたからであるとも,単純に中国の伝統に則ったとも言われている。郭守敬を高く評価する向きの研究者は当然前者の説を採っている。いずれにせよ近代天文学は赤道座標系を用いているが,イスラーム以西の天文学が初めてこれを採用したのは郭守敬に遅れること300年後のティコ・ブラーエだそうだ。科学史の大家ニーダムはティコ・ブラーエが自主的に赤道基準の重要性に気づいたとは考えづらいとし,授時暦を参照した可能性を指摘しているが,これについては現在でも定説がなく議論が続いている。ニーダムの主張が実証

されれば，科学史が大きく書き換わるところだ。

　そして，**授時暦は"暦法としては"純粋な中国の暦である**。そもそも中国王朝の皇帝にとって暦を示すことは「天子」として重要な仕事であった。天の法則を民に与えるのである。もちろん実態としては政府が天体観測をさせる役所を設置し，その観測結果を基に，伝統的な暦法に則って暦を作成させた。モンゴルが出自の元も，フビライが中国統治の正統性を示す上でその必要性を感じたために，暦の作成を郭守敬らに命じている。ここにイスラーム由来の暦法の要素が混じっていたら，目的を損なうことになる。

　ついでに言うと，イスラーム暦自体はそれ以前から中国に入ってきているから（唐代の長安や広州にだってムスリムはいた），わざわざ元の時代になってから参照する意味は無い。また，イスラーム暦は完全な太陰暦で一年が 354 日であり，太陰太陽暦で一年を 365.2425 日とした授時暦とはそぐわない。また，ジャラリー暦は太陽暦であるから，やはり太陰太陽暦の授時暦の参考にはならない。目にしていた可能性はあるが，目にしていたら記録に残るだろうし，諸研究者が言及しないはずがないので，おそらく目にしたことがないか，読んでいても授時暦の成立に影響が無かったといえる。以上の理由から，「イスラーム暦を参考に，授時暦が作成された」という説明は誤りと断言できる。

・「李氏朝鮮」とは言わず，「朝鮮王朝」または「朝鮮」と呼ぶようになった

　「李氏朝鮮」は古代の「衛氏朝鮮」や「箕子朝鮮」と呼び分けるために付けられた俗称である。しかし，現在の韓国や日本の歴史家の多くは近世・近代の李氏朝鮮を「朝鮮王朝」または単純に「朝鮮」と呼ぶようになっている。衛氏朝鮮や箕子朝鮮といった国名（総称して古朝鮮とも呼ぶ）は前近代の中国や朝鮮の歴史家によって付けられた便宜上の名称であって，正式な国号というわけではない。ただし，地名としての朝鮮は『史記』にすでにあり，朝鮮王朝は明に国号の選択肢を提出する際に古朝鮮を意識してこれを選択肢に入れたようであるから，便宜上の名称とは言いつつ歴史と伝統は古い。それに対して朝鮮王朝の朝鮮は明確な国号である。また，新羅や高麗が仏教を奉じた国家であったのに対して箕子朝鮮は伝説上では儒教国家であったし，高麗末期に明ではなくモンゴルになびいていたことの反省から朝鮮王朝が成立したということもあって，仏教から儒教への復古

（事実はどうあれ）・モンゴルに変えて明という自意識の下で「朝鮮」という国号を名乗ることになり，明に選んでもらったという形式もとった。これらから朝鮮王朝における朝鮮はかなり重い意味をもった国号ということがうかがい知れよう。衛氏朝鮮・箕子朝鮮と李氏朝鮮では同じ朝鮮を持つ俗称であるが，朝鮮の字の持つ意味合いが大きく違うということで後者を朝鮮王朝と呼ぶことになった。ここまで説明されれば多くの人にもこの一見不思議な呼称変更も理解されよう。

　加えて，李氏朝鮮という呼び方は「支那」に近い意味合いを持っている。李氏朝鮮から朝鮮王朝への呼称変更を最初に呼びかけたのが韓国の歴史家たちであったという一点でもって朝鮮王朝という名称を極力使ってくれない人たちがいて（日本や中国の多くの歴史家が変更に同意しているのにもかかわらず），李氏朝鮮という言葉はもはや政治的立場やイデオロギーの発露のために使われてしまっている節がある。そのような政治的立場やイデオロギーをとっているわけでもなければ，あるいはよほど上述の理由に納得がいかないわけでもなければ，李氏朝鮮ではなく朝鮮王朝の名称を使うことを勧める。

　なお，ベトナムはどうなのか，あちらも李朝・陳朝など王朝名が国号よりも優先されているではないかという意見もあろう。しかし，ベトナムは李朝以降黎朝まで一貫して「大越」，最後の阮朝のみ越南であるので，王朝名で呼び分けないと混乱する。阮朝を越南国とか越南王朝と言い換えるのは一つの発想としてはありうると思うが，現実的に日本のベトナム史家がそんなこと言っている人のを聞いたことがないので，呼称を変更する動機も理由も無いのだと思われる。

・琉球王国の最盛期：1609 年以降の日中両属状態ではなく，16 世紀半ばの後期倭寇の時代でもなく，15 世紀

　しばしば勘違いされているが，琉球王国の最盛期は建国当初から16世紀初頭までである。**琉球王国の繁栄の源泉は明朝との朝貢貿易を生かした中継貿易にあった。**明朝の海禁政策下（民間貿易の原則禁止）において，海外需要の高かった中国の特産品（絹織物と生糸・陶磁器等）を朝貢貿易の形で大量に獲得し，転売した。代わって日本（硫黄や刀剣類）・朝鮮・東南アジア（香辛料・香木）から特産品を集めて朝貢を通じて中国に献上

し，その見返りとしてまた大量の下賜を得る……琉球王国はこの繰り返しで莫大な収益を上げていた。こうした中国産品と諸外国の特産品の交換センターとなっていた琉球の生業を中継貿易と呼び，その繁栄の誇りを記したものが首里城正殿の鐘，その銘文から通称「万国津梁の鐘」と呼ばれているものだ。

　しかし，こうした琉球王国の黄金期は16世紀初頭から状況の変化により崩れ去っていくことになる。明朝の国力が衰えたために海禁政策が弛緩し，東シナ海では後期倭寇による密貿易が活発になっていった。朝貢に頼らず抜け道で中国産品が手に入るのであれば，琉球を頼る必要はなくなる。さらにポルトガルを筆頭にヨーロッパ船が出現し，高い航海能力と軍事力でこの密貿易に参入していった。1565年頃からは明朝自身が厳格な海禁政策を諦めて緩和し，民間貿易を黙認する方針に切り替えていった。こうして琉球は国際貿易の独占的地位から追い落とされ，1570年には東南アジアとの交易が途絶える。そうして琉球は日中間のみの中継地に変わり，その矢先に1609年の島津氏による侵攻と日中両属体制がある。以後の琉球文化は国際色豊かというよりも，日中の影響が色濃いものに変容しつつ，儒学や工芸品で高度な文化を形成していく。

・亀甲船：「亀船」という表記が並記されるようになった

　朝鮮側の史料では「亀船」という表記がされているため，ということのようだ。ただし，日本史の側はまだ「亀甲船」を使っているし（日本側の認識としては正しい），他の用語と比べると変更が比較的小さいので，亀甲船を使っていてもそこまで時代遅れ扱いはされないと思われる。

・スルタン＝カリフ制：18世紀後半の成立か，そうではないか

　スルタン＝カリフ制は，古い高校世界史ではオスマン帝国のセリム1世がマムルーク朝を滅ぼした際に，カイロで庇護されていたアッバース朝末裔のカリフから地位を受け継いで（あるいは簒奪して）成立したと教えられていた。これが近年の高校世界史では「マムルーク朝を滅ぼした時に成立したというのはオスマン帝国による捏造で，18世紀後半にオスマン帝国が退潮傾向になってから盛んに主張されるようになった」という教えられ方に変わった。しかし，近年の研究領域ではさらに，カリフと明確に呼

称されていたかはともかく，スレイマン１世の頃にはオスマン帝国のスルタンが実質的なスンナ派のウンマの指導者の地位にあって宗教的な権威を帯びていたとされており，スルタン＝カリフ制の 16 世紀成立説を否定する意味が無くなってきている。ミッレト同様にそのうち復活するかもしれない（ミッレトについては１巻のコラム１，p.88 を参照）。

・ヒンディー語：成立は近代。ウルドゥー語は「ペルシア語にヒンディー語の語彙を取り入れたもの」ではない

しばしば誤解されていることであるが，ウルドゥー語は 15 〜 16 世紀頃の北インドの口語（ヒンドゥスターニー語）をベースに，ペルシア語やアラビア語の語彙を取り入れて成立したものである。さらに近代になって，ヒンドゥー教徒のナショナリズムが高まるにしたがってウルドゥー語にあるこれらの語彙をサンスクリット語由来のものに置き換える運動が高揚して生まれたのがヒンディー語である。一部の高校世界史の教科書は「ヒンディー語にペルシア語の語彙が取り入れられてウルドゥー語が成立した」という書き方をしているが，不正確である。

・価格革命：本当にアメリカ大陸産の銀流入だけが原因か？

→　コラム３（p.470）を参照。

・イギリス産業革命の労働力：「第二次囲い込みによる失地農民が都市に流入した」は正しいか？

→　コラム３（p.474）を参照。

・ロシアの農奴解放令：産業革命に寄与したかどうかは諸説ある

ロシアの産業革命期は 1860 年〜 1890 年代で，農奴解放令に代表されるアレクサンドル２世による「大改革」によって始まり，シベリア鉄道の敷設に代表されるウィッテの工業化政策によって完成したと見なされている。アレクサンドル２世の「大改革」とは，農奴解放令以外にも，ゼムストヴォ（民政を担った地方自治機関）の設置，企業設立や鉄道敷設の支援策，通貨改革等の多様な改革が行われていて，総体としては文字通りの「大改革」であった。この「大改革」が産業革命を引き起こしたというのは間

違いない。そしてまた「大改革」の中心が1861年の農奴解放令にあるのも間違いない。しかし，**1861年の農奴解放令と産業革命に直接的な影響関係を認めるかどうかは別問題**になる。

なぜこれが焦点になるかというと，2つの理由がある。1つは単純に，これが産業革命と労働力の関係を分析する上で重要な論点になっているからである。産業革命が起きるために必要な条件は，資源・労働力・資本・市場の4つである。ロシアの場合，資源はあったが，残りが無い。この点で，奴隷や農奴という存在は足かせになる。彼らは職業選択の自由がなく農業に縛られているので工業労働力にはなりえず，購買力が無いので国内市場にもなりえない。ゆえに，産業革命には奴隷解放や農奴解放が必要になる。ではロシアの農奴解放令は産業革命にとって重要だったのでは？　と思われるかもしれないが，高校世界史でも必ず触れられるように，この時の農奴解放はその不十分さがしばしば強調される。すなわち，

・人格的な自由権は無償で解放，耕地の譲渡は有償
・耕地の地価は高額で，ほとんどの農民は年賦支払いを選択
・年賦の支払いは，ミール（農村共同体）を単位とする連帯責任制
・年賦の支払いが終わるまで，ミール所属の農民は居住・職業選択の自由が制限される

という条件であった。ここから，**農奴は人格的に解放されても土地に縛り付けられていた**というのがわかると思う。こうした制限は，他の「大改革」によって大きく開花するはずだったロシアの産業革命の足を引っ張ったという評価が根強い。一方で，ロシアの農業は従来自給自足的であったのに，年賦支払いは現金であったため，**農閑期の農民が近隣の都市・工場へ出稼ぎに行くことが盛んになった。**この出稼ぎの労働やそれによる現金収入は，国内に労働力と国内市場を提供した。専業の工業労働者を供給できたわけではなかったので制度としては不十分であったが，農民人口が膨大であったがために，走り始めの工業には十分な労働力になりえたという評価もある。このように農奴解放令とロシアの産業革命の関係については学説が割れていて，これに沿って高校世界史でも教科書ごとに扱い方が異なる。入試問題で扱う場合は慎重を期す必要があるだろう。

・強制栽培制度：政府栽培制度に言い換えが進む

　　強制栽培制度の説明自体が変わったことは前巻ですでに触れているが（２巻コラム１の p.82 を参照），簡潔におさらいすると，以前はオランダの政庁による商品作物栽培の強制がジャワ島に飢饉をもたらしたことが強調される教え方であった。これが近年では飢饉となった地域は限定的であり，むしろジャワ島の人口は急増していることから強調されなくなり，むしろ商品作物栽培の拡大によってジャワ島の経済が国際経済に結びついていったことや，欧米による植民地の開発主義の先駆となったことが教えられるようになった。こうしたことから呼称も切り替えが進んでいて，いくつかの教科書は「政府栽培制度」と表記するようになっている。

・南京条約の前のイギリスと清の貿易は朝貢貿易だったというのは誤解

　　これは広汎に見られる勘違いである。清朝の貿易体制では，国交がある国が朝貢を伴って行う朝貢貿易と，正式な国交の無いまま貿易を行う互市貿易の二種類があった。朝貢せずに互市貿易にとどまる国々を互市国と呼ぶ。具体的には欧米諸国と日本が互市国である。

　　1757 年に乾隆帝が欧米船の来航を広州一港に限定するが，これは欧米との互市貿易は広州一港に制限するということと同義である（例外が内陸での貿易を認められていたロシア）。したがってイギリスの立場は互市国であったのだが，広州一港の制限に不満を覚えて乾隆帝に遣使した。しかし，使者を派遣して国家間の外交交渉を行うというのは互市国に認められた権利ではない。交渉以前の問題として国交が無いというのが清朝側の立場であるからだ。それでも欧米が冊封体制とは異なる外交的慣習を持っていたことを理解して，マカートニーの謁見を認めた乾隆帝は度量がある。息子の嘉慶帝はアマーストに「外交交渉を求めるなら，先に朝貢せよ」という態度を貫いて三跪九叩頭を要求し，実質的に謁見を拒否したが，その方が冊封体制の原則としては正しい。

　　さてこのような誤解が蔓延していた原因として，互市貿易（互市国）という概念が研究史の上で成立したのがごく最近であり，高校世界史に下りてきたのは 2010 年代後半であるからだ。してみると，直近まで近世の西洋諸国や日本を上手く言い当てる概念の無いままであったのだから，研究領域はともかく高校世界史の現場が混乱していたのは致し方あるまい。

・フランツ＝フェルディナントは「帝位（皇位）継承者」であって「皇太子」ではない

　ドイツ語で皇太子（Kronprinz）と帝位継承者（Thronfolger）は別の単語であるから，日本語にも訳し分けがある。最も信頼されているドイツ語辞書の Duden を引くと明らかなのだが，Kronprinz は現皇帝の直系の男系子孫かつ Thronfolger である人物のみが呼ばれる称号で，逆に言えば現皇帝の直系の男系子孫ではないが次の皇帝として指名されている人物がThronfolger になる。英語にすると Kronprinz はそのまま crown prince で，Thronfolger は heir to the throne になる。

　であれば歴史上フランツ＝フェルディナント以外にも Thronfolger がいてもおかしくなさそうなもので，実際にいる。たとえばフランツ＝ヨーゼフ1世からして皇帝フェルディナント1世の甥であったから Thronfolger であって Kronprinz ではなかった。しかし，高校世界史上で Thronfolgerのまま即位せずに亡くなり，しかもその暗殺事件が世界史上の大事件だった人物というと彼くらいしかいなかったから，Thronfolger として言及されるのはもっぱら彼のみという状況になってしまった。なお，フランツ＝フェルディナントは他の優先されるべき帝位を継承する資格がある者が次々と亡くなってしまったがゆえに，皇帝フランツ＝ヨーゼフ1世から帝位継承者に指名された。しかし，フランツ＝フェルディナントは貴賤結婚を望んだため（妻のゾフィーは伯爵家の出身であって決して卑しい身分ではなかったが当時のハプスブルク家にとってはそれでも貴賤結婚に当たった），フランツ＝ヨーゼフ1世は結婚を認めた一方でフランツ＝フェルディナントをあくまで「中継ぎ」扱いとし，ゾフィーに皇太子妃（即位後は皇后）の身分は与えず，フランツ＝フェルディナントの子息に帝位継承権を与えないという条件を課し，フランツ＝フェルディナントもこれをのんだ。このためにフランツ＝フェルディナントはより Kronprinz ではないThronfolger たるところが強調されることになってしまったという事情もあるだろう。

　ただし，ブリタニカ国際大百科事典のレベルでも「皇太子フランツ＝フェルディナント」と表記しているように，簡便さのためにあえて訳し分けをしていない事例も見られるから，皇太子の表記が即座に誤りと見なすことはできない。高校世界史では帝位継承者か皇位継承者かという揺れはある

ものの，各教科書とも皇太子とは書かずに訳し分けている。

・シン＝フェイン党：イースター蜂起の主体だったわけではない

　1916 年のイースター蜂起の主導はシン＝フェイン党ではなく IRB（アイルランド共和主義同盟という組織）である。ただし，イースター蜂起に参加した面々が後にシン＝フェイン党に参加して主流派になっていくので，事後的には誤りでなくなる。なお，シン＝フェイン党はイースター蜂起を主導したという濡れ衣を着せられて一時壊滅してしまうので，イースター蜂起前のシン＝フェイン党と区別する場合，こちらを第二シン＝フェイン党と呼ぶ。さらに 1922 年のアイルランド自由国成立後はさらに構成員が変わるので，これを第三シン＝フェイン党として区別する場合もあり，この辺りは非常にややこしい。イースター蜂起鎮圧後のイギリスが「主導はシン＝フェイン党」と決めつけて抑え込みにかかったが，むしろシン＝フェイン党は同情を受けて戦後の選挙で大勝し，この党が独立の主体となっていった点にイースター蜂起の歴史的意義がある。

2019年度

上智・早慶・その他

■■■ 2019 上智 ■■■

1．上智大　2/4実施

問題2　問3　下線部 (B) の説明として（編註：パリ講和会議），最も適切なものはどれか。

a　第一次世界大戦後，戦勝国 27 ヵ国と敗戦諸国がともに参加する会議を開き，大戦の講和条件を討議した。

b　この会議において，戦勝国の領土的要求はすべて拒絶され，ウィルソンの十四ヵ条が名実ともに実現した。

c　この会議で民族自決の原則がとなえられたため，朝鮮ではこれに触発されて「朝鮮独立万歳」を叫ぶ民衆のデモが発生した。

d　この会議では，中国政府が提出した不平等条約撤廃の要求が拒否されたため，中国の世論は激高した。

e　この会議にもとづいて，オスマン帝国はその領土割譲を含むサン＝ジェルマン条約の調印を強要された。

◀解答解説▶

　aは敗戦諸国がパリ講和会議に不参加なので誤文。bもアルザス・ロレーヌ等の事例を想起すれば誤文とあっさりわかる。eも国と条約の組合せが違う。よって，残ったcとdはどちらかが誤文でどちらかが正文ということになるが，この判断が難しい。昨今の易しくなった上智大の問題の作りから言えば範囲外の方に瑕疵があって範囲内の方が正しいということからすると，dは範囲外なので誤文ということになるが，当然それを決定打にするわけにはいかない。

　dから検討しよう。通常は山東省返還問題で要求が通らなかったことを

もって中国の世論が激高したと習うので，そこからすると要求の内容が違うので誤文に見えてしまう。しかし，**実際には不平等条約撤廃の要求も提出されていて，こちらも通らなかった。**これはそれなりに知られている事実であり，東京書籍の教科書では本文に記載がある。では d が正文なのかというと，そうではないところが面白い。以下の記述は，笠原十九司氏の博士論文が書籍化されたもの（※）による。現在では南京事件の研究で有名な笠原先生だが，博士論文を出した時の研究は五・四運動であった。

※　笠原十九司『第一次世界大戦期の中国民族運動』汲古書院, 2014 年

　パリ講和会議に送られた中国代表団は，不平等条約撤廃を含めた要求を会議に提出している。しかし，提出はされただけで，ほぼ議題に上がっていない。何が起きたかというと，1/18 に会議が開幕，1/27 の午後の会議で山東省返還問題の審議が始まったが，日中の激しい応酬があって，即日では結論が出なかった。その後は 4/18 まで山東省返還問題の議題が放置され，4/18 の再開後は概ね列強間だけの話し合いになり，4/30 に「日本の要望を優先する」という列強間の決定がなされた。こうして長期間，最優先課題の山東省返還問題が棚上げされたため，他の要望の議論も実質的に棚上げされてしまい，中国代表団は身動きがとれなかった。一方，パリには会議に参加した代表団以外に多数の中国人が渡航しており，その中心が英語の堪能な梁啓超であった。この梁啓超が 4/30 の決定を即座に報道したことで中国世論が激昂，5/4 に爆発するという流れであった。

　なお，その上で，「この時の中国人の世論は，全面的な反帝国主義・反軍閥政府運動だったわけではなく，むしろ反日・親英米色がかなり強く，政府から親日派官僚を排除することが最大の焦点だった。政府としてもヴェルサイユ条約調印拒否は既定路線で，むしろ親日派官僚の追放・条約調印拒否の口実として上手く利用した側面がある。代表団の人選や梁啓超に資金援助をしていた事実を見ても，政府の意志は五・四運動の前から世論と同じであった。これを『全面的な反帝国主義・反軍閥政府運動の出発点』として捉え直したのは軍閥政府の失政を強調したい毛沢東で，史実に立脚していない」というのが笠原先生の博士論文の主眼である。軍閥政権時代の中国，近年は意外と真面目に内政の近代化もしていたという評価もあり，いろいろ変わってきている。

　したがって，笠原先生の博士論文をベースに考えれば，**不平等条約撤廃の要求は出されたが，世論の激昂とは直接的な関係がない。**よって選択肢ｄは誤文と見なせる。しかし言うまでもなく，こんなに細かい五・四運動の背景は範囲外である。というよりも，そういう問題ですらなく，**近代中国史の専門家以外はこの正誤を即答できないと思うのだが……**

　ひるがえってｃの方。こちらも誤文と疑って選択肢を吟味してみると，**各社教科書や用語集は概ね「ウィルソンの十四ヵ条原則を受けて」とか「民族自決の潮流が高まる中で」といった表現になっていて，パリ講和会議との関連性を書いているものは無い。**パリ講和会議でも民族自決は主張されたはずだが，どういうことか。種明かしをしよう。三・一独立運動は1919年3月1日，パリ講和会議が1月18日から始まっているので影響を受けたように見えるものの，三・一独立運動の直接的な発端はパリ講和会議に朝鮮代表を送る計画であった。計画は会議の開催前から始まっており，十四ヵ条の中で民族自決を唱えたウィルソンが代表のアメリカなら好意的に受け入れてくれるはずだという予測によるものであった。その送った密使がパリに到着したのが3月13日であるから，三・一独立運動は密使の到着前に起きている。なお，到着した密使は必死に活動したがアメリカに拒絶され，ハーグ密使事件の二の舞になってしまう。こうした経緯を踏まえると，「朝鮮ではこれ（＝パリ講和会議でのウィルソンの提唱）に触発されて」というのは因果関係がおかしい誤文ということになる。運動のスタートはあくまで直接的に十四か条の発表か，パリ講和会議の開催そのものである。各社教科書や用語集の表記はちゃんとそれを踏まえている。

　以上の理由からｃもｄも誤文になってしまい，本問は厳密に言えば正解が無い。しかし，ｃの文については，**「触発されて」に深い意味が無く「影響されて」とほぼ同義語として使っていると考えると，正文と見なしうる。**一方，ｄの文は笠原先生の研究を無視しない限り正文にできそうにない。よって，無理やり正解をひねり出すならｃが正文＝正解ということになるだろう。絶対にここまで調べていないし深く考えていないと思うが，上智大の公式解答でもｃが正解になっていた。

　以下は余談になるが，三・一独立運動がパリ講和会議に及ぼした影響は，実は大きい。ご存じの方も多いと思われるが，この時に日本は日本人移民が海外で差別されていることを受けて人種差別撤廃を提案している。しか

し，三・一独立運動を凄惨に弾圧した日本が言える立場か，という反論を受けることになってしまい，採択されなかった。ところが，これが採択されなかった代償として山東省返還問題では日本の主張が通ってしまう，という玉突き事故が起きている。もう一つの余談として，この時に密使を支援すべく後追いでパリに入ろうとしたハワイ在住の朝鮮人がいる。彼はアメリカ政府の制止にあってフランスに渡航できなかったが，ハワイ在住のまま，同 1919 年に上海で樹立された大韓民国臨時政府の初代首班に任命されることになる。李承晩その人である。

２．上智大　2/4 実施（２つめ）

難問

問題2　問8　下線部 (G) の革命（編註：<u>辛亥革命</u>）によって中国で実現した改革はどれか。

a　科挙の廃止　　　b　国会の開設　　　c　最初の鉄道敷設
d　徴兵制の導入　　e　憲法大綱の発布

◀解答解説▶

　a と e は光緒新政で実施済。c は幹線鉄道国有化問題を考えれば辛亥革命前に鉄道敷設があったのは自明であるし，そうでなくても洋務運動の時点で敷設されていると自然に推測がつくだろう。問題は残った b と d。国会の開設は辛亥革命後であるが，これは 1913 年に開設すると清朝が約束していたものであるから，国会開設は既定路線だったと言える可能性がある。実際に 1913 年開設である。最後に残った徴兵制は範囲外であるから判断不能。

　実は国会開設は偶然 1913 年で重なっただけで，中華民国の第一回国会は 1912 年制定の臨時約法（最初期の中華民国憲法）によって規定されたものであり，清朝の約束とは無関係である。また，徴兵制は新建陸軍がそうだったので，光緒新政で実現済。よって正解は b の国会開設になるの

だが（公式発表でも b であった），おそらく前述の「既定路線だったから，
辛亥革命で実現した改革とは言い切れないのでは？」と推測を立てて（こ
れはこれで良い推測である），d を選んだ受験生も多かろうと思う。それ
を狙って作られたのなら意地悪な出題である。また，本問でも増田塾はそ
の引っかけに見事にかかって正解を d とし，その通りの説明をしていた（東
進はちゃんと b）。どうした増田塾。

3．上智大　2/4 実施（3つめ）

|難問|

問題3　問2　(2)　この彫刻（編註：ラオコーン）が発見されたのはどこ
か。

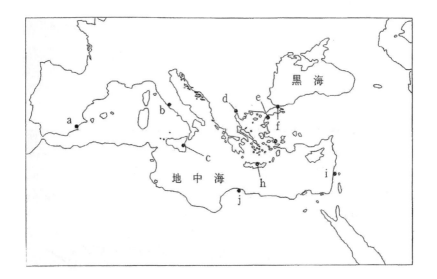

◀解答解説▶

　2019 年の変な地図問題枠……というには少しインパクトが薄いか。本
問，実は用語集に記載があるのでまさかの範囲内なのだが，あまりにも細
かすぎるので収録とした。正解はローマなので b。現在の設置場所がヴァ

ティカン宮殿と知っていると多少のヒントになるかもしれないが……

4．上智大　2/5 実施

（難問）

問題4　（　Ｉ　）を除く 12 植民地は 1774 年，第 1 回大陸会議を開催し，本国への抗議を強めたが，（　Ｊ　）植民地で民兵とイギリス軍が武力衝突するに及ぶと，独立に向けた動きが加速していくことになる。

問 10　空欄（　Ｉ　）に入る植民地名はどれか。選択肢（a～e）から 1 つ選びなさい。

a　ヴァージニア　　　b　マサチューセッツ　　　c　ペンシルヴェニア
d　ジョージア　　　　e　メリーランド

問 11　空欄（　Ｊ　）に入る植民地名はどれか。選択肢（a～e）から 1 つ選びなさい。

a　ヴァージニア　　　b　マサチューセッツ　　　c　ペンシルヴェニア
d　ジョージア　　　　e　メリーランド

◀**解答解説**▶

　問 11 は普通は場所を覚えていかないものだが，用語集に「コンコードはボストン郊外」とあるので，これを知っていれば b のマサチューセッツとわかる。問 10 は範囲外だが，推測は容易でそこまでの難問というわけではない。ニューイングランドのマサチューセッツ，大陸会議の開催場所のフィラデルフィアがあるペンシルヴェニア，最初の植民地にして独立指導者の出身が多いヴァージニアを削るとメリーランドとジョージアの 2 択になる。ここでメリーランドが正解だったなら超難問だが，「最後に創設された植民地で英王ジョージの名前を冠している」情報も加味すれば自

然とジョージアを選べるだろう。それで正解である。2問合わせても本企画の分類：難問の中では比較的易しい部類のものに入り，境界線上。

　なお，この日程では二里頭遺跡の場所が問われていた。二里頭遺跡もとうとう入試に出てきたという感慨が強い。河南省であることだけ知っていれば特定できるし，夏王朝に関連する遺跡であることは問題文中に示されているので，難易度は高くない（なお，その情報は用語集の「夏」の説明文にあるのでぎりぎり範囲内でもある）。

5．上智大　2/6 実施

悪問

問題3　問3　下線部(イ)について（編注：フェニキア人），誤っている説明はどれか。

a　アケメネス朝ペルシアはフェニキア人の交易を保護した。
b　ガラス工芸や紫の染料などの交易で繁栄した。
c　交易活動での記録などのため，表音文字であるアルファベットを作った。
d　造船や輸出のため，レバノン杉を大量に伐採した。
e　交易の重要拠点として，植民市マッサリアを建設した。

◀解答解説▶

　eのマッサリアがギリシア人の植民市であるのでこれが完全な誤り＝正解。しかし，cは「アルファベット」という表記も気にかかる。**高校世界史においてフェニキア文字は通常「アルファベットの原型」と習う。**「原型」の部分は「母体」や「起源」という表現もある。ここから判断するとcは誤文になる。一方，音素文字一般を示す語としてアルファベットを用いることはある。この用法を考えればこの文は正文といえる。とはいえ，高校世界史の慣例や正誤判定問題の厳密性を考えれば，「の原型（の母体）」という語を省略する意味が無い。

6．上智大　2/6 実施（2 つめ）

出題ミス

問題4　問5　下線部（エ）の経営権を握るため（編註：キプロス），イギリスはどこから株を買収したか。

a　エジプト　　b　オスマン帝国　　c　ギリシア　　d　フランス
e　ロシア

◀解答解説▶

　この振りはスエズ運河会社株しかないからオスマン帝国，と思って下線部を見るとキプロスという。キプロスで株？？？？　と首を捻っていたら，**大学当局から謝罪と全員を正解とした旨の発表があった。これはさす**がに認めざるをえないだろう。

7．上智大　2/7 実施

？？？

問題2　問2　(6)　下線部（カ）の説明として誤っているものを（編註：各地で圧政が生じて経済状態も悪化し），選択肢（a～d）から1つ選びなさい。

a　日本軍の占領地域では物資の自由な移動が禁止され，工業製品の輸入もできなくなった。
b　日本軍がすすめたタイ＝ビルマ鉄道建設工事によって，多数の連合軍捕虜と東南アジアの人々が犠牲になった。
c　日本の植民地と占領地の女性のなかには，慰安婦として戦場に送られた者もいた。

d　日本軍の占領地域では皇民化政策が実施され，日本人への同化が強制
　された。

　世界史ではここまで詳しく太平洋戦争当時の日本をやらないので，日本
史の領分だと思うのだが，何と実教出版はこのうち a 〜 c について（つ
まり泰緬鉄道も！）の記載がある。その意味では範囲内であり，本来日本
人として知っておくべきことであろうという意見にも同意するのだが，ま
あ現実的に言って本問は難問であろう。

　このうち d のみ実教出版の教科書に記載が無いということは，これが
正解＝誤文ということなのだろうと思うのだが，これが誤文となる根拠を
探そうとして，大変なことになった。実教出版の教科書（p.369）には皇
民化政策に対する言及もあり，増田塾はそこにある「台湾で進められたも
のは『創氏改名』ではなく『改姓名』で，強制的に進められた朝鮮の創氏
改名と比べると，改姓名は同化をうながすものであった」という記述を誤
文の根拠としている。後発の『赤本』も同じ根拠であった。しかし，そう
言われてもあまり納得はできない。実教出版の教科書の記述からは，台湾
では皇民化政策が緩やかだったというニュアンスはよみ取れても，日本人
への同化が強制的ではなかったというニュアンスは読み取れない。また，
d の文の指す地域は「日本軍の占領地域」であり，すでに植民地であった
朝鮮も台湾も含まないはずである（日韓併合条約は不法であるとみなす韓
国政府の立場をとれば朝鮮は占領地域とみなせるが，それでも台湾は逃れ
られない）。あるいは，東南アジアの統治はかなり地域差があったので，
強制された地域もあったが，されなかった地域もあるということから d
は誤文，ということなのかもしれない。しかし，そうであれば d の文は「全
ての日本軍の占領地域では」等と表現されるべきであって，現行の文では
この理屈でも説得力が弱い。あるいは，世界史用語集の皇民化政策の説明
は「朝鮮人や台湾人に対する同化政策」とあり，日本史の用語集も全く同
じ説明であるから，狭義の皇民化政策は朝鮮と台湾に対するものに限定さ
れ，他の地域のものは単純に同化政策である，ということを誤文の根拠に
している可能性もある。しかしこれも，広義には当然占領地域での同化政
策も含むし，d の文中に「狭義の」という文言が入っているわけでもない

ので，これはこれで納得できない。

　上智大の公式発表でもやはり正解は d であった。出題の意義自体はよいものであるし，範囲内かどうかはグレーゾーンであるにせよ完全に範囲外とは言えない。しかしながら，ではなぜ d が誤文なのか解説しようとすると，前段のように大変に困ったことになる。何とも扱いにくい問題である（ゆえに種別も決めかねている）。読者諸氏はどう評価するだろうか。

　なお，この第2問は他の設問もかなり日本史の内容が含まれていて，日独伊三国同盟締結に対するアメリカの石油禁輸措置や，サイパン島陥落による東条内閣の総辞職等が問われていたが，何とか中学の日本史知識と消去法で解けるものが多かった点と，探してみると前述の実教出版に記述があったりしたため，本問以外は収録対象としなかった。しかし，現実的には（残念ながら）平均点はかなり低かったと思われる。

8．上智大　2/9 実施

悪問

問題2　問1　(7)（編注：ビザンツ帝国）に関する説明として誤っているものを選択肢（a～d）から1つ選びなさい。

a　首都コンスタンティノープルに建立されたハギア＝ソフィア聖堂はビザンツ様式の代表的建築物である。
b　中世初期は，ゲルマン人の大移動により国土の3分の1が荒廃した。
c　東ローマ帝国とも呼ばれるが，文化的にはローマよりむしろギリシアに近く，ギリシア正教とギリシア古典文化を融合した独自の文化的世界をつくった。
d　最盛期の皇帝ユスティニアヌス1世は，ローマ帝国の栄光回復に努め，ローマ法の集大成となる法典を編纂させた。

◀解答解説▶

　aとcは正文。bは誤文＝正解で，被害はあったにせよ3分の1は荒廃

していおらず，勢力を維持したことは概ねどの教科書にも記載がある。危ういのはｄで，マケドニア朝の時期を最盛期と見なすこともあるので，ここでｄを誤文と見なせる可能性がある。実際に，山川の『新世界史』はマケドニア朝を最盛期と見なしている（p.141）。

9．上智大　2/9 実施（2つめ）

難問

問題3　**問3**　下線部 (イ)（編註：ケベック）に関連して述べた次の文 A，Ｂの正誤を判断し，その正しい組み合わせを選択肢（a～d）から１つ選びなさい。

Ａ　ケベックを中心とするニューフランス植民地では，毛皮取引が盛んにおこなわれた。
Ｂ　イギリスが制定した1791 年法により，ケベック地方を中心とするフランス語圏（ローワー＝カナダ）とそれ以外の英語圏（アッパー＝カナダ）の各議会が一つに統合された。

a　A＝正　B＝正　　　　b　A＝正　B＝誤
c　A＝誤　B＝正　　　　d　A＝誤　B＝誤

◀解答解説▶

　Ａは容易で正文とわかるが，Ｂは範囲外……と言いたいところだったが，山川の『新世界史』の p.293 に記述があるので，グレーゾーンである。Ｂは誤文で，実際には 1791 年の法律でアッパー＝カナダとローワー＝カナダの区別が明確になり，それぞれが独自の議会を持った。この後の1840 年に合併し，1867 年の自治領化へと続く。
　2019 年の上智はこの「特定の教科書だけに記載がある」パターンをよく見るが，改めて問いたい。受験生に，世に出回っている全教科書を読んでこいということだろうか。現実的に言って，高校生が山川の『詳説世界

史』以外を買うのは難しい。だから本企画でも不満や不備がありつつも，山川の用語集を基準とした判定を基本としつつ，柔軟な運用で範囲内外の判定を行っている。それで行くと，前述の実教出版はまだしも，『新世界史』は発行部数が約5千部で『詳説世界史』の20分の1以下であり，特に受験生のアクセス困難性が高い。なにより，**一つ前の8番の問題は『新世界史』の記述を無視しないと複数正解の出題ミスになってしまうので，矛盾が生じている。**こうした観点から言って本問はギルティである。

　この2/9実施の日程ではこれらの他に，範囲内ながらの難問として，玄奘が開いた法相宗が問われていた。

〔番外編1〕上智大　2/9 実施

問題3　問9　下線部(ク)（編註：カンボジア）に関する記述として誤っているものはどれか。解答は，選択肢（a～e）からもっとも適切なものを1つ選びなさい。

a　1953年にフランスから正式に独立した。
b　ヘン＝サムリン政権は，中国の支援を受けてカンボジアに軍事侵攻した。
c　ベルリンの壁が崩壊した年に，ベトナム軍はカンボジアから撤退した。
d　フンセン政権下でASEAN（東南アジア諸国連合）に加盟した。
e　この国の有名な遺跡であるアンコール＝ワットの修復・保存に上智大学は協力している。
（強調は編者による）

◀コメント▶

　問題そのものはbの中国がベトナムの誤りなので明確に誤文＝正解で，易しい。それはそれとして，唐突に出現する選択肢e。これを機に上智大の社会貢献を知ってもらおうという心意気は悪くないし，実際のところこういうお遊びは個人的に嫌いじゃないのだけども，**これを誤文＝正解と見なす勇気がある受験生はいないと思う。**いたとしても，それは蛮勇では。

１０．上智大　TEAP 利用型入試

| 悪問 |

問題1　設問4　下線部(4)に関して（パリ講和会議におけるフランスやイギリスの態度は，<u>ドイツに対して報復的なものであった</u>），第一次世界大戦でドイツが失った領土に該当しないものは，次のうちどれか。1つ選びなさい。

(a)　トーゴラント
(b)　カメルーン
(c)　ズデーテン地方
(d)　中国山東省

◀解答解説▶

　(c) のズデーテン地方が明白に該当しないが，中国山東省はドイツの勢力範囲であって領土ではない。せめて膠州湾なり青島なりという表現であれば，租借地であったから事実上の領土と言い張ることができなくもなかったが，山東省全域となると他国より経済的な権益の優先や不割譲を約束されていたに過ぎず，主権は明確に中華民国である。TEAP 利用型入試は良問が多く，本問が初の収録となった。惜しい。

■■■■ 2019 早慶 ■■■■

　慶應大の経済学部は収録無し。全体的に良問であった。なお，全体的に良問であったことには私も賛成するのだけれども，駿台が講評で「慶應義塾大学の名にふさわしい良問」「知識とともに思考力を問う大学入試のお手本のような出題」**「旧態依然たる瑣末な知識の詰め込み能力，暗記能力ではなく，未来志向の思考力や分析力，プレゼン能力を持つ学生を集めたいという慶應経済の方針は明確」**というように絶賛していたのはちょっと笑ってしまった。褒め殺しかな？　一応，瑣末な知識を問う問題はあったと思う。他のトピックとしては史料問題でブッシュ（子）の「『悪の枢軸』演説」が出ていたのは面白かった。演説自体は範囲外だが，2001 年アフガニスタン侵攻と 2003 年イラク侵攻，当時の大統領がブッシュ（子）というのを知っていれば攻略可能な問題の作りになっていたのは，駿台のおっしゃる通り，思考力を要していて良い問い方であった。

〔番外編 1〕慶應大　商学部

問題 3　2017 年は，ルイス＝フォンシとダディ＝ヤンキーがスペイン語で歌う「デスパシート」が世界的な大ヒットを記録し，日本の街中でもよく流れた。二人は，カリブ海にあるアメリカ合衆国の自治領　(77)(78)　の出身である。

（選択肢省略）

◀コメント▶

　問題は易しく，プエルトリコが答えである。「デスパシート」が世界的なヒット曲であることはそうだと思うのだが，「日本の街中でもよく流れた」かと言われると，そのイメージは無い。それはそれとして，やはり受験生の間で話題になっており，「デスパシート歌ってる人の国なんて知ら

222

んわ」という意見もあれば「**歌詞でもプエルトリコって言ってる**」という意見もあり，あれそうだっけと改めて聴いてみると確かに最後の方で言ってましたわ。この受験生，耳良すぎでは。あとは「このせいで試験時間中ずっとデスパシートが脳内再生されてた」というのは笑った。彼が受かっているのを祈るばかりである。

〔番外編２〕慶應大　商学部

世界史の問題２：　南北戦争後，アメリカ合衆国は，共和党政権の保護関税政策に守られて工業が急速に発展し，19世紀末にはイギリスを追い抜いて世界一の工業国となった。鉄鋼業の (39)(40)，石油精製業の (41)(42)，投資銀行業の (43)(44) などによって独占体が形成され，巨大な財閥企業が出現した。

15 カーネギー　　　　17 クライスラー
44 メロン　　　　　　45 モーガン　　　48 ロックフェラー
（編註：関係のある選択肢のみ抜粋）

英語の問題７：　次の英文を読み、空所 (a)〜(f) に入る、文脈の上で最も適切な動詞を下記の語群から選び、必要に応じて語形を変えて解答欄に記入しなさい。ただし各解答欄に記入する語は動詞一語のみとし、同じ語を二回以上使ってはいけない。同じ語を二回以上使った場合、正解が含まれていてもその正解は得点にならない。

| dare | foresee | kick | matter | turn | waste |

The history of business has often been told through inspirational stories about destiny being fulfilled. Occasionally, these have (a) out to be true. **Andrew Carnegie (b) that America would need an integrated market for steel by the late 19th century;** he used this insight to grow his business.

　（編註：強調は編者による，後略）

◀**解答解説**▶━━━━━━━━━━━━━━━━━━

　世界史の方の入試問題を見ると，(39)(40) で 19 世紀末の鉄鋼業の独占資本を築いた人物としてカーネギーが問われている（正解は 15）。しかし，英語の方の入試問題で「カーネギーは 19 世紀後半までにアメリカで統合された鉄鋼市場が求められていることを予見しており，その予測を用いてビジネスを成功させた。」と書かれており（空欄 b は insight に対応することから foresee が入り，過去形なので foresaw が正解），ここからカーネギーが鉄鋼業の独占資本を形成したと読み取れてしまう。つまり，**世界史の問題の正解が英語の問題に書いてある**のである。しかも**日程上で英語の試験の方が先である**から，問題をまじめに解いてさえいれば，世界史の問題を間違える方が難しい。カーネギーは本来そこそこの難問であるが，正答率はかなり高かったのではないか。

　この種の衝突はどうしても避けようが無いところがあるのだが，しかし，わずか 1・2 点とはいえあからさまに世界史の受験生が日本史や地理の受験者よりも有利になってしまうので，2019 年の入試結果に如実に影響があったのではないかと思われる。

　商学部も，経済学部に引き続いて正規収録の対象は無し。ただし，こちらは際どいものが 2 つあるので，対象外とした理由とともに書いておく。一つめは，1905 年結成のアメリカ初の産業別労働組合の連合，というヒントから答えは世界産業労働者同盟（IWW）。これは用語集頻度①でぎりぎり範囲内。もう一つ，19 世紀末のアメリカで投資銀行業の独占資本となった，というヒントから導くモーガン（モルガン）は，用語集が拾っていないが，実教出版の教科書に記載があり，資料集でも掲載されているものが多いので対象外とした。独占資本の具体的な企業名は，一時期全く出なくなったが，最近はまたちょっと出だした印象。極めてどうでもいいが，このモーガンの誤答用選択肢に「メロン」とあってちょっと笑ってしまった。

まず受験生はメロン財閥を知らないと思う。

1. 慶應大　文学部

難問・悪文

問題1 （編註：アフリカーナーが）1852年に建国した（　F　）内で金鉱をめぐる対立などを引き金に南アフリカ戦争が勃発すると，イギリスは南アフリカとヨーロッパを結ぶ海底電信ケーブル経由の通信に対する検閲を課した。

◀解答解説▶

　商学部・経済学部とつないできた慶大良問リレーを見事にぶった切ったのが文学部であった。例によって慶大の文学部は範囲内なら重箱の隅でもOKと思っている節があるので，デジタルに言えば範囲内であってもさすがにひどいと思われるものをピックアップして正式収録対象とした。本問の場合，**オレンジ自由国とトランスヴァール共和国を区別する手がかりが実質的に建国年しかない**というのが苛酷である。1852年がトランスヴァール共和国，1854年がオレンジ自由国であるので，この場合の正解は前者になる。一応，トランスヴァール共和国では金鉱とダイヤモンド鉱の両方が発見されているが，オレンジ自由国ではダイヤモンド鉱のみであるので，問題文中の「金鉱をめぐる対立」でもトランスヴァール共和国が正解と絞れるが，そこを覚えてきた受験生は極わずかであろう。

　ところで，「（　F　）内で金鉱をめぐる対立などを引き金に南アフリカ戦争が勃発する」は意味が複数にとれる悪文で，「（　F　）内で」が「戦争が勃発する」に係ると読むと，南アフリカ戦争はトランスヴァール共和国内での内戦ということになってしまい，当然そんな戦争は無いので空欄Fは出題ミスになる。「（　F　）内での」としておけば意味が一義に定まるので問題なかった。

２．慶應大　文学部（２つめ）

難問

問題1　設問（2）　下線部（2）に関連して（編註：<u>インド大反乱</u>），反乱側が擁立したムガル皇帝の名前を記しなさい。

◀解答解説▶

　受験世界史名物，「最後の人物」シリーズ。一応，用語集に記載があるので完全な範囲外ではないし，早慶対策としてはよく出てくるが，冷静に考えてこれを収録対象外にするのは感覚が麻痺している気がしてきたので，収録とした。正解はバハードゥル＝シャー2世。早慶対策としてはよく出てくるだけに，実際の正解率が気になる。

３．慶應大　文学部（３つめ）

難問

問題2　設問（1）　あるローマの歴史家は，妻の父アグリコラが一時ブリタニアの属州総督を務めていたことから，征服直後のブリタニアの詳細な記述を残している。この歴史家は誰か。

◀解答解説▶

　正解はタキトゥス。一応，帝政ローマ期の歴史家で範囲内の人物というとタキトゥスとプルタルコスくらいしかおらず，プルタルコスはギリシア人だからブリタニア属州に赴任する岳父はもっていないだろうという推測を立てられれば正解にたどり着ける。が，その発想を受験生に要求するのは酷であろう。なお，本問に見覚えがある人は受験世界史難問マニアと言っていい。実は2018年の早稲田大・政経学部で，このタキトゥスが岳父のブリタニア赴任の記録を残したが，その書名は何かという問題を出してい

226

る（**2018 早慶１８番**, p.387）。早大の政経学部の過去問くらい参照してるでしょ？　という意味合いで出題したのだとしたらすごい度胸だが，客層が重なっていないのではという疑念も。知らずに重なってしまった可能性の方が高いと思われる。

4．慶應大　文学部（4つめ）

| 難問 |

問題3　設問（4）　イングランド北部ヨークシャーの炭鉱地帯に位置し，19世紀に製鉄業で発展した工業都市はどこか。この地は中世の時代から刃物で有名で，チョーサーの『カンタベリ物語』にもここで作られたナイフが登場する。

◀解答解説▶━━━━━━━━━━━━━━━━━━━━

　正解はシェフィールド。2016年に明治大学が出題したことがあるが（拙著２巻のp.187, **2016 その他４０番**），超難問と評してよいだろう。拙著が受験勉強の参考になって"しまった"事例。

　その他の収録対象外とした難問として，英領インド総督の別称としての「インド副王」。イブン＝バットゥータが訪れた現在のケニア最大の港市であるモンバサ。コンゴのうち旧宗主国ベルギーが銅資源のため分離を図った州のカタンガ州。イギリス七王国を統一したエグバートの出身王国であるウェセックス。イングランド北部の湖水地方で活動した詩人ワーズワース（なお，用語集には「スコットランド」とあるがこれは用語集の誤り）。中世末の毛織物産業の都市にしてカール５世の生誕地のヘント（ガン）。16世紀にオランダに移住した改宗ユダヤ人の出身地としてのイベリア半島。これらは一応範囲内で，かつインド副王以外はみっちり早慶対策をやってきた受験生なら解答できてもおかしくないと思われる。インド副王は迷ったが，意外と教科書本文に記述があったので避けた。が，大部分の受験生にはできないと思われ，平均点は低そう。

5. 慶應大　法学部

出題ミス

問題1　[設問4]　Cの言葉は（編註：「王は君臨すれども統治せず」），ある国における王のあり方を示すものである。このような体制が確立していく過程において，その国に起こった出来事に関する記述として<u>誤っているもの</u>を以下から選び，その番号を (07)(08) にマークしなさい。

[01]　内戦で勝利を収めた議会派は王を処刑し共和政を樹立したが，その後オランダとの間で戦争を始めた。

[02]　樹立した共和政で権力を掌握した人物が軍事的独裁体制をしいたため，国民の不滴が高まった。その人物の死後，[01] にある王の長男が亡命先のオランダから帰国し，王政復古を果たした。

[03]　[02]で帰国したのちに王となった人物と議会は対立したが，この時期に王権に寛容なトーリ党と議会の権利を主張するホイッグ党の二つの党派が成立した。

[04]　[02]で王となった人物の弟が次に王となった。その王は絶対王政とカトリックの復活をはかろうとしたため，それに反対する議会と対立し，亡命を余儀なくされた。その後，議会は権利の章典を制定して，立憲君主政が確立した。

[05]　[04]で立憲君主政が確立したのち，新たに王となった人物は，あまり議会に出席しなかったことから，内閣が王に責任を負う責任内閣制が慣習となった。

◀解答解説▶

　2019年早慶上智のワースト日程はこの慶應法学部であった。以下8問ほどこの日程からの問題が続く。[01]・[03]・[04] は問題なく正文。[05] は責任内閣制の説明が決定的に間違っているし，ここでいう「新たに王となった人物」はアン女王だが，一般に責任内閣制が慣習となったのはジョージ1世とされていることからも，[05] が疑いなく誤文であり，作題者の

想定する正解もこちらと思われる。

　しかし，[02] にある「[01] にある王の長男が亡命先のオランダから帰国し」も疑わしい。「[01] にある王の長男」はチャールズ２世のことだが，彼はフランスのブルボン家を主な庇護者としつつ，国際情勢に合わせて大陸を転々としていた。1660 年時点ではスペイン領南ネーデルラントにいて，ここでイギリス議会から王政復古のお呼びがかかったが，当時イギリスとスペインは戦争状態であったため，交渉するにも帰国するにも都合が悪かった。そこで一旦オランダのブレダに移り，この地で王政復古の条件として議会派から提示された妥協案を飲むブレダ宣言を発した。しかる後に，オランダからイギリスに帰国したという流れである。よって，オランダを通過・経由はしているが，オランダが直前期の亡命先というのは苦しくないだろうか。

　こういう状況であるので，高校世界史のレベルでは亡命先をかなり省略してしまうことも多い。用語集は「フランス・オランダ」，教科書類では山川の『詳説世界史』は亡命先の記載無し，山川『新世界史』と東京書籍と実教出版と帝国書院は「フランス」のみ。『詳説世界史研究』でさえ「ヨーロッパ大陸」とぼかしている。よって，大多数の高校世界史の教材の文面から判断すると [02] は紛れもなく誤文になる。要するにこれは，高校世界史が便宜的に煩雑な事実関係を省略した箇所をわざわざひもといてしまった上に，しかも厳密性に欠けるという事例になる。

　これは大学側が認めないだろうと思っていたが，**大学当局から謝罪と全員を正解にした旨の発表があった。**発表がやや遅れたので，大学内でも議論になったか。なお，河合塾・駿台・増田塾は上述の理由以外にチャールズ２世は [02] では長男になっているが，実際には次男なのでその部分も誤りだろうと指摘していた。しかし，この長男は誕生日の即日に死んでおり，実質的な死産である。帝国書院の教科書は「長男」としており，他の教科書はそもそも長男か次男かを書いていないので，これを不備としてつつくのは瑣末すぎないか。慶應大は出題ミスと認めた理由を公開していないが，まず間違いなく亡命先が引っかかったもので，こちらは無関係と思われる。

6．慶應大　法学部（2つめ）

難問

問題2 　[設問4] 　下線部（エ）に関連して，アメリカ合衆国で1920年
代に生じた出来事として誤っているものを下から選び，その番号を (45)(46)
にマークしなさい。

[01] 　ラジオの定時放送が始まった。

[02] 　ボクシングやベースボールなどのプロスポーツが盛んになった。

[03] 　チャップリン監督の映画「モダンタイムス」が公開された。

[04] 　ハリウッドで制作されたアメリカ映画が，世界映画市場の90%を占
　　　めるに至った。

◀解答解説▶

　[01]・[02] は早慶対策としてはよく見る。そこからの2択は無理だろ
う。[04] は正文で，**1920年代のハリウッドの世界市場のシェアを問う
問題が2011年の慶應大・商学部で出ている**（拙著1巻のp.321，**2011
早慶8番**）。その過去問を参照していれば消去法で正解の [03] にたどり
着けるだろうが，学部も違うし，本問を見てこの過去の事例を想起できた
ら狂気の沙汰である。『絶対に解けない受験世界史』が受験の役に立って"し
まった"悲劇的な事例。ただし，該当ページを見てもらえばわかるが，こ
のときの正解が85%であるので，5%の差異を重視して [04] を誤文とし
て間違えた受験生もいたかもしれない。ところで，このハリウッドの世界
市場が85%という情報は旧課程の『新世界史』にあるもの（現行課程に
は記載なし）。また，これも旧課程の教科書になるが三省堂の教科書には
90%とあるので，本問はこれを拾ったか。しかし，三省堂は現行課程になっ
てから教科書を発行していないので，反則も反則だろう。

　残った [03] が誤文＝正解で，「モダンタイムス」の公開は1936年。
現行の高校世界史ではチャップリンは用語集未収録で，『新世界史』と帝
国書院の教科書にだけ本文の枠外で記載がある。

7. 慶應大　法学部（3つめ）

難問または出題ミス

問題2　[設問5]　下線部（オ）に関連して，次に列挙する諸国のうち，女性参政権が認められた時期が早い国から年代順に並べた場合，4番目に位置する国はどこか。下から選び，その番号を (47)(48) にマークしなさい。

[01] 日本
[02] オランダ
[03] スイス
[04] トルコ
[05] オーストラリア
[06] ニュージーランド
[07] フィンランド

◀解答解説▶

　2019年の大学入試の世界史は女性史からの出題が多かったが，その中からの難問であり，また出題ミスの側面もある。まず，素直に解くとして，難問という面から見ていこう。この中で明確に範囲内なのはトルコがムスタファ＝ケマル政権で認められたことと（1934年），日本で認められたのは敗戦直後の1945年であることの2つだけである。あとは教科書や資料集の片隅に載っている＆早慶対策で覚えることが多いという枠でニュージーランドとオーストラリアが世界に先駆けて認めている（1893年＆1902年）ということくらいまでは知っている受験生も多いのではないか。しかし，残りは厳しい。女性普通選挙権の拡大年表を載せている教科書はいくつかあるが，この3つ全て記載がある教科書は帝国書院のみである。ゆえに帝国書院の教科書をもって範囲内と強弁できなくはないが……載せた帝国書院もそういう意図で載せたわけではないだろうに。

　残りのうち早いのはフィンランドで，1906年に女性参政権が認められた。ロシア支配下ではあったが，自治領（フィンランド大公国）内で認め

られたという形である。オランダは実教出版・東京書籍が 1917 年，帝国
書院が 1919 年としているが，これは帝国書院が正しい。1917 年は被選
挙権が認められた年で，選挙権もセットとなると 1919 年である。ただし，
これはどちらでも正解が変わらない。イギリスやアメリカと同様に，第一
次世界大戦末～戦後の立て続けに認められた国の一つ。最後に残ったスイ
スは，1971 年と飛び抜けて遅い。フランスとイタリアが 1945 年で意外
と遅く日本と同年というのは比較的有名だが，スイスがそれよりさらに遅
いというのは，なかなか驚きの事実ではないか。というわけでこれを並べ
直すと，ニュージーランド（1896 年）→オーストラリア（1902 年）→フィ
ンランド（1906 年）→オランダ（1917 年または 1919 年）→トルコ（1934
年）→日本（1945 年）→スイス（1971 年）となって，4 番目＝正解は
オランダである。

　というのが難問としての面だが，本問はこれ以外に根本的な問題があ
る。**「次に列挙する諸国」の“国”のレイヤーや「女性参政権」の基準が
バラバラで，不統一である以上は比較不能**という点である。帝国書院にも
全く同じ年表が載っているではないか，という反論はありうるが，あちら
は参考資料としての掲載である。前述のように「そういう意図で載せたわ
けではない」のだ。まず前者について。たとえば，フィンランド大公国は
1906 年に女性参政権を認めたといっても当時はロシア帝国の自治領に過
ぎない，つまり主権国家ではない。同じことはオーストラリアとニュージー
ランドにも言える。オーストラリアは自治領に過ぎず，ニュージーランド
に至っては自治領ですらない。両国の独立はウェストミンスター憲章の制
定ととれば 1931 年，これを自治領側で受諾した年とするとオーストラリ
アは 1942 年，ニュージーランドは 1947 年になる。

　これらを便宜的に無視したとして，後者はより重い。これもオーストラ
リアを例に出すとわかりやすい。オーストラリアの連邦議会で女性参政権
が認められたのは 1902 年だが，地方議会の場合，選挙権は最後のヴィク
トリア州で認められたのが 1908 年，被選挙権は同様にヴィクトリア州
が最後で 1923 年になる（逆に南オーストラリア州では連邦成立以前の
1895 年から選挙権も被選挙権も認められていた）。問題文に「連邦制の
国家の場合は連邦レベルでの参政権で判断せよ」という文言が無い以上は
1923 年という年号を採用することも可能である。一州でも女性が立候補

できない州が残っていれば「女性参政権が認められた」とはいえない，と考えるのならば。そう，**本問は受験生の政治的信条をはかることになってしまうという点で2014年早大法学部の問題と同様の悪質さがある（2014早慶12番**，拙著1巻 p.34）。1902年以外の年号は受験世界史範囲外だろうという反論については，慶應大がどの口でそれを言うの？　という一言で封じられるだろう。また，「国政レベルで判断するのが当然では」という反論についても，その国ってどのレイヤーのこと？　という前者の問題点に帰してしまい，全く解決にならない。そして，オーストラリアの女性参政権が認められた年を1923年とすれば順番がずれるので，4番目＝正解はオーストラリアになる。

　というわけで，本問は条件が緩すぎて各国の女性参政権が認められた年とする年号が複数想起しうるので，解答も複数，しかもかなり多岐にわたって出せてしまう。**本問は歴史学の潮流を何も考えずに高校世界史・受験世界史に下ろそうとすると大惨事が起きるという良い一例**になるだろう。女性史については，残念ながら高校世界史・受験世界史でどう扱うべきか，明確な基準がない途上の段階である。本問への反省が今後の入試問題に活かされればよいのだが。

8．慶應大　法学部（4つめ）

難問

問題3　アレクサンドル2世は，クリミア戦争後，「大改革」を実施し，その一環としてロシア各地に地方自治機関 (53)(54) を設置した。

32. ゼムストヴォ　　33. ソヴィエト　　38. ドゥーマ
54. ミール　　　　　64. レーテ
　（編註：関係のある選択肢のみ抜粋）

◀解答解説▶

　山川の『新世界史』にだけ記載があるシリーズ。念のため説明すると，

７冊ある検定教科書のうち，他が万単位の部数で発行されているところ，この『新世界史』だけは５千部しか出ていない。要するに採用している高校がほとんどなく，教員や塾・予備校講師しか持っておらず，そもそも入手困難ということである。にもかかわらず『新世界史』にしか収録が無い用語がかなりあり，しかも本来それを頻度①として拾うべき用語集が（おそらくわざと）拾っていないので，受験生にとっては事実上範囲外であるにもかかわらず，大学側は範囲内外のグレーゾーンとして出題できてしまう，悪魔のような存在が『新世界史』である。特に慶應大の法学部と文学部は近年『新世界史』にしか載っていないシリーズを多用してきており，もはや「慶大法学部・文学部対策として『新世界史』は買って読んでおいても損は無い」レベルになってしまった。非常に良くない現象であるので，本企画ではこのシリーズを基本的に収録対象としている。

　前振りが長くなってしまったが，閑話休題。正解はゼムストヴォ。食糧管理や道路整備，郵便などの民生面での地方自治の達成が目指され，権限は弱かったものの，ロシアの地方自治の出発点としてロシア社会に与えた影響はそれなりに大きかったらしい。ドストエフスキーやトルストイの小説を読んでいるとそれなりの頻度で登場して上述のような注がついているので自然と覚えるが，そういう事情で覚えていた受験生がいたら文学青年として極めて有望株である。ほとんどの受験生はミールと間違えたと思われる。

　ところで，本問で『新世界史』に依存しておいて，**5番**の問題では『新世界史』の情報を採用すると複数正解になるの，自己矛盾で死んじゃうやつでは。ひょっとして，だからあちらは出題ミスとする判断が早かったか。

234

9．慶應大　法学部（5つめ）

難問

問題3　2004年には，チェチェン人武装勢力がロシア連邦内の (55)(56) で学校を占拠し，児童を含む多くの犠牲者を出した。

02. イルクーツク　　　08. ウラジヴォストーク　　　17. 北オセチア
21. クリミア　　　26. サンクト＝ペテルブルク　44. ハバロフスク
58. ヤクーツク
（編註：関係のある選択肢のみ抜粋）

◀解答解説▶

　山川『新世界史』にだけ記載があるシリーズ（2つめ）。正解は北オセチア。選択肢に首都のモスクワが無いのは最後の良心だろうか。地理的に近い北オセチアと大都市のサンクトペテルブルクまでは絞れるかもしれないが，そもそもほとんどの受験生は北オセチアがカフカス地方ということがわからない（イルクーツクの地理も怪しい）ので，消去法で解答可能とは言いがたい。なお，本問の北オセチアは『新世界史』の本文ですらなく，脚注の記載である。ここからの出題はさすがに本当に非常識ではないか。

10．慶應大　法学部（6つめ）

難問

問題3　[設問2]　下線部（イ）の（編註：アレクサンドル2世による）「大改革」を導いた19世紀前半には，ロシア出自の改革主義的な知識人が活発な言論活動をした。『誰の罪』，『ロシアにおける革命思想の発達について』などを著した人物は，(59)(60) である。

22. ゲルツェン　　　34. ソルジェニーツィン　　　42. バクーニン

43. パステルナーク　　　48. プレハーノフ

（編註：関係のある選択肢のみ抜粋）

◀解答解説▶

　山川『新世界史』にだけ記載があるシリーズ（３つめ）。正解はゲルツェン。消去法で何とかしたいところだが，パステルナークが範囲外であり，それを知っていたとしても慶應大名物「選択肢が67個ある」という状況なので苦しかろう。これもドストエフスキーやトルストイの小説を読んでいるとそれなりの頻度で「代表的西欧派知識人」として登場するので，有望な文学青年なら知っているかもしれない。

１１．慶應大　法学部（７つめ）

難問

問題3　［設問９］　下線部（ケ）に関連して（編注：<u>クリミア＝タタール人</u>），クリミア半島に居住していたクリミア＝タタール人は，スターリン統治時代にクリミア半島から強制移住させられた。スターリン時代に民族ごとの強制移住を強いられた民族としては，そのほかに (75)(76) を挙げることができる。

03. イングーシ人　　　07. ウズベク人

12. カザフ人　　　51. ベラルーシ人

　（編註：関係のある選択肢のみ抜粋）

◀解答解説▶

　山川『新世界史』にだけ記載があるシリーズ（４つめ）……といいたいところだが，東京書籍の教科書にも載っているのを見つけた。いずれにせよ，高校世界史ではスターリンによる民族の強制移住にほぼ触れないので，多くの受験生は「そんなことあったんだ」という感想だっただろう。

正解はイングーシ人。仮に高校の世界史や公民の授業等でチェチェン紛争について少し触れていれば，ロシア連邦内の隣の国ということでイングーシ共和国の名前を見たことがあったかもしれないが，それでもチェチェン人と一緒に強制移住させられていたかどうかの判断まではつくまい。消去法で消せるかというと，ベラルーシ人は受験生の心情的に消せないのではないか。例によって選択肢が 67 個あるのも消去法を物理的・心理的に阻む。

１２．慶應大　法学部（8つめ）

難問・悪問

問題4　同時期（編註：16 世紀），ポルトガルは黒人奴隷貿易の拠点を黄金海岸の (87)(88) に設け，大西洋奴隷貿易を展開した。

07. ウガンダ　　08. エルミナ　　　　　　09. ガオ
11. ガーナ　　　12. カーボ・ヴェルデ　　23. シエラレオネ
37. ベニン　　　45. マリ
（編註：関係のある選択肢のみ抜粋）

◀解答解説▶

　正解はエルミナ。現ガーナ共和国の沿岸部にあった。東京書籍の教科書に掲載されている地図に地名が掲載されているが，これをもって範囲内とみなすのは無理がある。それはそれとして，実はガーナを入れても若干不自然ながら事実関係の正しい文として意味は通ってしまう。エルミナという地名が受験生に全く知られておらず，ガーナは現在のガーナ共和国，（場所が全く違うが）ガーナ王国と受験生に知りうる地名であるので，選択肢 54 個の消去法という高い壁を乗り越えて，エルミナとの二択でガーナを解答した受験生はそれなりにいそう。それで不正解というのも理不尽では。

2019 年の慶應大・法学部は合計で8つの収録となった。これでもグ

レーゾーンの白い方としてセーフにしたものが同数程度あり，全50問中約15問程度が激烈な難問であった。純粋な難問が多く，悪問・奇問が少なかったのが唯一の救いか。この点で駿台は「難問ではあるがいわゆる悪問・奇問の類は多くない」と私と同じように評している一方で，「慶大・法を目指す受験生としては解答すべきものが多く，また早慶レベルの過去問では既出のものも散見される」として**全体の難易度は昨年比で易化だそうだ。ほんまか。**本当にそうか。実は大問１が**5番**に収録した問題以外は易しく，大問４も**12番**に収録したものともう２問を除くと易しいので，難易度がサンドイッチされた形になっていて，解き終わった直後には「最初と終わりが良ければ全て良し」という印象になりがちな構造になっている。また，昨年も異様な難易度だったのは事実であり，正式収録４問＋グレーゾーン10問程度だったので，激烈な難問の数はさして変わらない。総合的に見て昨年比で昨年並というのが妥当なところではないか。この難易度については予備校間でかなり意見が割れており，出そろってみると駿台・東進が易化，代ゼミ・増田塾が昨年並，河合塾がやや難化であった。

　毎年書いていることではあるが，さすがにこれは範囲外からの出題が多すぎる。そして矜持を持ってあえて範囲外から出題しているのであれば，せめて**5番**のような出題ミスや**8番**のような自己矛盾は最低限回避すべきである。範囲外から出しておいて出題ミスになるのは恥という意識を持ってほしい。

13．早稲田大　文化構想学部

出題ミス（誤植）

問題１　**設問４**　下線部Ｄについて（編註：ゾロアスター教），ゾロアスター教の中国での呼称は何か。次のア～エの中から一つ選び，マーク解答用紙の所定欄にマークしなさい。

ア 祆教　　イ 摩尼教　　ウ 回教　　エ 景教
（強調は編者）

◀解答解説▶

　細かいことを考えずに解答を出すならアが正解になるが，**ゾロアスター教の漢字表記は「祆教」が正しい。**「祆」と「祇」は漢和辞典を引く限り意味が全く違う別の漢字で，「祇」は「妖」の異体字だそうである。「祆」と「祇」はどちらも環境依存漢字であるが，古いワープロだと比較的「祇」の方が表示してくれることの方が多かったので，大昔は仕方なく代用していたようである。その名残かもしれない。当然だが，最近のパソコンはほぼ確実に「祆」の方も出る。早々に**大学当局から謝罪と全員を正解とする旨の発表があり，**ただの誤植だったことが判明した。

　文化構想学部は，あとは範囲内ながら「ヘロドトスの出身地の現在の国名」（正解はトルコ共和国）と，シケイロスの壁画運動が展開された場所（正解はメキシコ）が難しかったか。

１４．早稲田大　国際教養学部

難問

問題１　問２　公民権運動および公民権法に関する記述として誤りを含むものを一つ選びなさい。

ア　1963年8月の集会で，キング牧師は「私には夢がある」と公民権法制定を訴える演説を行った。

イ　アメリカの公民権法は，投票・教育・公共施設利用上の人種差別を禁止した。

ウ　アメリカの公民権運動に参加した女性たちは，独自に女性解放運動を始め，女性の権利意識の向上に大きな影響を与えた。

エ　1981年に国際連合総会で女性差別撤廃条約が採択され，人種・性的マイノリティに対する差別の撤廃が盛り込まれた。

◀解答解説▶

　一見するとどこにも誤文が無いのだが，女性差別撤廃条約の採択は1979年（発効が1981年）なのでこれが誤文＝正解。用語集に年号の記

載はあるが，普通は覚えないところ。ただし，この条約は 2018 年の東大の第 1 問で出題され，受験業界でかなり話題になった。このような瑣末な形で出題されることは望まれていないにせよ，女性史の出題を増やす意図で東大があれを出題したとは思われるので，それに乗っかった形である。**7番**のところでも書いたように，2019 年は女性史からの出題が本当に多かった。また，東大と早稲田大の国際教養学部なら客層もかなり重複していようと思われ，条約名自体は記憶に残っていた人や，予備校で教えられた人も多かったのではないか。年号を変えてくるというのはまさかの展開であったが。

　国際教養学部の収録はこの 1 問だけ。昨年があまりにもひどかったので，今年は慎重に作ったか。問題の出題形式自体がかなりシンプルになっていた。

　法学部は収録無し。どうもここは難易度が安定しない。今年の難易度だと，易しすぎて差がつかないのでは。なお，300 字論述が例年の近現代に反して中世ヨーロッパ史であったのが唯一のトピックらしいトピック。

１５．早稲田大　文学部

難問

問題 1　トトメス 3 世は，シリア・パレスチナ地方に 17 回もの軍事遠征を実施し，支配権を確立したが，トトメス 3 世の死後，北シリアは再び　B　王国の勢力下に入った。その後も 200 年ほどこの地域は，エジプトをはじめ周辺の大国の干渉を受け続けていたが，前 1200 年頃に「海の民」と呼ばれる人々が，ギリシア・エーゲ海地方から進出すると，この地から大国の勢力が後退したことで（後略）

設問 2　空欄　B　にあてはまる王国は何か。次のア〜エのなかから該当するものを一つ選び，マーク解答用紙の所定欄にマークしなさい。

ア　アッカド　　イ　ヒッタイト　　ウ　アッシリア　　エ　ミタンニ

◀解答解説▶

　トトメス3世は範囲外のファラオになるが，前1200年頃の200年前ということから，前1400年頃に北シリアをエジプトから奪った国が問われているとわかる。とするとアッカドは時代が異なり，この時期のアッシリアはミタンニの服属下であるからこれらは外せる。残ったヒッタイトとミタンニからが難問。多くの教科書は，前15〜13世紀にかけてのシリアはヒッタイトとエジプトとミタンニの係争地，としか書いていないから，判別しようがない。

　正解はミタンニ。実はヒッタイトの繁栄時期はバビロン第1王朝を滅ぼした前16世紀前半と，エジプト新王国と激しく争っていた前14世紀中頃〜前13世紀前半にあたり，特に後者が全盛期とされている。この間の前16世紀後半〜前14世紀初頭は弱体化していて，シリアやメソポタミアからは後退していた。とすると本問の焦点である前1400年頃には登場しえない。逆にミタンニは前15世紀が全盛期でエジプトと争ったが，前14世紀に入るとエジプトに和親策をとるようになり，やがてヒッタイトの攻撃で崩壊する。予備校の解答速報もほぼエになっているが，東進のみイとしていた。

　文学部は昨年・一昨年とやや難しかったが，2019年は易しくなり，早稲田大の中では易しい部類という文学部らしい問題に戻った。本問以外では，第2次モロッコ事件が起きたのはタンジールかアガディールかを問う問題が多少瑣末だったか。

１６．早稲田大　人間科学部

出題ミス

問題２　設問Ｙ　④　五胡十六国時代の文化・宗教に関する説明として正しいものはどれか。

（ア）川の流れに沿って地形や都市を説明する地理書の『水経注』が著された。

（イ）亀茲出身の仏図澄や鳩摩羅什は，仏典の漢訳につとめて仏教をひろめた。

（ウ）華北における農業を体系的に叙述した農書の『斉民要術』が著された。

（エ）田園に住み，その日常を詩文にした陶淵明は「帰去来の辞」を残した。

（オ）仏教の隆盛に対抗して，孔穎達が儒教経典を注釈する『五経正義』を著した。

◀解答解説▶

　（ア）と（ウ）は北魏，（オ）は唐代のことなので誤文である。審議の対象は（イ）と（エ）。（イ）は仏図澄が仏典の漢訳をしていないので，事実関係として誤文である。やや細かい事実であるが，用語集にはっきりと記載があり，早慶上智対策としてはかなり知られる情報でもある。一方で（エ）は，陶淵明は東晋の人物であるので，時期から言えば五胡十六国時代と同時期に活躍しているが，五胡十六国時代は華北の時代区分であるので，地域が異なる。この点，仏図澄も鳩摩羅什も華北で活躍した五胡十六国時代の人間であるので,時代区分や地域から言えば（イ）は曇りが無い。つまり，地域が異なるのを優先するか，やや細かい事実の正誤を優先するかで正解が変わってしまう。**大学当局から謝罪と全員を正解とする旨の発表があった。**

１７．早稲田大　人間科学部（２つめ）

〔悪問〕

問題3　④　ピューリタン革命に関連して述べた次の文の中で，誤っているものはどれか。

a　1628 年に議会では議会の請願が提出されたが，翌年チャールズ 1 世はこの議会を解散した。

b　1640 年に短期議会，長期議会があいついで召集され，王党派と議会派のあいだに内戦がおこったが，ピューリタンを中心とした議会派が勝利した。

c　クロムウェルは，水平派や長老派を擁護しながら，王党派の拠点であるアイルランドやスコットランドを征服した。

d　クロムウェルは，1653 年に終身の護国卿となり，軍事的な独裁体制をしいた。

◀解答解説▶

　a と d は正文。c は，クロムウェルが水平派や長老派を弾圧しているので明白な誤文。これが大学の想定する正解だろう。まずいのは b で，**素直に読めば b の文の出来事が起きたのは全て 1640 年ということになってしまう**が，内戦が本格化したのは 1642 年，議会派の勝利は 1649 年のことである。作題者としては，1640 年の議会召集だけが正誤判定のポイントで，後ろの方は雑に読んでほしいということだと思われる。これは他の選択肢も同様の水準で雑なら，百歩譲ってそういう読み方もできるかと思うが，a の選択肢は「翌年」と入っているから，そうもいかない。**正誤判定の水準が選択肢ごとにずれているのは問題の作りとして致命的では。**変な話であるが a に「翌年」がない方がまだマシと言える。

　とはいえ，解釈次第では正文になる文よりも完全な事実の誤りの方が重いので，出題ミスとまでは言えず悪問止まりとした。実際に，この点を指摘している予備校は無い。日本語がまずい問題は近年かなり減っていて絶

滅まで持って行けそうであるが，2019 年はまだわずかな残滓を見ることになってしまった。

18．早稲田大　教育学部

一応の指摘

問題2　（3）　ポーランドの歴史について，正しい説明はどれか。

a　18 世紀に，カジミェシュ大王の下で，国力を高めた。
b　第二次世界大戦後，ピウスツキが軍事クーデタを起こした。
c　ポズナニ暴動にソ連が軍事介入した。
d　ワールシュタット（リーグニッツ，レグニツァ）の戦いで，バトゥに敗北した。

◀**解答解説**▶

　本問に対する指摘は瑣末なものなので書くかどうか悩んだが，駿台が指摘していたので乗っかることにした。a・b・c は明らかに誤文であるので d が正文＝正解と想定されていると思うが，ワールシュタットの戦いにいたのはモンゴル軍の支隊である。バトゥが直接率いる本隊はこの時ハンガリーを侵攻中であった。したがって，「バトゥに敗れた」というとやや語弊がある。ただし，用語集が「バトゥ率いるモンゴル軍がドイツ・ポーランド連合軍を破った戦い」とあって同じ過ちをおかしているので，これが出典であると言われると，高校世界史としてはセーフという判定になろうか。説明が煩雑になるので高校世界史としては本隊と支隊の区別を省いた箇所なのかもしれない。この「バトゥがワールシュタットの戦いの戦場にいなかった」ネタは作問上の危険なポイントとしてマッツィーニのローマ共和国ネタくらいには知名度があると思っていたのだが，拙著の1巻・2巻と検索してみても収録がなく，今回初出で非常に驚いている。一応，d を誤文と見なすと正解が消滅して出題ミスになる。

１９．早稲田大　教育学部（２つめ）

出題ミス

問題３　（9）　ロシア革命の出来事として，次の①〜④が，年代の古いものから順に正しく配列されているものはどれか。

① 社会民主党のケレンスキーが首相に就任した。
② 「平和に関する布告」を採択した。
③ 血の日曜日事件が勃発した。
④ レーニンが亡命先のスイスより帰国した。

a　④→③→②→①　　b　③→④→①→②
c　④→③→①→②　　d　③→④→②→①

◀解答解説▶

　素直に解答を出すなら③（1905年）→④（1917年4月）→①（1917年8月）→②（1917年11月）で至極あっさりとｂが正解となるのだが，**①の社会民主党が社会革命党の誤植であり**，①はそうした事実自体が存在しないことになる。よって問いが成り立たず，出題ミスになる。代ゼミ・駿台・早稲田予備校から同様の指摘があり，**大学当局から謝罪と全員に得点を与える旨の発表があった。**

２０．早稲田大　教育学部（３つめ）

出題ミス（複数正解）

問題４　（9）　この運動（編註：タバコ＝ボイコット運動）を契機にイランではナショナリズムが高まり立憲革命に結び付いた。19世紀末から20世紀初頭において，立憲制を実現した時期が最も早かったのはどの国か。

a イラン　　b オスマン帝国　　c 日本　　d ロシア

◀解答解説▶

　予備校間の解答が割れているシリーズ。アジア初の近代憲法というとオスマン帝国が正解になるのだが，これには２つの疑義が挟まる。まず，ミドハト憲法の成立は 1876 年であるので，一般的な 19 世紀末の範囲である 1880 年代以降から外れてしまう。次に，ミドハト憲法がアジア初の近代憲法であることは疑いえないが，ミドハト憲法は 1878 年には停止されており，オスマン帝国の第一次立憲制は２年に満たない。問いが「憲法を制定した時期」ではなく「立憲制を実現した時期」であることを踏まえると，第一次立憲制が作題者に立憲制と見なされていない可能性がある。以上の２点の理由からオスマン帝国を外すと，次に憲法を制定したのは本邦であるから，これが答えになる。**大学当局から謝罪と複数正解を認め，bとcのいずれでも正解とした旨の発表があった。**

〔番外編３〕早稲田大　教育学部

問題３　設問 B　ヨーロッパ勢力後退のすきをついて 1915 年，日本は中国の袁世凱政権に二十一カ条要求を行った。この時の日本の内閣総理大臣の名を答えよ。

◀解答解説▶

　正解は大隈重信。**二十一ヵ条要求のからみで大隈重信を問うとは，自己批判かな？**　まあ，ほとんど気にしないで出題したのだと思う。なお，早稲田大で大隈重信が問われるのは，上智大のキリスト教ネタ，慶應大の福沢諭吉ネタに比べるとかなり珍しい。

２１．早稲田大　政経学部

難問

問題２　B　4　下線部ⅰ（編註：<u>国家は，革命前よりもいっそう強力な行政機構を備えることになった</u>）に力を注いだナポレオンが，1801年7月に宗教協約を結んだ時の教皇は誰か。

◀解答解説▶

　早慶名物，マイナーなローマ教皇。正解はピウス７世。この出来事よりも，《ナポレオンの戴冠式》で所在なさげに座っている人としての方が有名と思われる。

２２．早稲田大　政経学部（２つめ）

悪問

問題３　本国政府は同港封鎖（編註：ボストン港のこと）などの抑圧的方策を講じるが，12の植民地代表は　f　に集まり第１回大陸会議を開催する。

　2　空欄fに入る場所として正しいものはどれか。

　イ　ジョージア　　　　　ロ　フィラデルフィア
　ハ　ペンシルヴェニア　　ニ　ヴァージニア

◀解答解説▶

　素直に解答を出すならロのフィラデルフィアが正解になるが，フィラデルフィアはペンシルヴェニア州にあるので，ペンシルヴェニアを入れても文意は通ってしまう。というよりも**イ・ハ・ニが全て州名（植民地名）であるのにロのフィラデルフィアだけ都市名**なので浮いており，非常に違和

感がある。これが例えばニューヨークが入っていたならどちらとも取れるところだが，この３つではそれもない。仮に選択肢ロも州名であったならば，正解は紛れもなくハになっていただろう。しかも，**この後に別の問題でオーストリア帝位継承者夫妻が訪れた場所としてサライェヴォではなくボスニア・ヘルツェゴヴィナを答えさせる問題が出てくる**ので，首尾一貫していない。本問は悪問と踏み込むまでもないかと思っていたが，後者の問題との矛盾を考慮して収録対象とした。選択肢の作りがもうちょっと何とかならなかったのかなと。

２３．早稲田大　政経学部（３つめ）

難問

問題３　Ａ　７　下線部ｍ（編注：アメリカ合衆国の南部と北部は経済的構造や奴隷制に対する立場の相違などから対立していた）に関する記述として正しいものはどれか。

イ　北部は，イギリス本国との間で原料の供給，工業製品の購入という相互依存関係が成立していたので，外国製品に関税をかけない自由貿易制度を主張して，連邦政府の権限を縮小する方向を目指した。

ロ　南部は，産業革命が 1840 年代以降本格的に進行することになって，技術・生産の面で進んでいたイギリス本国の工業とは競合する関係にあったので，保護貿易を主張した。

ハ　南部から北部へと黒人奴隷が逃亡するのを助ける地下組織の活動に業を煮やした南部側が裁判所の判断を求めたが，自由州に逃げた奴隷は解放されるとする最高裁判決（ドレッド＝スコット判決）が出て北部側が勝利した。

ニ　アメリカ＝メキシコ戦争の結果，アメリカ合衆国に編入されたカリフォルニアとニューメキシコの扱いに関して，前者は自由州とするが後者については住民の決定を待ち，さらに奴隷逃亡取締法を実施することで南部と北部の間に妥協が成立した。

248

◀解答解説▶━━━━━━━━━━━━━━━━━━━━━━━━━━

　イとロがセンターレベルで誤文とわかるなめた難易度。一方でハとニは高校世界史範囲外というギャップが激しい問題。ドレッド＝スコット判決は稀に早慶で出る（たとえば2009年の早大社学，拙著1巻の**2009早慶24番**，p.449を参照）。ドレッド＝スコット判決では，「ドレッド＝スコットは市民ではないから，そもそも裁判を起こす権利がない」「黒人奴隷は国民ではなく財産である」と判断されて，最高裁判決が奴隷制を擁護することになったので，ハは誤文。残ったニが正文＝正解である。

　ところで，このハとニはほぼ全く同じ文章が旧課程の『詳説世界史研究』にあり，本問は明らかにこれを参考にしている。前から何度も言っているが，**旧課程の教材（それも教科書ですらないもの）から入試問題を作るのは受験勉強に悪影響を及ぼすので絶対にやめてほしい。**課程の切り替わりのタイミングでは，学説の更新も行われる。アメリカ南北戦争の部分ではそういうものがほとんど無いが，他の時代・地域ではある。旧課程の教材を参考にした学習はすでに否定された学説の学習を推奨することになりかねない。あなた方が必死に研究して刷新したものを覆す作業になるが，それでよいか。また，受験生には新旧両課程の教材をそろえさせることになり，金銭的負担も新たに生じるし，当然他教科への圧迫にもなる。そこまでデメリットがあってもなお，まだ旧課程から出題すべきなのかどうか，熟考してほしい。

２４．早稲田大　政経学部（４つめ）

[難問]

問題3　1789年に初代大統領となったジョージ＝ワシントンが所属していたフェデラリスト党は，1800年の大統領選挙で [k] 党に政権を奪取され，第3代大統領にジェファソンが就任する。第6代大統領まで [k] 党政権は続き，フェデラリスト党が衰退する。ただし，いずれの政党に所属する大統領も名望家といわれる社会的有力者で，連邦政府で働く官吏も名望家が多かった。しかし，1820年代には，第6代大統領を支持する勢力

に対して，貧しい移民の子供として生まれ独立戦争にも参加していたアンドリュー＝ジャクソンを支持する小農民や大農園主たちが民主党を結成して，$\boxed{k}$ 党は分裂した。民主党に対抗する集団は $\boxed{l}$ 党を名乗って，1828 年の大統領選を競い合うが，結果として，ジャクソンが第 7 代大統領に就任した。(中略)

奴隷制度の拡大を恐れた人々は，$\boxed{l}$ 党を発展的に解消して新党を組織した。1860 年大統領選挙ではこの新党のエイブラハム＝リンカーンが民主党候補などに対して勝利を収めて，第 16 代大統領に就任した。

A　6　空欄 l に入る用語として正しいものはどれか。

イ　社会　　　ロ　リバタリアン　　　ハ　人民　　　ニ　ホイッグ

B　6　空欄 k に入る政党名を記せ。

◀解答解説▶━━━━━━━━━━━━━━

　いずれもアメリカの現在の二大政党以外を聞く難問。民主党と共和党以外だとフェデラリストを聞くのが限界で，残りは現実的ではない。空欄 l の方はまだマシで，社会党は 1800 ～ 20 年代の話題であるからいかにも不自然なので違う。人民党も同様に不自然で，また人民党は用語集頻度①で項目があるから知っていれば外せる。とすると残ったリバタリアンかホイッグの二択になるが，受験生はリバタリアンは聞いたことがない言葉であろうし，ホイッグはイギリスの政党しか知らないであろうから，選びようがない。一応, 用語集の共和党の項目の説明文の中に「連邦派と旧ホイッグ党メンバー」が合流してできた旨の説明があるので，空欄 l のうち最後のものと照合すればホイッグ党が正解とわかるが，これを範囲内とは認定したくない。

　空欄 k はノーヒントなのでもっとヤバイ。ホイッグ党を選択肢にしておいてこちらを記述にした意味が全くわからない。正解はリパブリカン党（民主共和党）。こちらも一応，用語集の反連邦派の項目の説明文に「のちリパブリカン党（民主共和党）となった。中心の一人がジェファソン」とあるので無理やり範囲内と主張できなくもないが，ホイッグ党以上の無

理筋に感じる。

　早稲田大の政経学部は４つ収録でうち３つが難問，この他に用語集頻度①のカザン＝ハン国，そのカザン＝ハン国を流れる川としてのヴォルガ川，サーマーン朝の首都（正解はブハラ），ヤクブ＝ベク政権を崩壊させたのは清かロシアかという正誤判定（清が正しい）等，中央アジア・シベリア関連のグレーゾーンの問題が多く，全体的に難しかった。早慶上智というくくりでは慶應大・法学部に譲るが，早稲田大というくくりでは2019年の最難関だったと言える。

２５．早稲田大　商学部

悪問

問題４　オーストリア大公としてヨーゼフ２世とともに第一回ポーランド分割にもかかわった皇帝　6　の像を刻んだ銀貨は，ムッソリーニ政権が併合した東アフリカの　7　などで20世紀にいたるまで交易ネットワークに沿って流通していたことが知られる。

◀解答解説▶

　素直に解答するなら空欄6はマリア＝テレジア，空欄7はエチオピアになるが，マリア＝テレジアは皇帝に即位していない。ハプスブルク家の家長，ハプスブルク君主国の君主であったから便宜的に彼女を「女帝」と言い表すことはあるし，当時の彼女自身も自らが女帝であるという意識があったのは確かであるので，史実として誤りとまでは言わない。しかし，他の要素からはマリア＝テレジア以外の正解があり得ないにもかかわらず，皇帝の文言が気になって躊躇した受験生は少なからずいたと思われる。受験生への配慮を考えると，この「皇帝」の文言は余分。代ゼミと駿台から同様の指摘有。

　なお，この1780年鋳造のマリア＝テレジア銀貨は，貨幣史上はかなり有名。以下のサイトが参考になる。

　https://coin-walk.site/E015.htm （2021年7月12日閲覧）

　銘文を見ると R·IMP とあり，Romanorum Imperatrix つまりローマの女帝という意味である。彼女自身の自意識や当時の人々の感覚はここからも読み取れる。あまりにも大量に発行されたため，状態にもよるが，永楽通宝と同様に実にあっさり買える。私は持ってないが。

　この他，2019 年の商学部はひねり方が絶妙で，悩んだ末に範囲内と見なして収録しなかった問題が3つあり，「あれらは収録対象ではないのか」と気になっている人もいると思うので，ここで紹介しておこう。範囲外のものを問題の作りで悩ましいラインにまで押し込めているのであるから，ある意味での良問である。まず，現在のイギリス在住の外国籍の中で最多人数の国。これは 2018 年の慶應大・法学部でも出題されていて（**2018 早慶5番**，p.374），あちらはほぼノーヒントの難問であったが，こちらは「アメリカの 19 世紀後半の新移民でもメジャー」というヒント付で，残りの選択肢がアイルランドとインドとルーマニアであったから，ヒントと選択肢からポーランドに絞り込むのは何とか可能な範囲であろう。また，去年の慶應・法を解いていた受験生も多かったのでは。次に，自動車産業が発達していたアメリカの都市。答えは当然デトロイトであり，地理の問題であって世界史ではないと思うものの，中学の社会科範囲であるので批判は避けることにした。最後に，アジア通貨危機で IMF の緊急支援を受けなかった国。選択肢が韓国・インドネシア・タイ・マレーシアであるので，発端の国と政権交代した国，教科書に載っている国を除けば正解のマレーシアにたどり着く。難問ではあるが，範囲外とまでは言えないと判断した。

２６．早稲田大　社会科学部

悪問（出題ミスに近い）

問題2　問6　下線部（F）について（編註：独自の統治制度），オスマン帝国の統治制度に関連する記述のうち，最も適切なものを1つ選べ。

a　オスマン帝国では，トルコ系騎士に征服地の徴税権を認める，イクター

制と呼ばれる軍事封建制度がみられた。

b　オスマン帝国は，イスラーム教の少年に訓練を施し，イェニチェリと
　呼ばれる歩兵常備軍を組織した。

c　イスラーム教の両聖都であるメッカとメディナを獲得したセリム 1 世
　は，スルタン＝カリフ制をとり，スルタンを世俗と宗教の両権威を束ね
　る者と位置づけた。

d　18 世紀以降のオスマン帝国では，徴税請負権や独自の軍隊を持つアー
　ヤーンと呼ばれる地方名士の台頭が見られた。

◀解答解説▶

　a はイクター制がティマール制の誤り。c は，スルタン＝カリフ制の成
立は 18 世紀後半とするのが通説であるので誤り。公的な文書でそう明言
されたのがキュチュク＝カイナルジャ条約が初であり，この時に「エジプ
トを征服したセリム 1 世にアッバース朝のカリフからの禅譲があった」
という逸話が創作されたので，一般にスルタン＝カリフ制の成立は 18 世
紀後半とされる。ただし，禅譲の逸話は捏造であるにしても，スレイマン
1 世以後オスマン帝国の君主はスルタンとカリフを兼任しているという自
己認識があり，ウラマー出身の高級官僚たちがその正当化を試みてきた
という歴史があるので，スルタン＝カリフ制が 18 世紀前半以前には全く
存在しなかったというのもまた誤りではないかという揺り戻しの動きもあ
る。とはいえ，この議論は高校世界史まで降りてきていないので，ここで
は問題にしない。d はやや細かい内容だが正文で，これが大学の想定する
正解であろう。

　b の文に対するツッコミは，少しオスマン帝国に詳しい人ならすぐに気
づいたはず。デヴシルメという制度は，キリスト教徒の少年を徴用してイ
スラーム教に改宗させてから訓練を施すものであり，成長後に選別して
官僚やイェニチェリに配属した。つまり，訓練を施している段階では概ね
ムスリムである。したがって厳密に考えれば b は正文＝正解になってし
まう。b はキリスト教とイスラーム教を入れ替えて作った誤文と思われる
が，誤文の作り方としては安直すぎた。改宗が先か訓練が先かというのは
範囲内ではあれやや細かい部分であるから，気を使ってほしかったとこ
ろ。河合塾・増田塾は複数正解とみなし，河合塾は前述のスルタン＝カリ

フ制も指摘していた。駿台は d を正解としつつ，b は「選択肢のつくりが
あいまい」とコメント。代ゼミ・東進・早稲田予備校はスルー。大学から
の公式発表は無し。

２７．早稲田大　社会科学部（２つめ）

難問・悪問

問題2　**問 10**　下線部（J）について（編註：ムガル帝国の衰退），ムガ
ル帝国の衰退に関連する記述のうち，最も適切なものを１つ選べ。

a　皇帝アウラングゼーブの治世では，シヴァージーがシク王国を建て，
　ムガル帝国と対立した。
b　皇帝アウラングゼーブの死後，デカン高原にニザーム王国が成立する
　など，ムガル帝国の分裂が進んだ。
c　ムガル帝国のベンガル太守は，プラッシーの戦いで敗北したことによ
　り，徴税権（ディーワーニー）をイギリス東インド会社に奪われた。
d　インド人傭兵シパーヒーがムガル皇帝に対して起こした反乱は，イギ
　リス軍の介入を招き，ムガル帝国の衰退につながった。

◀解答解説▶
　a はシヴァージーとシク王国の組み合わせが誤り。d はデタラメなので
誤文として，残った二つが難題である。b は表面上正文に見えるが，ムガル
帝国の分裂はアウラングゼーブ治世の末期から進んでいるため，それを
とれば誤文とも言いうる。一方，c も高校世界史の教科書的な知識で言え
ば正文であり，たとえば用語集のベンガル太守の項目には「プラッシーの
戦いでイギリスに破れ（原文ママ），徴税権を奪われ，イギリスの傀儡と
された」とあり，誤文とみなす理由がない。しかし，これは流れの説明が
煩雑になるので高校世界史が省略した部分であり，実際にはプラッシーの
戦いの後，ブクサールの戦いを挟んで，イギリス東インド会社への徴税権
の譲渡となる。ブクサールの戦いは 2017 年の慶應大・法学部で出題があ

り（拙著2巻のp.30, **2017 早慶8番**を参照），早慶上智対策の定番の一つである。よって，上述の通り省略されていると見なすことができるが，**「プラッシーの戦いがブクサールの戦いの誤り」だから誤文と主張することも可能であり，**この主張をとればむしろcは誤文となる。

　周辺情報として。まず，2019年の社学は全体的に簡単で，ソースが範囲内にとどまっているものがほとんどであった。ゆえに，本問だけわざわざブクサールの戦いというほぼ範囲外の用語を持ってきて誤文を作っているとは考えにくい。これはcが正文＝正解になる補強材料になる。しかし，ブクサールの戦いがほぼ範囲外の用語という話を持ち出すと，bにあるニザーム王国は用語集頻度①で，しかもアウラングゼーブの死後の建国という情報はほぼ範囲外のものであるから，bも昔の社学のような難問選択肢ではないかと反論されうる。また，bは固有名詞が誤りではないという点で決定的に弱く，誤りと見なす決定打が無い。反対にcは前述の主張をとれば固有名詞が誤っているのだから，明確に誤っていると言えることになる。

　駿台・早稲田予備校はブクサールの戦いを拾ってcを誤文，bを正文＝正解としていた。河合塾も駿台とほぼ同じ解答・説明だが，ニザーム王国にも触れつつ「判断に迷う」と苦言。増田塾もbを正文＝正解として，実教出版の方の『用語集』を典拠としていたが，あの用語集は山川のものに比べると学説が古かったり，異様に細かい用語まで載せていたりするのでやや信頼性が下がり，あまり持ち出したくない出典。増田塾の人もわかっていて，これしか典拠が無かったのだろうと思う。東進は正解をbとしつつコメントなし。これはちょっと無責任だろう。代ゼミはcを一応の正解としつつ，ブクサールの戦いを挙げてbが正解の可能性にも言及し，唯一複数正解の出題ミスと指摘していた。多数決で言えばほぼ満場一致でbが正解になるか。

２８．早稲田大　社会科学部（３つめ）

出題ミス

問題3　問 10　下線部（J）について（編註：アフリカ大陸のほとんどが植民地支配のもとにおかれた），植民地支配されなかったアフリカの国を１つ選べ。

a　エチオピア
b　エリトリア
c　モロッコ
d　モザンビーク

◀解答解説▶

　正解はａのエチオピアという易しい問題なのだが，とんでもない落とし穴がある。**時代設定をしていないせいでムッソリーニの侵略を考慮してもよいことになり，** これを考慮すれば当然エチオピアもわずか約５年ながら植民地支配を受けている。よって正解のない出題ミスと見なすこともできる。ただし，これも意地悪な指摘ではある。本問はセンター試験や国公立二次を含めた全受験世界史で定番中の定番の問題であり，書かれていなくても 20 世紀初頭という時代設定で考えるのが通例になっている。

　一方で，アフリカの植民地状況は早慶上智だと意地悪な年代で区切って，たとえば 1930 年頃に設定してエジプトが独立していることで引っ掛けたりというものは見るので，今回の時代設定の付け忘れによる出題ミスの疑いは身から出た錆として当然である。また悪いことに，下線部Ｊに続く文が「アフリカ諸国が植民地支配から独立するのは，1960 年代まで待たなければならなかった。」であり，これを踏まえると「1960 年代まで一度も植民地化を受けなかった国が正解」というのが自然な解釈となるので，その上で問題に戻るとやはりムッソリーニの侵略が抵触するのではないかということに。なぜこんな悩ましいところに下線を引いてしまったのか。

やや時間が空いたが，最終的に**大学当局から謝罪と出題ミスを認めて全員に得点を与えた旨の発表があった。**

■■■ 2019 国公立 ■■■

1．センター試験　世界史 B

悪問

問題2　B　問4　下線部⑤の人物（編註：**チンギス＝ハン**）の事績について述べた文として正しいものを，次の①〜④のうちから一つ選べ。
14

① 　ホラズム＝シャー朝（ホラズム朝）を倒した。
② 　ワールシュタットの戦いで，ドイツ・ポーランドの諸侯の連合軍を破った。
③ 　大都を都に定めた。
④ 　チャハル（チャハル部）を従えた。

◀解答解説▶

　②はバトゥを総大将とするモンゴル軍（の支隊），③はフビライ（クビライ），④はおそらく後金のホンタイジの事績からとってきていると思われ，これらが全くの誤文なので①が正解になるはずである。ところが，実際にはチンギス＝ハンの時代の遠征軍（1220〜21年）はホラズム＝シャー朝を滅ぼしきっておらず，致命傷を与えるにとどまった。その後ホラズム＝シャー朝はそれなりに勢力を取り戻している。チンギス＝ハンが1227年に亡くなると，後継のオゴタイが再度遠征軍を派遣し，1231年にいよいよホラズム＝シャー朝が完全に滅亡する。このような経緯であるので，厳密に言えばチンギス＝ハンはホラズム＝シャー朝を滅ぼしたとは言えない。

　では正解が存在しない出題ミスかというと，ここで本問は2つの論点が生じる。まず，**選択肢の文が「倒した」という表現を使っていること**だ。これを「滅ぼした」と同義語ととれば①は誤文と解釈できる可能性が生じ

るが，滅ぼしたわけではないがそれに近い状態にしたというぼかした表現として「倒した」を使っていると判断すると，①は正文になる。ただ，作題者がそれで通ると思って「倒した」という表現を使ったとすると，同義語と判断する受験生の存在を無視しており，危うい日本語の使い方と言えるだろう。しかし，これが次の論点につながってくる。

その２つめの論点は，高校世界史上のホラズム＝シャー朝の滅亡に関する記述についてである。以下に教科書上の表現を簡潔に列挙する。

- 山川の『詳説世界史』：ホラズム＝シャー朝を「倒した」のはチンギス＝ハン。滅亡年は 1231 年。(p.166)
- 山川の『新世界史』：山川の『詳説』とほぼ全く同じ。(p.107)
- 東京書籍の『世界史』：２箇所でモンゴル軍によるホラズム＝シャー朝攻撃が描写されているが，いずれも主語はチンギス＝ハン。ただし，片方では「瓦解させた」(p.179)，もう片方では「滅ぼした」と明確に表記 (p.128)。滅亡年は 1220 年。
- 実教出版の『世界史』：これも描写が２箇所あるが，片方では主語がチンギス＝ハンで「1220 年にホラズム＝シャー朝を攻撃して滅亡に追いやった」(p.165)。もう片方では「13 世紀前半にモンゴル軍に征服された」(p.122)
- 帝国書院の『新詳世界史』：主語はチンギス＝ハンで，「滅ぼした」の表現 (p.133)。しかし，滅亡年は 1231 年。
- 山川の『用語集』：「1220 年チンギス＝ハンの侵攻を受けて敗れ，その後滅亡した」。年号は 1231 年。
- 山川の『詳説世界史研究』：山川の『詳説』とほぼ全く同じ。年号は 1231 年。

このように，選択肢①の「倒した」という表現は山川の教科書からとってきているもので，少なくとも山川は「滅ぼした」という表現を避けているように見える。一番誠実なのは実教出版で，これは使い分けが明確。「攻撃して滅亡に追いやった」は工夫した文言だと思う。用語集の表現も簡潔だが問題ない。逆に，明らかにまずいのは東京書籍と帝国書院である。**東京書籍に従えば「滅ぼされた」と「瓦解した」は事実上の同義語であり，**他の教科書会社の工夫とは（悪い意味で）一線を画した表現になっている。

東京書籍自身はホラズム＝シャー朝の滅亡年を 1220 年としているので「滅ぼされた」と「瓦解した」が同義語であっても何も困らないし，東京書籍が他社の記述に配慮する義務は全く無いので，東京書籍に過失はないものの，受験生への配慮が足りないとは言っていいだろう。また，帝国書院は**明確にチンギス＝ハンが滅ぼしたとしているのにもかかわらず 1231 年の年号をとっているため矛盾が生じている。**こちらは教科書の記述が悪いと断言していいだろう。

　ともあれ，山川と実教の 3 冊の教科書で①は正文と見なすことができるし，また東京書籍と帝国書院に従えば「倒した」を「滅ぼした」の同義語と見ても正文になる。受験生はどの教科書を使って勉強してもよいし，複数冊を比較検討する義務も無い。極論を言えば，約 9 万人いるセンター世界史 B の受験生全員がチンギス＝ハンの遠征の時点でホラズム＝シャー朝が滅亡していると「誤認」していても仕方がないし，高校世界史ではそれで歴史理解として問題がないと見なされているということになる。

　よって，厳密な史実から言えば①は危うい表現だが，高校世界史上はセーフということになる。私は本企画で常々，

・入試問題は可能な限り史実と高校世界史の双方で見て正解が出せるように作るべきだ。

・そうはいかない場合は高校世界史の側に寄り添っておくべき。さすれば悪問にはなれども出題ミスとまでは踏み込めなくなる。

・最悪の場合に高校世界史を論拠として出題ミスから逃れるためには，範囲外から出題しない「日頃の行い」が重要。

　と主張してきた。今回はこれが完全に当てはまる事例であり，センター試験は試験としての性質ゆえに範囲外からは決して出題されないのが奏功している事例とも言える。私的な判断で言えば，悪問であるとは思うが，出題ミスにはできない。悪問の中でも悪質性はそれほど高くない部類と思う。

　ところで，その「チンギスがホラズム＝シャー朝を完全に滅ぼしきっていない」ことを使って早慶は正誤判定を作ってしまうので，そことの齟齬はある。要するにこれは南京条約・虎門寨追加条約問題と全く同じ構図である。大学入試センターに早慶の入試問題にまで気を使う義務は無いのだが，**受験生に「センター試験の難易度だから判定は大雑把でよい」とか「早**

慶だから正誤のポイントは細かいはず」とかの気を使わせるバカバカしさに思いをはせるに，この南京条約・虎門寨追加条約問題全般，なんとかならんものかなと思う。

２．高崎経済大・前期

| 悪問 |

問題1　問2　下線部②について（編註：中国諸王朝との朝貢関係を利用した冊封体制の中で，交易を活性化してきた），11 世紀に中国の王朝と朝貢関係があった国を（ア）〜（オ）の中から１つ選び，その記号を答えなさい。

（ア）三仏斉　　　　（イ）バンテン王国　　　　（ウ）黎朝
（エ）ペグー王国　　（オ）アユタヤ朝

◀解答解説▶

　アの三仏斉以外は全て時代が全く異なるので，消去法で考えても正解はアの三仏斉ということになってしまうのだが，**三仏斉は小国家群の総称として中国側が用いた呼称であり，単一の国家の名称ではない。**三仏斉がひとかたまりで朝貢したという記録があるわけでもなく，宋王朝は三仏斉諸国を都市名で呼び分けて個別に朝貢関係を結んでいる。その個々の港市国家，パレンバンやケダ，ジャンビ等が「自分こそが三仏斉の代表都市である」という主張をしたために，漢籍側の史料がかなり混乱している。したがって，「11 世紀に中国の王朝と朝貢関係があった国」は厳密に言えばこの中に存在しない。しかも，旧説に従って三仏斉をシュリーヴィジャヤの別称として扱えば一応正解が出るものの，実は別の設問でシュリーヴィジャヤを出題しているので，それでは同じ正解を別の問題で二度聞いていることになり，いかにも不自然である。作題者が三仏斉について勘違いしているのではないか。

3．高崎経済大・前期（2つめ）

難問

問題2　問7　下線部⑦に関して（編註：<u>開封は水運の要衝</u>），開封を通り黄河と淮河をつなぐ大運河の名称を答えなさい。

◀解答解説▶

　正解は通済渠。何度も書いているが，隋代建設の運河の個別の名称はグレーゾーンであり，受験世界史で出題するのは，ヨーロッパ史と中国史に偏重していた数十年前ならまだしも現在ではそぐわないから避けてほしい。現行の教科書で本文に運河名を列挙しているものはなく，山川の教科書は掲載する地図中でさえ運河名の記載を避けている。用語集の「大運河」の項目内なら名称を列挙しているが，どれがどこの部分であるかの言及はしていない。前問の三仏斉といい，作題者が最近の高校世界史を全く見ていない疑惑がわく。

4．高崎経済大・前期（3つめ）

難問？

問題2　問8　下線部⑧に関して（編註：<u>日本列島</u>），この時代（編註：中国の宋代），日本から大量に輸入されていた物資で，火薬の原料となる物は何か。

◀解答解説▶

　収録対象とするかどうか，非常に迷った問題。宋代に発明された黒色火薬は木炭・硫黄・硝石からなる。このうち中国は大規模な火山地帯を有しないためどうしても硫黄だけは自給できず，日本からの輸入に頼らざるを得なかった。というわけで正解は硫黄である。

　日本は鎌倉時代から江戸初期まで，鎖国による中断を挟んで幕末から昭和30年代に至るまで世界有数の硫黄輸出大国であった。特に戦国時代は西国の大名が財源として輸出を奨励し，膨大な硫黄が輸出されたので，「サルファー＝ラッシュ」と呼ぶ研究者もいる。戦国時代の日本と言えば銀の輸出で有名であるが，硫黄が銀の先駆けであり並走者であった。世界的な火器の普及に連動して需要が増大していった，16～17世紀のいわゆる「世界商品」の一つであり，高校世界史でももう少し注目を浴びてもいいだろう。なお，日本の硫黄生産の終焉は昭和30年代で，石油の精製過程で硫黄生産が可能になったためである。炭鉱の閉山ラッシュに隠れて，日本各地の硫黄鉱山も次々に閉鎖されていった。

　さて，日宋貿易や日明貿易・南蛮貿易で硫黄が輸出されていたことは高校日本史でなら触れるが，高校世界史では帝国書院の教科書で言及があるくらいで，残りの教科書や用語集には記載が無い。現行では苦渋の決断ながら範囲外に近いグレーゾーンの用語と見なさざるをえないと判断した。ただし，他の凡百の難問に比べれば意義のある出題ではあると思われ，この出題を批判する意味はあまり無い。

5．高崎経済大・前期（4つめ）

奇問

問題3　**問5**　下線部④について（ F に参加する先進国にこれらの有力新興国を加えたG20），G20に含まれない国・地域を以下の（ア）～（コ）の中から3つ選び，記号で答えなさい。

（ア）ASEAN　　（イ）EU　　（ウ）アルゼンチン
（エ）インドネシア　（オ）オーストラリア　（カ）韓国
（キ）サウジアラビア　（ク）スペイン　（ケ）トルコ
（コ）ニュージーランド

◀**解答解説**▶━━━━━━━━━━━━━━━━

G7 に含まれる国を問うならわかるが，G20 となると世界史ではなく政経の内容（それも政経としても難問）になるだろう。一応 G20 自体は用語集頻度⑤であるが，内訳は掲載されていない。もっとも，掲載されていたとしても難問である。EU と BRICS 諸国（ブラジル・ロシア・インド・中国・南アフリカ），韓国とトルコが入っていることくらいまでは想像がつくとして，残りは推測が難しいのではないか。

G20 参加国・地域は G7 と EU と BRICS 諸国に加えて，アジアではトルコとサウジアラビアとインドネシアと韓国，ラテンアメリカではアルゼンチンとメキシコ，オセアニアではオーストラリアである。言われてみるとそれほど意外性はない。したがって本問の正解は ASEAN・スペイン・ニュージーランドである。

G20 参加国のうちの EU を除く 19 カ国はほぼ GDP 上位 19 カ国と重なるが，例外として南アフリカ・アルゼンチンが 20 位以下，逆にスペイン・オランダが 19 位以内である（GDP は為替レート。IMF と IBRD と国連でデータが異なるが本件においてはほぼ支障が無い）。G7 と違って地域大国も必要という判断だろう。ただし，今回調べてみてわかったのだが，スペインは招待国として常連で，ほぼ全ての G20 首脳会議に呼ばれており，正式に組み込んで G21 にした方が実態に即していると思われる。そのほかにオランダ・シンガポールもかなりの頻度で招待されていて，結局のところ単純な GDP 上位 19 カ国は無視できないようだ。

余談になるが，地域大国が必要ということであればむしろナイジェリアがいないのは不自然な気もする。ナイジェリアは GDP の点で南アよりも上であるし，西アフリカ，ひいてはブラックアフリカの地域大国と言って差し支えない。さらに余談であるが，GDP は購買力平価（PPP）を考慮したものに変えても上位 19 カ国の顔ぶれはほぼ変わらず，オランダが外れてイランが入るかどうかくらいである。

この大問ではほかに WTO 設立が決定された会議として GATT ウルグアイ＝ラウンド（用語集頻度①）が問われていた。これもどちらかというと政経よりの問題で世界史としては難問である。かろうじて用語集頻度①であるから収録対象外とした。

6. 東京大

| 難問 |

問題3 問(10)　宗教の自由を求めてイギリスから北米大陸に渡った
ピューリタンは，入植地をニューイングランドと呼んだ。やがて東部海岸
地域にイギリスの13植民地が築かれるが，このうち北部のニューイング
ランドの植民地の名を2つ記しなさい。

◀解答解説▶━━━━━━━━━━━━━━━━━━━━━━━━

　本企画初の東大の収録。収録対象とするかどうか迷ったが，東大だから
こそ厳格にいこうと考え，熟慮の結果入れることにした。まず，ニューイ
ングランドは当然基礎知識であるが，その中身となるとボストンとプリマ
スの都市名以外，覚えるべき知識として登場しない。しいて言えば追加で
独立戦争の戦場になったレキシントン・コンコードくらいである。13植
民地のそれぞれの植民地名は教科書本文や脚注には登場せず，用語集に立
項されていない。ただし，全く出てこないかと言われるとそうではなく，
主要な教科書の挿図で載っている13植民地の地図の中には必ず13の名
前が並んでいるし，用語集の「ニューイングランド」の説明文中には正解
となる4つとも名前が並んでいる。まさにグレーゾーン中のグレーゾーン
の立ち位置である。こういう微妙な立ち位置の用語は早慶上智がねらって
出題するものだが，これまで不思議と出題を見なかった。まだまだ"鉱脈"
は眠っている。

　先に正解を示しておこう。マサチューセッツ，コネティカット，ロード
アイランド，ニューハンプシャーの4つのうちから2つになる。なお，
現在の50州でいえばニューイングランドに該当する州は6つあるが，
ヴァーモントはニューハンプシャーから，メーンはマサチューセッツから
の分離で独立後に成立した州であるから，「13植民地」時代のニューイン
グランドの植民地名としては不適切になる。もっとも，ヴァーモントやメー
ンと書いて誤答になった受験生はごくわずかであろうが。

　さて，こういうグレーゾーンの場合，本企画では「早慶上智対策として

どの程度メジャーか」や，「実際の受験生の正答率を推測するに，無理のある出題であると言えるかどうか」あたりを指標にして個別に判断することにしている。そうした要素から判定するに，**マサチューセッツのみ白，他の３州は黒であり，「２つめ」を問う問題である以上は収録対象**という判断に至った。なお，受験生から聞き取り調査を行った各大手予備校の分析によると，実際の受験生の満点率は５％未満で，マサチューセッツのみの正解者でも30％には満たないというデータが出ており，正答率が極端に低い過剰な難問という見解で概ね一致していた。この正答率を見ても２つめは言うに及ばず，マサチューセッツのみでもけっこうな難問だったと言えよう。マサチューセッツも世界史で習ったというよりも常識的に知っていたというところではないか。

　ただし，これは現在の世界史学習の本質的な欠陥を突いている一面はあると思われる。一般教養としても歴史学研究の基礎としても，レキシントンやコンコードの名前よりも，マサチューセッツの方が明らかに重要であり，ついうっかり高校世界史で出題してもよい程度の常識と考えてこれを出題してしまった教員の気持ちは理解できなくもない。それでもコネティカット，ロードアイランド，ニューハンプシャーの出題は明らかに無理があるので，全面的な擁護はできないが。

７．東京学芸大

表記の問題

問題1　D　ベトナムの黎朝は，17世紀以降，国内が分裂していたが，18世紀の後半に [(10)] 党の農民反乱が起こって，滅亡した。

◀解答解説▶

　(10)の正解は一応「西山」ということになろうが，**さすがに西山党の表記はそろそろ勘弁してほしい。**いまだに直さない教科書があるので，完全なミスとは言えないが。なお，これに比べれば直接正解にかかわらないので立項しなかったものの，別の問題にも「ゴ＝ディン＝ディエム」とい

う表記もあり（ゴ＝ディン＝ジエムが正しい），かえって「保守的な」表記にこだわりでもあるのだろうか。

8．東京学芸大（2つめ）

悪問

問題2　東地中海のこれらの文明は，　(7)　と呼ばれる混成民族の集団の活動や，ギリシア本土への　(8)　人の南下等によって滅亡ないし衰退し，鉄器時代を迎えることになる。

◀解答解説▶

　(7)は「海の民」，(8)は「ドーリア」が正解ということになろうが，**ドーリア人によるミケーネ文明破壊説は否定されている**ので，厳密に言えば(8)は正解がなくなってしまう。「海の民」襲撃説も有力説ではあるが，他にも環境破壊説・気候変動説・複合要因説などがあって確定はしていない。ミケーネ文明の崩壊理由で出題するのは避けるべきである。

　7番の問題の件もあり，2018年にも同じようなミスがあり，東京学芸大はよほど古い教科書を使い回していて，しかも改める気風がないことが確認された。

9．信州大

出題ミスに近い

問題1　（1）図1－1はイエズス会の創設にかかわるものである（編註：図は「イエズス会の会憲を受け取るパウロ3世」。実際には問題の解答に不要であるので省略）。宗教改革からイエズス会創設までの過程について，次の語句を用いて250字以内で説明しなさい。ただし，各語は少なくとも1回は使用し，下線を付すこと。

95 カ条の論題　　　　贖宥状　　　　対抗宗教改革
トレント（トリエント）公会議　　　　ローマ教皇

◀解答解説▶

　一見すると普通の論述問題だが，イエズス会の創設年は 1534 年，教皇
の認可年としても 1540 年である。しかし，トリエント公会議の開催は
1545 年からであるので，大変困ったことに**指定語句を少なくとも 1 回は
使おうとすると時代指定の範囲をオーバーするという矛盾が生じる。**『入
試問題正解』でも同様の指摘あり。

　問題文の要求を全て満たすには，タイムスリップしてパウルス 3 世を暗
殺するなりして，イエズス会の認可年を 1545 年より後ろにずらす以外に
ない。トリエント公会議ではローマ教皇は無謬であると定められたが，本
問には誤謬がある。実は対抗宗教改革で唱えられた神学のおかしさを批判
するという神学的に深遠な意味が込められた問題だったのかもしれない。

10. 名古屋大

悪問

問題 1　中国文明の著しい特徴は，その持続性に在ると言ってよいだろ
う。（中略）かつて文字は政権中枢の極少数者によって独占されていたが，
旧い「封建」体制が崩壊に向かうと，文字も知識もようやく政権の外部に
伝わりはじめ，②個人による民間の学術活動もめざましいものとなった。

問 2　下線部②について。

a）こうした民間における学術活動の創始者はだれで，その学派を何と
　　いうか。
b）またこの学派の主張を簡単に説明しなさい。

◀解答解説▶━━━━━━━━━━━━━━━━━━━━━━━━━━━━━

　いつもの名大の漫談中国史シリーズ。これは何も考えずに解答を出して
いいなら，a は孔子で儒家。b は儒家の説明になる。が，**孔子が「民間に
おける学術活動の創始者」というのは実証的に証明されているのだろう
か。**というよりも，実証的に証明しうるものだろうか。これが一般書籍の
文章であれば，筆者が研究者であってもそうでなくても特に疑ってかかる
文ではない。感覚的には「孔子のことだろう」とすんなり飲み込めるから
である。しかし，はっきりとした答えを求められる入試問題としては，そ
れでは困る。また，孔子は魯の大司寇（司法長官）の経験があり，その後
に放浪して学術研究に向かうが，この本文の文脈における「民間」の学術
活動の祖としてよいか。

　**この辺りの疑問点をクリアーするとしても，この問い方で儒家を問う意
味はあるか。**この問い方だと手がかりが諸子百家の中で登場が最も早い人
（管仲を除く）という点しかない。諸子百家は老子のような伝説上の人物
を含むし，生没年不詳の人物も多いのに，手がかりがそれなのである。高
校世界史に出てくる諸子百家のうち，伝説上の人物と生没年不詳・活躍年
代不詳，戦国時代の人間を除くと，孔子と墨子しか残らない。このうち古
い方は孔子であるが，この思考に何か意味はあるか。また，孫武を実在と
認めた場合はほぼ全く同時代の人物になるが，これは不正解になるのか。
この後の問題文本文や設問を読んでも，儒学が王朝の官学になったことを
示してしまっても支障が無いので，孔子と儒家が聞きたければそれをヒン
トにすればよかった話である。不可解な悪問と評するのが妥当であろう。

１１．名古屋大（2つめ）

　悪問

問題1　さらに新しい「郡県」の世が確立すると，個人の事跡を通じて過
去を総括しようとした③私撰の世界史も出現した。

問3　下線部③について。

a）この「私撰の世界史」は何という名か。

b）またそれは何世紀何王朝の誰によって著されたものか。

◆**解答解説**▶

　名大の漫談中国史シリーズ（2つめ）。『史記』が「世界史」なのかどうかは議論があるところかもしれないが，ヘロドトスを「世界史」と見なすこともあるのと，見なさないと答えが無くなる（この点で孔子を外しても答えが存在しうる前問とは違う）ので，ここでは問題としない。混乱させられたのは b である。司馬遷の生没年も『史記』の制作年代も前2世紀から前1世紀にまたがっているので解答が1つに絞れない。仮にどちらでも正解になるのであれば本問の悪質性は大きく下がるが，だとすれば今度はなぜそのような注文になっているのか，前漢という指定だけで十分なはずで，理解に苦しむ。逆に『史記』の完成した年代が答えとして，前1世紀のみが正解とすると，発想としては比較的自然であるが，であれば設問 b ではなく設問 a に「何世紀の著作か」と付す形で聞いてほしかった。予備校の解答では，代ゼミと河合塾が両世紀を併記。駿台は前1世紀のみ。

12．名古屋大（3つめ）

悪問・難問

問題4　下の図は，1987 年に世界遺産（文化遺産）に登録されたギリシアの古代遺跡に立つ神殿の写真である。ユネスコの世界遺産リストに登録されるためには，「世界遺産条約履行のための作業指針」で示されている十の登録基準のうちの，一つ以上を満たしている必要がある。この遺跡は，そのうちの五つの登録基準を満たすとされているが，その一つ（基準 vi）は「顕著で普遍的な価値をもつ出来事，生きた伝統，思想，信仰，芸術的作品，あるいは文学的作品と直接または明白な関連があること」というものである（※）。それでは，この遺跡はどのような意味で，この基準を満たしているのか。写真の神殿が建築された時期の歴史的状況に触れながら，350 字以内で論じなさい。

270

※　当該基準の日本語表記は，日本ユネスコ協会連盟による。

◀解答解説▶

　私の初見の感想は「珍しくも良問では？」だった。問題作成者と受験生
の意思疎通という面だけ考えると，おそらく問題作成者の意図通りの解答
が受験生から出力されてくるはずであるし，単純に古代アテネの民主政黄
金期を問うのではなくて良いひねりが効いている。

　一方で，深く考えてみるとまずい点が2つある。まず，本問は登録され
た理由を推測して答えることが要求されていると思われるが，問題文にあ
る「この遺跡はどのような意味で，この基準を満たしているのか」という
文言が，「推測して解答」するのではなくて「知っている知識を並べる」
ように解釈できてしまうこと。当然ながら，アテネのアクロポリスが登録
された個別的・詳細な理由等は高校世界史範囲外であるから，解答不能で
ある。つまり問題文に工夫が足りない。たとえば，「この基準を満たして
いるのか。」の部分を「この基準を満たしていると推測しうるか。」と変え

るか。あるいは問題文の末尾に「登録基準を満たした理由を明確に全て挙げる必要はない」とつけるか。どうも名古屋大はこういうこまやかな配慮が足りず，受験生とのディスコミュニケーションを起こしがちな気がする。

　次に，思われているほど世界遺産の登録基準の適用は厳格でなくて疑問符がつく登録基準の適用も散見されるので，この場合は上手く行ったが，別の世界遺産では上手くいかない可能性があり，世界遺産の大学入試への活用例にされてしまうと今後の悪問の温床になるということ。世界遺産制度に全幅の信頼を置いている大学の教員多くないか。

１３．愛知教育大

判別不能

問題１　問７　(2)　当時（編註：19 世紀），労働力が不足した背景には，アメリカ合衆国での奴隷解放が実現したことも挙げられる。1860 年の大統領選挙の前後から奴隷解放が実現するまでの経過を，下の語句を全て用いて，240 字以内で説明せよ。使用した語句には下線を付せ。句読点も文字数に含めよ。数字は１マスに１字記入せよ。なお，語句の使用順序は問わない。

語句：リンカン　南部１１州　１８６３年　共和党　アメリカ連合国

◀解答解説▶

　一見すると何の変哲も無い論述問題だが，難物が隠れている。「南部１１州」がそれで，**アメリカ連合国は発足当時は７州で，南北戦争開戦までに４州が加盟したために 11 州となった。**つまり，論述の解答で「南部１１州はアメリカ合衆国を離脱してアメリカ連合国を建国し」などと書こうものなら事実誤認になってしまう。この７州と 11 州の違いは用語集に説明があるものの，各社の教科書は「南部諸州」と上手くごまかしている部分で，通常の世界史学習で受験生が覚えるべきポイントとは見なされていない。

72

　よって，本問は瑕疵があるのは間違いないが，種別の分類が困難である。もし作題者が南部7州と11州の区別をつけさせようという出題意図だったのなら，これは事実上の範囲外から出題された難問に違いない。一方で，作題者自身が11州でもってアメリカ連合国が建国されたと勘違いしていて出題し，受験生の解答が事実誤認を示すものであっても減点せずに採点したなら，これは問題不成立に近い悪問である。私にはどうも後者のように思われる。**9番**の信州大もそうだったが，指定語句で問題を壊すのは非常にもったいないので避けてほしいところ。

１４．京都大

難問

問題4　古代ローマでは，カエサルの養子になったオクタウィアヌスが元首政を開始した。そしてこの帝位を継がせる者として，b を同じく養子とした。

◀解答解説▶

　正解はティベリウス。「受験世界史で2代目は出題されない」の法則を裏切る問題。さすがは天下の反逆児である。京大は以前にも語句記述で難問があった。京大は論述問題は綺麗に範囲内で良問を出すが，語句記述問題は実はそこそこ私大的な細かい用語が出る。

１５．九州大

誤植

問題3　問1　マケドニアのアレクサンドロスは，**前344年に**（強調は編者）東方遠征に出発し，ペルシアやインド西部にまでまたがる大帝国を築き上げた。大王の急死後に帝国は分裂したが，ギリシア風の都市が各地に

つくられ，ギリシア文化が広まった。このうちエジプトに作られ，経済・文化の中心として栄えた都市はなにか。その名称を答えなさい。

◀解答解説▶

　正解はアレクサンドリア。ただし，1行目の前344年が前334年の誤植。九州大は以前にも大問3で誤植があった。偶然の再発だとは思うが。**大学から大勢に影響なしとして通常通りアレクサンドリアのみを正解として採点した旨と，事後的ではあるが訂正の発表があった。**

１６．九州大（2つめ）

出題ミス（複数正解）

問題3　問5　現在トルコ共和国にその名を冠するトルコ系民族の6〜7世紀における活動地域に該当するのは下記の①〜⑥のうちどれか。番号で答えなさい。

① アラビア半島　　　② デカン高原　　　③ アナトリア半島
④ インドシナ半島　　⑤ モンゴル高原　　⑥ バルカン半島

◀解答解説▶

　「現在トルコ共和国にその名を冠するトルコ系民族」と問題文に入っていることから，出題意図を考えれば正解は⑤のモンゴル高原のみになると思われる。「トルコ」も「突厥」も同じテュルクが語源であり，明らかにそれを意識した出題であるからだ。しかし，問題文冒頭の「現在トルコ共和国にその名を冠する」を「トルコ」の単なる修飾語と見なし，「トルコ系民族の6〜7世紀における活動地域に該当する」かどうかだけで判断すれば，**6〜7世紀はトルコ系遊牧民のブルガール人がバルカン半島に侵入した時期に当たる。**したがって，⑥のバルカン半島も正解になりうる。私は初見では気づかなかったが，**九州大の当局発表があり，⑤・⑥の複数正解となった。**

　なお，トルコ共和国の「トルコ」と突厥の関連性を問う問題は国公立大・私大を問わずたまに出題があり，一種の定番になっている。たとえば，2010年の東大では「突厥の歴史は，現在の西アジアのある国につながっている。その国の名を答えよ。」という問題文であった。本問にせよこの東大の問題にせよ，こういう回りくどい言い回しになっているのは高校世界史でテュルクという用語を扱わないためであろう。テュルクという用語を高校世界史で教えるべきかどうかは別の議論になるが，少し意外と思われるのでこの場で紹介しておく。

■■■ 2019 私大その他■■■

〔私大編〕

１７．青山学院大　文・教育人間科学部 ［2/13 実施］

悪問

問題２　問 18 インターネット開発の背景にあったのは，下記の選択肢のうちどれか。もっとも適切なものを一つ選び，その番号をマークしなさい。

① 米ソ冷戦　　② シオニズム運動　　③ 公民権運動　　④ 湾岸戦争

◀解答解説▶

インターネットの起源誤解シリーズ。一般に軍事技術の転用という俗説が流布しているが，専門家の間では否定されている。①を正解として想定していると思われるが，実際には正解がない。ただし，俗説を掲載している高校世界史の教材があるので，出題ミスとまでは踏み込めない……といういつもの説明をしておく。

１８．青山学院大　文・社会情報学部 〔2/14 実施〕

ある種の出題ミス

問題１　問２ マジャパヒト王国について述べたものとして，もっとも適切な選択肢を一つ選び，その番号をマークしなさい。　 2

① 13 世紀末に元軍を撃退して建てられた。
② 11 世紀にマラッカ海峡を中心に成立した。
③ パガンを滅ぼした。
④ 字喃が作られた。

問5 字喃を作った際のベトナムの王朝名としてもっとも適切な選択肢を一つ選び，その番号をマークしなさい。 ⎣5⎦

① 丁朝　　② 黎朝　　③ 元朝　　④ 陳朝

◀**解答解説**▶━━━━━━━━━━━━━━━━

　問2の正解は①，問5の正解は④で，どちらも単体で見れば問題が成立している。しかし，**問5の選択肢で字喃を作った王朝名を挙げているのに，問2の④でも「マジャパヒト王国が字喃を作ったか否か」を問うている**という矛盾が生じている。結果的に問2の④は世界史の知識が一切無くても，問5の①〜④の中にマジャパヒト王国が無い以上は自明的に誤答であり，問2は事実上の3択になってしまっている。これが大問が違ってページもかなり離れているのなら擁護の余地があるが，今回の場合は大問が同じでページも隣，見開きで同時に目に入る位置関係であるから，気づかない方が難しい。青山学院大の受験生のレベルならいずれにせよ間違えないような問題ではあるが，単純に試験問題としてあまりにも稚拙であるので，ちゃんと校正することを願うばかりである。それに比べると瑣事だが，問5の③はおそらく「阮朝」の誤字。①・②・④がベトナムの王朝であるのに③だけ別の地域というのは不自然であるし，元朝は問2の①を含めて別の問題の選択肢にも出ているので，これも危うい。

19．青山学院大　文・社会情報学部〔2/14 実施〕（2つめ）

⎣出題ミス⎦

問題2　問5　カエサルは，軍人，政治家としてのみならず，優れた著作

家としても知られている。彼が残した著作のうちには，とある彼の遠征の記録も含まれている。この著作で扱われている遠征先としてもっとも適切な選択肢を一つ選び，その番号をマークしなさい。 20

① カルタゴ   ② ガリア   ③ シチリア   ④ マケドニア

◀解答解説▶

　本問は大学当局の発表で出題ミスと認められ全員正解となっているが，私はどこが出題ミスなのかわからず，問題と向き合って何分か考え込んでしまった。カエサルの遠征記録なんだから『ガリア戦記』で，正解は②に絞れるのでは，と。そして**問題文は遠征の記録を『ガリア戦記』に限定していない**のであるから，カエサルの他の著作も考慮しなくてはいけないということに，はたと気がついた。実はカエサルは続編としてポンペイウスや残る元老院派との争いを描いた『内乱記』を著述している。カエサルはこの内戦でバルカン半島や北アフリカにも遠征しているから，少なくとも④のマケドニアは該当してしまうし，①のカルタゴも属州アフリカに改名はしているものの，地域から言えば該当してしまう。選択肢4つのうち3つが正解になりかねず，しかも①のカルタゴはグレーゾーンで議論の余地があるという煩雑さから，複数正解をやめて全員正解とする処置としたのであろう。本問は出題ミスとしてはレアケースで，「本問がなぜ出題ミスであるか，説明しなさい」という課題は，出版社の校正者試験や予備校講師採用試験としてはアリかもしれない。

２０. 青山学院大　法・国際政治経済学部Ａ方式〔2/18 実施〕

難問・悪問・出題ミスに近い

問題1　**問13**　下線部 (a)（編註：ブロック経済）に関連する記述として適切でないものを次の選択肢の中から一つ選び，その番号をマークしなさい。

① イギリスに次いで米国も金本位制から離脱したことが，経済ブロック
化の流れを進めることになった。

② イギリスは，ウェストミンスター憲章でイギリス連邦を発足させて経
済危機を乗り切ろうとした。

③ フランスは，ベルギーとイタリアという金本位制を維持していた国と
フラン＝ブロックを形成した。

④ 欧米のブロック化に対処するために，日本は，台湾・朝鮮そして満州
に円ブロックを形成しようとした。

◀解答解説▶

　②・④は範囲内の知識で問題なく正文とわかる。①は，受験世界史上で
は，イギリスの金本位制離脱が1931年というのは習うが，その後の列強
の金本位制を離脱した順番を学習することはないので，イギリスの次がア
メリカだったっけという部分を疑い出すと①は判断が難しくなる。この順
番で正しいので正文である。

　そして扱いに困るのが③。高校世界史上の知識で判断するとこれも正文
になるのだが，**厳密に言うとフラン＝ブロックと金ブロックは別物である**
ので誤文になる。と言われても意味不明という読者が多かろうと思うの
で，補足する。世界恐慌において英・仏・米はそれぞれブロック経済を
採用して対応したとされ，このうちフランスが形成したものをフラン＝ブ
ロックまたは金ブロックという。高校世界史においてはフラン＝ブロック
と金ブロックは同義語として扱われているが，実は厳密にはこれらは異な
るブロックなのだ。フラン＝ブロックは本国フランスと植民地の間で形成
されたブロックのことを指し，金ブロックは金本位制を維持しようとする
欧州諸国が結成したブロックを指す。金ブロックの参加国はフランス・イ
タリア・オランダ・ベルギー・スイス・ポーランドの6カ国。つまり，フ
ランスは二重のブロック経済を主導する立場であった。

　このようにブロックの枠組が違うのであるから金ブロックとフランブ
ロックは別物と言えるのだが，一方で，どちらのブロックもフランスのフ
ランに依存していた点で同じであり，ブロック経済の内容に深入りしない
高校世界史では，確かに分ける必要性を全く感じない。ここは説明を簡潔
にするためにごまかしてよい部分と考える。『入試問題正解』に同様の指

摘があり，（高校世界史の水準で考えるなら）解なしの出題ミスとしていた。なお，『赤本』は「金ブロックは６カ国が参加して結成したものであるが，ベルギーとイタリアしか挙げていない」という理屈で③を正解としていたが，③を「フランス・イタリア・ベルギーの３カ国だけで金ブロックを形成した」という文意と解釈するのは無理筋だと私は考えるので，『赤本』の指摘には賛同しない。読者諸氏のご意見やいかに。

２１．青山学院大　法・国際政治経済学部 A 方式〔2/18 実施〕（２つめ）

【難問】

問題１　問 15　下線部 (c)（編註：金ドル本位制）に関連する記述として適切ではないものを次の選択肢の中から一つ選び，その番号をマークしなさい。

① 　金１オンスは 35 ドルと定められた。
② 　日本も，固定為替制度のもと，第二次大戦終結の直後から１ドル＝360 円の為替レートが 1970 年代初めまで維持された。
③ 国際復興開発銀行は，世界銀行とも呼ばれている。
④ 日本も国際復興開発銀行の融資を受けた経験がある。

◀解答解説▶

半ば日本史の問題。①・③は範囲内の知識で正文と判断可能。②・④は純粋な日本史（または政経）の内容な上に，受験日本史としても難問。④は代表的なところでは東海道新幹線の建設で融資を受けているので正文である。一方，②はアメリカ占領下の時代は円ドル交換比率が何度か変わっており，1949 年になってから１ドル＝360 円に固定された。よって，「第二次大戦終結の直後から」の部分が誤りであり，これが正解。というようにまともに解くと大変な難問であるが，②だけ不自然に文が長く，受験テクニックから言えば大体こういうのが正解という裏技で正解にたどり着け

なくもない。

　なお，この大問では台湾で初の女性の総統として「蔡英文」が問われていた。用語集未収録であるが，一般常識の範囲内と見なしてぎりぎり収録対象外とし，ここに付記するにとどめておく。

２２．青山学院大　法・国際政治経済学部 A 方式〔2/18 実施〕（３つめ）

出題ミス

問題３　問8　下線部 (i) ブルガリアについての記述として適切ではないものを次の選択肢の中から一つ選びその番号をマークしなさい。

① 　ベルリン条約でオスマン帝国下での自治国となることが認められた。
② 　青年トルコ革命を機に独立を果たした。
③ 　イタリア＝トルコ戦争に乗じてオスマン帝国の領土を奪った。
④ 　第一次世界大戦では同盟国側で参戦した。

◀解答解説▶

　①〜④まで全て範囲内の知識で正文と判断できる。これは受験生にとっては範囲外の情報が紛れ込んでいる問題よりも余程困りものだったのでは。青山学院大は早稲田大や一昔前の上智大と違って出題ミスが頻出するわけでもないから，そういう疑いを持つわけにもいかず，「この中に一つは確実に誤文があるはずで，全部正文に見えるのは自分の知識がうろ覚えだから」と思って無理に考え込んだ受験生が少なからずいただろうから，かえって実害は大きかったかもしれない。おそらく作問段階でとりあえず正文を４つ作って，後から１つを誤文に書き換える予定が，その作業をしないまま提出してしまったのだろう。後日，**大学当局から全員を正解にした旨の発表があった。**なお，この大問2のリード文はヴァルタザール・ボギシッチの伝記で，そこから作題者を特定できる。青山学院大・法学部の教授だったのでまず間違いなくご本人であろう。

２３．学習院大　経済学部

出題ミス（複数正解）

問題1　この当時のユダヤ教は出エジプトの途上に神がモーゼに与えた律法の遵守を重視する (6)〔①アリウス　　②エッセネ　　③サドカイ　④パリサイ〕派など，幾つかの宗派に分かれていた。（中略）神殿の祭司や (6) 派は，イエスをローマの支配への反逆者としてローマの総督 (7)〔①ブルートゥス　　②ポンペイウス　　③ピラト　　④レピドゥス〕に訴え，イエスは十字架に架けられて処刑された。

（編註：(7) は③を正解として成立している。収録対象は (6)。）

◀解答解説▶

　学習院大当局自身が出題ミスの発表をしており，非常に丁寧な当局発表なので，まずはそれを引用する。「大問Ⅰ A (6) は「パリサイ派」と「サドカイ派」の違いを意識してつくられていますが，正答とした「④パリサイ派」を特定する記述が不十分であり，「③サドカイ派」を正答ではないとする明確な根拠を問題文中に見出すことができないと判断し，**「④パリサイ派」に加え、「③サドカイ派」を正答とした受験者全員にも加点する措置をとりました。**」とのことである。

　確かにこの文章からパリサイ派とサドカイ派を峻別するのは困難であり，出題ミスの発表は妥当である。ただし，現実的に考えるとサドカイ派は範囲外であり，範囲外からの出題を可能な限り避ける学習院大からするとサドカイ派が正解になるとは考えづらいことと，そのような予断を排したとしてもイエスの処刑を主導したのはパリサイ派であり，律法主義の代表格もパリサイ派であるのだから，ほとんどの受験生は悩みなくパリサイ派を正解に選んでいたと思われるため，出題ミスとしての被害は大きくないと想定される。

　学習院大はこの他に，文学部の問題で２カ所誤植が見つかったという当局発表があったが，いずれも解答上支障が出ないものであるので収録対象とせず，ここに記録するにとどめる。

２４．成蹊大　経済学部〔2/13 実施〕

難問

問題３　問８　下線部 (8) に関して（編註：16 世紀の宗教改革の時代），
この時期のヨーロッパの宗教改革に関する次の①～⑥の記述のうち，正し
いものをひとつ選び，その番号をマークせよ。

① カルヴァンは贖宥状（免罪符）の販売を批判し，九十五か条の論題を
　発表した。
② ツヴィングリはスイスで宗教改革運動を起こしたが，カペル戦争で戦
　死した。
③ ローマ教皇が主宰したヴォルムス帝国議会での決定に対して，ルター
　派が抗議文を提出したことから，新教徒はプロテスタントとよばれるよ
　うになった。
④ ルターは『新約聖書』をはじめてドイツ語に訳し，聖書中心主義の教
　義を展開した。
⑤ イギリスではヘンリ７世が首長法（国王至上法）にもとづいてイギリ
　ス国教会を設立し，聖俗の権力の頂点にたった。
⑥ オクスフォード大学のウィクリフは聖書の英訳をおこなって聖書中心
　主義の立楊から教皇や教会体制を批判した。

◀解答解説▶

　①はカルヴァンがルターの誤り，③はヴォルムス帝国議会の主宰がカー
ル５世，すなわち皇帝なので誤り，⑤はヘンリ７世が８世の誤り，⑥は事
実が正しいが，14 世紀の出来事。ここまでは楽勝だが，②と④は難しい。
というよりも②のカペル戦争が範囲外の語句なので，④がそれっぽく正し
く見えるからこちらを選ぶのが受験生心理と思われる。しかし，しばしば
誤解されるが，**ルター以前に聖書のドイツ語訳は始まっているので**④**は誤
文になる。**ルター訳の歴史的意義は，後にドイツ語の共通語となる文章と
なったことと，最新技術の活版印刷で当時としては異例の冊数が印刷され

たことにあるとされ，初のドイツ語訳だったことではないのである。高校
世界史では上述2点の歴史的意義には触れるものの，初のドイツ語訳だっ
たかどうかには触れないので，実は判断材料がないという盲点を突いた問
題。残った②が正文＝正解で，カペル戦争はスイスのツヴィングリ派とカ
トリックの戦争。ツヴィングリが敗死している。

２５．専修大　スカラシップ入試

難問

問題2　第1次ロシア革命が始まった。黒海沿岸の ┌ 25 ┐ 港で戦艦ポチョ
ムキンの水兵が反乱を起こし，大都市では労働者代表による評議会（ソヴェ
ト）が結成された。

〔設問25〕空欄 ┌ 25 ┐ に入る地名はどれか。もっとも適するものを次の
①～⑤の中から一つ選び，解答欄にマークしなさい。

①ウラジヴォストーク　　　②オデッサ
③キール　　④クロンシュタット　　　⑤旅順

◀解答解説▶
　第1次ロシア革命のかなり細かい問題。戦艦ポチョムキンの反乱は範囲
外で，『詳説世界史研究』には少しだけ記載があるものの，「黒海沿岸の港」
までしか言及されていない。とはいえ③と⑤はばかばかしいし，地理的条
件から①は外せるだろうから，②・④の二択までは絞れるだろう。正解は
②のオデッサで，現在でもウクライナ有数の港湾都市である。④のクロン
シュタットはサンクト＝ペテルブルクの近海に浮く要塞島のこと。1917
年の方のロシア革命でここにいた海軍が主要な役割を果たした。ところ
で，オデッサと聞いて第1次ロシア革命よりも先にガンダムが思い浮かぶ
読者は少なからずいそう。

２６．中央大　統一入試

悪問

問題2 【設問Ⅱ】　問2　下線部②の琉球王国についての説明として，**間違っているもの**を一つ選びなさい。

a　15世紀初めに中山王によって統一され，琉球王国が成立した。
b　琉球王国の文化は日本と中国双方の要素を含んでいた。
c　琉球王国は，17世紀初めに薩摩に服属し，明に対する朝貢はとだえた。
d　19世紀に明治政府は琉球を領有し，沖縄県を設置した。

◀解答解説▶

　ｂとｄは正文。ｃは琉球が日中両属状態になるので明白な誤文であり，作題者の想定する正解であろう。まずいのはａで，「初め」は何年までを指すのか問題である。私の感覚，というよりも一般的な受験世界史の感覚では最初の20年までで，25年まではまだ議論の余地がある。しかし，**ａの場合は1429年を「15世紀初め」と見なさないと正文にならないの**で，これは許容できない。ａは誤文と見なされても仕方が無かろう。ただし，本問に限ればｃがあまりにも明白な誤文であるので，悪質性は低く，出題ミスとまでは認められないと判断して悪問とした。

２７．中央大　文学部

難問

問題3　(9)　モンゴルの侵攻に際して，当時高麗の実権を掌握していた崔氏は首都を開城から別の地に移した。遷都先の地として正しいものを次の①〜⑤の中から一つ選び，その番号をマークしなさい。

① 慶州　　② 漢城　　③ 江華島　　④ 平壌　　⑤ 済州島

◀解答解説▶

　かなりストレートな難問。高校世界史ではこの遷都は省略してしまうので，事前に知っていた受験生は皆無に近かろう。モンゴルが北から攻めてきていることと，開城の正確な位置（現在の韓国と北朝鮮の国境沿いの北朝鮮側）を知っていれば，④はまずありえないことがわかるが，そこからは絞れないだろう。正解は③の江華島。ひょっとすると，漢城や慶州では陸続きなので遷都したところで抵抗できそうにないから，島に移ったのではと推測して正解にたどり着いた受験生がいたかもしれない。もしいたなら極めて鋭い。

　なお，江華島も陥落すると，軍の一部は済州島に移動して抵抗を続けた。この抵抗は三別抄の名で知られており，三別抄は現行過程では範囲外ながら，早慶上智対策では出てくる語句である。本問で問われているのは三別抄のことと勘違いして⑤を選んだ受験生もいるだろう。三別抄は軍の一部の抵抗でしかないため遷都とは見なされていないから⑤は正解になりえないが，そのような勘違いを誘発する意味でも良くない作問である。

２８．中央大　文学部（２つめ）

難問

問題4　(4)　1919 〜 1945 年に独立した国と宗主国の組み合わせとして正しいものを次の①〜⑧の中から一つ選び，その番号をマークしなさい。

①　イラク－フランス；シリア－フランス；レバノン－イギリス
②　イラク－イギリス；トランスヨルダン－イギリス；シリア－フランス
③　イラク－フランス；トランスヨルダン－フランス；レバノン－イギリス
④　イラク－ロシア；トランスヨルダン－イタリア；レバノン－フランス
⑤　アフガニスタン－イギリス；イラク－イギリス；トランスヨルダン－フランス

⑥　アフガニスタン－イギリス；トランスヨルダン－イギリス；シリア－
　　フランス

⑦　アフガニスタン－イギリス；イラク－イギリス；レバノン－フランス

⑧　アフガニスタン－イギリス；イラク－フランス；トランスヨルダン－
　　イギリス

◀解答解説▶

　範囲外だから難問というよりも性格が悪すぎるので収録にした。これは
やっちゃダメなやつです。独立国と旧宗主国の組み合わせだけ考えると，
②・⑥・⑦の３つが正しい。旧宗主国別に並べると，イギリス－イラク・
トランスヨルダン・アフガニスタン，フランス－シリア・レバノンである
から，３択まで絞るのはそれほど苦ではない。

　ここで問題文を読むと，**とってつけたように入っている「1919〜
1945年」という年号がどう見ても不自然**であることに気づくだろう。あ
まりにも不自然すぎて私はすぐに「あ，これシリアの独立年を使ったひっ
かけだ」と気づいてしまった。そう，**シリアの独立年は1946年**なのであ
る。これにより「シリア－フランス」の組み合わせが入っている②・⑥が
消えるので⑦が残る。もちろん，この年号は（早慶上智専願の人も含めて）
受験生が覚えるべき必須の年号ではない。

　なお，同じくフランスの委任統治領だったレバノンはどうなのかという
ところで，一般的に言われているレバノンの独立年は1943年である。レ
バノンの独立は戦争中に認めたのにシリアは戦後まで認められなかった理
由は簡単に調べた範囲ではよくわからなかった。ご存じの方はご一報くだ
さい。参考文献付だとありがたいです。

29. 中央大　商学部〈会計／商業・貿易学科〉

難問

問題3　世界最初の万国博覧会がロンドンで開催され，近代的な旅行代理店の生みの親ともいわれる　F　は，万国博覧会への安価な団体旅行を企画して，多くの見学者を集めた。

◀解答解説▶

　ストレートな難問。正解はトマス＝クック。古い課程では低い用語集頻度ながら範囲内であり，早慶上智対策の中では比較的メジャーな用語であった。現行課程では範囲外であるが，一応資料集のレベルでは載せているものもある。ところで，奇しくもこの入試の同年の 2019 年 9 月にトマス＝クック社が倒産したというニュースがあった。オンライン予約が発達してパックツアーの需要は減少していた。近代ツーリズムの時代が終わり，現代ツーリズムの時代が来たという象徴的な出来事と言えるかもしれない。

30. 中央大　商学部〈会計／商業・貿易学科〉（2つめ）

難問

問題3　【設問Ⅱ】　問1　下線部①について（編註：植民地），北アメリカにイギリスが築いた **13 の植民地を含んでいない組み合わせのものを1つ選び**マークしなさい。なお，該当するものがない場合，(e) を選びなさい。

(a)　マサチューセッツ・ニューヨーク・デラウェア
(b)　コネティカット・ニュージャージー・ジョージア
(c)　ニューハンプシャー・ペンシルヴェニア・ロードアイランド
(d)　メリーランド・ヴァージニア・オハイオ

◀解答解説▶

　やはりアメリカの 50 州は全て受験世界史の範囲内と考えている教員は一定数いるらしい。それで気になって数えてみたが，範囲内と言えるのはまず 13 植民地のマサチューセッツ・ヴァージニア・ニューヨーク・ペンシルヴェニア・ジョージア。他には領土拡大の過程で登場するフロリダ・ルイジアナ・テキサス・カリフォルニア・オレゴンに，奴隷問題で登場するミズーリ・カンザス・ネブラスカの計 13 州までだろう（オレゴンはグレーゾーン）。本問にはそれら以外が混ざっているので受験生には厳しい。正解は d で，オハイオは 13 植民地に含まれない。

３１. 中央大　法学部〈政治学科〉

出題ミス

問題1　設問8　下線部 (f) について（編註：明）。明初，日本では，遣唐使停止以来とだえていた中国への朝貢が復活し，当時の将軍が明から「日本国王」の称号を受けたが，この将軍は誰か。その名前を答えなさい。

◀解答解説▶

　非常に初歩的な日本史のミス。「日本国王」の称号を受けたのは足利義満であるが，すでに義満は将軍を退任しているので（当時の将軍は足利義持），該当する人物は存在しない。中学日本史でも触れるところなので受験生でも気づく人はいたと思うし，『赤本』の解答作成者も絶対に気づくところだと思うのだが，なぜだか未発覚，『赤本』の解答は「足利義満」になっていた。なんでだ。

３２．中央大　商学部〈経営／金融学科〉

悪問

問題1　**問2**　下線部②のオリエントの諸民族およびオリエント地域に関連して，以下の文で誤っているものを１つ選びなさい。なお該当するものがない場合は (e) を選びなさい。

(a)　オリエント地域とは，今日「中東」と呼ばれる地域と重なっており，古くから高度な文明が発達した地域でもある。
(b)　オリエント地域は，中心に肥沃な大河流域があり，古くから灌漑農業が営まれていた。
(c)　「オリエント」という言葉は，ヨーロッパから見て東方，すなわち「日が昇るところ」を意味する。
(d)　前２千年紀頃には，インド＝ヨーロッパ語圏の諸族が相次いで南下し，オリエント地域一帯で諸勢力が争い合った。

◀解答解説▶

　初見で目を疑った問題。(a)・(b)・(c) は正文。審議の対象は (d) である。(d) の説明はかなり古い学説で，大雑把に言って 20 年以上前の教科書に載っていた内容に従うと正しい。前 15 〜 14 世紀頃にオリエントで覇を競っていたヒッタイト・ミタンニ・カッシートがいずれもインド＝ヨーロッパ語系と考えられていて，彼らが馬・馬車・鉄器を持ち込んだ。これが世界史上のインド＝ヨーロッパ語系の民族の華々しいデビューという記述が主流であった。しかし，現在ではカッシート語がインド＝ヨーロッパ語族ではないと否定されており，ミタンニ王国では主要な被支配者層のフルリ人は言語系統不明とされ，その支配者層の言語系統も本当に印欧語系か疑問が呈されているようである。鉄器についても，前 20 世紀頃に小アジアの先住民がすでに発見していて，これを征服したヒッタイトが軍事利用したという説に修正された。馬の使用法もフルリ人が発展させたものではないかという説が登場していて，必ずしも「持ち込まれた」説は支持されて

いない。これらのことから，近年の高校世界史では前15〜14世紀頃の古代オリエント史はかなりぼかした表現になっていて，入試の出題頻度も下がっている。

　以上の理由から（d）を否定された学説であるから誤文と見なして（d）が正解である……とできるなら，本問は収録対象にならないのだが，困ったことにそうもいかない。その理由は2つある。

1．恐ろしいことに，東京書籍の教科書の記述が古色蒼然としていて，これを根拠にされると（d）が正文になってしまう可能性がある。少々長いが引用する。

「ユーラシア大陸北部の森林・草原地帯を原住地としたインド＝ヨーロッパ語系といわれる人々は，前2千年紀になると南下し始め，大規模な移動をくりかえした。オリエントに侵入した彼らは，馬にひかせた戦車を用い，強力な軍隊を組織して，オリエント全域で覇を競った。

　前18世紀以降，ザグロス山中にいたカッシートはメソポタミアに入り，アナトリア（小アジア）を本拠とするヒッタイトははじめて鉄器を使用し，前15世紀にはミタンニがメソポタミア北部を支配した。」

どうだろうか。自然に解釈すると，巧妙に「（鉄や馬を）持ち込んだ」話は排除しているものの，3民族とも全て印欧語系であると読めてしまうように思う。受験世界史は，史実はどうあれ「高校世界史の教科書に1冊でも書いてあれば，それが正しい」と言われてしまうと弱いのである。

2．問題の要求に「**なお該当するものがない場合は（e）を選びなさい。**」**とあるので，（d）を正文と見なしても（e）が正解として問題が成立してしまう。**そのために受験生は作題者が旧説（東京書籍の教科書）に従って作成したのか，現行の学説（他の教科書）に従って作成したのかで解答が変わってくるので，エスパー以外に正解を導き出せない。本企画で何度も書いているが，この**「なお該当するものがない場合は（e）を選びなさい。」という指示は悪問・出題ミスの温床であるので本当に廃止してほしい。**諸大学にお願いする。

　しかしまあ，近年の学説を知っている人がわざわざ旧説の誤文を作るかと考えるとそれは無いように思われ，作題者は（d）を正文として，すなわち（e）を正解として作問したというのが真相ではなかろうか。なお，**東進**

の解答及び『赤本』は何の躊躇もなく正解を (e) としていた。**本問の場合，解答を (e) にすること自体は仕方が無いとして，事情の解説をしないのは手抜きを通り越して不備である。**ついでに言うと，『赤本』の糾弾は本企画の主旨ではないから掲載していないが，本日程の『赤本』はもう１つ明白な解答ミスがあった。この本の解答作成者は単純な実力不足と言わざるを得ない。

３３．中央大　経済学部Ⅰ〔2/14 実施〕

難問・悪問

問題２　問６　下線部⑥に関連して（編註：２つの「条規」が日清・日朝の間で結ばれたこと），日朝修好条規の説明として誤っているものを次から１つ選びなさい。

ア．日朝修好条規は日清修好条規より後に締結された条約である。
イ．日朝修好条規は江華島事件を口実に結ばれた。
ウ．日朝修好条規では関税の免除が日本と朝鮮の双方に認められた。
エ．日朝修好条規では朝鮮半島の釜山を含む港の開港が決められた。
オ．日朝修好条規では領事裁判権が日本側のみに認められた。

◀解答解説▶

　ア・イ・エ・オは範囲内の知識で正文とわかる。審議の対象はウ。高校世界史では日朝修好条規に関税の規定があったことを学習しない。よって受験生には判断材料がないのだが，消去法でウが誤文＝正解と導いてほしいというのが作題者の意図なのだろう。実際に，**日朝間の相互の輸出入無関税を取り決めたのは日朝修好条規の本体ではなく付属の通商章程である**から，事実関係だけで言えばこの作題者の考えは正しい。また，高校日本史では条約の本体と付属協定を区別して教えており，本問を高校日本史の問題として見るなら普通に成立している。

　しかし，ここでちょっと第三次日韓協約についての話をさせてほしい。

高校世界史では「第三次日韓協約により，韓国軍は解散した」と教えてしまうが，実は韓国軍の解散の規定は日韓協約の本体ではなく付属の秘密覚書の規定である。そして高校日本史ではやはり「第三次日韓協約付属の秘密覚書により，韓国軍は解散した」と教える。**日本にかかわる条約において，その条文が条約本体にあるか付属協定にあるかの扱いが，高校世界史と高校日本史では決定的に異なる**のだ。これは高校世界史と高校日本史の両方を深いレベルで教えたことがある人でないと気づかないポイントで，知っている人は極めて少ないのではないかと思う。

　よって，本問は高校日本史のルールに則り，厳密な史実だけを追うのであれば，ウが誤文＝正解となる。特に本問の場合は関税の規定自体が範囲外であるので，範囲外の出題である以上は高校世界史の「条約本体と付属協定を区別しない」という暗黙の了解は考慮されないという理屈を立てるならば，範囲外の知識が必要な難問という誹りはあれども，問題自体は瑕疵無く成立していると見なせる。一方で，高校日本史のルールを高校世界史に持ち込むのは無理筋であるという主張にも一理あり，こちらの立場に立つなら，本問は出題ミス，少なくとも悪問と見なせる。

　これはかなり人によって考え方が違ってくるところではあり，その意味では面白い。なお，『赤本』はウを正解とし，『入試問題正解』は出題ミスという判断であったから，参考書間でも意見が割れている。最後に私の判断を書いておく。こうしたものはケースバイケースで考えるべきで，たとえば第三次日韓協約と秘密覚書については，「秘密」であることに意味があるので，それを考慮する場合があってもよいと思う。ひるがえって日朝修好条規は条約本文と付属協定を区別することに深い意味を見いだせず，高校日本史が過剰に細かいだけと思われるので，本問は悪問であると判断したい。

３４．中央大　経済学部Ⅰ〔2/14実施〕（２つめ）

| 難問 |

問題2　**問9**　下線部⑨に関連して（編註：辛丑和約（北京議定書）を締

結し, 清に賠償金を支払わせた), 義和団事件の鎮圧に参加した列強のうち, アメリカは辛丑和約で得た賠償金を中国からアメリカ合衆国への留学費用にあてたが, その予備学校として設立された学校の名称を書きなさい。

◀解答解説▶

　何を答えていいのか全く見当がつかない系統の難問。正解は清華学堂。名前の通り, 清華大学の前身である。北京大学の前身になった京師大学堂だってグレーゾーンの難問であるのに (用語集に一応説明がある), こちらはさらに難しい。正解できた受験生がいたのだろうか。

３５. 東京経済大　2/7 実施

出題ミス (複数正解)

問題３　問４　下線部 (d) に関連して (編註:ジョンソン副大統領が後継大統領に就任した), この大統領についての記述として最も適切なものを次の①〜④の中から一つ選び, マークして答えなさい。

　　39

① 国内での社会的分裂状態を解決する「ニューフロンティア」政策を提唱した。
② 人種, 性, 宗教, 出身国による差別を禁止する公民権法を成立させた。
③ 北ベトナムへの爆撃 (北爆) 中止を命令し, ベトナム戦争の拡大を抑制した。
④ 対立関係にあった中華人民共和国を訪問し, 米中国交樹立への道を開いた。

◀解答解説▶

　①の「ニューフロンティア」はケネディ大統領のスローガン。ジョンソンは「グレイトソサイエティ (偉大な社会)」計画。④はニクソン大統領。**②と③は両方ジョンソン大統領の事績である**から, 複数正解と思われる。

北爆中止をニクソンの事績と勘違いして作ってしまったか。『入試問題正解』にも同様の指摘あり。大学当局からの発表はない。

〔番外編１〕東京女子大　現代教養学部〔2/3 実施〕

問題４　問２　下線部②に関連して（編註：プロパガンダは敵を貶めるだけでなく，国民，たとえば女性の戦意を高めるためにも用いられた），図像２は第一次世界大戦中のプロパガンダポスターで，ジャンヌ・ダルクが描かれている。どの国が誰に向けて描いたものかをこの図像から読み解き，次の選択肢（ア）〜（エ）のなかからもっとも適当なものをひとつ選び，記号で答えなさい。なお，図像２は史料から文字部分を一部，消している。

図像２

（ア）　イギリスが，ドイツを助けるようにイギリスの女性に訴えかけたポスター

（イ）　フランスが，ドイツと戦うようにフランスの女性に訴えかけたポスター

（ウ）　アメリカが，フランスを助けるようにアメリカの女性に訴えかけたポスター

（エ）　ドイツが，フランスと戦うようにドイツの女性に訴えかけたポスター

◀コメント▶

　面白い問題だったので取り上げることにした。選択肢が易しいので解答は容易で，正解はウ。第一次世界大戦時のポスターであるので，国際関係からアは誤り。ポスター内の文章が英語で書かれているのでイとエが誤りと，ジャンヌ・ダルクに注目しなくても消去法で絞れる。しかし，仮に選択肢という形のヒントの無い論述問題に変えるとして，「どの国が誰に向けて描いたものかをこの図像から推測し，根拠を述べよ」という聞き方だったなら，東大・一橋大の受験生レベルに適した難易度の良問になると思われる。ジャンヌ・ダルクが描かれているので協商国側の国が自国の女性に向けてフランスを助けるように訴えたもの，英語で書かれているのでイギリスかアメリカの可能性が高いとまで絞れるとして，問題文でイギリスではないことを提示してあげればちょうどいい難易度になるか。めちゃくちゃ勘の良い子ならイギリスは百年戦争で敵だったジャンヌ・ダルクをわざわざ選ぶことは無かろうというところに気づくかもしれない。

　念のため，ポスター内の空欄を埋めておくと，右上が France，右下が AMERICA，左下が W. S. S. WAR SAVINGS STAMPS ISSUED BY THE UNITED STATES GOVERNMENT（W. S. S. は合衆国政府発行の戦時貯金切手の略語），最下部が UNITED STATES TREASURY DEPARTMENT（合衆国財務省）。

３６．東洋大　2/10実施

出題ミス（複数正解）

問題２　問９　下線部 (d)（編註：ポルトガル）に関連して述べた文として最も不適切なものを，次の中から一つ選べ。　26

①　ポルトガルは1511年にマラッカを占領し，香辛料貿易の拠点とした。
②　ポルトガルは1492年にグラナダを攻略した。
③　ポルトガル人カブラルがブラジルに漂着し，同地をポルトガル領とした。
④　ポルトガル人マゼラン（マガリャンイス）の船団の一隻が，スペイン王の支援で世界周航を果たした。
⑤　1623年のアンボイナ事件を機に，ポルトガルはスリランカをオランダに奪われた。

◀解答解説▶

　①・③・④は問題なく正文。②はスペインのことなので誤文。⑤は，アンボイナ事件はオランダがイギリスをモルッカ諸島から放逐した事件なので，この文は全くの出鱈目である。よって②・⑤の複数正解となる。非常に単純な出題ミス。**大学当局から複数正解を認める旨の発表あり。**

３７．日本大　国際関係学部

難問

問題２　【20】　下の図２の絵画に関する説明文１〜３のなかから，誤りを含むものを一つ選びなさい。誤りを含むものがなければ，０をマークしなさい。

1　この絵画は，「ウラディミルの聖母」とよばれている。

2　この絵画は，キエフ大公に贈られたと伝えられている。

3　この絵画は，イコンのひとつである。

◀解答解説▶

　有名な絵画であり，よく教科書や資料集にも載っているが，内容を問うていい絵画ではない。標準的な知識で判断できるのは3が正文ということのみ。1と2は山川の『詳説世界史』に記載があり（p.134），正文であるが，これを覚えていた受験生は皆無に近かろう。よって正解は0。本作品は12世紀にコンスタンティノープルで制作されてキエフ大公に贈られ，ロシアやウクライナのイコンの原型となった。キエフではなくウラディミルの聖堂に納められたことからこの名になり，その後モスクワ大公国に渡って，ロシア革命後に現在のトレチャコフ美術館所蔵となった。なお，正教会では聖母ではなく生神女と呼ぶことに鑑みると，本作も「ウラディミルの生神女」と呼ぶべきであろうと思うのだが，聖母で定着してしまった。

〔番外編2〕日本大　文理学部

問題5　スペイン史略年表

西暦	出来事
1700	カルロス2世の死去でハプスブルク朝断絶 フェリペ5世の即位でブルボン朝成立
1701	スペイン継承戦争開始
1713	ユトレヒト条約締結
1759	カルロス3世即位（在位〜1788） 産業振興，インフラ整備，アメリカ貿易自由化等の改革政策
1768	教育の場でのカタルーニャ語禁止の王令
	（編者により中略）
2017	【40】カタルーニャ自治州がスペインからの独立を求める 住民投票（投票率43パーセント，賛成票90パーセント）

【40】　下線部【40】に関して，スペイン政府は独立を認めない強硬姿勢を示した。次の記事は，その直後のフェリペ6世によるテレビメッセージを報じたものである。国王のメッセージを解釈する下の①〜③の文の中で，誤りを含むものがあればその番号を，すべてが正しい場合は⓪をマークしなさい。

記事（2017年10月4日付 Euronews 配信の記事より抄訳）
「スペインのフェリペ国王は，独立投票を非合法としたマドリード政府の声明に続き国民に向けて異例の声明を出した。その演出には隠されたメッセージもある。絶対不可欠のスペイン国旗は EU 旗と並んで配置され，デスクに置かれたノートパソコンは国王が SNS とつながっていることを示唆する。背後の絵画はカルロス3世の肖像画で，現ブルボン朝の先祖である。」

① EU 諸国とも連携してこの問題に取り組むとのメッセージ
② カタルーニャの文化的特性に配慮した歩み寄りのメッセージ
③ スペイン君主としての歴史的正統性を主張するメッセージ

◀コメント▶

先に問題文にあるニュース記事の URL を挙げておく（ https:// www.euronews.com/2017/10/04/hidden-message-in-spain-king- catalan-message，2021 年 7 月 13 日閲覧 ）。さて本題。正解選択肢② があまり考えなくても誤文とわかってしまうことで画竜点睛を欠いている が，出題の工夫自体は非常にすばらしい良問である。当然にしてニュース 内の「スペイン国旗は EU 旗と並んで配置され」から EU 諸国との連携と いうメッセージ性が読み取れるので①は正文。「カルロス３世の肖像画」 からスペイン君主としての歴史的正統性をアピールしていることが読み取 れるので③も正文となるが，本問はそれで終わらない。**年表でカルロス３ 世が「教育の場でのカタルーニャ語禁止の王令」を出したのが示されてい る**のがポイントで，この声明を出す場面にカルロス３世の肖像画を掲げる メッセージ性は極めて強く，挑発的である。なお，この部分は下線が引か れておらず，他の問題に全く使われていないことから，作題者の仕掛けの 意図も明白と言えよう。正解が簡単すぎて年表のヒントを拾う必要が無い のが，返す返すも惜しい。もっとこの年表のこの部分に注目しないと答え が出ないような選択肢で良かったと思う。

　なお，カルロス３世自身の王令の意図は民族問題とは別のところにあ る。彼は啓蒙専制君主であったので，効率主義者であった。ゆえに国民が 使う言語が統一されていた方が国家運営上効率的であるという発想であ る。もちろんそれが結果的に同化政策になってしまい，後世に禍根を残す ことになる。オーストリアのヨーゼフ２世も全く同じ意図で帝国内の言語 をドイツ語に統一しようとして，大きな反発を招いて撤回している。

３８．法政大　2/8実施

問題1　**問13**　下線部 (13) に関連して（編註：トリエント公会議），トリエント公会議以外にもカトリック教会が開催した公会議がある。その名称 a～e とその説明 A～E の組み合わせから，説明の内容を含めて正しいものを下記の 1～5 の中から一つ選び，その番号を解答欄にマークせよ。

> a　カルケドン公会議　　　　b　クレルモン公会議（宗教会議）
> c　コンスタンティノープル公会議
> d　ラテラノ公会議　　　　　e　ニケーア公会議

A　1414 年から 1418 年にかけて神聖ローマ皇帝ジギスムントが招集した。
B　教会の教義統一のため，現在の南仏にあるニースの地に 325 年に招集された。
C　教皇インノケンティウス 3 世の主導のもと，第 1 回十字軍の派遣が決定された。
D　1215 年に召集され，第 4 回十字軍の派遣が決定された。
E　招集したのはローマ皇帝コンスタンティヌスで，彼はその後キリスト教を国教とした。

1　a－A　　2　b－C　　3　c－E　　4　d－D　　5　e－B

◀解答解説▶
　まず，**a・c・e の 3 つは主催がカトリックではない**ので問題要件に該当しない。したがって 1・3・5 は誤答。b のクレルモン宗教会議は主催したのがウルバヌス 2 世であるので，C が誤文となり，2 も誤答。d のラテラノ公会議は，第 4 回ラテラノ公会議が 1215 年開催に対し，第 4 回十字軍は 1202～04 年の実施であるから D は時系列があわず，4 も誤答である。よって正解が存在しない。出題ミスである。

　加えて，Aはコンスタンツ公会議の内容なのでaのカルケドン公会議とは不一致，cのコンスタンティノープル公会議を招集したのはテオドシウス帝なのでEとは不一致（そもそもコンスタンティヌス帝はキリスト教を国教化していないのでEの文自体が誤文），eのニケーア公会議が開かれたニケーアは小アジアに位置しているのでBとは不一致。よって，仮に問題文から「カトリックが開催した」という要件を外したとしても，結局は出題ミスだったりする。**大学当局から，全員正解とした旨の発表があった**。こういう二重の出題ミスはさすがに珍しい。

３９．法政大　2/8 実施（２つめ）

| 難問 |

問題２　（編註：日本統治時代の台湾で日本語教育を受けた人々が作った短歌をテーマとした文章の後に，その短歌a〜jが並ぶ）

a.　| E |桜又も咲きけり恨み持つ花岡一郎，二郎は死すとも

問４　下線部③（編註：先住民による激しい抗日闘争）の 1930 年に先住民の抗日闘争が起きた場所が，aの歌の空欄| E |に入る。その地名を次の選択肢から一つ選び，その番号をマークせよ。

1．基隆　　　2．高雄　　　3．霧社　　　4．花蓮　　　5．玉山

◀**解答解説**▶
　範囲外の事件である。高校日本史でも用語集頻度は①であった。正解は３で，1930 年に起きた事件は霧社事件という。背景としては過剰な賦役労働や製糖会社による土地収奪があったようだ。日本人の死亡者数は 134 人であったのに対し，先住民の死者は 1000 人を超えたという。花岡一郎・二郎は警察に雇われていた先住民の日本語名で，先住民と総督府の板挟みにあって自殺している。なお，花岡兄弟は同じ部族の出身である

が，実の兄弟ではない。

　裏技的な解法になるが，「五七五七七」のリズムに合う音しか入らない
と推定するなら空欄Eは2音になるはずで，すると該当するのが「むしゃ」
の3しかないという絞り方は可能である。案外，作題者の想定した解法が
これだったりするのかもしれない。いや，下の句の「花岡一郎」が字余り
になっているのだから，上の句も5音とは限らないかも……とか考え出す
とこの推論は崩壊するのだが。

４０．法政大　2/9実施

難問

問題1　パリ6月蜂起の鎮圧でヨーロッパでの革命の機運が衰退の方向に
向かうとオーストリアは強硬策に転じ，　6　総督のイェラチッチを派遣
してハンガリーの民族運動を弾圧した。

問1
e　クロアティア　　　g　セルビア
h　ダルマティア　　　o　ベーメン
（編註：関係のある選択肢のみ抜粋）

◀解答解説▶

　クロアティア総督イェラチッチが反革命軍として活躍したということ
は，古い課程ならぎりぎり範囲内であったが，現行課程では全く触れない。
確かにウィーン三月革命の複雑な状況を示す事例ではあるのだが，一つ
の革命に深入りしすぎであるということで消えたのであろう。消去法なら
解けるかと検討してみたが，ベーメンはスラヴ民族会議が開催されていた
ことからその総督がハンガリーに派遣されるという事態は考えにくいとい
う推測から消せるとしても（この推論自体もそれっぽいだけで高校世界史
範囲内で確証があるわけではないのだが），hのダルマティアとの判別が
できないと思われる。ダルマティアという地方名を知らない受験生だとか

えってクロアティアが選べたかもしれないが，そうすると知識の乏しい受験生の方が正答率が高い問題ということになってしまう。その意味でも，あまり作りの良い問題とは言えまい。

４１．法政大　2/9 実施（２つめ）

悪問

問題２　『史記』によると，C 王のあとには 11 代の王が位を継ぐが，12 代目の王が政治をみだし，遊牧系民族の え に襲われ都を攻略されたという。周の一族は東に逃れ，お に遷都したが，それ以後王権は衰え，諸侯が割拠・興亡する分裂の時代となった。

問 1　空欄 A から G に当てはまるもっとも適切な語句を次の選択肢から選び，その記号を解答欄にマークせよ。

b　禹　　f　堯　　h　舜　　k　政　　o　紂　　r　湯
s　武　　t　幽
（編註：空欄 C に関係のある選択肢のみ抜粋）

問 2　空欄 あ から か に当てはまるもっとも適切な語句を次の選択肢から選び，その記号を解答欄にマークせよ。

a　安邑　　e　邯鄲　　f　咸陽　　h　匈奴　　i　月氏
j　犬戎　　k　鎬京　　n　長安　　o　平城　　p　洛邑
（編註：空欄え・おに関係のある選択肢のみ抜粋）

◀解答解説▶

　問 1 の空欄 C については，三皇五帝・殷・周の君主がグレーゾーンなので種別を難問とすべきか迷ったが，一応用語集に記載があるのでよしとした。正解は武王（選択肢 s）。別の空欄で帝禹と紂王も問われており，

まとめてかなり難しかったと言える。問2は定番の悪問。犬戎に首都の鎬京を攻撃されたのは事実であるが，その前から周の王族の内紛が起きていて，王族の一部は諸侯に擁立されて鎬京から離れていた。東周の首都は最終的に洛邑に落ち着くものの，最も遅い推定で前740年頃とみられていて，一挙に遷都したわけではない。また12代目の幽王が暗愚であったというのも西周の滅亡を正当化するための後世の創作と考えられている。よって，空欄えに犬戎を入れるのはともかく，空欄おに洛邑を入れるのはやや気が引ける。ちなみに，ａの安邑は禹が建設した夏の最初の都があったとされている場所。現在の山西省南部と言われているが，確定はしていない。受験生にとっては見知らぬ地名だろう。

４２．法政大　2/12実施

| 難問 |

問題2　問9　下線部(5)（編註：<u>タレーラン</u>）について述べた文章として誤っているものを次のア〜エから一つ選び，その記号を解答欄にマークせよ。

　ア　上級聖職者出身の政治家である。
　イ　革命期には教会財産の国有化に反対した。
　ウ　第一帝政期に外相を務めた。
　エ　正統主義を提唱し，これがウィーン会議の基本原則となった。

◀解答解説▶━━━━━━━━━━━━━━━━━━━━━━

　タレーランの伝記的な問題。高校世界史上のタレーランはウィーン会議で突然出現する外交官であるので，エが正文という判断は可能だが残りは難しい。用語集に「総裁政府・第一帝政・復古王政の時代に外相を歴任」とあるので，ウも正文だが，範囲内で判断可能なのはここまでである。ウィーン会議での主張から反動的な政治志向だったと推測するとイが正文に見えるし，残ったアが「貴族出身」の誤文のように見えてくるが，これ

は上手いひっかけだろう。1789 年時点でのタレーランは司教であるので上級聖職者出身というのは正しい。そして革命の発端となった三部会には第一身分で選出されたが，第三身分が国民議会を創設して離脱するとそちらに移り，フイヤン派の論客となった。人権宣言後にはミラボーとともに教会財産の国有化を主張した。反対したどころか主導者だったのだ。したがってイが誤文＝正解になる。タレーランが転向したのは 1807 年のことで，武力による周辺諸国の押さえつけは長続きしないことからナポレオンの拡大政策に反対し，かえって陰謀の容疑で外相を辞任させられたところからである。

４３．法政大　2/12 実施（２つめ）

難問

問題３　インド国民会議結成に参加した　①　は，インドの貧困の原因はイギリスへの富の流出にあると分析した。

問２　空欄　①　～　⑤　にもっとも適したものを以下の語群から選び，その記号を解答欄にマークせよ。

b　アンベードカル　　g　シャストリ　　h　シャー＝ワリー＝ウッラー
j　タゴール　　k　ダヤーナンド＝サラスワァティー　　n　ナオロジー
o　バネルジー　p　プラサド　　q　ラーマクリシュナ
s　ラーム＝モーハン＝ローイ
　（編註：関係のある選択肢のみ抜粋）

◀解答解説▶
　「富の流出」理論を唱えたのは n のナオロジー。パールシー（ゾロアスター教徒）の経済学者・実業家であり，インド国民会議派の創設メンバーで穏健派。自由党から出馬してインド人として初めてイギリス本国の下院議員となったこともある。古い課程の用語集には記載があるが，現行課程には

『詳説世界史研究』を含めて記載がない。古い課程まで含めてよほど勉強してきた受験生であっても，ナオロジーとバネルジーの判別は難易度が高く，困難であっただろう。

　本問はナオロジーを含めて近代インド史のぎりぎり範囲内からちょっと外れた範囲外に当たる人物が選択肢に集められていて，解説しがいのあることになっている。範囲内は3人。bのアンベードカルは不可触民出身の運動家で，インド独立時の憲法起草委員会の委員長。jのタゴールは詩人で，アジア初のノーベル文学賞受賞者。sのラーム＝モーハン＝ローイはサティー（寡婦殉死）廃止運動家。『詳説世界史研究』にのみ記載がある人として，qのラーマクリシュナは宗教家で，ヒンドゥー教の改革運動を行った人物。イスラーム教やキリスト教との一体化を図った。また古い課程なら範囲内だった人物は，まず正解のナオロジー。次にoのバネルジーは，ナオロジーと並ぶ初期のインド国民会議派の穏健派の有力者。

　完全な範囲外では，gのシャストリはネルーの次の2代インド首相。ネルーが在任のまま亡くなったため1964年に首相に就任，第2次印パ戦争の勃発と戦後処理に追われ，シャストリ自身も1966年に在任のまま亡くなった。次の3代首相はネルーの娘のインディラ＝ガンディーで，ここからインド国民会議派のネルー一族頼りが強まっていく。hのシャー＝ワリー＝ウッラーはイスラーム教の改革派。この人だけ18世紀の人物で，19世紀に全くかからない。kのダヤーナンド＝サラスワティーは定訳が「ダヤーナンダ＝サラスヴァティ」であるので，見ない表記である。少なくともラテン文字転写を見る限り，Dayananda Saraswatiであるので，定訳の方が正しいように見えるが，私もヒンディー語はわからないので深入りは避けよう。19世紀半ばのヒンドゥー教改革派で，前出のラーマクリシュナとは逆に，ヒンドゥー教の純化・復興運動を図った。pのプラサドはインドの初代大統領。

４４．法政大　2/12（３つめ）

難問

問題３　ところが，1927 年にイギリスが ③ を委員長として新たなインド統治法制定のための憲政改革調査委員会を発足させた際に，一人のインド人委員も任命しなかったことから，委員会のインド調査時にデモや一斉休業など全国規模での新たな抗議運動が巻き起こった。

問２　空欄 ① ～ ⑤ にもっとも適したものを以下の語群から選び，その記号を解答欄にマークせよ。

a　アーウィン　　　c　イーデン　　　e　サイモン
（編註：関係のある選択肢のみ抜粋）

◀解答解説▶
　憲政改革調査委員会自体は用語集頻度①で範囲内だが，その委員長の個人名は範囲外である。この委員会は別名サイモン委員会と呼ばれているように，委員長の名前はサイモン。イーデンは後の首相で時期も大きく異なるので違うとして，アーウィンとの二択になろう。アーウィンは 1927 年当時のインド総督である。

４５．法政大　2/16 実施

難問

問題２　問８　以下のａ～ｅのそれぞれの国について，空欄Ｚに入る人物（編註：ユスティニアヌス）の治世中に滅んだ国なら１を，その治世よりも前に滅んだ国なら２を，その治世よりも後に滅んだ国なら３を解答欄にマークせよ。

a 東ゴート王国 　　 b 西ゴート王国 　　 c ヴァンダル王国
d ブルグンド王国 　　 e ランゴバルド王国

◀解答解説▶

　 a の東ゴート王国と c のヴァンダル王国はユスティニアヌスの派遣した遠征軍によって滅ぼされているから当然治世中。b の西ゴートはウマイヤ朝，e のランゴバルド王国はカール大帝による滅亡であるからこの 2 つも治世よりも後とあっさりわかるが，問題は d のブルグンド王国。フランク王国に滅ぼされたことと，比較的早期に滅亡したことは学習するが，ユスティニアヌスの在位年代と比べてどうかとなると難問になる。そもそもユスティニアヌスの在位年代（527 〜 565）も，大雑把に 6 世紀半ばということまでしか覚えないのが普通ではなかろうか。ここまで正解が 1 と 3 ばかりで，2 が無いから，ブルグンド王国くらいは 2 なのではないか，と考えると罠にはまってしまう。ブルグンド王国の滅亡年は 534 年なので，実はユスティニアヌスの在位中の出来事である。よってこれも答えは 1 。なかなか手の込んだ引っかけである。

４６・４７．明治大　全学部統一入試

難問と，出題ミス（複数正解）・奇問

問題2 逆にアメリカ大陸からヨーロッパへともたらされたものは多く，その中には一時的にせよ移入の過程で用途が変わったものもある。例えば [（カ）] はインカの主食だったが，ヨーロッパでは観賞用として王侯貴族に献上された。品種改良などを経てこれが広く食されたのは 18 世紀ごろからである。またチョコレートの原料であるカカオは，元々飲み物であり，[（キ）] としても用いられていた。

問7 空欄（カ）に入るもっとも適切な語句を一つ選びなさい。　 21

A. トマト 　 B. ジャガイモ 　 C. ピーマン 　 D. トウモロコシ

問8 空欄 (キ) に入るもっとも適切な語句を一つ選びなさい。　　22

A. アクセサリー　　　B. 薬　　　C. 通貨　　　D. 武器

◀解答解説▶

　アメリカ大陸原産の食べ物に関する問題だが，さすがに奇問だろう。問7で挙げられた選択肢は全てアメリカ大陸原産で，この点での区別はできない（ただしピーマンは唐辛子をヨーロッパ側で品種改良したものなので厳密に言うと原産をアメリカ大陸としてよいかは難しい）。ピーマンとトマトは主食たりえないから外せるとして，トウモロコシとジャガイモの区別は難しい。ジャガイモがアンデス地方原産でメソアメリカ文明には存在しなかったということは一応難関私大対策ではやるので，それを知っていると「わざわざメソアメリカ文明と区別できないトウモロコシの方を正解にはしないだろう」という推測が働いて，ジャガイモを正解として選択できるかもしれない。なお，ジャガイモは当初は観賞用としてヨーロッパに持ち込まれたというのはそれなりに知られている話ではあるが，高校世界史で必須の知識ではない。

　よりひどいのが問8。**インカ帝国においてカカオは薬でもあり貨幣でもあったから，BとCの複数正解である。**チョコレートの歴史については優れた著作がいくつかあるが，1つだけ参考文献を挙げておくと，読みやすいもので『チョコレートの世界史―近代ヨーロッパが磨き上げた褐色の宝石』(中央公論新社, 2010 年)。なお, 本書の Amazon の紹介ページに「カカオは原産地の中米では飲み物であると同時に薬品であり、貨幣にもなった。」と書いてあって笑ってしまった。さらにとどめを刺しておこう。同じ 2019 年の明治大・国際日本学部の世界史の入試問題・大問3のリード文のテーマがチョコレートであり，そこにこうある。

「カカオの木は中央アメリカの熱帯雨林が起源とされている。マヤ人やアステカ人などの支配層は，粉末にしたカカオ豆と香辛料などを混ぜて作ったものを，栄養剤や強壮剤として飲用していた。この飲み物は当時「ショコラトル（苦い水）」と呼ばれており，これが「チョコレート」の語源となったとされる。貴重なカカオ豆は，当時儀礼品や貨幣としても用

いられていた。」

　なんのしらばっくれようもなく，カカオは薬であり貨幣であり儀礼品であった。学部縦割りで他の日程の入試問題を事前に知りようが無いというのは推察されるが，**それにしても同年・同大学・別日程の問題文が論拠になる出題ミスはさすがに恥でしかない。**もっといえば本問は全学部統一入試なのだから，同学部同士の入試問題で衝突しているとさえ言いうる。何をどう聞きかじってこんな設問を作ってしまったのか，作題者の思考が全く見えてこない。『赤本』にも同様の指摘あり。

４８．明治大　情報コミュニケーション学部

　難問・奇問

問題２　問２　下線部(1)「シヴァ神」はヒンドゥー教徒における破壊の神であるが，舞踏の神としても知られている。舞踏の神を表す神の名称を解答欄に記入しなさい。

◀解答解説▶

　私が全く知らなかった語句その１。この企画を長年やっているので，さすがに全く知らない語句は本当に極わずかになってきたので，新鮮であった。正解はナタラージャ。踊るシヴァ神の異名である。こんなの絶対範囲外だろうと思う一方で，何の脈絡も無く出題はしないだろうと一応さらってみると，灯台もと暗し，山川の『詳説世界史』（2019年版なら p.59）および実教出版の教科書(2019年版なら p.61)の「踊るシヴァ神像」のキャプションに書いてあった。言うまでもなく，どちらの教科書も出題されることや，受験生に覚えてほしい事項として想定して掲載したわけではないだろう。このように**教科書記載の余分な情報から出題されると，教科書制作者が余分な情報を載せられなくなって萎縮するから，本当にやめてほしい。**教科書に載っているなら何でも出していいわけではなく，受験生が覚えるべき情報なのか「あそび」なのかの区別くらいはつくはずで，つかな

い人が入試問題を作ってはいけない。

４９．明治大　情報コミュニケーション学部（２つめ）

難問・奇問

問題２　問６　下線部 (5)『ラーマーヤナ』は王子ラーマとその妻の物語
であり，現在でもインドから東南アジアの影絵や舞踏のテーマとなってい
る。その妻の名前を解答欄に記入しなさい。

◀解答解説▶

　私が全く知らなかった語句その２。**さすがにこれは作題者の気が狂って
いるとしか表現しようがない。**どうしてこんなひどい出題ができるのだろ
うか。これも山川の『詳説世界史』の脚注（2019 年版なら同じく p.59）
に載っているので，無理矢理範囲内と主張できなくもないが，少なくとも
私は絶対に認めない。正解はシーター。それでピンときた人もいるかもし
れないが，『天空の城ラピュタ』のヒロインのシータの語源という説があ
り，同作はインド神話から「インドラの矢」という言葉も拾っているから
信憑性があるが，明言はされていない。というよりも宮崎駿本人は「三角
関数の角度を示す記号の θ からとった」と言っているようだ。

　なお,『Fate/Grand Order』プレイヤーの校正者から「すごく余談だが，
シーターは FGO ではラーマと夫婦一対のデザインでかなり印象的にメ
インシナリオに登場しているので (実装が期待されるくらいには人気)，
FGO プレイヤーの受験生ならピンポイントで解けたかもしれない。前問
のナタラージャと大して理不尽さは変わらないのにこちらは不自然に正答
率が偏っている可能性が……いずれにせよこんな範囲外用語ガチャの悪問
を解かされる受験生が気の毒でならない。」というコメントをもらった。
受験期に『FGO』をやっていたら落ちると思う。

５０．明治大　情報コミュニケーション学部（３つめ）

出題ミス

問題３　次の文章 A 〜 J を読み，下線部 (1) 〜 (4) のうち，適切ではないものを一つ選び，その番号を解答欄にマークしなさい。

J　13 世紀になると高麗はモンゴルの侵略を受けた。これに抵抗したものの，最終的には (1)モンケ＝ハン（憲宗）の時代にモンゴルに服属した。その後，国内での政治対立や倭寇の活動によって，王室の力は弱まった。(2)1392 年，倭寇討伐で功績をあげた李成桂は高麗を倒して王位に就き，国号を朝鮮と定めた。朝鮮は明に朝貢して冊封を受け，(3)科挙の整備や朱子学の導入など明の制度を取り入れる改革を行った。また，(4)15 世紀前半の世宗の時代には，訓民正音（ハングル）の制定など特色ある文化事業が盛んに行われた。

◀解答解説▶

　（2）〜（4）は全く誤りが無い文。（1）は，高麗の服属したタイミングが微妙であり，その時の皇帝をモンケとする説とフビライとする説があるので，普通は問うのを避ける部分である。だから初見で嫌な予感はしていた。**大学当局から謝罪と「設問条件を明確に満たす回答が存在しない」ために全員正解とした旨の発表があった。**措置は正しい。

５１．明治大　情報コミュニケーション学部（４つめ）

悪問

問題４　問 10　下線部 (10)「アメリカでの同時多発テロの後，アメリカ軍を中心にアフガニスタンとイラクに対する攻撃」に関する記述として適切ではないものを次の①〜④のなかから一つ選び，その番号を解答欄に

マークしなさい。

① 同時多発テロ事件では，4 機の旅客機がハイジャックされ，ニューヨークの貿易センタービルに 2 機が衝突，ワシントンの国防総省ビルに 1 機が衝突し，ピッツバーグで 1 機が墜落した。この事件は標的となったアメリカの激しい反発を引き起こし，アメリカによる対テロ戦争が開始された。

② アメリカのブッシュ大統領は，アフガニスタンのターリバーン政権の保護下にあるアル＝カーイダを同時多発テロ事件の実行組織とした。そして，同盟国の支援を受けてアフガニスタンに対する軍事行動を起こし，ターリバーン政権を崩壊させた。

③ アル＝カーイダは，サウジアラビア出身のビン＝ラーディンが率いるイスラーム急進派組織であり，パレスチナでイスラエル軍と戦った義勇兵を主体に構成された。

④ 2003 年，アメリカとイギリスはイラクに侵攻し，サダム＝フセイン政権を崩壊させた。戦後イラクは米英軍を中心にした占領統治下に置かれ，日本も復興支援のために自衛隊を派遣した。

◀解答解説▶

　②・④は正文。③はアル＝カーイダの主体はアフガン紛争時の義勇兵（ムジャヒッディーン）の系譜であるから誤文。作題者の想定する正解もこれだろう。審議の対象は①で，**最後の 1 機が墜落したのはピッツバーグから 100km 近く離れたシャンクスヴィル**である。確かに名の知られた最も近い大都市というとピッツバーグになるものの，さすがにこれだけ距離があってピッツバーグと言い切るのは無理がある。たとえば，**これが通るのであれば前橋や水戸を東京と言い張るのも可能になる，**と言えばその無理さが伝わるだろうか。せめて「ピッツバーグ近郊」か「郊外」だろう。なんでこんな間違いを，と思って各種教材を読んでみたら，これもあっさりと見つかり，山川の『用語集』の「同時多発テロ事件」の説明文も同様の表現になっていた。したがって出題ミスとまでは踏み込まず，分類は悪問とした。しかし，これは『用語集』を盲信せず，作題者が念のため確認すべきものではないか。作題者だって 2001 年当時に生きていた年代と思

われ，『用語集』を読んだら「あれ，４機目ってそんな大都市に落ちてたっけ」と違和感を覚えるべきところだろう。

５２．明治大　情報コミュニケーション学部（５つめ）

問題５　次の文章Ａ～Ｊを読み，下線部(1)～(4)のうち，適切ではないものを一つ選び，その番号を解答欄にマークしなさい。

Ｊ　(1)国連の提唱で1975年に世界女性会議が始まった。(2)第一回目の開催地は，アメリカで多くの国が参加し，性別役割分業の変革と男女平等についての国家の責任について強調された。また，(3)現代日本でも「ワーク＝ライフ＝バランス」など仕事と家庭の両立可能な社会構築に関心が寄せられている。(4)日本における「ワーク＝ライフ＝バランス」などの視点は，政府・自治体・経済界・労働界で合意された「仕事と生活の調和憲章」に基づいており，少子化対策や男女行動参画社会の実現を目指す政策の一環である。また，先進国が一様に少子高齢化傾向にある中，外国人労働者を受け入れるなど，人種や民族をこえた多文化共生を目指す新しい動きも生まれている。

◀解答解説▶

　(1)・(3)は正文。(2)は第１回世界女性会議の開催地がメキシコシティなので，アメリカではないから誤文。(4)は「男女行動参画社会」が「男女共同参画社会」の誤りであるので誤文。よって(2)・(4)の複数正解となる。**大学当局から謝罪と複数正解を認める旨の発表と，また(4)の方は想定した正解ではない誤字が含まれていたという説明があった。**説明が丁寧でよい。(4)は誤文の作り方としては不自然なので，そんなところだろうと思っていた。なお，『赤本』は(4)の方を修正して普通の問題として掲載していた。

　2019年の情コミュの収録数は５つ。この他にも際どく収録対象とし

た難問がいくつかあった。例年書いているが本学部は明治大の中でも悪質性が高く，相変わらず受験生とコミュニケーションをとる意志が全く感じられない。猛省を促したい。

５３．明治大　国際日本学部

出題ミス

問題４　問８　下線部 (g) に関連して（編註：<u>アラブ側</u>），1945 年に形成されたアラブ連盟は，1970 年代までパレスチナ問題でアラブ民族運動の中心となっていた。次の選択肢の中から，加盟国でないものを一つ選び，その記号（A ～ D）をマークしなさい。

A　エジプト　　B　クウェート　C　イエメン　　D　サウジアラビア

◀解答解説▶━━━━━━━━━━━━━━━

　A ～ D，全てアラブ連盟の加盟国であるから，正解の選択肢がない。**当局発表で謝罪があり全員正解となった。**おそらく出題の意図は「原加盟国でないもの」を問いたかったのであって，正解は B が想定されていたものと思われる。ついでに言うと，「1945 年に～中心となっていた。」の文言は山川の『用語集』からのコピペである。

５４．明治大　国際日本学部（２つめ）

悪問

問題５　問２　<u>下線部 (B)</u>（編註：<u>Afrikaners</u>）はブール人 (Boers) とも呼ばれる。次の文のうちから，**誤っているもの**を一つ選び，その記号（A ～ D）をマークしなさい。

A　ブール人は，ケープ地域のオランダ人の子孫で，ケープ植民地がイギリス領になってから南に移動し，Transvaal 共和国と Orange 自由国を建国した。

B　ブール人が移動して建国した国々でダイヤモンドと金が発見され，Cecil Rhodes らに注目されるようになった。

C　Cecil Rhodes の指導で，ケープ植民地から周辺に侵攻する政策がとられ，1899 年，ブール人に対する戦争が始まった。

D　イギリスはブール人たちからの激しい抵抗をうけながら，彼らが建国していた国々を併合した。

◀解答解説▶━━━━━━━━━━━━━━━━━━━

　頻出ネタの一つ。B・D は正文。A は「南に」が「北に」の誤りで誤文＝正解。作題者の想定する正解もこれであろう。まずいのは C で，自然に読むと文全体の主語がセシル＝ローズになるが，セシル＝ローズは 1899 年の南ア戦争開戦時点で失脚しており，南ア戦争を指導していない。C を誤文としないためには，「1899 年」の手前で文脈が切れていて，主語が変わっていると解釈する必要があるが，かなり無理のある読み方だろう。

５５．明治大　経営学部

出題ミス（複数正解）

問題 1　**設問 11**　下線部 (11)（編註：西域から伝えられた仏教）に関する説明として適切でないものを一つ選んでマークしなさい。

A. 雲崗や竜門では多くの石窟寺院が作られ，石像や石彫で仏教世界が表現された。

B. 敦煌の莫高窟では，仏教に刺激された神仙思想が，粘土製の塑像や絵画で表現された。

C. 仏図澄や鳩摩羅什は，華北での布教や仏典の翻訳に活躍した。

D. 東晋の法顕は仏教をおさめにインドへ行き, 旅行記『仏国記』を著した。

◀解答解説▶━━━━━━━━━━━━━━━━━━━━━━━━━━━━━━━

　Aは正文。Bは「仏教に刺激された神仙思想」がでたらめなので誤文であり, これが作題者の想定した正解であろう。審議の対象はCとD。Cは, 仏図澄は仏典の漢訳を行っていないので, 誤文に見える可能性がある。Dは, 法顕が華北の人で出発地点が長安（当時は五胡十六国時代の後秦の領土）であるから, 厳密に言うと東晋の人間ではない。ただし, 帰国後に居を置いたのが建康であるから, 全くの間違いというわけでもない。現在の高校世界史では出身国をぼかすために「東晋時代の法顕」と呼び表すことが多い。したがってCとDは正誤判定にふさわしくない文はあるものの, 出題ミスとまでは踏み込めないというのが私的な見解であったが, 意外にも**大学当局から謝罪と複数正解を認める旨の発表があった**。しかし問題は, 当局発表が「複数正解」ということのみで, CとDのいずれが認められたのか, はたまたB・C・Dの3つ全てが正解になったのか判然としないことである。当局発表もすればよいというものではなく, 受験生が理解できる丁寧な発表を期待したい。

５６．明治大　経営学部（２つめ）

誤植・出題ミス（複数正解）

問題1　**設問12**　下線部(12)（編註：<u>六朝文化</u>）に関する説明として<u>適切でないもの</u>を一つ選んでマークしなさい。

A. 謝礼運は, 楷書・行書・草書などの格調高く, 調和のとれた書体を確立した。
B. 陶潜（陶淵明）は, 田園生活にあこがれ,「帰去来辞」を書いて県令をやめて帰郷した。
C. 昭明太子の編纂した『文選』には, 四六駢儷体の名作が収められた。
D. 顧愷之の「女子箴図」は, 宮女の守るべき教えを説いた文章に図をつ

けたものである。

◀解答解説▶

　ＢとＣは正文。Ａは謝霊運ではなく王羲之の事績であるので誤文だが，そもそも謝礼運が謝霊運の誤字である。おそらく誤字で誤文を作る意図はなく，素で間違えたものと思われる。関連してＤも，「女子箴図」は「女史箴図」の誤字。当然のことながら，**大学当局から謝罪と複数正解を認める旨の発表があった。**これはあまりにも単純なケアレスミスであり，受験生に変換ミスと見透かされてしまうのは大学当局としても体裁が悪かろう。さすがに校正段階で気づいてほしい。

５７．明治大　政経学部

出題ミス（複数正解）

問題3　設問4　下線部 (4) のエリザベス１世の治世において，イギリス独自の国教会体制が最終的に確立した。イギリス国教会の成立に関する次の文章のうち，正しいものをひとつ選び，その記号を解答欄にマークしなさい。

A．ヘンリ８世はカトリックの信仰に忠実であったが，離婚を承認しないローマ教皇と対立し，カトリック世界から離脱した。

B．教義面での改革が進んだのはエドワード６世の治世であった。ルター主義に近い教義がとりいれられ，カトリック的要素は一掃された。

C．メアリ１世は，フランス王室と結んでカトリックを復活しようとくわだてた。反カトリックの「異端」に対する厳しい弾圧により「血のメアリ」と呼ばれた。

D．国王至上法（首長法）を発布し，国王がイギリス国教会の唯一最高の首長であると宣言したのがエリザベス１世であった。

◀解答解説▶

　Bはルター主義がカルヴァン主義の誤り，また「カトリック的要素は一掃された」は言いすぎ。Cはフランス王室がスペイン王室の誤り。Aは正文で，作題者の想定した正解はこれだろう。Dは一見するとエリザベス１世がヘンリ８世の誤りなので誤文に見えるのだが，**カトリックのメアリ１世が撤廃していたため，エリザベス１世が即位時に国王至上法を再発布している。**よってDの文も正文となり，複数正解となる。国王至上法の廃止と復活は範囲外の情報であるから，多くの受験生は戸惑わずにAを選んだと思われるので，被害は少なかったと思われる。何度も書いているが，自分の専門外から出題して誤文を作る場合は，よくよく調べてから作った方がよい。**大学当局から謝罪と複数正解を認める旨の発表があった。**

５８．明治大　政経学部（２つめ）

悪問

問題３　設問６　下線部 (6) のクロムウェルに関する説明として正しいものをひとつ選び，その記号を解答欄にマークしなさい。

A．アイルランドを議会派の拠点とみなし，征服活動に乗り出した。
B．チャールズ２世のスコットランド上陸を受け，スコットランドを征服した。
C．最高官職である護国卿に就任した後，議会の要請を受けて王位に就いた。
D．中継貿易で繁栄するオランダに対抗して，イギリス貿易の保護・促進を目的とする航海法を制定した。

◀解答解説▶

　Aは議会派が王党派の誤り。Cは王位に就いていないので誤文。よってBかDのいずれかが正文＝正解になるはずだが，どちらも瑕疵がある。Bは，**スコットランド上陸作戦中のチャールズ２世は即位前であるので，**

まだ前王の息子チャールズであり，この表記では誤文ととられる可能性がある。ただし，即位前でも即位後の名前で通してしまうこともあるので，そうした事例に沿えば正文とも読める。一方Dは，教科書的には正文になるが，クロムウェル本人は航海法の制定に反対であって，クロムウェルの不在時に議会が勝手に議決・制定してしまったという経緯がある（**2巻 2016 早慶〔番外編〕**，p.117 を参照）。したがって，「クロムウェル時代に航海法が制定された」という表現は正文になるが，**「クロムウェルが航海法を制定した」という本問のような表現は誤文ととられる可能性がある。**ただし，これは範囲外の情報を用いた非常に細かい指摘になる。

　本問の困ったところは正誤の曖昧な選択肢が２つあるせいで答えが絞れないことで，最も厳しく言えば正解が無いとも見なしうる。しかも，Dを誤文と見なすには範囲外の細かな知識が必要になるのもまずい。逆にDを教科書通りに正文と見なすならBが誤文ということになるが，本当にチャールズ２世が即位前か即位後かを正誤のポイントとして作問されたなら，普通は馬鹿馬鹿しすぎて問わないところを聞いた不自然な出題と言わざるをえない。私にはどちらが正解か，全く絞ることができない。東進・『赤本』にも同様の指摘あり。こういう悪問のチェックが甘い東進，なるべく指摘しない『赤本』でも指摘されている辺り，本問は同情の余地がない。

５９．明治大　商学部

悪問

問題3　問1　下線部1に関連して（編註：アイルランド），アイルランドに関する次の文章のうち，誤っているものを選びなさい。

A　シン＝フェイン党など独立強硬派は，第一次世界大戦中にイースター蜂起を起こした。

B　第一次大戦後イギリスはアイルランド自由国を自治領として認めた。

C　アイルランド自治法は，第二次世界大戦の勃発により，実施が延期された。

D　第二次世界大戦後，エールはイギリス連邦を公式に離脱した。

◀解答解説▶

　よくある誤解の一つ。ＢとＤは正文。Ｃは第二次世界大戦が第一次
世界大戦の誤りなので誤文であり，作題者の想定する正解と思われる。
審議の対象はＡで，シン＝フェイン党はイースター蜂起の主体ではない
（コラム1，p.206）。よって誤文と判断される可能性がある。ただし，
これは用語集もイースター蜂起の項目で「シン＝フェイン党などの急進派
が起こした」となっているので，出題ミスとまでは踏み込めない。

　明治大は2018年は全日程から収録対象を出すというグランドスラムを
達成していたが，2019年は文・法・農学部で収録対象がなく，商学部も
この1つだけであった。どうも学内で減らそうとしている学部と開き直っ
ている学部に分かれているような気がする。

６０．明治学院大　全学部〔2/1 実施〕

難問・悪問

問題1　問1　(b)　「1850年の妥協」（編註：アメリカ合衆国の奴隷問題
に関する北部と南部の妥協のこと。(a)の設問で説明された）に関連した
動向を述べた文ｙとｚの正誤の組み合わせとして正しいものを，下の(あ)
～(え)から一つ選び，記号で答えなさい。

ｙ．西部開拓地では，自由人の男性人口が5千人に達すると準州として自
　治政府を設け，10万人に達すると州に昇格して連邦への加入が許されて
　いた。
ｚ．1849年末には人口が10万人に達するなど，急速に発展した　Ｃ　は，
　奴隷制を禁止した「自由州」として連邦へ加盟することになった。（編註：
　空欄Ｃはカリフォルニア）

（あ）y−正　z−正　　　（い）y−正　z−誤

（う）y−誤　z−正　　　（え）y−誤　z−誤

◀解答解説▶━━━━━━━━━━━━━━━━━━━━━━━

　yもzも範囲外の事項で，アメリカ史の難問。yは，州への昇格要件は
6万人なので誤文。zは，はっきりと10万人を超えたとする典拠つきの
資料が見当たらず，探しに探してネットの海をさまよったら，合衆国政府
による国勢調査を見つけ（※），そこの1850年のカリフォルニア州の数
字を見るとなんと92,597人。**微妙である。**これを信用するなら1849年
末時点ではまだ10万人を超えていないことになるので，正解はy・zと
もに誤文で（え）ということになる。が，どうも作題者心理を読むにzは
正文で正解は（う）のつもりで作ったのではないかという疑惑がぬぐえな
い。『赤本』と『入試問題正解』の正解はどちらも（う）。

※　J. D. B. DeBow, The Seventh Census of the United States: 1850
　　(Washington: Robert Armstrong, Public Printer, 1853), ix. 以下のURLから
　　閲覧可。
URL: https://www.census.gov/library/publications/1853/dec/1850a.html
（2021年7月13日閲覧）

６１．明治学院大　全学部〔2/1実施〕（２つめ）

難問

問題1　**問2**　(c)　南北戦争後の奴隷問題及び西部開拓の進展がもたらし
た状況を述べた次の文yとzの正誤の組み合わせとして正しいものを，
下の(あ)〜(え)から一つ選び，記号で答えなさい。

y．解放奴隷には農地が配分されなかったため，多くの黒人はシェアクロッ
　パーと呼ばれた小作人として貧困な状況に置かれた。

z．1865年，アメリカ合衆国憲法に憲法修正第13条が加えられ，解放さ
　れた黒人に対しても，アメリカ合衆国の市民権が認められた。

（あ）y－正　z－正　　（い）y－正　z－誤
（う）y－誤　z－正　　（え）y－誤　z－誤

◀解答解説▶

　人によっては常識だろうと思うかもしれない問題。yは基礎知識で正文。zは第13条が第14条の誤りなので誤文，よって正解は（い）になる。しかし，**通常の高校世界史では奴隷制を廃止した憲法修正第13条しか扱わず，**範囲外の早慶対策になって初めて第14条と第15条が出現する。よって，出題者としては黒人に市民権が与えられた憲法修正第14条と第13条をひっかけるつもりだったと思われるが，ほとんどの受験生はそもそも第14条を知らないので，第13条で市民権も与えられていると勘違いして正文と見なすと思われる。実際，アメリカ合衆国史ではない世界史であるので，憲法修正第13条・14条・15条の違いを教えるべきかと言われると，私はそれほど必要とは思われない。最近では早慶でも出題を見ない。2009年からやっている本企画でこれに触れるのは本問が最初というところから，いかに出題されなくなっているか察せられるところだろう。

６２．立教大　文学部

出題ミス

問題1　1．シリアからこの国（編註：エジプト）に流入し，中王国時代を終わらせた諸民族の混成集団を何と呼ぶか。その名をしるせ。

◀解答解説▶

　作題者の想定している正解はヒクソスだと思われるが，ヒクソスの流入が中王国時代を終わらせたわけではない。ヒクソスは主に傭兵として中王国時代末期に流入したとされているが，中王国の最後の第12王朝は内紛による自壊である。次の第13王朝は比較的安定していたため中王国に含まれる場合もあるが，第14王朝で決定的に混乱し，第15・16王朝がヒクソスがファラオとなるヒクソス王朝であった。この流れを見ても，ヒク

ソスの流入・中王国の終焉から，ヒクソス王朝が成立するまでにはかなり長いタイムラグがあることがわかる。この辺りのことは２巻のコラム１に詳しく書いたので気になる方は参照して欲しい（p.66）。ヒクソスの流入がエジプトの混乱を招いたとするのはかなり古い学説で，高校世界史でも通用しない。明白な出題ミスと思われるが，『赤本』の指摘はなく，大学当局からの発表もない。

６３．立教大　文学部（２つめ）

難問

問題１　16．この迫害（編註：ユダヤ人迫害）に関する記述として正しくないものはどれか。次のａ～ｄから１つ選び，その記号をマークせよ。

a. 11世紀後半に即位したフランスのフィリップ１世はユダヤ人追放令を発した
b. 1492年，スペインにおいてユダヤ人追放令が出された
c. 第４回ラテラノ公会議によって，ユダヤ人は黄色の目印をつけることを強いられた
d. 東ヨーロッパではユダヤ人はセファルディームと呼ばれ差別された

◀解答解説▶

　全選択肢が範囲外。ｂとｃはその中では比較的有名な出来事で，ｃは古い課程なら範囲内であった。誤文＝正解はｄで，セファルディームとアシュケナージムは定義が難解であるが，前者はイベリア半島系，後者は東欧系とされる。ａについては，自分が日本語と英語で調べた範囲では裏がとれなかった。中世の西欧ではユダヤ人がしばしば追放令にあっているので，誰が追放令を出していてもおかしくはないが，フランスのフィリップ１世のユダヤ人追放令が特に有名という話は全く聞いたことがない。

６４．立教大　文学部（3つめ）

難問・奇問

問題1　17. この遠征の後，聖地守備や巡礼者保護のために，いくつかの騎士団が結成された。そのうち，イェルサレムに創設され，赤十字の入った白衣を着用した騎士団の名をしるせ。

◀解答解説▶

さすがにクソ過ぎる難問。三大騎士修道会の判別自体はよくある問題だが，普通はヨハネ騎士団なら救護活動が含まれるとか，テンプル騎士団は銀行業を営んでいてフィリップ4世に解散させられただとか，そこら辺を判別の根拠に持ってくる。少し細かい情報として，ドイツ騎士団のみ第1回ではなく第3回十字軍に由来して創設されたもので創設時期が遅い，ヨハネ騎士団はキプロス・ロードス・マルタと移動していったくらいまでは範囲内であるが，**衣装の差異しか情報がない**のは全く意味がわからない。

　赤十字の入った白衣を着用していたのはテンプル騎士団であるので，これが正解。なお，ヨハネ騎士団は逆で，白十字の入った赤い服（戦闘時は白十字の入った黒い服），ドイツ騎士団は黒十字の入った白いマント。

６５．立教大　2/8実施

難問

問題2　8. ナチス＝ドイツから逃れて亡命した人物として正しくないものは誰か。次のa～dから1つ選び，その記号をマークせよ。

a. アインシュタイン　　b. トーマス＝マン
c. ハイデガー　　d. フロイト

◀解答解説▶

　収録すべきかどうかやや迷った問題。正解はｃのハイデガーであるが，焦点はｄのフロイトである。ハイデガーはずいぶん前から範囲外なので，解法としては消去法になる。ａのアインシュタインとｂのトーマス＝マンが亡命したのは比較的教えられる事項であるが，フロイトが亡命したという事実は意外と習わない。2014年に新課程になったタイミングで各社教科書・用語集からその記載が消えていて，範囲外になっていた。とすると，ｃかｄかは範囲内の情報だけだと判別がつかないことになる。ただし，実際には高校や塾・予備校でフロイトがユダヤ人であったことや亡命したことは教えられていると思われるので，正答率は低くなかったのではないか。

６６．愛知大　2/7 実施

難問

問題2　問3　下線部ⓒについて（編註：扶南），扶南の港オケオから出土したものはどれか，次の①〜④のなかから一つ選べ。

①

②

③  ④

◀解答解説▶

　オケオからローマ帝国の金貨が出土したことはそれほど細かくもない知識だが，歴史上のコインからローマ帝国の金貨を選ぶ問題となると話は別である。これはかなり難しかろう。①はコインっぽさがないのと，教科書や資料集によく載っている図版なので違うと判断できるかもしれない。よく見るとアルファベットが並べられていて，これは陶片追放に用いられた陶片である。「テミストクレス」の人名が書かれている。④はどう見ても中国の銅銭。ちなみに，大観通宝と書いてあるから宋銭である。②・③の判別は困難。**どちらもローマ金貨には当てはまる**ので，そこがポイントにならない。ヒントは保存状態で，出土品は美品になることは少なかろうという推測がつけば，③が正解とたどり着く。発行者は五賢帝の４人目，アントニヌス＝ピウスである。一応山川の教科書に掲載されている図なので，見覚えがあれば正解できたかもしれないが，極少数だろう。②はビザンツ帝国発行のノミスマ金貨で，帝国書院の資料集（『タペストリー』）には載っているのを見つけた。

６７．南山大　2/13実施

難問

問題5　(49)　京都議定書の採択以降の出来事を選びなさい。

ア　ミレニアム開発目標の設定

イ　オゾン層保護のためのウィーン条約の締結
ウ　国連人間環境会議の開催
エ　生物多様性条約の締結

◀解答解説▶

　これは2000年前後に生きていた人間にとっては「ミレニアム」の語から2000年前後の出来事と推測がつくので，1997年の京都議定書採択より後と一瞬で判断がつくのだが，**2019年の現役生は2000年に生まれてすらいない**ので，そんな流行知るよしもなく。そういうわけで正解はア。2000年9月に国連のミレニアム・サミットで採択された国連ミレニアム宣言を元に設定された計画。略称はMDGs（Millennium Development Goals）。2015年までの完了を目標に進められて一定の成果を上げたのだが，世間的な知名度は低く，当然高校世界史の範囲外。それ以外について。イのウィーン条約（オゾン層保護）は1985年。ただし，この2年後の1987年に結ばれたモントリオール議定書の方が重要で，こちらなら用語集頻度②ながら範囲内。ウィーン条約は範囲外であるが，モントリオール議定書などオゾン層が話題になったのは1980年代ということを知っていれば，京都議定書採択よりは前という推測はつくだろう。ウは範囲内で1972年。開催地がストックホルムであることも含めて頻出。エの生物多様性条約は1992年の国連環境開発会議（いわゆる地球サミット，リオデジャネイロ開催）で採択され，各国の調印が進まず（本邦は採択直後に調印している），発効は翌93年になった。「締結」がどのタイミングを指しているのかが不明瞭だが，いずれにせよ97年よりは早い。高校世界史としてはグレーゾーンで，国連環境開発会議自体は基礎知識だが，どちらかというと気候変動枠組み条約の方が強調されてしまい，生物多様性条約は用語集含めて載っていない教材の方が多い。

　以上の理由から，「ミレニアム」の語の意味がわからない＆範囲外の知識を知らない受験生にはアとエの判別は困難と思われ，難問として収録した。こういう感覚のズレを感じる問題はたまにあって悲哀を感じる。なお，ミレニアム開発目標は2018年の青山学院大でも出題されている（**2018私大その他9番**，p.408）。

６８．立命館大　2/2 実施

出題ミス

問題2　宦官 D の率いる南海諸国遠征艦隊が，マレー半島西岸のイスラーム国家である E 王国を拠点に，旧港（パレンバン）や錫蘭山（スリランカ）の現地政権に対して軍事介入を行ったのも，やはりその一環である。

（編注：空欄 D の正解は鄭和）

◀解答解説▶

　一見すると空欄Eには「マラッカ」が入る易しい問題であるが，鄭和の南海遠征が行われたのは1405〜33年で全7回。パレンバンへの軍事介入は第1回のこと，セイロンへの軍事介入は1409〜11年の第3回のこと。一方，マラッカ王国がイスラーム教を国教としたのは1446年頃とされているので，**これらの軍事介入が行われた時点でマラッカ王国はイスラーム国家ではない。**したがって空欄Eに入る正解は存在せず，出題ミスである。一応，1414年に王がイスラーム教に改宗したという記録もあるらしいので，これをとればこの時点でイスラーム化したと見なせなくはないものの，これをとったところで年号が近くなるだけで，結局解決しない。鄭和自身がムスリムであるし，これ以前からムスリム商人が来航していたことから勘違いされがちであるが，イスラーム化はもう少し遅いのである。明白な出題ミスであるが，大学当局からの発表はない。

６９．立命館大　2/2 実施（２つめ）

悪問

問題4　とりわけ，現在の北アメリカ東部ではフィリピン領有に対する反対論が強かった。そもそもこの地域は，かつて A 植民地と呼ばれてお

り，イギリスのピューリタン弾圧から逃れるための「　B　」と呼ばれる
ピューリタンの集団が来航して以来の歴史を持つ。そのような経緯から，
北アメリカ東部ではフィリピン併合反対運動が広まった。

◀解答解説▶

　文章内に矛盾があるので，解答が絞れない。「北アメリカ東部」という
文言からすると空欄Aは「13」が入るが，その後の空欄Bがどう考えて
も「ピルグリム＝ファーザーズ」であるため，そこから逆算すると空欄A
の正解は「ニューイングランド」になる。文脈上，後者の方が強いので作
題者の想定する正解はニューイングランドの方ではないかと思われる。
　なんとか違和感のない解釈はないかと考えてみたところ，**ひょっとして
ここで言う「北アメリカ東部」とは「北アメリカ大陸東部」ではなく「ア
メリカ合衆国の北東部」の意味なのではないか**という考えに行き着いた。
すると一応空欄Aの答えはニューイングランドに定まる。本当にそうい
うことだとすると，かなり独特な用法であると思われる。

７０．同志社大　2/7実施

難問

問題2　設問3　（あ）　現在のベトナムに位置する，当時日本人町が存在
し，来遠橋が建てられた港市の名称を答えなさい。

◀解答解説▶

　正解が気になる人が多そうな類いの問題なので先に出しておくと，現在
名で答えるならホイアン，当時の名前で答えるならフェイフォーになる。
日本人町（日本町）の存在自体は中学の歴史では触れるものの，そこでホ
イアンの名前を覚えるわけではないので，中学の歴史の範囲とは言いがた
い。高校世界史での日本人町は，概ね中学の歴史と同程度のレベルでしか
教科書・用語集で説明されていない。一応，実教出版の教科書に来遠橋の
写真が紹介されているものの，これをもって範囲内と見なすのは無理があ

る。これらの観点から総合的に判断して難問と判断した。なお，高校日本史では日本人町のあった都市の名前が具体的に出てくるものの，ベトナムではホイアン以外にダナン（当時の名前でツーラン）が出てくる上に，両都市とも日本史としても用語集にぎりぎり載っている，つまり早慶レベルの事項になる程度には細かい。かつホイアンとダナンの判別となると高校日本史としても範囲外の知識になる。よって，本問は高校日本史を学習していたとしてもかなりの難問である。それはそれとして，ダナンに日本人町が存在したという説は現在かなり疑問視されているので，それを知っていればホイアンに絞れるかもしれないが，そこまで詳しい人なら確実に来遠橋を知っていると思われる。名前の由来は『論語』の「朋遠方より来たるあり」で，命名はベトナム人だそうだ。日・中・越の儒教的なつながりを感じる良いネーミングだと思う。

　しかし，以上で終わりなら本問はただの何の変哲も無い難問なのだが，本問はここからが本題である。この来遠橋の写真が掲載されている実教出版の教科書の説明を読むと，「この橋は屋根もあり中国風だが，日本人がたてたと伝えられている」とある通り，**来遠橋は建築様式がどう見ても中国風**である。まあ日本人が中国風の橋を建ててもよいのではあるが，どうにも違和感があって調べてみると，やはりこの橋は日本人町と中華街をつなぐために架けられたもので，16 世紀末に日本人が架けたというのも伝承に過ぎないようだ。「日本人・中国人・ベトナム人の共同で建てた」としている事典もあった。ただし，この伝承はかなり広範に広まっており，なにせ英語だと来遠橋を上手く直訳できないこともあってか Japan covered Bridge という名前で呼ばれている。加えて，日本人町は鎖国により短期間で衰退したが，中華街はある程度長続きしたことから，橋のある通りは現在でも中華街の雰囲気が強いそうだ。だからこそかえって来遠橋が日本人町の名残として目立つことになり，誰が架橋したか真偽不明ながら，日本人が架橋したことにした方がドラマチックだということで伝承が定着したのだろう……と私は推測しているのだが，これをまじめに研究した日本語の論文ってあるのだろうか（CiNii にはなかった）。ベトナム語ならありそうだが，私はベトナム語は全くわからないので手詰まりである。

　しかし，私が調べた範囲でさえこれだけの疑問符がついてしまうわけで，来遠橋を伝承つきの観光名所として推すはよいとしても（というより

332

も大変面白い話なので是非この伝承は残してほしい），歴史教育に活かすのは躊躇すべきではなかろうか。高校世界史で登場する建造物は歴史的価値が高いから掲載されているのである。歴史的価値が高い建造物は往々にして観光客に人気があり，したがって歴史的価値が高い建造物はほとんど有名観光地になっているのだが，**有名観光地だから高校世界史で登場するわけではない。** そこにはあくまで因果関係がないことに注意を払うべきで，本問はここに抵触すると思われる。来遠橋はあくまで伝承付きで評価される観光名所だろう。

　そこまで考えての範囲外からの出題だったのか，そもそも作題者はその辺の事情を知っていたのか，とても疑わしい。ダメ押しで書いておくと，こういうものをあまり気にしなさそうな『赤本』が珍しくも「来遠橋の建築様式は中国風」と指摘していた。気になる人は気になるよなと。

７１．関西大　2/4 実施

出題ミス

問題4　**問5**　下線部⑤（編註：中国でカトリックを布教）に関連して述べた次の文（ア）〜（エ）のうち，正しいものを一つ選び，その記号をマークしなさい。

（ア）キリスト教の中でも先駆けて中国に伝播したネストリウス派は，唐代に祆教と呼ばれ隆盛した。

（イ）「皇輿全覧図」は，宣教師マテオ＝リッチらが制作した実測による中国全図である。

（ウ）18世紀には中国での布教方法を巡ってカトリック内部で論争がおこり，ローマ教皇庁は中国の伝統儀礼への妥協を禁じた。

（エ）19世紀に広東でキリスト教の伝道に接した洪秀全は，各地で仇教運動を行った。

◀解答解説▶

　アは祆教が景教の誤り。イはマテオ=リッチがブーヴェの誤り。エは洪秀全が仇教運動を行っていないので誤り。この３つが明確な誤文であるため，ウが作題者の想定する正解であろう。しかし，**典礼問題は17世紀初頭に発生し，17世紀末にはすでに顕在化しているので，ウも18世紀の部分が誤文になる。大学当局から謝罪と全員正解とした旨の発表があった。**

７２．関西学院大　2/1 実施

難問

問題2　⑥　都市への人口集中とその影響に関する記述として，誤りを含むものはどれか。

a．イギリスでは18世紀中に都市人口が農村人口を上回った。
b．フランスでは19世紀中に都市人口が農村人口を上回ることはなかった。
c．コレラなどの疫病の流行に対処するため，公衆衛生という考え方が生まれた。
d．犯罪を取り締まるために，近代的な警察機構が各国で組織された。

◀解答解説▶

　標準的な知識で正文とわかるのはｃくらいで，ｄは範囲外の知識だがなんとなく正文っぽく見える（実際に正文である）。ａとｂの判別はかなり厳しいだろう。一応，帝国書院の資料集『タペストリー』（十七訂版ならp.181）にイギリスの産業革命期の総人口と都市人口が載っているので，それを見ればａの正誤がわかるものの，そんなところまで暗記している受験生は皆無に近かろう。このａが誤文＝正解で，前出の資料をもとに計算すると1800年時点でのイギリスの都市人口率は約44％になる。関西学院大当局作成の解答解説集にも「イギリスの都市人口が増加するのは19世紀に入ってから（なのでａが誤りと判断がつく）」とあったが，実際には『タペストリー』のデータが示しているように18世紀から都市化

はかなり進んでおり、1800年時点で都市人口は約44％であるから50％目前である。作題者は実データをよく調べずに、『タペストリー』すら参照せずに作ったのではないか。このような際どいデータを推測させる問題は良問とは言えない。bについては代ゼミの解答速報で調べられていて、フランスの都市人口率が50％を超えるのは20世紀半ばになってからとのこと。フランスは農業国だから都市化も遅いということか。無論、そのような推測からbを消去してaが正解、などという解法も無理筋である。

７３．関西学院大　2/1実施（２つめ）

出題ミス（複数正解）

問題3 ③　百済に関する記述として、誤りを含むものはどれか。

a. 弁韓を統一して建てられた。
b. 高句麗に圧迫されて漢城に遷都した。
c. 高句麗と結んで新羅・唐に対抗した。
d. 百済の僧侶が倭に暦を伝えた。

◀解答解説▶

　aは弁韓が馬韓の誤りで間違いなく誤文、これが正解としてb〜dは読まずに次の問題にいきたくなる問題だが、b〜dも検討してみよう。c・dは問題なく正文なのだが、dは高校日本史の内容であって高校世界史では扱わない。この僧侶を観勒という。そして最大の問題点はb。そもそも範囲外なのだが、**百済は高句麗に圧迫されて、最初の首都の漢城から熊津、泗沘と南下して遷都している**ので、思い切り誤文である。ということは複数正解の出題ミスになる。ホームページ上での当局発表は無かったが、**当局配布の問題・解答解説集に複数正解を認める旨の記載があった。**関西学院大としては、正解が無いものは即座に公表して謝罪するが、複数正解はこの公式解答解説集で公表するという形をとっているらしい。代ゼミから同様の指摘あり。非常に明白な出題ミスである上に、代ゼミの解答速報よ

り後発であるのに,『入試問題正解』と『赤本』は指摘無し。さすがにこれを指摘しないのは参考書として不備があると言わざるを得ない。

７４．神戸学院大

出題ミス（複数正解）

問題3 **問12** | 37 | 5）の段落にある奴隷制度に関連して，この問題には北部と南部の諸州が主張する政策の対立が大きく影響していた。これについての説明として最も適切でないものを次のＡ～Ｄの中から1つ選べ。

A　北部は工業化に活路を見出しイギリスの工業製品に対抗するため，国内市場確保を図り自由貿易政策を主張した。

B　南部はイギリスの産業革命の進展により綿花輸出が増加し，黒人奴隷を労働力とするプランテーション農園の経営が基幹産業であった。

C　奴隷州と自由州のバランスを取るためのミズーリ協定が1854年に違憲とされ,西部開拓による州の動向に北部は危機感と反発を強めていた。

D　南部諸州は州政府の権限や州の自治を認める州権主義を主張し，連邦政府による統制を嫌った。

◀解答解説▶

　ＢとＤは正文。Ａは自由貿易が保護貿易の誤りで，作題者の想定する正解はこれだろう。審議の対象はＣで，ミズーリ協定は1820年に結ばれて，以後成立する州は北緯36度30分線よりも北にあれば自由州，南にあれば奴隷州という取り決めがなされた。しかし，米墨戦争で一挙に領土が広がると，カリフォルニアなどが北緯36度30分線をまたがっていたため，奴隷制支持者がミズーリ協定の破棄を提案して争いが再燃した。その結果，1854年にカンザス・ネブラスカ法が制定され，奴隷制については成立した州の住民投票に委ねられることとなったため，ミズーリ協定は事実上廃棄された。しかし，**ミズーリ協定が違憲とされたのは1857**

年のドレッド＝スコット判決による。1854 年の段階では，あくまで上書きにより死文化しただけで，司法の判断があったわけではない。よって C も誤文である。**大学当局から A・C の複数正解を認める旨の発表があった。**

〔**番外編３**〕神戸学院大　2/3 実施

問題2　次の漫画を読み，下記の設問に答えよ。（39 点）

（1）

カガノミハチ『アド・アストラ』XI

問1　　13　　前３世紀の第２回ポエニ戦争を指揮したカルタゴの名将として空欄　a　に入る最も適切な語句を，次の A ～ D の中から１つ選べ。

A　リキニウス　B　ハンニバル
C　テミストクレス　　D　マリウス

問2 14 当初 300 人の貴族で構成されたローマの最高の立法・諮問機関として空欄 b に入る最も適切な語句を，次の A ～ D の中から1つ選べ。

A 貴族院　　　B 庶民院　　　C 高等法院　　　D 元老院

問3 15 伝承では前6世紀末にエトルリア人の王を追放して開始した政体として空欄 c に入る最も適切な語句を，次の A ～ D の中から1つ選べ。

A 共和政　　　B 絶対王政　　　C 三頭政治　　　D 元首政

問4 16 傍線部（ア）に関連して，スキピオがカルタゴに勝利した戦いとして最も適切な語句を，次の A ～ D の中から1つ選べ。

A イッソスの戦い　　　B ザマの戦い
C カンナエの戦い　　　D サラミスの海戦

問5 17 傍線部（イ）に関連して，シチリア島シラクサ出身の数学者・物理学者で，ポエニ戦争中ローマ兵に殺害された人物として最も適切な語句を，次の A ～ D の中から1つ選べ。

A アリスタルコス　　　B エウクレイデス
C アルキメデス　　　D エラトステネス

問6 18 傍線部（ウ）に関連して，マケドニア王として最も適切な語句を，次の A ～ D の中から1つ選べ。

A ダレイオス3世　　　B カエサル
C ポンペイウス　　　D フィリッポス2世

問7　19　傍線部（エ）に関連して，古代ローマ時代の官職・称号として最も適切でない語句を，次のA～Dの中から1つ選べ。

A　ペリオイコイ　B　護民官　C　独裁官　D　インペラトル

（2）

カガノミハチ『アド・アストラ』XII

問8　20　傍線部（ア）に関連して，都市カルタゴの最も適切な位置を，漫画(2)の地図上A～Dの中から1つ選べ。

問9　21　傍線部（イ）に関連して，ポエニ戦争後のローマの出来事として最も適切でないものを，次のA～Dの中から1つ選べ。

A　グラックス兄弟は改革を行ったが，失敗して兄は暗殺され，弟は自殺した。

B　マリウスは，ユグルタ戦争を鎮圧して台頭し，平民派を形成した。

C　閥族派の政治家スラは，小アジアの平定後，平民派を弾圧した。
D　平民派のカエサルはダキアに遠征した。

問 10　　22　　傍線部（ウ）に関連して，アフリカに最も関係ない人物を，次の A ～ D の中から 1 つ選べ。

A　クレオパトラ　　　B　ホセ＝リサール
C　マンサ＝ムーサ　　D　マンデラ

問 11　　23　　傍線部（エ）に関連して，コルシカの最も適切な位置を，前ページの漫画 (2) の地図上 A ～ D の中から 1 つ選べ。

問 12　　24　　傍線部（オ）に関連して，最も適切なものを次の A ～ D の中から 1 つ選べ。

A　ノルマン朝のルッジェーロ 2 世が支配したのが始まりの王国
B　サヴォイア家が領有しイタリア統一戦争を起こした王国
C　1282 年の反乱の結果，フランス系が建てた王国
D　ローマ教皇の支配する領土

問 13　　25　　傍線部（カ）に関連して，その名称として最も適切なものを次の A ～ D の中から 1 つ選べ。

A　属州　　　B　奴隷州　　　C　自由州　　　D　軍管区

◀コメント▶

　毎年注目される神戸学院大の漫画出題だが，今年はポエニ戦争を描いた『アド・アストラ』であった。毎年選ばれる漫画の趣味が私とよく似ていて，他人とは思えない。問題はいずれも平易で，やや強引な導き方ではあるが，古代ローマに問いが集中しないように作られている。こうして改めて読んでみると，歴史用語だらけで問題を作りやすい漫画だったのだなぁと。

〔**番外編4**〕神戸学院大　**2/1 実施**

問題2　次の漫画を読み，下記の設問に答えよ。(36 点)

(1)

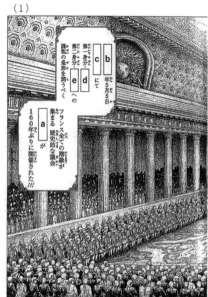

坂本眞一『**イノサン Rouge**』第7巻

問1　| 13 | 14 世紀に設置された身分制議会の名称として，空欄 | a |
に入る最も適切な語句を，次のA～Dの中から1つ選べ。

　A　大陸会議　　B　三部会　　C　ドゥーマ　　D　欧州議会

問2　| 14 | フランス革命の発生年として，空欄 | b | に入る最も適切な
年号を，次のA～Dの中から1つ選べ。

　A　1783　　B　1787　　C　1789　　D　1791

問3 　15　ルイ14世の命で建設され，1682年以降宮廷が置かれたバロック式宮殿として，空欄　c　に入る最も適切な語句を，次のA〜Dの中から1つ選べ。

　A　ヴェルサイユ宮殿　　　　B　シェーンブルン宮殿
　C　サンスーシ宮殿　　　　　D　アルハンブラ宮殿

問4 　16　空欄　d　に入る最も適切な語句を，次のA〜Dの中から1つ選べ。

　A軍人　　　　B　平民　　　　C　聖職者　　　　D　貴族

問5 　17　空欄　e　に入る最も適切な語句を，次のA〜Dの中から1つ選べ。

　A軍人　　　　B　平民　　　　C　聖職者　　　　D　貴族

問6 　18　フランス革命時のフランス国王として，最も適切な語句を，次のA〜Dの中から1つ選べ。

　A　ルイ14世　B　ルイ15世　C　ルイ16世　　　D　ルイ18世

342

坂本眞一『イノサン Rouge』第7巻

（2）右ページの漫画を読んで次のページの設問に答えなさい。

問7 ┃19┃1794年テルミドール9日のクーデターで逮捕・処刑された
フランス革命の代表的政治家として空欄 ┃f┃ に入る最も適切な語句を，
次のA～Dの中から1つ選べ。

A　ミラボー　　　　　B　バブーフ
C　ピット　　　　　　D　ロベスピエール

坂本眞一『イノサン Rouge』第7巻

問8 　20　反革命の阻止や革命防衛をめざした独裁政治の名称として，空欄 g に入る最も適切な語句を，次の A ～ D の中から1つ選べ。

A 保護主義　　B 三頭政治　　C 孤立主義　　D 恐怖政治

問9 　21　弁護士出身の革命家で国民公会や公安委員会で活躍した人物として，空欄 h に入る最も適切な語句を，次の A ～ D の中から1つ選べ。

A　テュルゴー　　　　B　ラ＝ファイエット
C　ダントン　　　　　D　ネッケル

問 10　[22]第三身分議員が集まり，憲法制定まで国民議会を解散しないことを確認しあった事件として，空欄[i]に入る最も適切な語句を，次のA～Dの中から1つ選べ。

A　球戯場（テニスコート）の誓い　　B　十月宣言
C　四月テーゼ　　　　　　　　　　　D　ヴァルミーの戦い

問 11　[23]フランス革命の発端で襲撃された牢獄として，空欄[j]に入る最も適切な語句を，次のA～Dの中から1つ選べ。

A　クリュニー　B　ヴァレンヌ　C　バスティーユ　D　ルイジアナ

問 12　[24]コルシカ出身でのちにフランス皇帝になる人物として，空欄[k]に入る最も適切な語句を，次のA～Dの中から1つ選べ。

A　フーリエ　　　　　B　ナポレオン
c　ルイ＝ブラン　　　D　ルイ＝フィリップ

◀コメント▶

　2019年の神戸学院大は2日程の両方で漫画を出題した。大盤振る舞いである。私もかなり広く歴史漫画を読んでいると思うが，『イノサン』は押さえていなかったので初見である。この作題者，私より歴史漫画を読んでいるのでは。問題は平易で，ちょっとひねりがなさすぎてつまらないところはある。

　一応，正解を。問1はB三部会。問2はC1789年。問3Aヴェルサイユ宮殿。問4はC聖職者，問5はD貴族。問6はCルイ16世。（2）に移って，問7はDロベスピエール。問8はD恐怖政治。問9はCダントン。**問10はA球技場の誓い**。問11はCバスティーユ。問12はBナポレオン。

７５．福岡大　2/5実施

出題ミス

問題１　1096 年に教皇の招集に応じた各国の諸侯や騎士からなる第１回十字軍が出発し，イェルサレム王国を建国した。

　だが，1188 年に，アイユーブ朝の（　ウ　）が，イェルサレムをイスラーム教徒の手に取り戻した。

問２　文中の空欄（ア）〜（エ）にあてはまる最も適切な人名を，下記の語群の中から選び，解答は番号で別紙の解答欄に記入せよ。

(11)　アリー　　　(12)　イスマーイール　　　(17)　サラディン
(18)　ティムール　(19)　トゥグリル＝ベク
（編註：関係のある選択肢のみ抜粋）

◀解答解説▶

　細かいことを考えずに解答を出すなら（ウ）に当てはまるのは (17) のサラディンである。しかし，サラディンがイェルサレムを征服したのは 1187 年のことで，1188 年ではない。（ウ）はよって該当する人名が存在しないとも考えることができる。入試日からしばらく後に，**大学当局からお詫びと丁寧な説明，本問は全員正解としたという発表があった。**

コラム2

大学入学共通テストの導入騒動の記録

　今回のセンター試験から大学入学共通テスト（以後は共通テストと表記）への変更は，「高大接続改革」と称する改革の一環であった。中等教育にあたる高校教育と，高等教育にあたる大学教育がうまく接続できていないのではないか，という議論が主に大学側から生じ，文科省がこれを取り上げたのが 2012 年のこと，まだ民主党政権の頃である。中央教育審議会（いわゆる中教審）が初めて高大接続についての特別部会を設置し（2012年9月28日），議論が始まった。その議論で焦点になったのが，大学入試であった。大学が欲しい学生を採れないのは高校教育が入試によって歪められているからである，したがって高校教育を変えるには大学入試を変えなければならない，というのがその理屈であった。中教審の特別部会は2014 年 12 月 22 日に答申を出し，本格的に大学入試改革がスタートする。これを受けて文科省は 2015 年 3 月に新たに「高大接続システム改革会議」を立ち上げて議論を継続させた。最終的に 2016 年 3 月に高大接続システム改革会議が最終報告を提出し，「推薦・AO 入試の強化」「主体性評価のために内申書を再整備すること」「一般入試における論述問題の強化」「センター試験の大規模な改革」等がうたわれることになった。これを受けて文科省と大学入試センターが新制度の設計を開始し，2017 年 7 月に発表された「高大接続改革の実施方針」において，センター試験に代わる共通試験は「大学入学共通テスト」，通称「共通テスト」と名付けられた。

　注目に値するのは，「大学入試を改善すべきだと大学が考えているのなら（前述の中教審・高大接続システム改革会議には大学関係者が多数参加している），個々の大学が範を示して各自の入試改革をするべきであって，それをなおざりにしてセンター試験を批判するのは筋違いでは」という指摘や，「高校教育がおかしいなら高校教育自体に手を入れるべきであり，大学入試に手を入れるのは倒錯している」という批判は，2015 年の高大接続システム改革会議の時点ですでに存在していて，議論の俎上に上がっ

ていたということである。結局，これらの指摘・批判は解消されないまま
改革は進んでいくことになった。特に前者については私も大いに同意する
ところで，特に**慶應義塾大の元塾長の安西祐一郎氏が高大接続システム改
革会議の座長で，改革を強く推進していた**ことについては，強く批判され
るべきところである。この人は自分のところの社会科（高校の課程だと地
歴公民科が正式名称だが）の入試問題には関心が無かったのだろうか。

　ともかくとして，センター試験は改革されることになった。高大接続シ
ステム改革会議の段階で，センター試験を反面教師的に捉えて改革の骨子
として掲げられたのは，

1．年複数回受験可能な試験にする
　（センター試験は一発勝負であることがしばしば批判されていた。）
2．部分的に記述式を導入して，マーク・記述の併用にする
　（マーク式では思考力を測りづらいという批判があった。また，文章表
　　現力を測るべきだという意見があった。）
3．マーク式の部分はCBT-IRT化する
　　※　CBTはComputer-Based Testingの略語で，受験生が紙のマークシートに
　記入するのではなく，PCやタブレットに解答を記入する形式のこと。IRTはItem
　Response Theoryの略語で，項目反応理論とも訳される。個々の受験生にはラン
　ダムで出題される形式の試験。複数回実施の試験の難易度を一致させることができ
　る。しかし，あらかじめ膨大な問題プールを用意する必要があり，しかも個々の問
　題に過去の受験生の正答率などの詳細なデータが必要になるので準備が難しい。ま
　た，母体となる問題数を減らせないので問題が原則非公開となり，出題ミスなどの
　検証も困難である。
　（紙を用いた試験は時代遅れであるという批判があった。アメリカの
　　大学入学共通試験であるSATがCBTであるのが提唱者の念頭に
　　あった。）
4．英語を4技能試験化する
　（リーディングとリスニングだけでは真の英語力を測れたとは言えな
　　いという批判があった。）
5．全般として，思考力を問う工夫をこらした作問とする
　（センター試験は知識・技能しか測っていないという批判があった）
6．1点刻みの評価をやめて，段階別評価とする
　（1点刻みであるために受験勉強が過酷になっているという批判が

あった）

7．合教科・合科目型の問題を作成する

（センター試験は科目縦割りであるという批判があった）

　という様相であった 。理想論の集合体であるが，こういうものは最初に理想論を掲げて，現実的な障害とのすりあわせによって妥協点を探っていくものであるから，スタート地点として理想論を掲げるのは悪いことではない。実際に，高大接続システム改革会議の最終答申を受けて，文科省と大学入試センターが実施に向けて動き出すと，様々な壁にぶつかって，これらの理想のほとんどが頓挫していくことになる 。項目別に見ていこう。

１．年複数回受験可能な試験にする

　これについては特に，公立高校の３年生は履修範囲と学事の関係から，まともに受験可能なのは結局のところ１月の既存のセンター試験付近の日程１回のみであるという批判が噴出した。すると，有利になるのは文科省からの統制が緩く学事に自由が利く私立・国立の高校であり，とりわけ倍の６年間という尺度で履修順を構成できる中高一貫校である。今回の大学入試改革の主要な目的には挙げられていなかったものの，**都会・地方や公立・私立の格差是正が社会的な問題になっている中でそれに逆行する政策を実施するのはいかがなものか，**ということで全日本的な地方公立高校からの猛批判を受け，2017 年 7 月の実施方針の時点で，結局１回実施に戻った。大学入試を変えなければ高校教育が変わらないという論点からスタートした本改革であったが，皮肉にも高校教育に先に手を付けなければ大学入試改革は困難であるということを示すこととなった。

２．記述式を導入して，マーク・記述の併用にする

　これには２つの障害が立ちはだかった。１つは**記述式の問題が多くなると，採点が間に合わない**という問題，もう１つは採点の公平性が保たれるかという問題である。当然ながら高大接続システム改革会議は大規模な記述式の導入，たとえば 300 字くらいの長い論述型の導入を提言していた。これを受けて，大学入試センターは 2015 年の夏から秋にかけて，実際に

広範囲に呼びかけて様々な採点実験を行っていた。そうして大学入試セン
ターが出した結論は、「仮に1月中旬に記述式を実施したとして、私大の
センター利用型の合否判定や国公立大の足切りが始まることから2月頭に
は採点が終わっていないといけないから、採点期間は2週間程度しか確保
できない。かつ、採点の公平性の観点から大学入試センターが独自で採
点者を確保しないといけないとなると、本格的な論述問題の導入は到底不
可能である」というものだった。それゆえに、本格的な論述問題の導入は
2016年3月の高大接続システム改革会議最終報告の時点でかなりトーン
ダウンした主張になっている [(1)]。

　そこでまず提案されたのが、「記述式の試験は11月に実施して採点期間
を確保し、マーク式の試験は年明け1月中旬の既存の日程で実施する」と
いうものであった。しかし、これは前述1番で書いた通り、日本全国の公
立高校から「11月に入試が始まるとなると、準備が全く間に合わず、融
通が効く中高一貫の私立・国立が著しく有利になる」という激しい批判が
出て撤回された。そもそも難しい記述式を先に実施して、比較的易しいマー
ク式を後から実施するというのは筋が通らない。現役生、特に中高一貫で
はない高校の3年生はこの11月以降に急激に学力を高めるので、彼らに
配慮して実施時期により入試の難易度を調整するのは大学受験の慣行であ
る。意図的に中高一貫の高校生・浪人生や社会人・帰国生などを優先して
採りたい場合はその限りではないが、そのような大学はほとんど無いだろ
う。学校推薦型入試や総合選抜型入試（旧称AO入試）は11～12月頃
に入試を実施する大学が多いが、これらは高校で履修する科目の学力以外
のものが重視されていたり、受験資格が現役生に限られていたりすること
が多いために問題にならないのだ。たとえば大阪大学の学校推薦型入試・
総合選抜型入試は、学部により異なるものの現役生のみか一浪生までに出
願資格を制限していて、実施は12月中旬である。このような記述式の日

(1)「高大接続システム改革会議『最終報告』の公表について」高大接続システム改
　革会議、2016年3月31日
　（URL: https://www.mext.go.jp/b_menu/shingi/chousa/shougai/033/
　toushin/1369233.htm）。以下、ウェブサイトはすべて2021年7月11日接続。

程を先にやるという発想が出てくること自体，大学入試の現場を把握していない人間の発想である。以上のような経緯の末に，**本格的な論述問題を全教科課すのはあきらめて，総字数 120 字未満の短い論述を国語と数学のみに課す**という結論に至ることになる。

　ところが大学入試センターが，それでも自前で採点者を集めて採点をするのは不可能である，そもそも記述式採点のノウハウが全く蓄積されていないと主張し，文科省から「採点者を大学入試センターが独自で確保する必要は無いのではないか」という意見が出て，ここから醜い採点負担の押し付け合いが始まる。当然，高校教員が採点しろという話が出る。実際にフランスのバカロレアでは高校教員が採点に参加している。しかし日本の場合，現場の高校教員にもはやそのような負担を引き受ける余地はない。「バカロレアがやりたいなら，まず高校教員の待遇を改善しろ」という反論が出ると，文科省にとってはとんだやぶ蛇となり，頓挫した。

　同じように，国立大学法人の大学や，共通テストを利用する私立大学の教員が採点しろという話も出る。これは大学への統制を強めたい文科省（というよりも官邸）が国立大学協会に強く圧力をかけて通りかけた。何せ朝日新聞からは「新テストの記述式は各大学が採点へ　当面国語のみで検討」という記事まで出たほどだ（2016 年 8 月 19 日）[2]。なお，この記事は明らかにいわゆる"観測気球"記事で，実際にはこの時点で何も決まっていなかった。これに対して即日で国立大学協会がこれを否定する声明[3]を出した。この声明は他の部分でもいろいろと示唆的であるので後述する。

　文科省（官邸）側は，内々には「大学入学共通テストは国立大学のために課す試験であるのだから，国立大学が相応の負担を負うべき」「大学入学共通テストで論述問題を課すのだから，国立大学は二次試験で論述を課す必要がなくなるので，その労力で採点できるだろう」とまで言っていたのだから傲慢である。しかし，そうまで言われて座視する国立大学協会ではなく，「国公立大の二次試験で課される論述問題は本格的な論述問題で

あり，様々な妥協の結果，短文論述となった共通テストの記述式と同一視できない。よって二次試験から論述問題をなくすのは不可能である」と反論した。上述の2016年8月19日の声明でも「短文記述式（40-50字）設問のみでは、改革の主旨に沿った十分な評価を行うことができないと言わざるを得ない。」と強調して述べているのは，そういった事情による。また「記述式試験と多肢選択式試験を別日程で行うという考え方もあるが、これは受験生にも実施を担当する大学にも過大な負担となり極めて困難と考えられることから、今回の論点整理では取り扱わない。」とし，さらに「現行より前倒しで早期（例えば12月中旬）に実施」という案は「最大の問題点は前倒しによる高等学校教育（課外活動を含む）への負の影響である」と指摘するなど，国立大学が採点を請け負うのを避けるための主張が展開されているだけでなく，本項で述べている共通テスト記述式導入の問題点の良い論点整理にもなっている。これに加えて，日本私立大学団体連合会からも，個別の大学が採点を請け負うのは負担が大きすぎて不可能であるという声明が発表された（2016年10月5日）[4]。こうして2016年度末までに，大学の教員が採点する案も頓挫した。

　最終的に2017年7月に採点は民間業者に委託する方針が明確化し，2017年11月に「共通テスト試行調査」が実施された際，その採点をベネッセが落札した。これは本試験が実施された際の採点委託も見越しての民間業者募集であったが，出来レースであった。そもそも50万人規模の試験の採点を一括で請け負える民間業者がベネッセと河合塾くらいしか存在しておらず，河合塾は塾・予備校の直接経営者であるから情報漏洩のリスクが高い。消去法でベネッセしか請け負うことができない業務委託である。同様に2018年11月に実施された二度目の試行調査の採点もベネッセが落札し，最終的に本番の採点もベネッセが落札した（2019年8月30日）。以上の経緯からわかるように，"政商"ベネッセの暗躍が見え隠れするようになったのは，2017年試行調査の採点を落札した頃からである。すなわち，**最初からベネッセありきで改革が進んでいたわけではない。**これを

(4) 日本私立大学団体連合会「『大学入学希望者学力評価テスト（仮称）』の検討状況に関する意見」2016年10月5日（URL: https://www.shidai-rengoukai.jp/information/img/281006.pdf）。

2012〜14年の中教審や，2015〜16年の高大接続システム改革会議から
ベネッセが絡んでいたと見誤ると陰謀論に陥るので，大学入試改革を論じ
たい人は注意した方がいいだろう。

　そして最終的に，英語4技能試験がつぶれたことで性急な改革を戒める
風潮が生じ，2019年12月17日に萩生田文科大臣の会見の場で**記述式も
実施延期となった。**さらに2021年の6月頃には文科省が有識者会議の答
申を受けて，記述式導入断念の方針を明確化した。これも，たとえばバカ
ロレアでは採点基準が公開されていて，不服申し立ての制度があり，採点
期間も合否が決まるまでの期間も長い。というように，政府が統一の記述
式大学入試を課す国と，そうではない日本では受験風土の違いが大きすぎ
るにもかかわらず，安直に記述式を持ち込んだツケが直前になって噴出し
た形と言える。やはり試験実施が1月中旬，採点期間が2週間という制限
が全ての元凶になっていて，高校教育の制度を変えないことには受験風土
も改まらないのではないか。地方の公立高校を保守的な抵抗勢力と見なす
のはお門違いだろう。

3．マーク式の部分は CBT-IRT 化する

　これは1番の複数回実施がつぶれた時点で，「50万人が同時に受験でき
るだけのPCまたはタブレット（しかも絶対に故障しないもの）と，それ
らを設置する場所と手間をどうやって確保するの？　その予算は？」とい
う話になって，2017年7月の実施方針発表前までに，いつの間にか立ち
消えになっていた。また，「IRTは入試問題が原則公開になる日本の大学
入試の風土にそぐわない」という批判もあった。ただし，一応2024年度
の導入を再検討しているらしい。

4．英語を4技能試験化する

　これは随分と報道されたのでご存じの方も多かろう。当初は大学入試セ
ンターが完全オリジナルの4技能試験を独自に作成するということになっ
ていたが，大学入試センターが早々に「人材もノウハウも無いので，クオ
リティを保証できない」と文科省に通告して，事実上のギブアップ宣言を
出した。そこで民間4技能試験を活用する方針に固まって，民間実施団体
に「47都道府県全てに会場を設置すること」等の条件付で参加の意思確

認を取った。英検・GTEC・TEAP 等が応募して，他の目標に比べると比較的スムーズに実施に至るはずであった……のだが，**4技能試験は4技能であるがゆえに受験料が高額であり，やはり経済格差による受験機会の格差助長につながるという批判がくすぶっていた**ところ，2019 年 10 月 24 日の某テレビ番組に出演中だった萩生田文科大臣の「自分の身の丈に合わせて頑張ってもらえれば」という発言を契機に爆発し，2019 年 11 月 1 日の萩生田文科大臣の会見であえなく中止が発表された。当面は従来通り，大学入試センターがリーディングとリスニングの2技能試験を作成・実施するということになった。

　これも手を挙げた4技能試験に GTEC が入っていることから GTEC 主催のベネッセに対する利益誘導だという声が上がったが，2番と同様に「ベネッセありき」で改革がスタートしたわけではなく，改革の方向が民間活用になったからベネッセが登場したという方が実態にあっている。また，仮に民間4技能試験のまま実施されていたとしても，高校生への浸透率と会場数の多さから英検が圧倒的であったと推測されていた。言われるほど GTEC への利益誘導になっていたかは疑わしい。また，それを言うなら**TEAP は実質的な開発主体が上智大学である**ので，もろに特定私立大学への利益誘導であって，TEAP が GTEC や英検と肩を並べる存在として公認されれば，上智大は早慶との学生の奪い合いにおいて大きなアドバンテージになっていたと思われる。不思議とこちらへの批判は目立たなかった。

　それよりも，より根本的な4技能試験批判として，「スピーキングは必要に応じて，大学に入ってから鍛えられるべきであって，高校生に課すべきではない」という主張が存在したことは挙げておきたい。スピーキング訓練のタイミングを高校生とすべきか大学生とすべきかという重要な論点が専門家の間で決着がついていなかった。特に東京大学は大学全体の意見として「大学生になってからで十分」と主張していて，文科省と激しく対立し，仮に民間4技能試験が国公立大学入試に必修となっても，それを骨抜きにする制度を準備することすらしていた。そのような議論が専門家の間である段階で，共通テストへの4技能試験導入を進めてしまったこと自体が，専門家を軽視する，あるいは政府に都合の良い専門家のみを重用する第2次安倍政権の悪癖の現れと言える。

5．全般として，思考力を問う工夫をこらした作問とする

　これは7つの中で唯一，現在の共通テストに大きく反映された要素と言える。二度にわたって実施された試行調査を見る限り，社会科で言えば，史資料（史料・表やグラフ・地図・図版）が大量に掲載されるようになり，まじめに読解しなければ知識だけでは解答しづらい・できない問題がとても増えた。特に世界史・日本史ではほぼ全ての受験生が初見になるであろうレアな史料が引用され，「頻出史料を暗記されるのは本意ではない」というメッセージ性が強い。私見では，実際にセンター試験の社会科の問題は無味乾燥すぎて解いていても面白みが無かったので，これは良い方向性だと思う。

6．1点刻みの評価をやめて，段階別評価とする

　これは
・たとえば100点を20点おきに区切ってA〜Eという評価を与えることにする。
　　→　すると79点はB，80点はAという評価になるが，これは1点刻みではないのか。
　　→　受験生は79点になる可能性を避けるために，1点でも多くとれるようにと，汲々として受験勉強に打ち込むことになる。
　　→　ところで，1点刻みをやめる理由ってなんでしたっけ？
という当たり前すぎる理屈によって，2017年7月の実施方針時点で立ち消えになった。将来的な復活も図られていないようである。

7．合教科・合科目型の問題を作成する

　これは2015年頃に，実際に大学入試センターや河合塾が合教科・合科目型のサンプル問題を作成・発表するところまでは話が進んでいた。しかし，この**合教科・合科目問題の欠点は受験科目選択が複雑になりすぎることと，問題の難易度が高くなりすぎること**である。前者についてはちょっと考えればわかることだが，試験科目数が「組合せ爆発」的に増えるため作問や試験実施のオペレーションの過酷さが跳ね上がることになる。これを解消するには，あらかじめ受験可能な合科目試験を制限し，それを事前に高校に通達して履修に組み込むよう指示を出しておく必要がある。つま

り，高校のカリキュラム自体をいじる必要が出てくる。やはり高校教育を改革せずして大学入試は改革できないという壁にぶち当たることになる。

　後者についても，たとえば英語×世界史の試験で高得点を取るには英語と世界史の両方が得意でなければならず，片方が苦手だと両方苦手な人並の低得点になることが予想される。受験生の成績が低得点に偏ってしまえばかえって選抜性が薄まってしまい，大学入試として適正ではなくなってしまう危険性がある。そういった理由から，これも2017年7月の実施方針時点で立ち消えになった。

　結果として，以上7つの改革骨子のうち，生き残ったのは5番の1つだけという散々な改革となった。前述の通り，最初に理想論を掲げたところは悪くなかったが，現実の障害が見えてくるにつれ，「やはり先に高校教育に手を入れないと，入試だけ変えようとしてもどうしようもない」ということになっていった。これを成果と見るか，そんなことは事前の議論の段階で薄々わかっていたのだから無駄な改革だったと見るかは，解釈の分かれるところだろう。私見では，採点実験や合科目サンプル問題などは悪くない成果であって，やる前から結果はわかっていたことだと頭ごなしに否定すべきものではないと思う。非難されるべきはこれだけ検証がなされていたにもかかわらず，記述式と英語4技能だけは最後の生命線と言わんばかりに墨守し，「身の丈」発言まで引っ張った人々に限定されるべきであって，非難の対象は狭く絞られるべきである，というのを本章の結語としたい。

参考文献

石井秀宗「大学入試における共通テストの複数回実施は実現可能か——日本のテスト文化やこれまで見送られてきた理由などからの検討」『名古屋高等教育研究』第18号，2018年，23–38頁（DOI: 10.18999/njhe.18.23）。

沖清豪「中教審高大接続特別部会における入学者選抜制度改革議論の『揺らぎ』——入試の公正性と共通テスト導入をめぐる議論に基づいて」『早稲田大学大学院文学研究科紀要』第66号，2021年，151–166頁。

西尾博行「大学入学共通テストの政策過程に関する一考察」『大学教育研
究ジャーナル』第 18 号，2021 年，43-51 頁。

2018年度

上智・早慶・その他

■■■ 2018 上智 ■■■

1．上智大　2/4 実施

問題1　A　（編註：李淵は）隋の首都（　イ　）に入り，唐を建てた。

問3　空欄イにはいる語は何か。
a　洛陽城　　　b　長安城　　　c　大同城　　　d　大興城

◀**解答解説**▶━━━━━━━━━━━━━━━━━━━━━━━━

　おそらくあまり解説せずとも，何が悪いのかすぐにわかる人が多いだろう。隋の首都は「大興城」であるから d が正解になるが，そもそも「城」が首都というのは違和感のある話である。これは，隋の文帝が前代までの長安から少し離れた場所に宮城を建てて，ここに政治機構を整えたことから，前代までの長安と区別する意味で，高校世界史でも大興城と呼称しているに過ぎない。宮殿のあった都市の名前は当然「長安」である。さらに言えば，次の唐は引き続きこの大興城の地を継承し，改装して自らの宮殿としているが，唐の首都は高校世界史上でも一般的にも「長安」と呼ぶし，その宮殿の呼称は「長安城」あるいは「隋唐長安城」である。後者の呼称を見ればわかる通り，そもそも大興城と長安城を峻別する意味はあまりない。

　ということを踏まえるに，b の「長安城」を誤答と見なすのは，かなり性格が悪いし，隋の「大興城」と唐の「長安城」の区別をさせようという意図の出題だとするなら，上述の通り，歴史学的見地から言ってほとんど意味が無い。要するに，クイズ的な価値しかないのである。問題としては成立しているものの，あまりにもクイズ的なテクニックの世界であり，大学入試問題とは呼ぶまい。『赤本』は本問をスルー。

　この他，アウステルリッツの三帝会戦が行われた場所（現在の国名）と

して「チェコ」を問う問題があった。範囲内ではあるが，過度に難しいという指摘だけしておく。また，今年は算数問題が復活していた。問われたのはマンデラの投獄されていた期間で，1962 年に投獄というヒントがあるから，解答はそれほど難しくない（約 27 年）。

2．上智大　2/5 実施

（高校世界史側のせいで）出題ミス

問題3　**問 12**　下線部 (サ)（編註：二つの宗教，すなわち旧教とアウクスブルク信仰告白を用いる宗教 ［ルター派］）に関連した以下の出来事を年代順に並べ替えた時に，三番目に来るものを選択肢 (a 〜 e) から 1 つ選びなさい。

a　ヴォルムス帝国議会へのルターの召喚
b　オスマン帝国による第一次ウィーン包囲
c　カール 5 世の退位
d　ドイツ農民戦争の勃発
e　ルターによる『新約聖書』のドイツ語訳の初版本出版

◀解答解説▶

　これは，初見では普通の問題と思ってスルーし，増田塾の解答速報と自分の出した答えが食い違っていて気づいた問題。a は 1521 年，b は 1529 年，c は 1556 年，d は 1524 年。ここまでは比較的見る年号であるし，はっきり覚えていなくてもヴォルムス帝国議会に召喚→法的保護を剥奪されて，ザクセン選帝侯の保護下に→ドイツ農民戦争を契機に保守化→宗教改革の表舞台が神学論争からドイツ諸侯の内戦に遷移→ハプスブルク家包囲網が構築され，第 1 次ウィーン包囲でピンチ→アウクスブルクの和議の翌年にカール 5 世が退位，という宗教改革の流れがわかっていれば，a → d → b → c を並べるのは容易である。

　さて，困ったのが e。ルターがザクセン選帝侯の保護下において『新約

聖書』のドイツ語訳を行って，ルター訳『新約聖書』が普及したことも影響して農民戦争が起きた，という流れで考えれば，ルター訳聖書の初版発行は1521〜24年の間と推測がつき，年代順はa→e→d→b→cになって正解はdである。私が初見で出した答えもこれ。しかし，東進・増田塾ともに答えはbになっていて，a→d→b→e→cと並べていた。これはどういうことか。ここで基本の山川の用語集に立ち返ると，なんとルター訳『新約聖書』の初版発行年は「1534年」となっているではないか（2017年版でp.158）。東進・増田塾の正解の根拠はこれであろう。

　しかし，これは大きな罠で，**実は用語集の年号が間違っている。**ルターが『新約聖書』の初版本を発行したのは1522年9月のことであり，なにせ「九月聖書」という名前さえ付いている。1534年は新・旧両聖書がそろったバージョンの初版が発行された年で，用語集の執筆者が何かの勘違いでこちらを拾ってしまったものと思われる。ルターは『新約聖書』の翻訳を1年余りで完遂しているが，『旧約聖書』は約12年かかっている。

　してみると，上智大も被害者の可能性がある。1522年を想定して問題を作ってみたら，高校世界史の教材が間違った年号を記載しているなんてさすがに予想しないところだろう。上智大はキリスト教問題に限って出題ミスを出すという法則があったが，**大学側がちゃんと問題を作ってもなぜか答えが1つに定まらない問題になってしまうというのは，もはや何かの呪いにかかっている領域では。**あるいはカトリック系なのに宗教改革で問題を作ったのがダメだったのか。なお，一つ前の課程（2008年）の用語集ではきちんとドイツ語版『新約聖書』の刊行年が1522年となっていた。なぜ改悪したのか。

3．上智大　2/6実施

出題ミス（複数正解）

問題2　問6　下線部(オ)の初代国王（編註：パフレヴィー朝のレザー＝ハーン，パフレヴィー1世のこと）の説明として誤っているものはどれか。

a　クーデタによってカージャール朝の実権を掌握した。

b　国名をペルシアからイランへ改称した。

c　第二次世界大戦中に米・ソの圧力で退位した。

d　モサデク政権と対立して一時国外退去した。

e　立憲君主政にもとづく近代国家の形成をめざした。

◀解答解説▶━━━━━━━━━━━━━━━━━━━━━

　　a・b は正文。e もパフレヴィー 1 世の独裁色が強かったものの，立憲君主政には違いなかったので一応正文と見なせる。d はパフレヴィー 2 世の説明なので誤り，これが作題者の想定する正解。残った c が曲者で，**この時圧力をかけたのはアメリカではなくイギリス**であるから，厳密に言うと誤文になる。**極めて珍しいことに上智大学から公式発表があり，受験生全員に得点を与える旨の発表と謝罪があった。**受験生からの直接の指摘があったとのこと。

4．上智大　2/7 実施

難問・悪問

問題2　問5　下線部 (ウ)（編註：ブラジルの領有）に関する記述として誤っているものはどれか。

a　トルデシリャス条約で定められた勢力圏に基づいている。

b　メソアメリカ地域やアンデス地域のような発達した古代文明はなく，先住民が分散して居住していた。

c　当初は染料となる木以外に目立った作物や資源がなかったが，16 世紀半ばに黒人奴隷をもちいたコーヒーのプランテーションが急速に発展した。

d　17 世紀に入ると，ポルトガルはアジアの制海権をオランダに奪われ，ブラジルを中軸とした大西洋の海洋交易に力を注ぐようになった。

◀解答解説▶━━━━━━━━━━━━━━━━━━━━━━━━

　ｃの内容が難しいが，ａとｂとｄが明らかに正文だから，消去法でｃが誤文＝正解でしょ，と思った人が多かろう。東進・増田塾の解答速報，『赤本』の全てが正解をｃとしている。

　実はｂについて，ほとんど知られていないが**アマゾン文明（モホス文明）は存在したとする説がある。**いや，『ムー』に載っていそうな話とかではなく，本当に。熱帯雨林ではなく，より上流のサバナ気候の平原地帯で，高度な土木建築技術を活かした大規模な灌漑農業を行っていた痕跡と，大規模な集落・墓地の遺跡が発見されている。どうもヨーロッパ人がアマゾン奥地に進出するよりも前に滅亡したようで，遺跡以外に何も見つかっていない。当然不明な点は多く，後のアンデス文明との接触も無かったとされる。これをとればｂの文は誤文＝正解になる。ただし，マヤ文明やアンデス文明のレベルで発達していたかと言われると，現段階で見つかっている遺跡の範囲ではそこまでの高度さはなさそうである。また，遺跡が発見されているのは多くがアマゾン川上流のボリビアであるので，アマゾン文明とブラジル地域の関連は深くないと見なすこともできる。これらの点で，ｂを完全な誤文と見なすのもまた難しい。あるいは，下線部を厳密にとって「ポルトガルが領有して以降のブラジルの状況」が問われているとするなら，その時点でアマゾン文明は崩壊しているので，確かに文明は存在しない。

　ｃの文はやはり誤文である。初めてのコーヒーのプランテーションが作られたのは18世紀前半のことで，16世紀半ばではない。本問はおそらくｃを正解として作問されたものの，作題者がアマゾン文明の存在を知らなかったというオチではないかと思う。

5．上智大　2/7実施（2つめ）

出題ミスに近い （複数正解）

問題2　（Ⅱ）　16世紀には主要な商業ルートが変わり，イタリア半島の港湾都市が衰退する一方，（　4　）や（　5　）が繁栄した。

（編註：空欄５はアントウェルペンが入る）
問11 空欄（　4　）に入る都市名として適切なものを１つ選びなさい。
a　バルセロナ　　b　リスボン　　c　マルセイユ　　d　カディス

◀解答解説▶

　商業革命の説明である。普通に考えるとｂのリスボンが正解であるが，ｄのカディスも否定できない。確かにリスボンはしばしば「一時ヨーロッパ商業の中心地となった」と言われ，またその中心地の変遷はリスボン→アントウェルペン→アムステルダム→ロンドンと説明される。そしてアムステルダムまたはロンドン以降は「ヨーロッパ商業の中心地」というよりも「世界経済の中心地」という説明に変わる。ただし，**本問は問題文で「ヨーロッパ商業の中心地」という言及を全くしておらず，単純に商業革命で繁栄した都市という制限しかかかっていない。**この条件であれば，カディスはラテンアメリカとの交易で繁栄する港市に発展したので，これも該当してしまう。本問が出題ミスではなく「近い」で済んでいるのは，ひとえに高校世界史ではリスボンは重要語句として習うが，カディスは半ば範囲外（用語集未収録）であるという事情と，リスボンの方がより印象的に栄えたという点から，リスボンを優先させるべきという理屈が一応成り立つからに過ぎない。

6．上智大　2/7 実施（3つめ）

誤植

問題2　**問13**　下線部(ク)に関する記述として誤っているものはどれか。

a　ヨーロッパの銀貨が下落して，穀物などの価格が２〜３倍に上昇した。
b　南ドイツの銀鉱山開発に関わっていたフッガー家の没落をもたらした。
c　領地の農民から固定の貨幣地代を受け取っていた領主層は打撃を受けた。
d　エルベ川以東の地域では輸出用穀物を生産するための農場領主制がひろまり，農民は賃金労働者化した。

◀解答解説▶━━━━━━━━━━━━━━━━━━━━━━━

　こちらは価格革命についての問題。素直に解けばｄが誤りでただの易しい問題だが，**ａの「銀貨」は「銀価」の誤植である。**厳密に言えばａも誤文になるので複数正解。なお，上智大は全く同じ誤植をやったことがある（１巻 **2013 上智９番**，p.102）。『赤本』は例によって勝手に「銀価」に修正していた。

７．上智大　2/7 実施（４つめ）

┌─────────┐
│ **難問・悪問** │
└─────────┘

問題３　問２　下線部 (イ) の戦い（編註：<u>ペルシア戦争</u>）の場所として誤っているものはどれか。

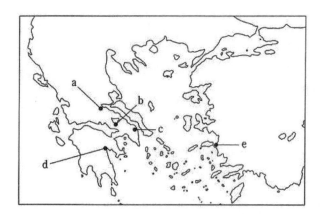

◀解答解説▶━━━━━━━━━━━━━━━━━━━━━━━

　誤植やら悪問やら不運な出題ミスやらが多かった今年の上智大としては珍しいストレートな難問。ペロポネソス半島はほとんど戦場になっていない（アテネまでは侵略にあっているがスパルタは逃れている）というところから，正解のｄを導いてほしいということなのだろうが，知識としては非常に細かい部類に入り，無茶だろう。なお，ｃがマラトンの戦い（前490 年），ａはテルモピュレーの戦い（前 480 年）。ｅはミュカレの戦い（前

479 年)で，これは戦い自体が範囲外。b はプラタイアの戦い（前 479 年）の場所を指したかったと思うのだが，プラタイアの戦場はもう少し南である。b の位置はちょうどポリスのテーベがある。ここでも攻城戦はあったようなので，誤りとは言い切れないが紛らわしい。正解の d には中立都市だったアルゴスがある。

8．上智大　2/9 実施

悪問

問題1　この王朝は（編註：パガン朝のこと），13 世紀に（　7　）の攻撃を受けて滅亡した。

(7) a　明　　　b　李朝　　　c　元　　　d　スコータイ朝

◀解答解説▶

　もう何度目だこの問題。c の元と答えさせたいと思われるのだが，実際には異なる。モンゴル軍侵攻のどさくさ紛れの簒奪であり，簒奪がなる前後にアサンカヤーによってモンゴル軍が追い返されているから，元がパガン朝を滅ぼしたと言ってしまうと語弊が生じる。2 巻の**コラム1**（p.75）を参照のこと。

9．上智大　2/9 実施（**2つめ**）

難問・悪問・出題ミスの可能性

問題3　**問 13**　下線部 (サ) に関して（編註：第一次世界大戦後のアメリカ合衆国），この時期のアメリカ合衆国の国際的地位と行動に関する記述として誤っているものはどれか。

a　連合国への軍需物資の輸出で経済発展を遂げ，戦後には債権国となった。

b　第一次世界大戦後で疲弊したヨーロッパ諸国に代わり，欧米地域の新たな安全保障体制の構築を主導した。

c　19世紀末の大海軍論を受けて，海軍力が大幅に強化された。

d　建艦競争の激化を抑制するため，イギリス・フランス・日本と軍縮条約を結んだ。

◀解答解説▶

　下線部（サ）の指す年代が曖昧であるが，受験世界史の常識と下線部周辺の文脈から言って，1918〜29年頃を指すと判断して，解答を出す。aは問題なく正文だが，b・c・dはいずれも文意がよくわからない。昔の上智大を彷彿とさせる曖昧さである。

　bはドーズ案とパリ不戦条約を鑑みると全く間違いとは言えないが，一般的に言って戦間期のアメリカはモンロー主義への回帰，すなわちヨーロッパ情勢への不干渉を原則としていた。南北アメリカ大陸まで考えても，アメリカ合衆国が支配的な立場であったにせよ，変化があったわけではないので「新たな安全保障体勢の構築」とは言えない。受験テクニックとしても，アメリカがより主導的な立場を担ったのは太平洋地域（ワシントン体制）であるから，太平洋地域を欧米地域に置き換えた誤文のように読める。一応，bが最大の正解候補。東進・増田塾・『赤本』ともにこのbを正解としている。

　cは，いわゆるマハンの地政学の影響や米西戦争の影響を受けて海軍が増強されたことを指している。一応，知らなくてもワシントン会議の軍縮でイギリスと並ぶ最大規模を許されたことから逆算して正文と推測できると思うが，アメリカ海軍が大幅に増強されたのは米西戦争から1920年にかけてであり，1918〜29年にはほとんど重なっていないというのが少し気にかかる。それこそワシントン会議から連想すればcは誤文に見えなくもない。

　dはそのワシントン海軍軍縮条約（ワシントン海軍軍備制限条約）のことを指していると思われるが，とすると条約締結国はこの4カ国に加えてイタリアが入っており，締結国が誤りだから誤文と見なせる。また，同じワシントン会議で締結された四カ国条約はこの4カ国が締結国であるが，

内容は太平洋地域の安全保障についてであるから，軍縮条約とまでは言えない。これも受験テクニック的な見方をすれば，ワシントン海軍軍縮条約と四カ国条約の締結国を混同させるべく作った誤文というようにも見える。

　というように詰めていくと，**実は正文選択として作った問題で，aが正解のつもりだったのでは**という疑惑がふつふつと。

10.　上智大　2/9 実施（3つめ）

悪問とまでは言わないが気持ち悪い

問題4　問2　(E)の例として（編註：政党），以下の政党の設立年を年代順に並べると，3番目に来るのは何か。あてはまる記号を選びなさい。

a　イギリス労働党　　　b　ドイツ社会民主党
c　ドイツ社会主義労働者党
d　ロシア社会民主労働党　　　e　ロシア共産党

◀解答解説▶

　設立年が明確なのはまずc，ドイツ社会主義労働者党の成立は1875年。これが1890年に改名してbのドイツ社会民主党になる。eのロシア共産党は1918年。ここまでは問題ない。困ったのが残り。aは以前に論じたことがあるが（**2015 上智1番**，2巻のp.224），イギリス労働党への改称は1906年であるが，当のイギリス労働党自身は1900年の労働代表委員会の成立をもって労働党の創設年としており，1906年の改称を重視していない。したがって，高校世界史の範囲内で考えれば1906年としてよいが，実態に鑑みると1900年説も浮上して絞れない。一応，ドイツ社会主義労働者党とドイツ社会民主党を両方出題していることを鑑みると，「改称にこだわってほしい」という出題者の意図が透けて見えるので，ここは1906年として解答を出してあげるのが優しさかもしれない。

　最大の問題はd。ロシア社会民主労働党は1898年のミンスク大会で結党の方針が固められた。しかし，このミンスク大会は主要メンバーのプレ

ハーノフもレーニンも国外亡命中で不参加である上に，参加した残りの主要メンバーも大会後にほとんどが逮捕されていて，大会後に活動した実態がない。ゆえに，次の1903年のロンドン大会が事実上の結党大会とされている。もっとも，この大会中に早くもボリシェヴィキとメンシェヴィキに分裂しているのだが。こうした状況ゆえに，各社教科書・用語集の対応もばらばらで，山川は教科書が「20世紀初頭」で用語集は1903年。東京書籍は年号を明示せず，実教出版と帝国書院は1898年である。

　以上を整理すると，並び順を確定できるのはc(1875年)→b(1890年)→e(1918年)までで，あとはa(1900 or 1906年)とd(1898 or 1903年)でどちらの年号をとるかによって4パターンの並びが存在する。

① c(1875年)→b(1890年)→d(1898年)→a(1900年)→e(1918年)
② c(1875年)→b(1890年)→a(1900年)→d(1903年)→e(1918年)
③ c(1875年)→b(1890年)→d(1898年)→a(1906年)→e(1918年)
④ c(1875年)→b(1890年)→d(1903年)→a(1906年)→e(1918年)

　問われているのは「3番目に来るもの」であるから，②の時だけaが，①③④の時はdが正解になる。もっとも，前述の通り優しさをもってaを1906年と見なせば（③・④），dが1898年でも1903年でも，いずれにせよ正解はdになる。年号がぐらぐらながら，ギリギリで正解が出る問題。悪問とまでは言わずとも，解答を出す過程がふにゃふにゃしていて，ちょっと気持ち悪い。

　そういえば，全日程を通して今年は不思議地図の出題が無かった。良いことである。

■■■ 2018 早慶 ■■■

1. 慶應大　経済学部

難問

問題3　問17　下線部Ｃに関連して（編註：冷戦体制），次のａ〜ｃが起きた時期を，下の年表中の空欄１〜８の中から選びなさい。(重複使用不可)

ａ　米・英・仏などがドイツ連邦共和国の主権回復を認めるパリ協定調印
ｂ　米・加・英・仏など12カ国が北大西洋条約調印
ｃ　マーシャル国務長官がマーシャルプランを発表

　　　　１
チャーチル前首相が「鉄のカーテン」演説
　　　　２
トルーマン大統領がトルーマン＝ドクトリン演説
　　　　３
コミンフォルム結成
　　　　４
ベルリン封鎖開始
　　　　５
ベルリン封鎖解除
　　　　６
ドイツ民主共和国の成立宣言
　　　　７
ワルシャワ条約機構結成
　　　　８

◀解答解説▶━━━━━━━━━━━━━━━━━

　月単位シリーズ。戦後史が月単位になるのはある程度仕方のない面もあるが，であれば理屈で解けるようにすべきである。トルーマン＝ドクトリン演説・マーシャル＝プラン発表・コミンフォルム結成が全て1947年でこの順番というのは教科書的に学習するところであるから（ちなみに3月・6月・9月），cは3で容易。パリ協定が1954年で，西ドイツのNATO加盟が決まったことへのカウンターとして，翌1955年にソ連がワルシャワ条約機構を結成させるのも通常の学習で出てくるところであるから，aが7というのも難しくない。

　問題はb。これは1949年というのは習うところだが月まではやらない。一方，ベルリン封鎖解除も1949年5月であり，ほとんどの受験生は5か6かまでは絞れるものの，明確な答えを出せないだろう。北大西洋条約調印は4月であり，正解は5になる。

　慶應大の経済学部の入試問題は早慶の全13日程の中では近年ずば抜けて質が高く，実際に今年もほとんどが適正難易度で良いところを突く良問であった。しかし，この1問を含めて戦後史の時系列問題だけ過剰に細かかった。今年の作問担当のこだわりということか。

２．慶應大　商学部

難問・悪問・出題ミスの可能性

問題2　（編註：東南アジア諸国連合の諸国は）1976年には (35)(36) を結び，これが先進諸国に歓迎されて援助や投資が加盟国に集中した。現在の加盟国10か国は，(37)(38) を形成して，域内貿易と域外貿易を活発に行っている。

19　AEC　　20　AFTA　　21　ANZUS　　22　ASEM
23　ARF　　24　RCEP　　25　SEATO　　26　TAC
（編註：関係のある選択肢のみ抜粋）

◀解答解説▶

　選択肢に見慣れぬ略称ばかり並ぶ異様な問題。なにせ範囲内の用語が
21 の ANZUS と 22 の ASEM，25 の SEATO の 3 つだけで（それも
ASEM は用語集頻度①で通常の学習では覚えない），3 つとも正解ではな
いのは明白，そして残りの 5 つは純粋な範囲外である。(35)(36) はまだ
マシで，調べれば 1976 年に結ばれた条約がこの中だと 26 の TAC（東
南アジア友好協力条約）しかないので，正解が絞れる。一方，(37)(38)
の方は，ただでさえ範囲外からの出題であるのみならず，年号が無いせい
で，19 の AEC（ASEAN 経済共同体），20 の AFTA（ASEAN 自由貿易
地域）の 2 つから正解が絞れない。一応，「域内貿易と域外貿易」への言
及に着目して考えれば AFTA を正解と想定して作成されたのではないか
と思うが，AEC でも域内関税撤廃，外資規制の緩和などの取り決めはあ
るので，当てはめても違和感がない。

　そもそも AFTA と AEC の違いとはなんぞやという。調べてみると，
AFTA の方が先行していて 1992 年に創設され，域内関税の撤廃を主な
目標として活動している。AEC は 2015 年発足，より広い経済分野にお
いて地域経済の統合を図る組織となっている。ここから，問題文を「結成
時点で 10 か国であった」という点をヒントにしてほしいと解釈すれば，
1992 年時点での ASEAN 加盟国は 6 か国であるから，解答は AEC に絞
れる。しかし，この解釈を強いるには日本語が曖昧すぎて無理がある。

　予備校の解答も割れており，代ゼミ・東進・城南・『入試問題正解』は
AFTA，河合・駿台・増田塾・『赤本』は AEC という解答。各社とも分析
で困惑していた。

3. 慶應大　商学部（2つめ）

難問・悪問・出題ミスの可能性

問題2　フィリピン＝アメリカ戦争に敗れたフィリピン共和国はアメリカ
によって (55)(56) にされた。（中略）フランスは，ベトナムの南部を (67)(68)，
北部の阮朝を (69)(70) とした。

34　自治領　　41　直轄植民地　　42　直轄領　　48　保護国

◀解答解説▶━━━━━━━━━━━━━━━━━━━━━━

　完全に作者の脳内をエスパーするしか正解が出ない問題。(69)(70) は
保護国が入るが，残りがおかしい。**この文脈での直轄植民地と直轄領の違
いは何か，全くわからない。**少なくとも高校世界史上使い分けはしない。
無理やり考えれば，フランスはベトナムを植民地化しているが，その北部
を保護国，南部を直接統治としているので，保護国と並列させられている
時点で植民地であることは自明として「直轄領」を当てはめる。残ったア
メリカのフィリピンは「直轄植民地」といったような考えはできるが，自
分で言っておいて意味がわからない。あるいは**重複利用不可とはどこにも
書かれていない**というふざけた理由でどちらも直轄植民地（41 を 2 回使
う）ということなのかもしれない。事実，東京書籍の教科書はどちらも「直
轄植民地」という言葉を使っている（p.318, p.321）。そうだとしても，
直轄領と選択肢を並べているのは区別させようという意図にしか見えな
い。さらには「紛らわしい選択肢が並んでいても重複利用する勇気を試し
ている」のかもしれないが，そういう意図だとしてもほとんどの受験生は
「直轄領と直轄植民地の区別をさせようとしている」としか解釈しないか
ら，すれ違いであろう。
　こちらは予備校の解答速報・『入試問題正解』は不思議と一致していて，
フィリピンが「直轄植民地」で，ベトナムが「直轄領」であった。おそら
く私と同じような思考を辿ったと思われる。こちらも各社とも分析で混乱
していた。唯一『赤本』のみ，どちらにも直轄領も直轄植民地もどちらも
当てはまるとして，複数正解の出題ミス扱いしていた。『赤本』がこうい
う出題ミス認定するのは珍しい。慶應大学さんにあたっては，別に本問を
出題ミスと認めなくてもいいので，どういう論拠があり（是非とも明確な
言葉の定義とそれに用いた典拠も），どちらの正解が何なのか，ご教示い
ただきたい。
　慶應大の文学部は収録無し。ただし，用語集頻度①，「ガンジス平原に
建てられ，1856 年にイギリス東インド会社に併合されるまで約 100 年
間存続した，シーア派の王国」の名で「アワド王国」は過剰な難易度で，

正答率は恐ろしく低かったと思われる。ガンジス平原のシーア派王朝という珍しい事例であり，イギリス東インド会社の厳しい藩王国取りつぶし策の代表例であり同年のインド大反乱発生の契機の一つになった点など，おもしろい王国ではあるが。

4. 慶應大　法学部

難問・出題ミス

問題2　[設問]　下線部（イ）の東南アジアへの遠征（編註：元朝による遠征のこと）に関する最も適切な記述を下から選び，その番号を (43)(44) にマークしなさい。

[01]　ジャワ島東部に栄え，元を撃退して建国されたのが，ヒンドゥー教国のシンガサリ朝である。

[02]　イラワディ川中流域に成立したビルマ最初の統一王朝であるパガン朝では，大衆部仏教が導入され，仏教文化が栄えた。

[03]　元との戦いを通じて民族的自覚が高まったこともあり，陳朝では漢字を基にしたベトナムの文字チュノムを用いて自国の歴史書が編纂された。

[04]　李朝大越は，儒教や仏教を取り入れ，科挙の制度を置く等，中国化を進め，元の侵攻を3度撃退した。

[05]　スマトラ島に起こったサンジャヤ朝は，宋代の中国では三仏斉として知られた。

◀解答解説▶

　[01]はシンガサリ朝がマジャパヒト王国の誤り。[02]は大衆部が上座部の誤り。なお，大衆部は部派仏教の1つで，パガン朝の時代にはそもそも存在していない。大衆部はそのまま上座部に埋没して消滅したという説と，大乗仏教につながったという説があるが，私も詳しくないので深入りはしない。仮にこれを大乗仏教と見なしたとしても誤文であるが。大衆

部は高校世界史範囲外。[03] は**陳朝の時代に編纂された歴史書は『大越史記』を指していると思われるが，これは漢文**であるので誤り。チュノムはもっぱら文学作品に用いられており，硬い文章は漢文であった。これは朝鮮王朝の訓民正音と同じような扱いである。『大越史記』は高校世界史範囲外。[04] は元の侵攻を受けたのが李朝ではなく陳朝なので誤り。

[05] はサンジャヤ朝がジャーヴァカの誤り。サンジャヤ朝は古マタラム王国の王朝で，ジャワ島の王朝になる。サンジャヤ朝は高校世界史範囲外。ついでに言うと「起こった」は「興った」の誤字。また，そもそもこの選択肢，元代ではなく宋代の話をしていて下線部とのかかわりが無い。

よって正文＝正解が不在である。おそらく作題者の想定した正解は [03] で，『大越史記』を漢字チュノム混淆文と勘違いしていたのではないかと思う。河合・駿台・代ゼミから同様の指摘有り。**かなり早い段階で大学当局から謝罪と全員正解にした旨の発表があった。**まあ，これは言い訳しようがない。高校世界史範囲外から出題しておいて出題ミスになるというクソダサの極みが今年も。せめてそれだけはやめればいいと思うのに，大学の先生方も懲りない。

5．慶應大　法学部（2つめ）

奇問

問題3　[設問]　下線部（ア）に関し（編註：Brexit の<u>国民投票</u>），この国民投票においては，EU に加盟する東欧諸国からの外国人労働者の増加も争点の一つとなった。イギリス国家統計局が発表した 2016 年の統計によると，イギリスに在住する外国籍の住民のうち，その国籍国として最も多い国は (57)(58) である。

12．ギリシア	35．ブルガリア	41．ポーランド
48．ラトヴィア	50．リトアニア	54．ルーマニア

◀解答解説▶
　ここから別の問題を引っ張って歴史的経緯を深掘りしていくならまだ理解できるが，単純に現在の状況だけ問う問題は世界史ではなく公民の問題であり，奇問であろう。正解のポーランドは，海外ニュースをマメに追っている社会人なら楽勝だろうが，受験生には厳しい。あれですよね，「高校生たるもの，常に最新の時事くらい追っていないと」というやつですよね。このレベルの高度な情報となると無理がある。

6．慶應大　法学部（3つめ）

難問

問題3　［設問］　下線部（ウ）に関し（編註：イングランドの七王国），7〜8世紀の人物である (61)(62) は，イングランドにおけるキリスト教の伝道の歴史を記した『イングランド教会史』を著した。

03．アルフレッド　　05．エウセビオス　　06．エグバート
07．エドワード（懺悔王）　　21．聖パトリック　　37．ベーダ

◀解答解説▶
　厳密に言えば山川の『新世界史』に記述があるので範囲内だが，用語集未収録であり『新世界史』の発行部数が極めて少ないことに鑑みて収録対象とした。2017 年の文学部でも同じことがあり，慶應大のあからさまな「教科書のどこかに書いてあればいいんだろ」という開き直りが見て取れる。正解は 37 のベーダ。私自身これ以上解説しようがない。エドワード懺悔王もほぼ範囲外であり，聖パトリック（アイルランドへの伝道者である）も用語集頻度①であるから，消去法も極めて困難。増田塾の解答速報は「**常軌を逸した難易度**」と評していた。そう言われても仕方が無い問題。

7. 慶應大　法学部（4つめ）

難問

問題3　[設問]　下線部（エ）に関し（編註：<u>アングロ＝サクソン系の王朝</u>），ウェセックス王家から王位に就いた (63)(64) が 1066 年に死亡した後の王位継承争いが，ノルマン＝コンクェストの一因となった。

03．アルフレッド　　　06．エグバート　07．エドワード（懺悔王）
14．クヌート　　　　　21．聖パトリック
27．ハロルド2世　　　37．ベーダ　　38．ルッジェーロ2世

◀解答解説▶

　これも帝国書院の教科書に出てくるので厳密に言えば範囲内だが，用語集未収録で極めてマイナーな事項であるから収録対象とした。多くの受験生は 27 のハロルド2世で間違えたのではないだろうか。ハロルド2世も範囲内と言い切れない極めてマイナーな人物だが，こちらは一応用語集の「ノルマンディー公ウィリアム」の説明文中に「1066 年ハロルド2世をヘースティングズの戦いで破ってイングランドを征服し」とあるので，これが記憶の片隅にあると，ハロルド2世が正解だと思えたはずである。しかし，実際にはエドワード懺悔王が子を残さずに亡くなったことで王位継承戦争が生じ，イングランド現地のハロルド2世に対して，ノルマンディー公のウィリアムが上陸作戦を仕掛けたという流れであるので，ここに入るのはエドワード懺悔王になる。ところで，エドワード懺悔王は定訳としては古く，近年の訳は「証聖王」では。

　この他，この年の慶大法学部はこの4問の他にも，日朝首脳会談（2002年）と六カ国協議（2003 年）の時系列を問う，韓ソ国交樹立（1990 年）と韓国国連加盟（1991 年）と中韓国交樹立（1992 年）の時系列を問う，洪景来の乱を聞くなど，範囲内でも異様に細かい出題が散見された。「世界史はあくまで暗記科目」という，時代に逆行する強いメッセージを世間に発した。

早稲田大の文化構想学部は収録なし。全体として平易な問題。

8．早稲田大　国際教養学部

出題ミス（複数正解）

問題4　問4　冷戦末期から冷戦終焉後の世界の民主化の動きに関する以下の記述のうち，誤りを含むものを一つ選びなさい。

ア　ピノチェトを中心とする軍部のクーデタ以降，軍部独裁政権が続いていたチリでは，1988 年の国民投票で民政移行が決定した。

イ　アパルトヘイト諸法が 1991 年に廃止された南アフリカでは，1994 年の選挙でアフリカ民族会議が勝利し，マンデラが大統領に選出された。

ウ　軍部政権が続いていた韓国では，1992 年の大統領選挙で金大中が勝利し，文民政権が復活した。

エ　戒厳令が 1987 年に解除された台湾では，翌年に李登輝が国民党総統に就任し，民主化を促進した。

◀解答解説▶

　ウは 1992 年に大統領選挙で勝利したのは金泳三であるので，明白な誤り＝正解である。一方で，**「国民党総統」という表記は不用意**で，ここは国民党主席（党首）あるいは中華民国（台湾）総統という表記が正しかろう。国民党総統という地位は存在しないと考えるなら，エもまた誤文になる。**大学当局から謝罪と複数正解を認める旨の発表があった。**

9．早稲田大　国際教養学部（2つめ）

難問

問題4　問8　多様化する環境問題への国際社会の対応に関する以下の記

述のうち、誤りを含むものを一つ選びなさい。

ア　国連人間環境会議は、「人間環境宣言」を採択した。
イ　国連人間環境会議は、国連環境計画の設立を決定した。
ウ　環境と開発に関する国連会議は、生物多様性条約を採択した。
エ　環境と開発に関する国連会議は、国連森林保全条約を採択した。

◀解答解説▶━━━━━━━━━━━━━━━━━━━━━━━━━━━

　最近流行の環境問題に関する問題。かなり細かいものの，アとイは範囲内の情報で正文とわかる。ウとエは不可能。ただ，なんとなくエはなさそうと直感で判断した受験生は少なくなさそうである。この直感で正解。**国連森林保全条約はこの時議題には挙がったものの未採択で，**現在に至るまで採択されていない。よってエが誤文＝正解。環境と開発に関する国連会議では，代わって法的拘束力のない森林原則宣言が発表されている。

１０．早稲田大　国際教養学部（３つめ）

悪問・出題ミスに近い（複数正解）

問題４　問９　科学および技術発展に関する以下の記述のうち、誤りを含むものを一つ選びなさい。

ア　ディーゼルエンジン自動車は、ダイムラーによって発明された。
イ　インターネットは、軍事技術者間の通信手段として発展した。
ウ　ラジウムは、キュリー夫妻によって発見され、原子物理学の端緒となった。
エ　クローン羊ドリーは、分子生物学を基盤とする生命工学の発展によって誕生した。

◀解答解説▶━━━━━━━━━━━━━━━━━━━━━━━━━━━

　ウとエは正文。アとイはそれぞれ疑惑があるが，出題ミスの典型例であ

るイから触れよう。イは**「インターネットの発明は軍事技術の転用」説は
かなり危うい俗説**であり，少なくとも「軍事技術者間の通信手段として発
展」とは言えない。正文として作られた選択肢だと思われるが，誤文と見
なしうる。ただし，用語集はこの俗説を掲載しているので，出題ミスと断
定するのは少しかわいそうなところ。

　一方，アはディーゼルエンジン自動車の発明者がルドルフ＝ディーゼル
（1892 年または 1897 年）なので誤文＝正解，というのが作題者の意図
だろう。しかし，自動車に載せるためにはエンジンを小型化する必要があ
り，ディーゼルエンジンはその小型化が難しく，ディーゼルの生前には達
成されていない。ディーゼルエンジン自動車の発明は，MAN 社（ダイム
ラーが所属した会社）とダイムラー社が個別にほぼ同時期に達成し，かな
り遅れて 1924 年のことである。よって，**文中のダイムラーをゴットリー
プ＝ダイムラーではなくダイムラー社と捉えるなら，一周回ってアは正文
になる。**受験世界史上で会社を示す場合は「社」とつけることが多いので
（例：フォード社），文章表現としてはやや苦しいが，この解釈で通すな
ら本問はイを誤文＝正解として成立し，出題ミスではなくなる。もっとも，
その場合は想定される作題者の意図とは別の選択肢が正解になるのだが。
いずれにせよ，調べが全く足りていない恐ろしく質の低い問題とは言える
だろう。なお，当然のことながら受験世界史で出てくるのはディーゼルエ
ンジンであって，ディーゼルエンジン自動車の発明は範囲外である。なぜ
選択肢アに「自動車」の語をつけてしまったのか真相は定かではないが，
「オッカムの剃刀」が効く有用な事例とは言えそう。よく知らないなら，
余分な語句は付けないほうが良い。

１１．早稲田大　国際教養学部（4つめ）

出題ミス（複数正解）

問題5　問2　下線 b（編註："refugee"）に関連する記述として，誤り
を含むものを一つ選びなさい。

ア　ロシア革命によって皇帝の座を追われたニコライ２世は難民として日
　　本に亡命した。

イ　ハンガリー事件に対するソ連の軍事介入により約25万人が難民と
　　なって国外に逃亡した。

ウ　インドシナ戦争時にベトナムから海路脱出を試みた難民はボートピー
　　プルと呼ばれた。

エ　中東戦争によって故郷を追われたアラブ系の難民の帰還をパレスチナ
　　解放機構は目指した。

◀解答解説▶━━━━━━━━━━━━━━━━━━━━━━━━━

　解説するのもばからしくなるほどアが明白な誤文＝正解である。しか
し，ボートピープルが大量に発生したのはインドシナ戦争ではなくベトナ
ム戦争の時（それも厳密に言えば戦後）であるから，ウも厳密に言えばか
なり危うい。一応，ベトナム戦争を第２次インドシナ戦争と呼ぶことはあ
るので，第２次の付け忘れであると見なせば正文になる。ただし，第２
次インドシナ戦争という呼び方は，高校世界史ではほとんど全く出てこな
い。もっとも，アがあまりにも明白な誤文であるので混乱した受験生は少
なかろうから，ここで時間をロスした被害者は極めて少ないと思われる。
大学から謝罪と複数正解を認める旨の発表があった。

１２．早稲田大　国際教養学部（５つめ）

難問

問題　5　（編註：1951年の難民地位に関する条約の英語の条文の一節）

　As a result of events occurring before 1 January 1951 and owing to a
well-founded fear of being persecuted for reasons of race, religion, ［ f ］,
membership of a particular social group or political opinion, is outside the
country of his ［ f ］ and is unable, or owing to such fear, is unwilling to
avail himself of the protection of that country; or who, not having a ［ f ］
and being outside the country of his former habitual residence as a result

of such events, is unable or, owing to such fear, is unwilling to return to it.

問6 空欄 | f | に入る英語の日本語訳を漢字 2 文字で記述解答用紙に記入しなさい。

◀解答解説▶

　英語の長文だから英語が読めれば正解できるかというと，英語を読解しても結局難易度が極めて高いのが本問のつらいところ。ひとまず受験世界史の知識と照らし合わせてみると，用語集の「難民」を引くと「人種・宗教・政治的意見を理由に迫害を受けるおそれがあるために国外に逃れ，自国の保護を受けられない人々」が難民の定義と提示されているが，この英語の条文を読むと race も religion も membership of a particular social group or political opinion も出ていて，見事に用語集ではわからないところが空欄の箇所になっている。狙いすまして作られた明白な範囲外の難問である。私が自分で最初に解いた時はさっさとここで諦めて調べた。空欄 f に入る単語は nationality。訳せば「国籍」になるのでこれが正解。UNHCR の日本版の HP にこの条約の全訳があるが，そこでも「国籍」となっている。

　　http://www.unhcr.org/jp/treaty_1951

　すると校正者の方から，高校生レベルの英語力でも「outside the country of his | f |」を「彼の | f | の国の外に」，また「not having a | f | and being outside the country of his former habitual residence」を「| f | を持っておらずまた彼のかつての居住国の外にいる」と訳せることから，国単位で個人が持つものと考えれば国籍と推測しうるかもしれないという指摘をいただいた。自分では全く至らなかった発想なので目からうろこが落ちた。なるほど，大学側の意図はこれかもしれない。

　国際教養学部は例年おとなしいのだが，この年はなぜだか 5 つも収録対象を出してしまった。杜撰なミスが多く，残念である。

13．早稲田大　法学部

悪問

問題1　設問2　下線部bの「鉄器」に関して，不適切な記述はどれか。

① ヒッタイトは二頭立ての馬車と鉄器の使用で知られ，その滅亡後，オリエントの他の地域でも鉄器が普及した。
② インドではアーリヤ人の侵入以後に，鉄器が使われるようになった。
③ 中国では戦国時代になると重量有輪犂が普及し，家族単位の小規模な農業経営が広がった。
④ マヤ文明，インカ文明はついに鉄を知るところがなかった。

◀解答解説▶

　②と④は問題なく正文。③は，中国の戦国時代で普及した犂は車輪がなかったので有輪犂ではなく，誤文。想定された正解はこちらだろう。疑惑の判定は①。従来の通説では正文になるが，近年の学説では**鉄器製造技術を独占していたヒッタイト帝国が崩壊し，オリエントが鉄器時代に入ったというのは否定されつつあり**，少なくともヒッタイト帝国崩壊前に鉄器製造技術はオリエントに広まっていたとされる。さらに言えば，鉄器の利便性が増して青銅器よりも優先的に使われるようになったのは，むしろヒッタイト帝国が崩壊してからかなり後の前11〜10世紀のこと。ただし，ヒッタイトが鉄について特別な関心を持っていて，他の国々に比べて早い時期から大量生産を図ったことは事実のようである。もろもろの情報はこちらの論文を参照のこと。

　・津本英利「古代西アジアの鉄製品——銅から鉄へ」『西アジア考古学』5号，2004年

　教科書上も対応は割れていて，東京書籍・帝国書院の教科書は旧説の通り。新説の導入が早い帝国書院にしては珍しい出遅れ。山川の『詳説』は青銅器時代から鉄器時代への変化に深入りせず。ただし，『詳説世界史研究』は旧説。実教出版が一番（というよりも飛び抜けて）先進的で，「ヒッ

タイトの滅亡後も，鉄は他の地域になかなか普及しなかった」とし，上述の論文で取り上げられているカマン・カレホユック遺跡の名前も出して「日本の学術チームが中心となり」と紹介している。純粋な範囲外の知識による疑惑であればまだ情状酌量の余地があったが，実教出版の教科書がこう書いている以上は，わざわざ教科書間で記述が異なる部分から出題したということになり，単なる調査不足である。悪問のそしりは逃れられまい。

１４．早稲田大　文学部

悪問

問題6　設問4　下線部 d（編註：<u>アイルランドで激しい独立運動が起こり</u>）に関連して 20 世紀初頭のアイルランドの政治情勢について，必ず以下の語を用いて 120 字以内で説明しなさい。

アイルランド自治法　　イースター蜂起　　北アイルランド

◀解答解説▶

　問題のテーマ自体はありふれたもので特に問題無いが，まずいポイントが 2 箇所ある。まず「20 世紀初頭」という言葉の曖昧さと，120 字という字数設定である。「初頭」というと最初の約 20 年間を指すことが多い。一方，20 世紀が始まってからアイルランドが独立するまでの流れを箇条書きにするとこうなる。経緯をわかりやすくするため月単位で書いたが，実際の答案作成上は月単位は不要である。

1905 年　独立急進派のシン＝フェイン党が成立
1914 年 9 月　イギリス議会でアイルランド自治法制定　→　制定前後から北アイルランド問題が悪化
　→　前月の第一次世界大戦勃発を理由に施行延期
1916 年 4 月　施行延期に抗議して，イースター蜂起が発生
　→　イギリスが高圧的に蜂起を鎮圧し，かえって独立気運が高揚

1918 年 12 月　イギリス総選挙において，シン＝フェイン党がアイルランドの選挙区で圧勝

1919 年 1 月　シン＝フェイン党が勝利した選挙区を領土として独立を宣言，独立戦争開始

1921 年 12 月　イギリスがアイルランドの自治領化を容認し，独立戦争終結

1922 年 12 月　アイルランド自由国成立，英連邦下の自治領として事実上独立

　さて，問題は**初頭とはどこまでか**ということである。具体的に言えば，アイルランド独立戦争の終結とアイルランド自由国の成立を解答に含むのかどうか。含んだ方が解答としては綺麗であるが，1921 年 12 月は通常の受験世界史の感覚で言えば初頭ではない。当然 1922 年 12 月も同様。一方で，これらを含まずに，かつ個々の事象の説明が詳細になりすぎないように解答を作ると，解答がどうしても 120 字に満たない。つまり，**受験生は厳密な初頭の範囲を守って冗長かつ尻切れトンボな解答を作るか，初頭の範囲を無視した解答を作るしかない。**

　実際に各予備校の判断も割れている。河合・駿台・代ゼミ・城南・『赤本』は 1922 年まで使って解答を作成。増田塾・早稲田予備校・『入試問題正解』は 1919 年までで解答を作成していた。城南予備校は分析で初頭という指定の曖昧さに苦言を呈していた。私が受験生なら 1919 年までで解答を作ると思う。なお，早稲田大の文学部は毎年 1 問論述問題を課しているが，字数は多くても 50 字までであった。今年課された 120 字は異例の事態といってよい。昨年課された 40 字の問題も「どう考えても 40 字では足りない大きすぎるテーマ」であったのだが，今年は完全に逆である。文学部は昨年も今年も論述問題のテーマ選択自体は非常に良かったのだが，なぜにこうも字数の指定が下手なのか。

　文学部はその他に張騫の大月氏以外の派遣先として「烏孫」，最古の楔形文字が発掘された都市として「ウルク」，《サント＝ヴィクトワール山》から「セザンヌ」を問う等，いくつか範囲内ながら高い難易度の出題があった。長らく文学部は文化構想学部と並んで早稲田大の世界史では易しい部類であったが，ここ 2・3 年を観察するに難化が著しく，教育学部・人間

科学部の方が易しいと言えるまでになってしまった。それで質が維持されているならよいが，とても乱暴な作りの難問が多く，残念である。

15. 早稲田大　人間科学部

悪問

問題 1　（編註：フランス革命において）しかし実際には，選挙権をはじめ，女性に公的な政治空間に参入する諸権利が与えられることはなかった。それに対して，当時のフランスで女性の権利を主張した $\boxed{\text{B}}$ は，17 条から成る『女性および女性市民の権利宣言（女権宣言）』を著した。

設問 X

B　a　ローザ＝ルクセンブルク　　b　ド＝グージュ
　　c　ロベスピエール　　d　ラ＝ファイエット

◀解答解説▶

　範囲外ながら，a のローザ＝ルクセンブルクは時代も地域も違う，c と d は男性だから違うとして正解の b が導けるという問題と思われる。同種の設問は他の私大も含めてたまに見られるが，**このような解法は男性がフェミニズムに賛同するはずがないという偏見を助長させる**ので，強く反対する。事実 J＝S＝ミルのような人もいるのであるから。『赤本』はまんまそういう解法を解説していてげんなりした。

　教育学部は収録対象無し。殷の初代国王の「湯王」を問うものがグレーゾーンというくらいか。全体としての難易度は普通。

16. 早稲田大　政経学部

難問・奇問

問題2　A　5　各列強が空欄 b の制度廃止（編註：奴隷制度廃止のこと）を決めた後，それに代わって多くの地域でアジア人の契約労働者が導入されたが，そのうち，日本人契約労働者がほとんど雇用されなかった地域はどこか。

イ　ケニア　　　ロ　ハワイ
ハ　ブラジル　　ニ　ニューカレドニア

◀解答解説▶

　普通に「多く雇用された場所」でハワイを聞いてくれれば普通の問題，ブラジルでも難しいが，まだ出題意図を理解できる。しかし，「雇用されなかった場所」でケニアかニューカレドニアを選ばされると非常に厳しい。ほとんどの受験生は2択または3択からの鉛筆転がして解答ということになっていたかと思う。もちろんこんなの解けなくてもいいのだが，どちらかというと運で配点の数％が左右されてしまったこと自体，受験生がかわいそうである。正解はイのケニア。ニューカレドニアにはニッケル鉱山の労働者としてそれなりに多くの労働者が渡航している。ハワイから，同じ太平洋は多そうだという推測をせよということか。ただし，そうした推測のさせ方は現実世界の複雑さや例外の多さに鑑みるに非常に危うい。

17. 早稲田大　政経学部（2つめ）

悪問

問題3　A　6　下線部1（編註：<u>帝国の西半分ではゲルマン民族の侵入がますます激しくなった</u>）に関する説明として誤っているのはどれか。

イ　西ゴート族は，4世紀末にドナウ川を渡ってローマ帝国領内に進入し，その後ガリア西南部からイベリア半島にかけての地で王国を建国した。

ロ　ヴァンダル族は，5世紀初めにローマ帝国領内に進入し，その後イベリア半島を経て，ガイセリック王のもとで北アフリカに王国を建国した。

ハ　5世紀中頃にフン人支配を脱した東ゴート族は，テオドリック大王のもと493年にオドアケルを倒し，イタリア半島を中心に王国を建国した。

ニ　ライン川上流域に定住していたランゴバルド族は，5世紀中頃ローマ帝国領内に進入し，北イタリアを経て，ガリア中南部に王国を建国した。

◀解答解説▶━━━━━━━━━━━━━━━

　ロとハは正文。ニは概ねブルグンド族の説明になっているので誤文であり，これが作題者の想定する正解であろう。イは概ね正文だが，西ゴート族のドナウ川渡河が376年とされており，**376年が4世紀末と言えるかどうか**によっては誤文と判断できる。**14番**の文学部の問題でも書いたが，初頭や末は大きくとって20年が限度というのが普通の受験世界史の感覚であり，376年を4世紀末と言うのはかなり苦しいと思われる。ニが明白な誤文なので正解は出せるものの，もっと曖昧な誤文であったら複数正解の疑いが浮上していたところだった。

　ところで，問題文では「侵入」なのに，選択肢では「進入」である。何か意識して使い分けているのだろうか。

18．早稲田大　政経学部（3つめ）

[難問]

問題3　B　1　下線部bの時代（編註：「ローマの平和」と呼ばれる繁栄の時代）の歴史家タキトゥスの作品で，ブリタニア総督を務めた岳父の伝記は何か。

◀解答解説▶━━━━━━━━━━━━━━━━━━━━━━

　厳密に言えば用語集に記載があるが，普通は覚えないところであり過剰に難しいので収録対象とした。タキトゥスの作品というとまず覚えるのが『ゲルマニア』，細かく知っている人で『年代記』までであろう。3つめの著作となると細かく聞きすぎている。そもそも通常の高校世界史学習で著作が3つ以上紹介されている人物はルター（「九十五カ条の論題」『キリスト者の自由』とドイツ語訳『新約聖書』），シェイクスピア（四大悲劇＋『ヴェニスの商人』），徐光啓（『農政全書』『幾何原本』『崇禎暦書』）くらいか。彼らにしたって，シェイクスピアを聞くなら『ハムレット』であり，徐光啓のうち『崇禎暦書』はアダム＝シャールの方で出題することがほとんどだ。彼らに並べて3つめの著作を出すだけの重みがタキトゥスにあるか。

　正解は『アグリコラ』。著作名はそのタキトゥスの岳父の名前である。ブリタニアのブーディカの反乱鎮圧に従軍したのがキャリアのスタートで，その後ネロの治世，死後の内乱を生き抜いてウェスパシアヌスに仕える。晩年はブリタニア総督として再度大ブリテン島に赴き，84〜85年頃に引退した。タキトゥスの伝記により比較的詳細に人生が判明している人物。どうでもいいが，ブーディカで画像検索すると案の定すごいことになっているし（※），アグリコラでググってもボードゲームしか出てこないのはちょっとおもしろかった。

※　人気ゲーム『Fate/Grand Order』に登場するため，そのキャラクター絵が検索結果を埋め尽くしている。

19. 早稲田大　政経学部（4つめ）

悪問

問題3　B　6　下線部 k の約60年後に開かれたカルケドン公会議で退けられたが，シリアやアルメニア，エジプトなどの教会で受け入れられた教義は何か。

◀解答解説▶

　もはや悪問の風物詩と化してきたキリスト教の教義に関する問題。解答は単性論が求められていると思われる。カルケドン公会議で排斥されたという情報だけであれば単性論でも誤りではないが，コプト教会に受け継がれたと踏み込んでしまうと，彼らは厳密には異なる教義（合性論）を持っているので誤りになってしまう。繰り返し言っていることではあるが，もう細かなキリスト教の教義から出題するのは避けたらどうか。

　政経学部ではこの他，「奴隷制廃止後，奴隷貿易に代わって出現して現代でも国際的な問題となっている，人間をさらって売り払う行為を何というか」という問いで「人身売買」を答えさせる問題が出ていた。言われてみれば知っているがこう聞かれると答えにくいというたぐいの用語であり，正答率は低かったと思われる。

２０．早稲田大　商学部

悪問・出題ミスに近い

問題2　問Ⅰ　下線部Ⅰについて（編註：元は積極的に東南アジアに軍事遠征を行い），元の軍事遠征が成功し，征服された王朝はどれか。

1．タウングー朝　　　2．陳朝
3．シンガサリ朝　　　4．パガン朝

◀解答解説▶

　これも例年発見されるパターンの悪問。タウングー朝は時期が違う，陳朝は滅ぼされていない，シンガサリ朝は同時期に滅んだが元軍に直接滅ぼされたわけではないと消していって，4のパガン朝を正解にさせたいのだと思われるが，パガン朝が元によって滅ぼされたというのは誤りである（2巻のコラム1，p.75を参照のこと）。よって正解なし。ただし，山川をはじめとしていまだに書き換わっていない教科書があるので，情状酌量の余地はある。

２１．早稲田大　商学部（２つめ）

> 出題ミス

問題３　問Ｊ　下線部Ｊに関連して，主に1960年代のアメリカで軍事目的のために開発されていた複数のコンピュータネットワークを世界的な規模でつなぐネットワークを指すのはどれか。

１．集積回路　　　　２．インターネット
３．ファイアウォール　４．オペレーティング＝システム

◀解答解説▶

　今年二度目のインターネット俗説問題。しかもインターネットという語が生まれたのは1980年代に入ってからであり，1969年から70年代の時点ではその原型的な，限定的なネットワークである。「1960年代に開発されていた」「世界的な規模でつなぐ」の部分だけをとってもインターネットは該当しない。軍事技術目的という，用語集も採用している俗説をとったとしても本問は出題ミスでは。おそらく「君らにも身近なインターネットも歴史の一部なんだよ」的な発想で出題していると思われるが，ちゃんと調べてから出題してほしい。なお，『赤本』は俗説通りの解説をしていた。

　例年の商学部は中国史で謎の難問・悪問を乱発する癖があったが，本年はなりを潜めていた。この２つ以外はインド人民党の名前と特徴を問う問題が難しかったくらいか。私自身，最初はこれ範囲外ではと疑っていたのだが，用語集頻度②で，山川の『詳説』教科書で詳細に説明されていた。盲点である。実際の受験生はほとんど書けなかったと思われる。

２２．早稲田大　社会科学部

出題ミス（複数正解）

問題１　問２　下線部（B）について（編註：<u>魏晋南北朝</u>），魏晋南北朝時代の諸国に関連する記述のうち，最も適切なものを１つ選べ。

a．魏の将軍だった司馬睿は晋（西晋）をたてたのち，280 年呉を滅ぼして中国を統一した。

b．晋（西晋）は匈奴に首都長安を攻撃され，皇帝も捕えられて 316 年に滅亡した。

c．鮮卑の拓跋氏がたてた北魏が東西に分裂した後，東魏は北周に，西魏は北斉に倒された。

d．東晋の武将劉裕は，東晋の皇帝から禅譲を受けて南朝最初の王朝宋を建国した。

◀解答解説▶

　　a は司馬睿が司馬炎の誤り。c は北周と北斉が逆。d は正文で，これが作題者の想定する正解だろう。最後に残った b は一見すると西晋の首都が洛陽なので誤文だが，厳密に言えば正文とも解釈可能である。洛陽は永嘉の乱が勃発した直後の 311 年に陥落しており，２年後の 313 年に捕虜となっていた皇帝が処刑された。これを受けて長安にいた皇族が新たに皇帝に即位したが，316 年に長安も陥落して西晋は滅亡する。そして長安も陥落してしまったことを見て，317 年に建康の司馬睿が東晋を建てるのである。

　　このような経緯であるため，西晋の最後の３年間の首都は長安だったと見なしうる。そしてこれらのことは教科書上で書いているものは無いものの，用語集の永嘉の乱の項目に記載があるから，かえって範囲内である。つまり，用語集を隅々まで読んで丸暗記していたような受験生には b も正文と判断されうる。駿台から同様の指摘有り。また駿台はこの件について**「他の選択肢や設問では用語集の記載から重箱の隅を突くような知識を**

問いながら，ここだけ教科書レベルというのでは辻褄が合わない」という至極まっとうな批判をしており，読みながら首が折れるほど頷いてしまった。『赤本』も複数正解という指摘。

２３．早稲田大　社会科学部（２つめ）

出題ミス（複数正解）

問題２　**問6**　下線部（F）について（編註：メアリ２世およびウィリアム３世），２人の治世下における出来事として適切でないものを１つ選べ。

a.　国民の生命・財産の保護などを定めた「権利の章典」が制定された。

b.　寛容法の制定により，すべての国民に信教の自由が認められた。

c.　イングランド銀行が創設され，国債制度も整備され，政府の財政基盤が強化された。

d.　スペイン継承戦争が起こると，イギリスはオーストリア側についてフランス・スペイン連合軍と戦った。

◀解答解説▶

　aとcは正文。bは「すべての国民」ではなく「ほとんどの新教徒」であるので誤文である。この法律により新教徒は公職就任を除く社会制度上の差別が全て撤廃されたが，カトリックや異教徒には差別が残された。これが作題者の想定する正解であろう。

　残ったdは一見すると正文に見えるが，厳密には誤文になる。まず問題文の「２人の治世下」を２人がともに生きていた時代と解釈すると，**メアリ２世は1694年12月に亡くなっているので，当然1701年のスペイン継承戦争勃発時には生存していない**（なお，この場合イングランド銀行創設も1694年7月であり際どかった）。また，どちらかが生きていた時代と解釈するとしても，ウィリアム３世が亡くなったのは1702年3月であるのに対し，正式な対仏宣戦布告は5月であり，この時のイギリス王はアン女王である。実際の戦闘は前年の1701年に始まっているから，これ

をもって「スペイン継承戦争が起こると」とするならセーフであるが。

　さらに言えば，スペイン継承戦争にともなって発生した英仏の海外戦争は一般にアン女王戦争と呼び，この呼称は用語集頻度①ながら高校世界史でも扱うので，その連想から d を誤文＝正解と見なした受験生はいても何らおかしくない。この推測は受験テクニック的ではあれ，悪くない発想である。しかも寛容法も用語集頻度②であり，「すべての国民」か「ほとんどの新教徒」かは範囲内ながらかなり難しい部類の正誤判定になる。

　以上から結論を言えば，本問を出題ミスと見なさないためにはかなり複雑な日本語の解釈が必要であり，しかも悪くない発想を持った受験生を誤答に導く作りにもなっていることから，悪質性の高い問題と言わざるをえない。駿台から同様の指摘有り。というよりも，1702 年の 3 月と 5 月については私も初見で気付かず，駿台の指摘を読んで気付かされた。鋭くすばらしい指摘。**後日，大学当局から謝罪と複数正解を認める旨の発表があった。**これは無いとさすがにおかしい。

２４．早稲田大　社会科学部（３つめ）

（悪問）

問題３　問４　下線部（D）について（編註：キリスト教），キリスト教の公会議に関する記述として適切でないものを１つ選べ。

a. 325 年に小アジアのニケーアではじめて公会議が開かれた。
b. 381 年のコンスタンティノープル公会議ではじめて三位一体説が主張された。
c. 431 年のエフェソス公会議でマリアを「神の母」と呼ぶことを認めた。
d. 451 年のカルケドン公会議の決定に反対してシリアでヤコブ派が生まれた。

◀解答解説▶

　a と c は正文。b が誤文＝正解で，用語集に「（三位一体説は）381 年

のコンスタンティノープル公会議で再確認され」とある。

　残った d は正文のつもりで作ったと思われ，用語集にも同じ表記があるが，**シリア正教会をヤコブ派と呼ぶのは不適切**である。当人たちがその呼称を否定している。理由としてまず，教派の由来となったヤコブは6世紀の人物であり，シリア正教会自体は当然それ以前，少なくとも451年の時点で成立している。次に，シリア正教会は451年のカルケドン公会議で異端として排斥されたが，当人たちは単性論派であることを否定しており，三位一体説を含んだカトリックや東方正教会と同様の信仰宣言（いわゆるニケア・コンスタンティノープル信条）を採用しているため，アリウス派やネストリウス派と並べられる形での異端扱いを拒否している。理由を読む限り，これらの主張は正当であると思う。

http://www.syrian.jp/001-4-1.htm

　さらに言えば，仮にシリア正教会をヤコブ派と呼ぶとしても，前述の通り**ヤコブが登場するのは6世紀であるから，451年時点でのシリア正教会をヤコブ派と呼ぶのは単純に時系列として不適切**である。まあ，後から名前が付いた組織の名称を過去遡及的に用いる事例はなくはないが，この場合はシリア正教会というより適切な別称があるから，わざわざさかのぼってまでヤコブ派と呼ぶ意味は本当に無い。このdを誤文と見なせば複数正解になるが，用語集に記載があるので情状酌量の余地あり。駿台からも同様の指摘有り。

　ほんともう，よく知らないのにキリスト教の教義論争で出題するの，やめませんか。そんなにキリスト教の教義の細かいところ，高校世界史上で大事ですか。ご自分の専門でもないのに？

２５．早稲田大　社会科学部（4つめ）

誤植または悪問

問題3　問8　下線部（H）について（編註：イタリア半島の統一），イタリア半島の統一に関する記述として最も適切なものを1つ選べ。

a. マッツィーニはカルボナリを組織してローマ共和国を建国したが，フ

ランス軍に敗れ，イギリスに亡命した。

b.　カヴールはサルデーニャ王国の憲法を停止して王権の強化を図ること
　　によって，イタリア統一を導いた。

c.　サルデーニャ王国はナポレオン3世と結んだプロンピエールの密約に
　　より，ロンバルディアを獲得した。

d.　ガリバルディは義勇軍である千人隊（赤シャツ隊）を組織して占領し
　　た両シチリア王国を，サルデーニャ王国に献上した。

◀解答解説▶━━━━━━━━━━━━━━━━━━━━━━━━━━━━

　aはカルボナリが青年イタリアの誤りのつもりなのだろうが，青年イタ
リアを入れても誤文になりうる。これは過去無数に指摘している通り。b
は逆，カヴールは立憲君主制を確立して富国強兵に成功した。cは一旦飛
ばして，dは明白な正文＝正解。

　さて困ったのがcである。私は最初この文を正文と見なしてdを見て，
こっちも正文なので困惑した。よくよく考えてみたところ，おそらくプロ
ンビエールの密約ではなくヴィラフランカの和約だから誤文と言いたいの
だと思う。しかし，そもそもヴィラフランカの和約の前提となったのがプ
ロンビエールの密約である。世界史に詳しくない人のために少し説明を加
えると，フランスとサルデーニャはプロンビエールの密約を結び，「サル
デーニャは，オーストリアからロンバルディアとヴェネツィアを割譲させ
る戦争を起こす（これをイタリア統一戦争と呼ぶ）」「フランスはサルデー
ニャ側について参戦する」「その見返りにサルデーニャはフランスにサヴォ
イアとニースを割譲する」ということを取り決めた。実際にイタリア統一
戦争が開戦すると，サルデーニャ・フランス連合軍はオーストリアを破っ
たが，余りに被害が大きかったためにフランスが日和って講和し，ロンバ
ルディアのサルデーニャへの割譲のみで終戦した（この和約をヴィラフラ
ンカの和約と呼ぶ）。それでもサルデーニャは密約を守ってサヴォイアと
ニースをフランスに割譲した，というのが一連の流れである。以上の経緯
から考えると，サルデーニャ王国を主語とするなら，選択肢cはプロン
ビエールの和約の部分が誤りとは言いがたいと思われる。

　ところで，それはそれとして問題文，**プロンビエールがプロンピエール
になっている。**まさかと思うが誤植ではなくこれが誤文の根拠か。なお，

『赤本』は例によって勝手にプロンビエールに直していたが，本問の場合はこの誤植が本当に c が誤文とされる根拠の可能性があるので，勝手に修正するのはまずいのでは。

26．早稲田大　社会科学部（5つめ）

[悪問]

問題3　問9　下線部（I）について（編註：ファシズム），イタリアのファシズムに関連する記述として適切でないものを1つ選べ。

a．ファシズムは一党独裁体制の下で強権的に支配を行う一方で，レジャーやスポーツを通じて国民からの合意を獲得しようとした。
b．ファシストによる「ローマ進軍」に対して国王は戒厳令を出さず，逆にムッソリーニに組閣を命じた。
c．ファシスト体制の下でイタリアは対外進出を勧め，1936年にはエチオピアを併合し，さらに39年にはティラナ条約によりアルバニアを保護国化した。
d．1943年7月にムッソリーニが逮捕された後に成立したバドリオ政府は，同年9月に無条件降伏を申し出た。

◀解答解説▶━━━━━━━━━━━━━━━━━━━━

　aとbは問題なく正文。cはティラナ条約によるアルバニア保護国化が1926・27年，アルバニア併合が39年なので誤文でありこれが正解。審議の対象はdで，駿台は「無条件降伏を自発的に申し出たかのように読める」から誤文と指摘している。これに対する私見は，「無条件降伏"受諾"を申し出た」と補って読んであげれば正文であるし，この省略はそこまでの悪質さを感じず，また他の選択肢に瑕疵があるわけでもないので，悪文・悪問ではあるが出題ミスではないというものである。このcに対する解釈は校正者や弊ブログ読者の間にも意見を募ったが，見事に割れて，「不自然な日本語とは思わない」という人もいる一方で，「相手から提示され

た条件を受諾するのは『申し出る』とは言わない」という人もいた。議論があるのであれば収録する価値はあると見なしてここに掲載する。皆さんはどう思いますか？＞読者諸氏

　この他，駿台が社学に対してもう１つ出題の不適切を指摘していたので，問題文は収録せずにコメントだけしておく。第２問の問３は正文選択で正文がないから解答不能の出題ミスではないかとコメントしていたが，私の判断ではｃは正文でよいと思う。「（17世紀の）オランダの自由貿易に敵対的な政策をとったため，イギリス＝オランダ戦争が起こった。」という文に対し，駿台は「重商主義的なオランダ東インド会社の存在もあり，純粋な自由貿易とは言えない」と指摘している。しかし，まず端的に，教科書のうち山川の『新世界史』は近世のオランダを自由貿易国と位置づけていることを指摘しておく（p.229）。その上で，私の考えでも，世界の通商・金融センターとして自国商人・外国商人に活動の自由を許し，輸入品に保護関税をかけていたわけでもなかった近世のオランダは，自由貿易国であったと言って差し支えない。むしろ重商主義を取らなかったことで，国家による商業統制の弱さがイギリスに覇権を奪われる原因となってしまった。この辺りの議論は玉木俊明氏の諸著作に詳しい（『近世ヨーロッパの誕生』講談社，2009年等）。本問は増田塾も駿台とほぼ同じ指摘をして出題ミスと断じていたが，もう少しマイナー教科書を検討した方がよいのではないか。

　本年の社学は収録対象は５つ，全体的に難易度の高い問題であった。それでもまだ４・５年前以前よりはマシであるが，そこへの"復調"を考えていてこのような出題をしたのであれば，悪いことは言わない，考え直せ。

398

■■■ 2018 国公立 ■■■

1．名古屋大

難問・誤記

問題1 7世紀初頭に中国の統一を回復した唐は，先行する隋の制度にならって全国に州県制を敷いた。州県制は異民族地区にも施行されたが，それらは羈縻州・羈縻県と呼ばれ，中国内地とは大きく異なる体制が敷かれた。また数十〜十数州の軍事を統括する機構として a が置かれたが，これは辺境においては内地から派遣される軍の駐屯地となる場合と，羈縻州県と同様の体制が敷かれる場合とがあった。さらに，主に北方の戦略要地には b が置かれ，中央から官員と軍が派遣されて異民族政権の招撫・征討などを担当した。

◀解答解説▶

　ほとんどの受験生は最初から読んでいってaに都護府を入れ，さらに読み進めてbを見つけて絶望したことだろう。通常の高校世界史学習でaとbどちらに都護府が入るかは判断に苦しむところであり，別の方には何が入るのかもかなり難しい。用語集などを隅々まで読んでいれば「都督府」という言葉があるが，それを思い出せた受験生は極めて優秀である。しかし，都護府は都督府の上位機関であるということが用語集で示されているくらいで，並列の存在としている教科書もあり，都督府に関する詳細な情報はない。『詳説世界史研究』まで読むと，やっと「800前後の羈縻州がおかれ，これらの州を監督するために六都護府が設置された」という情報が出てくる。800を6つで管轄するのだから，aが都護府だとすると「1つで数十〜十数州」という問題文の情報と矛盾が生じることになり，これに都護府は都督府の上位機関であるという情報も加味すると，やっとaが都督府，bが都護府という正解に辿り着く。

この年の名古屋大はこれ以外に,「五代十国王朝の大部分が突厥系 F 族政権の系統である」という問題があり,突厥だけでも十分難しいのに,沙陀族を問うという早慶上智みたいなことをしていた。用語集に記載があるので範囲内ではあるが,国立大でやることではないだろう。

　ところで,**唐が中国統一に成功したのは 628 年であり,全く初頭ではない。**問題には直接かかわりがないが,誤記では。

2. 一橋大

難問

問題2　近代ドイツの史学史に関する次の文章を読み,問いに答えなさい。

総じて言えば,一概に古代経済史研究とは称しても,歴史学派〔経済学〕におけるものと〔近代歴史学の〕古典古代学におけるものとは,研究への志向の契機においても,事象の対象化の方法においても,ひとしからざるものが存するのである。歴史学派経済学はその根本の性格においては依然として経済学なのであって——即ち歴史学ではないのであって——古代にも生活の一特殊価値たる経済を発見せんとすることが最も主要な研究契機を形作ってゐるのに,古典古代学にあっては,経済をもそのうちに含むところの古代世界への親灸が研究契機になってゐる。歴史学派においては全ヨーロッパ的経済発展上の然るべき位置に古代経済を排列することが問題になってゐるのに,古典古代学においては,古代と現代とを本来等質の両世界として,又等質たるべき両世界として表象することが主要問題になってゐる。古典古代学にも発展の理念は存するけれども,それは等質の両世界における,同一律動のそして自界完了的なる発展の理念であって,全ヨーロッパ的,又は全人類的発展の観念ではない。古代の事象は,それが経済世界を構成する方向において対象化せられるのが歴史学派経済学における方法であるのに,古典古代学においては古代の事象はそれが歴史的現実的なる古代を形成する方向において対象化せられる。<u>もしかくの如き観察が——多数の異例は別として——一般的に下されうるものとすれば,古代経</u>

済に関する論争が単に史料の技術的操作の辺にのみ存するものではない所以と，論争のよって来るところの精神史的・文化史的深所とをも，同時に理解しうるわけであらう。

（『上原専禄　著作集3　ドイツ近代歴史学研究　新版』より引用。但し，一部改変）

問　文章中の下線部について，歴史学派経済学と近代歴史学の相違とはいかなるものであり，また，それはどのようにして生じたのか，両者の成立した歴史的コンテクストを対比させつつ考察しなさい。(400字以内)

◀**解答解説**▶━━━━━━━━━━━━━━━━━━━━━

　一橋大レジェンドシリーズ。本年は上原専禄であった。例年通り受験生の悲鳴と怒号が吹き荒れた難問だが，例年の超難問に比べるとまだ手がかりは得やすい。少なくとも，リストとランケがそれぞれの学問を創始した背景は普通に書ける。問題は両学問の相違点である。

　問題文は古い文体で読みづらいが，意外とヒントになる。要するに歴史学派経済学は根が経済学なので，普遍的に通用する経済発展の法則を見出そうとしており，古代は近代の前段階という進歩史観に基づいている。一方，近代歴史学は古代と近代は「等質の両世界」であると見なしている。そこにつながりはなく，どちらかが上であるという価値観もない。近代歴史学はその有様を正確に把握することが学問の目的であって，普遍的な歴史の法則が，結果的に見出されるかもしれないにせよ，第一の目的たりえないのである。

　その相違がどのようにして生じたのか。リストの時代はまだドイツは未統一かつ産業革命以前であり，リストの働きかけがドイツ関税同盟に影響した点は通常の高校世界史で学習する。だからこそリストは，経済発展には普遍的な法則があるものの，地域別に発展段階にあわせた経済政策が必要であり，事実としてドイツはイギリスの後塵を拝しているという，演繹法的な論理展開を行った。ほぼイギリスだけが産業革命を達成した世界では，他の民族にも産業革命が可能であるという普遍性の主張が必要であった。一方，ランケの活躍した時代はドイツの統一も産業革命もちょうど途上であるか，達成された頃である。こうなると次に必要なのは国家が存立

するアイデンティティになり，ゲルマン人やヨーロッパ文明の淵源（だからこそ上原専禄が挙げているのは古典古代史なのだ）から，歴史の経過を一国史観の下に記述するという作業が要請される。ここに近代歴史学が成立する状況が出現する。

　さて，この問題の解答の後半部分は，受験生に書けるだろうか。ランケのうたう近代歴史学が，実際にはニュートラルな視点ではなく，「国民史」の存在を前提とした弊害があるという指摘があるのは，帝国書院の教科書のみである（p.221）。これはこれですばらしいことであるが，機械的に判断したときに範囲外とは言いづらくなってしまった。とはいえ実際に帝国書院の教科書を参照していて，かつ解答に盛り込めた受験生は皆無に近いだろう。読解の面から言えば，上原専禄の文章が古めかしくて読みづらいが，一橋大の国語は擬古文が頻出で，受験生はこういう文章を読み慣れているから，そう苦ではなかったかもしれない。しかし，**文章の内容及び問題の要求があまりにも史学史に偏っていて，このテーマは現代文でもほとんど扱われない。**試験終了直後に Twitter を検索していたら「今年の一橋大の世界史は国語または小論文」というつぶやきが散見されたが，むしろ現代文や小論文でこんなのが出されたら，世界史以上にひんしゅくを買うのでは。

　意欲的でおもしろい出題だとは思うし，なんとか高校世界史で手を付けられるレベルまで落とそうとした努力は買いたい。しかし，おそらく大多数の受験生の解答は，与えられたテーマを半ば無視してリストの歴史学派経済学とランケの近代歴史学の用語的な説明に終始していると思われる。それで「これだから歴史学に関心のない最近の若者は」なんて嘆息は決してしないでほしいところ。

　各予備校の解答・分析は大差がない。ただし，河合塾・駿台は難易度を「難」として超高校生級の問題と評しているのに対し，代ゼミは「それぞれの学派の成立過程や背景は書ける」としてトータルでは「やや難」レベルと評していた。どちらの言い分も一理ある。2014 年の「歴史なき民」の問題の時の，問題を真正面に捉えて解答するのは困難だが，要求の一部であるチェコ人の民族史は書けるというのと全く同じ様相である。

3．東京外国語大

難問

問題2 問5　下線部⑤に関連して（編註：<u>こうした島々には，ビーチコマーと呼ばれる白人が居つくようになる</u>），太平洋の航海では，ヨーロッパ各地やアメリカからやってくる捕鯨船が重要な役割を果たした。あるアメリカ人作家は多額の借金から捕鯨船の乗組員となり，1841年に太平洋航海に出たが，脱走を繰り返し，マルケサス諸島やタヒチ島を転々としながらハワイに至った。1844年にアメリカに帰国した後，小説家となって，この太平洋捕鯨航海での経験を活かした作品を書いた。このアメリカ人作家の名とこの作品名を答えなさい。

＜解説＞

　正解はメルヴィルの『白鯨』（『モービー・ディック』）だが，受験世界史範囲外である。文学史上は名高い小説であるが，高校生が常識的に知っているべきタイトルとまでは言えないだろう。東京外大は近年この種の難問による本書の常連となっており，質の良い論述問題を課す一方で，明らかに意図的な範囲破りも頻繁に行っている。高校世界史の範囲にとらわれない出題をして，高校生の枠を超えた知性を欲しているという意図がわかる分，手抜きだったり衒学的にすぎたりする他の常連校に比べると，我々の視点からではマシに見える。が，受験生にその区別はつくだろうか。

　この年の東京外大はこの他に「パグウォッシュ会議に参加した物理学者で，日本人初のノーベル賞受賞者」として湯川秀樹，「江戸時代に来日して長崎の出島で医学を教え，欧米に日本に関する知識を提供したドイツ人医師」としてシーボルトを出題していた。これらは中学の社会科で習う（湯川秀樹は用語集の片隅に記載有）から範囲内と見なして収録せず，実際の受験生も概ね解答できたと思われるが，意表を突いた出題には違いない。

　なお，本問について東京外大はオープンキャンパスで受験生に配布したパンフレットで以下のように説明している。「世間一般の知名度は高い作品・作家であっても，教科書に記述がないからという理由だけで出題しな

い，という姿勢は，世界史を現実社会と切り離してしまうものです」。この説明を読む限り，**東京外大の先生方は『白鯨』もシーボルト・湯川秀樹レベルの一般常識と見なして出題したようである。象牙の塔であるなぁと思う。**その言い訳を許せば，問題の作成者が考える常識・教養に従って際限なく何でも出題できるようになってしまうし，実際に私大ではそれが起きている。そのために受験生の負担が過大になるというところまで，先生方の想像が働かなかったのが残念だ。

4．首都大東京

悪問

問題1　前 770 年，犬戎の侵入を受け，周は東の d に遷都した。

＜解説＞

　これはすでに散々指摘している通り。実際には犬戎の侵入だけが原因とは言えず，また遷都は前 770 年とは断定できない。さすがにオゴタイ＝ハン国と同じ枠に入りつつあるので，そろそろこれを問うのは止めにして欲しい。

■■■ 2018 私大その他■■■

5．東北学院大　全学部〔2/1 実施〕

出題ミス

問題2　すでに 15 世紀末には，ポルトガル王家の支援の下に（　10　）がアフリカの南端を確認し，その航路を利用する形で（　11　）はインドのカリカット（コルカタ）に到達した。

（編註：記号選択問題だが，それ以前の出題ミスであるので選択肢省略）

◀解答解説▶

　空欄 10 はバルトロメウ＝ディアスを正解として問題が成立している。一方，空欄 11 はヴァスコ＝ダ＝ガマと答えたくなるところだが，**カリカットとコルカタ（旧名カルカッタ）は別の都市**なので，問題文自体に誤りがある。カルカッタとカリカットの混同は受験生によくある勘違いであるが，作題者の側がやらかすとは思わなかった。なお，カリカットの現在名はコーリコードが一般的な表記になる。**大学当局から出題ミスを認め，全員に得点を与えたという発表があった。**

6．青山学院大　文・社会情報学部〔2/14 実施〕

出題ミス

問題3　問 3　下線部 (a) の内容として（編註：パリ講和会議についての当時の中国人の史料文から：<u>我が国から二十一カ条の大事な権利を奪った</u>），もっとも適切なものを以下の選択肢からひとつだけ選び，その番号

を解答欄にマークせよ。

① 　北京の公使館地区や特定地域への軍隊の駐屯を規定した。
② 　南満州鉄道および附属地の租借権を規定した。
③ 　山東省の権益をめぐる規定を定め，同時に，政治や財政運営への外国人顧問の就任も規定した。
④ 　開港場での外国企業の設立を認めることになった。

◀解答解説▶

　①は北京議定書，②は日露が結んだポーツマス条約，④は下関条約の内容であるから，消去法で考えても③が正解のように見える。しかし，**中国は実際には二十一カ条の全ての条項を受諾したわけではない。**二十一カ条要求は大きく5つの号に分けられ，このうち4号までについては日本が事前に英米仏露に通告しており，承認を得ていた。しかし，中国政府に政治・財政・警察の日本人顧問を置くこと等を強要した第5号（七カ条分）は，アメリカの門戸開放宣言に反していて列強を刺激すると考え，秘密裏に中国に要求した。しかし，これに激怒した中国が第5号の内容を暴露し，日本は国際社会の非難を受けることになる。そこで**日本はこの第5号を削除して，残りの条項を受諾させた。**したがって，史料文にあるように象徴的に「二十一カ条」と呼ばれているものの，実際に中国が受諾したのは十四カ条になる。

　以上を踏まえて問題に戻ると，史料文はパリ講和会議の時点であるから，ここでの「二十一カ条」は残った十四カ条のことを指しており，これには③で言及されている「外国人顧問の就任」が規定されていないから，③も誤文となる。よって本問には正解がない。これについて，**大学当局から選択肢に正解がないため全員正解とするという発表があった。**

　なお，本問には直接関係ないが，その後のワシントン会議で山東省の権益について規定していた第1号（四カ条分）が廃棄されたので，結局のところ中国が最終的に認めたのは十カ条分，当初の半分以下の条項数に過ぎない。しかも残った十カ条の要点は既存の南満州・内モンゴル東部の権益の維持・拡大を定めた第2号（七カ条分）であったから，派手にぶち上げられた二十一カ条要求は結果的に中国と列強の対日感情を悪化させた割

に，それほどの権益を得られなかったということになる。上手く国際社会に訴えて，二段階に分けて要求を削っていった当時の中国北京政府の意外なしたたかさが垣間見られる。反面，中国は第5号を暴露しないという甘い読みで大きな失敗をした日本の対中外交は，明らかに中国を侮っており，その後の中国侵略の伏線とも思える。

　もう一つ，これに関連するこぼれ話を。パリ講和会議に出席した中国代表は，ヴェルサイユ条約には調印するつもりがなかった。民衆運動の圧力がなくとも，日本の山東省の権益を認めるつもりはさらさらなかったのである。そこで問題になったのが，中国がパリ講和会議に出席したもう一つの目的である国際連盟への加盟であった。ご存じの通り，ヴェルサイユ条約は国際連盟の発足を規定しており，国際連盟の原加盟国になるには条約への調印が必要になる。しかし，これについては国際連盟発足の規定がサン＝ジェルマン条約にもあることを利用して，中国はそちらに調印して目的を果たした。そういうわけで，中国は第一次世界大戦中のオーストリアとほとんどつながりがないのに，サン＝ジェルマン条約の調印国であるという不思議な現象が起きている。また，その影響を受けてヴェルサイユ条約の発効とサン＝ジェルマン条約の発効が半年ずれていたせいで，中華民国を国際連盟の原加盟国と見なす説と，中華民国の加盟は発足の約半年後であると見なす説がある。この学説の論争を知らずに，国際連盟の原加盟国で正誤を問う悪問がそのうち出現すると私は予想している。意外にも今のところ見ていないが。

7．青山学院大　法・国際政治経済学部A方式　〔2/18実施〕

出題ミス

問題1　この双方の戦い（編註：プラッシーの戦いとカーナティック戦争）で活躍したイギリス東インド会社書記　F　は，初代ベンガル知事に任命されている。その後，　F　はブクサールの戦いでベンガル太守を破り，ベンガル太守からディーワーニーと呼ばれる徴税権を獲得して，インドの領土支配に着手している。

問 11 　 F 　に入る人名として最も適切なものを次の選択肢の中から一つ選び，その番号を解答用紙（その１）の8にマークしなさい。

① 　クライヴ 　　② 　ディズレーリ 　　③ 　デュプレクス
④ 　カルティニ 　　⑤ 　ナオロジー

◀解答解説▶

　素直に考えれば①のクライヴが正解になるが，**クライヴはブクサールの戦いを指揮していない。**プラッシーの戦いの後は初代ベンガル知事に就任するも，1760 年にこれを辞して帰国している。そして 1764 年のブクサールの戦いの後の 1765 年に，再びベンガル知事に任じられてインドに赴任している。したがって，この問題文に完全に該当する人物は存在しない。**大学当局から選択肢に正解がなく，受験生全員を正解とした旨の発表があった。**こういうこともあるので，ブクサールの戦いを受験世界史で扱うのはやめようと言っている次第。

8. 青山学院大　法・国際政治経済学部Ａ方式　〔2/18実施〕（2つめ）

出題ミス（複数正解）

問題3　**問 37**　次の中で北大西洋条約機構（NATO）に加盟を認められた国として最も適切なものを次の選択肢の中から一つ選び，その番号を解答用紙（その１）の 27 にマークしなさい。

① 　セルビア 　　② 　スロヴェニア
③ 　ボスニア＝ヘルツェゴヴィナ 　④ 　マケドニア 　　⑤ 　モンテネグロ

◀解答解説▶

　こんな時事問題でしかない問題出そうとするから……という問題。下手したら作問中に情勢が変わって答えが変わる可能性が高いものは極力避け

るべきであろう。おそらく作題者の想定する正解は②のスロヴェニアで2004年3月の加盟。そして作題者の頭から抜けていたであろう国が⑤のモンテネグロで，2017年6月の加盟である。**大学当局から正解が複数あることが判明したため，全員正解としたという発表があった。**

9. 青山学院大　法・国際政治経済学部A方式　〔2/18実施〕（3つめ）

難問

問題4　問45　今日の貧困問題に関連する記述として適切ではないものを次の選択肢の中から1つ選び，その番号を解答用紙（その1）の [35] にマークしなさい。

① 現在，世界の5人に1人は一日1ドル以下で暮らしていると言われている。

② 2000年に，国連は富める国の援助で2015年までにすべての子どもの初等教育修了をめざす目標を掲げた。

③ 政府開発援助（ODA）は格差の拡大を是正するための一つの方法である。

④ 途上国から先進国に移住して賃金の安い非熟練労働者として働く者が多い。

⑤ 国連は「持続可能な開発目標」の後継として「ミレニアム開発目標」を策定した。

◀解答解説▶

　一応，東京書籍の教科書に記載があるので範囲内であると強弁しうるが，一般的な受験生や指導者の目線で言えばやはり無理のある難問だろうと思う。一応，『赤本』は東京書籍の教科書に記載があることを反映してか本問を「やや難」と評していた。

　③・④は常識的な判断で正文と判断可能。①・②は正文である。②につ

いては，そもそもわずか 15 年で達成するには高すぎる目標であったが，途上国（特にサハラ以南のアフリカ諸国）で学校に通っていない子供の数が大きく減少しており，成果は間違いなく大きかったプロジェクトであった。残った⑤が誤文であるが，これは順番が逆で，2000 年に「ミレニアム開発目標」が策定され，2015 年に「持続可能な開発目標」が策定された。年号を伏せてあるのがいやらしい。なお，年号を見ての通り，②の内容もミレニアム開発目標の一部である。

１０．学習院大　経済学部

難問

問題 1　A　『史記』の列伝でも，それぞれの思想家の人物を取り上げている。儒家の孔子だけは (3)〔①本紀　②世家　③年表　④書〕という諸侯の歴史を記述した箇所に詳しい。

◀解答解説▶

　高校世界史があえて簡略化しているものを出題するシリーズ。高校世界史では「紀伝体とは本紀・列伝・表・志で構成されるもの」と習う。本紀は皇帝の伝記，列伝はその他の重要人物の伝記または周辺諸国・諸民族についての記述，表は年表，志は分野別の歴史である。してみると，孔子も当然のように列伝の中に入っていると考えるから，「孔子は列伝に入っていない」と言われても初耳であるし，しかし表（年表）でもなかろうし，世家と書はそもそも紀伝体の構成要素とは習わないので違うと見なすと，答えが存在しなくなる。普通の受験生には解きようがない問題である。

　実は『史記』は紀伝体の始まりであるがゆえに，章立ての名前・規則が後世と少し違う。「書」は「志」と同じ意味であり，これが分野別の歴史をまとめた章のことである。後の紀伝体では「志」になっているが，『史記』だけは「書」を章題としている。最後に残った「世家」，これが正解で，列伝に入れるべき人物のうち，春秋戦国時代の諸侯などの特に重要な人々はこちらに入っている。世家と列伝を明確に区分けしているのは『史記』

のオリジナルで，『漢書』以降の正史には受け継がれていない。だからこそ**高校世界史では世家を省略して教えているのであるが，それをわざわざ破って世家を問うのはどういう了見であろうか。**再三述べているが，高校世界史で事情があって省略している部分を問うのは，高校世界史という概念の破壊につながるので，非常に迷惑である。なお，用語集は『史記』の項目で「12 本紀，10 年表，8 書，30 世家，70 列伝の形式による紀伝体」と記しておきながら，紀伝体の項目では「本紀・列伝を中心に，記述をおこなう歴史書の形式」としていて世家と書に対するフォローが一切無い。片手落ちどころか受験生の混乱を招くだけの説明であると苦言を呈しておく。

１１．学習院大　経済学部（２つめ）

難問

問題2　C　（編註：サライェヴォ事件直後の情勢で）このとき，長期にわたるヨーロッパ規模の大戦争がおこると考える者はほとんどいなかったはずである。たとえば，フランスの大統領 (8)〔①ティエール　②ポワンカレ　③クレマンソー　④ブルム〕は，7 月 16 日，首相ヴィヴィアーニをともない，海路，ロシア・北欧歴訪に旅立った。

◀解答解説▶━━━━━━━━━━━━━━━━━━

　フランス第三共和政では首相の権限が強く，大統領は弱い。高校世界史上で習うのは全て首相であり，初代のティエールを除くと大統領は出てこない。初代以外の大統領が問われた時点で度を超した難問である。この選択肢群でもティエールを外せるとしても，残りの３択からは絞れない。それぞれの人物自体は範囲内で習うが，全員首相経験者としてである。クレマンソーは第一次世界大戦末期から戦後初期の首相で，パリ講和会議の主導者の一人。ポワンカレはルール占領開始時の首相で，高名な数学者の従兄弟である。ブルムは 1936 年に人民戦線内閣を成立させた人物。とするとブルムも年代が離れているから違うと考えることもできるが，確実では

ない。一応，一部の資料集は第三共和政以後の歴代大統領を全員載せているが，これを根拠に範囲内と言うのは無理筋だろう。

　正解はポワンカレ。任期は 1913 〜 20 年であるから，第一次世界大戦中はずっと彼だったことになる。なお，第三共和政の大統領は任期が 7 年で，在任中の病死や暗殺がいるものの，約 70 年で 15 代まで続いた。一方，首相は小党乱立で不安定な政局であったため，経験者が 57 人・約 86 代というすごい数になった。よく変わる印象がある戦後の日本国首相でも約 73 年で 30 人・53 代（2018 年時点）であるから，いかにとんでもない状況であったかうかがい知れよう。

〔番外編〕学習院大　法学部

問題2　A　（編註：『史記』貨殖列伝のなかで，孔子の弟子の子貢が商人として紹介されていることを引いて）子貢は車馬をつらねて (3)〔①紙　②絹　③とうがらし　④茶〕を諸侯に送り届けていたという。

◀解答解説▶

　良問か，範囲外の難問かの境界線上にいる好例として紹介しておく。③とうがらしは南北アメリカ原産なのでありえない。④の茶は，喫茶の風習が始まったのが前漢末，全国的に流行しだしたのが唐代後期，本格的に定着したのが北宋代という範囲内の知識から，孔子の弟子が活躍した春秋時代末にはまだ商売の種にはなりえないという推測が成り立つ。

　とすると紙か絹かであるが，これが難問であろう。紙は製紙法の改良が後漢の蔡倫であるから，そこから 500 年以上さかのぼる春秋末にまともに流通するような物体だったかという疑いを持てば，消すことができる。事実，紙の発見は前漢の前半（紀元前 2 世紀）の頃だとされており，春秋・戦国時代では竹簡や木簡，布帛（絹布）が記録媒体であった。ということで正解は②の絹になる。絹も本格的な生産が始まるのは前漢代になるが，絹布の生産自体は少なくとも竜山文化（前 2500 年頃）まではさかのぼれるという。一応，用語集の「竜山文化」の項目に「養蚕業も始まった」とあるのは大きなヒントだが，この記述を押さえていた受験生は極わずか

だろうし，これをもって範囲内というのはちょっと厳しい。以上を踏まえた上で，この推測を受験生に求めていい思考力の範囲内と見なせるかどうか，判断が難しい。私自身も判断をつけかねるので，本問を〔番外編〕としたが，人によっては収録対象の難問と見なすだろう。

１２．駒澤大　2/7 実施分

出題ミスに近い

問題1　（編註：ベトナムは）16 世紀以降，　2　朝は衰え，18 世紀末には　4　党の反乱によって滅亡し，代わって　5　朝が　4　朝を破ってベトナムを統一する。

あ．阮　　　い．紅巾　　　う．黒旗　　　え．三藩　　　か．西山
く．莫　　　け．八王　　　こ．李　　　さ．黎

◀解答解説▶

　よくある勘違いシリーズ。2 が黎（朝），5 が阮（朝）なのはよいとして，西山党という組織はないので，4 に西山を入れるのは問題がある（詳しくは 2 巻のコラム 1，p.75 を参照）。

13．成蹊大　法学部 A 方式

出題ミス（複数正解）

問題2　問 10　下線部⑩のワッハーブ運動の記述として不適切なものを次の中から 1 つ選び，その番号の該当欄をマークしなさい。

① ワッハーブ運動と提携することで権威を高めたサウード家は，アラビア半島の内部を中心に勢力を拡大し，一時期は，両聖都もサウード家の支配下に入った。
② サウード家の樹立したサウジアラビア王国は，1818 年の滅亡を経て，再建され，1932 年ヒジャーズ王国と名を改めた。
③ ワッハーブ運動の提唱者イブン＝アブドゥル＝ワッハーブは，イスラーム神秘主義における聖者信仰などを，イスラーム教からの逸脱として激しく批判した。
④ イブン＝アブドゥル＝ワッハーブの思想は，聖地巡礼に訪れたムスリムをとおして世界中に拡散し，各地で同種の運動が生まれた。

◀解答解説▶
　①・③は正文。②は書いてあることがデタラメで完全な誤文。一方，④もパン＝イスラーム主義をワッハーブ派に差し替えて作られた誤文である。よって②・④の複数正解である。④について，少し説明を加えておこう。19 世紀後半に発達した汽船による海上交通は，世界各地からのムスリムの聖地巡礼を激増させ，それがパン＝イスラーム主義の拡大に強い影響を与えている。この聖地巡礼の激増は，アフガーニーがパリで雑誌『固き絆』を発行して世界中に頒布し，パン＝イスラーム主義を広めたこととあわせて，民族運動の側も近代技術を活用していった好例であり，かつパン＝イスラーム主義が復古主義ではないことの好例として，いくつかの教科書で取り上げられている。一方でワッハーブ派は，20 世紀後半以降のイスラーム復興運動（原理主義）に影響があるにせよ，19 世紀末〜20 世紀初頭の当時では全世界的な広がりのある運動とは言えない。

　本問はおそらく，②・④のいずれかですでに誤文を作っているのにそれを忘れて，後からもう一方も誤文に改変してしまい，誤文＝正解が2つになってしまったというパターンと思われる。根拠としてまず，リード文でアフガーニーのパン＝イスラーム主義に触れていて，このリード文の内容から言って，作題者自身がパン＝イスラーム主義とワッハーブ派の区別がついていないとは思われない。次に，この大問ではアフガーニーにも下線を引いて別の設問を作っているから，おそらく途中で本問とそちらの設問で聞いている知識内容が重複していることに気づき，それを嫌ってとっさに問題を改変した。しかし，あわてて改変したがために正解が複数になってしまい，それに気づかないまま完成としてしまった，と予想している。なお，大学当局からの発表は見つからなかったが，**赤本では「問題削除」という扱いになっていたため，当局は本問を出題ミスと認めていると思われる。**

１４．成城大　経済学部 A 方式

難問

問題1　問4　(1)　この祭典は（編註：古代ギリシアで国家行事として行われた悲劇が競演されて優劣が競われた祭典のこと），ぶどう酒と演劇と豊穣の神に捧げられた。バッカスの名でも知られるこのギリシアの神の名は何か。

◀解答解説▶

　個別の宗教の神々はどこまでが許容されるか問題の一種。私はデュオニソスはやりすぎだと思う。ギリシア神話の神々は12神くらい範囲内または常識と考えている人は一定数いる。なお，この日程は他にイタリア戦争を開始したフランス王でシャルル8世，1913年にチベット独立の布告を出した人物としてダライ＝ラマ13世，中華民国の第二革命で暗殺された人物として宋教仁といった早慶レベルの（範囲内ギリギリの）問題を連発していた。かろうじて収録対象はこの1問だけだが，受験生は死滅したの

では。

１５．中央大　統一入試

問題２　【設問Ⅲ】　問４　波線部 (エ) に関して（編註：西ヨーロッパの多くの国々の法の基礎となった法典）。この法典に関する記述として，**正しいものには R を，誤っているものには W を**マークしなさい。

(a)　これらの法典は，『ローマ法大全』と呼ばれている。
(b)　これらの法典は，中世の間は忘れられていたが，近代に入り大学法学部で学ばれるようになった。
(c)　これらの法典は，イギリスの民法典に多大な影響を与えた。

◀解答解説▶

　（a) は正文，(b) は誤文までは簡単である。問題は (c)。これは法学の基礎的な知識がある人間なら大陸法と英米法の違いについて聞いているということに気づけるが，高校世界史や政経のレベルの話ではないだろう。英米法の体系は慣習法・判例法（いわゆるコモン・ロー）を基盤としており，ローマ法の影響は比較的小さい。よって，これは誤文になる。正解は順番に R，W，W。

　なお今更説明するまでもないことであるが，高校世界史上の「イギリス」は，連合王国全体を指すものと，イングランド王国のみを指す用例が混在したまま，あえて放置されている。これは一般社会の側でもそうなっているという点や，使い分けるとかえって（特に世界史が苦手な高校生が）混乱するという点が大きな理由であり，私も今の状況でさしたる問題は無いと思う。イギリスとイングランドの使い分けについて詳細な説明を掲載しているのは，教科書では東京書籍のみである（『世界史 B』，たとえば 2019 年版なら p.248）。それゆえに入試問題でも，比較的高偏差値帯かつ使い分けの必要な問題に限って使い分けが許されている印象がある。

さて，なぜいきなりそんな話を展開し始めたかというと，本問は実はその使い分けを要する問題であった。というのも**スコットランド法は現在の法律学において大陸法または混合法体系と見なされている**ため，(c) の「イギリス」がイングランドのみを指すと見なせば問題は成立するが，連合王国全体と見なした場合はイギリス内部での体系が大きく異なるので正誤の判断が不可能となり，出題ミスの嫌疑がかかる。ここはイングランドのみを指す用法と善意の解釈してあげるのが穏当であるが，そもそもこの出題者はスコットランド法が英米法に属さないということを知らなかったのではないかという疑惑が浮上するところで，問題の根は深いかもしれない。

１６．中央大　文学部

悪問

問題1　(3)　ハンガリー王国をたてたアジア系の人々を何というか。
　（編註：アジア系の人々が黒海北岸から西ヨーロッパに進入した。(3)彼らは10世紀半ばにオットー１世に撃退された後，同世紀末にハンガリー王国をたてた）

◀解答解説▶

　以前から書いているように（２巻のコラム１，p.70 を参照），マジャール人をアジア系と見なすのは問題がある。端的に指摘しておく。

１７．中央大　文学部（２つめ）

難問・奇問

問題3　(6)　阮氏はベトナム中部のフエに都を置き，日本の朱印船とも通商し，近隣には日本人町が存在した。当時日本人町があり，現在世界遺産に登録されている町の名を何というか。カタカナで答えなさい。

◀解答解説▶

　日本史選択者なら習うところだし，海外旅行好きの大人にとっても簡単な問題だが，世界史の受験生には酷であろう。歴史総合という科目が近い将来に登場する昨今ではこうした日本史との融合問題を出したくなる気持ちはわからないでもないが。正解はホイアン。当時の名称ならフェイフォー（ファイフォー，フェフォ）。なお，現行の高校日本史では「フェフォ」の表記が優勢であるが，これはフランス語表記になるので避けた方がよい。フェイフォーまたはファイフォーの表記が正しいとされる。その他，高校日本史上の朱印船貿易は誤記・誤謬が非常に多いと批判されている。詳しくは，次の論文を参照のこと。

・蓮田隆志「朱印船貿易・日本町関連書籍所載地図 ベトナム部分の表記について」『資料学研究』12 号，2015 年，pp.33-53

　http://hdl.handle.net/10191/32111

　ところで，本問では「日本人町」と表記されているが，学術用語としては「日本町」の方が優勢である。少なくとも高校世界史・日本史ともに「日本町」で，日本人町という表記は出てこない。「日本人町」でも意味上の誤りは無いし，世間的には混在して使用されている語ではあるが，入試問題の文言としてはどうだろうか。

１８．中央大　文学部（３つめ）

悪問

問題4　(7)　15 世紀末に喜望峰をまわって来航したヴァスコ＝ダ＝ガマが寄港し，ムスリムの水先案内人とともにカリカットに向けて出発したところとして知られる港市はどこか。下の地図の中から選び，またその名称を答えなさい。

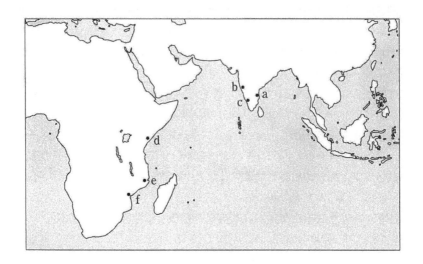

◀解答解説▶

　点の打ち方が雑シリーズ。都市名はマリンディ，そしてその位置はd
を想定していると思われるが，**実際のマリンディはここからかなり南**であ
る。目安として言えば，マリンディはヴィクトリア湖の南端よりも南であ
る。別の言い方をすると，マリンディはケニア国内のタンザニア国境近く
だが，点dではソマリア領になってしまう。同じスワヒリ都市なら，マ
リンディよりもモガディシュの方が近い。

　点の打ち方が雑シリーズのたびに書いているような気がするが，私だっ
てある程度の雑さは許容する。しかし，本問の場合はインドのゴアの位
置を問うており，bとcの近さで判別させているのだから，そしてそのb
とcの距離程度にはdと実際のマリンディの位置がずれているのだから，
これは看過できない。それが嫌ならbがゴアでcがカリカット等という
煩雑な区別を問うべきではなかった。なお，eはモザンビークでfはソファ
ラ。

１９．中央大　法学部〈法律学科〉

難問

問題2　ハドソン川とエリー湖をつなぐ運河が開通する前のアメリカは，自給自足的な小農経営を中心とする農業国であった。つまり，北部こそ工業が比較的発達してはいたが，農業は生産力に欠いていた。その一方で中西部は穀倉地帯となる可能性を秘めており，南部は奴隷労働による大規模農業地帯に発展しつつあった。

この運河の開通により，西部からの農作物を東部に安く輸送することが可能になり，それは（　7　）やその周辺都市の発展を促した。東部から機械や工業製品を中西部へと安価に送ることが可能になったことで，西部の工業化が進んだ。これによりアメリカの産業は分業化し，地域によって特殊化していった。

設問1　空欄（1～8）に入るもっとも適切な語句を答えなさい。ただし，（2）（4）（7）には都市名が，（5）（6）（8）には人名が入る。
（編註：（7）以外は省略）

◀解答解説▶
　一応，エリー湖とハドソン川の地理がわかれば瞬殺できる問題だが，意外とその知識が世界史選択者には難しいだろうと思われる。この運河はエリー運河と呼ばれるもので，1825年に完成した。文章にある通り，これにより五大湖地方と東北部が水運によって連結したため，東北部は食糧や原料の獲得が容易になり，五大湖以西への工業製品輸送も楽になった。このエリー運河はニューヨーク州を横断する形で存在し，ニューヨーク州の州都オールバニー付近でハドソン川に接続する。そしてハドソン川はニューヨーク州の東部をまっすぐ南下し，その河口にある大都市がニューヨークである。このエリー運河とハドソン川沿いを地図上で追っていくと，そのゴール地点のニューヨーク以外に空欄7に当てはまるような大都市が無いことから，正解がニューヨークと導ける。

２０．中央大　法学部〈政治学科〉

悪問

問題２　設問６　下線部 (e) について。チンギス＝ハンに関するつぎの記述（あ〜う）は正しいか。それぞれについて，正しければ①を，誤っていれば②を，マーク解答用紙にマークしなさい。

あ．氏族や部族を解体し，千戸制をしいた。
い．かれの宗教顧問であったパスパ（パクパ）というチベット仏教僧がパスパ文字をつくった。
う．ホラズム＝シャー朝を滅ぼした。

◀解答解説▶

　あ．は正文。い．はフビライのことなので誤文。論点はう．である。ホラズム（＝シャー）朝はチンギスの攻撃を受けてほぼ壊滅状態となるが，モンゴル軍が途中で引き返したので残党が残り，最終的に完全に滅ぼされたのは 1231 年，オゴタイの時代である。すなわち，ほぼ壊滅した時点で滅亡したと見なせばう．は正文となり，完全な滅亡はオゴタイの時代と見なせば誤文となるから，これはどちらとも取れる。どちらかというと誤文と見なすのが優勢か。３択の正誤判定ではなく，１文ごとの正誤判定なので完全に答えが出ない。『赤本』は正文としていた。このホラズム＝シャー朝を滅ぼしたのはチンギスかオゴタイか，という問題はセンター試験でも出ている（**2019 その他１番**，p.257）。

２１．中央大　商学部〈会計／商業・貿易学科〉

難問

問題２　【設問２】　問３　下線部③について（編註：宗教改革），16 世紀

に宗教改革運動の**拠点となった大学を1つ**選びなさい。

(a) ケンブリッジ大学
(b) パリ大学
(c) サレルノ大学
(d) オックスフォード大学
(e) ボローニャ大学

◀解答解説▶

　宗教改革運動の弱かったイタリアの大学，カトリックの牙城たるパリ大学を外しても，ケンブリッジとオックスフォードの2択から正解を絞るのは困難である。国と宗教情勢の関係から正解が割り出されるような作りならむしろ良問だったのだが，本問は惜しい。手がかりは『詳説世界史研究』を参照すると，一応見つかる。イギリス国教会の最初期の指導者は，ケンブリッジ大学出身の法学者トマス＝クランマーであるから，本問の正解は(a)になる。ただし，宗教改革の先駆者ウィクリフの出身はオックスフォード大学であり，これは用語集に記載があるから，これを覚えていた受験生はかえってオックスフォードを選んでしまったかもしれない。高度な引っかけであるが，作題者の意図ではないだろう。

２２．中央大　商学部〈会計／商業・貿易学科〉（２つめ）

難問

問題3　【設問Ⅱ】　問1　波線部㋐に関連して（編註：発展途上国），以下の文の空欄Ａ〜Ｄに適当な語句を記入しなさい。

1960年代になると，南側諸国は北側諸国との国際分業体制において構造的に不利な状況に置かれているから貧困なのだとの主張が南側から出てきた。これを　Ａ　理論という。

422

よくできる受験生だとかえって「（近代）世界システム」と書いてしまいそうになるが，あれはむしろこの　A　理論を基盤に1970年代以降に発展したものであるから誤りになる。また，定訳は「（近代）世界システム（論）」であり，理論とはつかないからやはり入らない。正解は「従属」。説明は問題文の通りであるが，NIESの出現を予測・説明できなかったことから下火となり，（近代）世界システム論に発展的に解消された。「近代世界システム論」はともかく，従属理論は帝国書院の教科書にしか記載がなく，黒に近いグレーゾーンである。

２３．中央大　経済学部Ⅰ〔2/14実施〕

出題ミス

問題1　当時のヨーロッパは百年戦争の最中であったが，この病気（編註：ペストのこと）はイングランド，フランス両国にも伝染し，戦局に大きな影響を与えた。この戦争の終盤に，フランス国王シャルル7世が（　J　）で包囲される事態に至ったが，（　K　）によって危機を救われ，以後フランスが優勢のうちに戦争は終結に向かった。

◀解答解説▶

ジャンヌ＝ダルクは人気で有名なエピソードも多いので，気づく人も多そうな致命的なミス。ジャンヌ＝ダルクはシャルル7世に会ってその聖性を認められ，その後に軍を率いてオルレアン解放に向かっているのだから，当然オルレアン解放よりも前にシャルル7世に会っている。実際にジャンヌ＝ダルクがシャルル7世に会ったのはシノンという都市であり，シャルル7世は包囲下のオルレアンにいたわけではない。すぐに指摘があったようで，**大学当局から謝罪と空欄J・Kは全員正解とするという発表があった**。お詫び文にある出題ミスと判断した説明が非常に丁寧で，出題ミス自体は褒められるものではないが，お詫び文としては好感が持てた。

２４．中央大　経済学部Ⅱ〔2/15 実施〕

出題ミス

問題1　キリスト教の聖典である『新約聖書』はそれらいずれの言語でもなく（編註：ヘブライ語とアラム語），（　C　）語で書かれた。その理由は，『新約聖書』を編纂した中心人物である使徒（　D　）が（　C　）語を使用していたこと，そしてユダヤ人のみを対象とせずにあらゆる人々へ教えを伝えることを目指したために地中海世界の共通語である（　C　）語で書かれる必要があったためであった。

◀解答解説▶
　空欄Ｃはギリシア（語）で，こちらはまともに成立している。一方，空欄Ｄは非常に無理がある。『新約聖書』は１世紀後半に書かれた書物が後に長い時間をかけて選別され，正典と見なされたものがまとめられて成立したものであるから，特定の誰かが編纂者というわけではない。現在の形になったのは早く見積もっても４世紀半ばとされており，使徒とは通常であれば１２人の直弟子とパウロを指すので，使徒の活動期と編纂時期にも大きな開きがある。また，ここでいう編纂を執筆という意味でとったとしても，『新約聖書』において重要な役割を果たした人物だけを１３人から抜き出してもまだペテロ，パウロ，マタイ，ヨハネは残る。マタイとヨハネは高校世界史範囲外だからという理由で排除し，ペテロは当時のインテリではなかったのでおそらくコイネーは使えなかっただろうと考えると最終的にパウロが残るので，作題者の想定する正解はこれではなかろうか。導けないことはないが，その道のりにかなり無理がある。やはり**大学当局から全員正解とする旨の発表があった。**

２５．中央大　経済学部　Ⅱ〔2/15 実施〕（２つめ）

難問・出題ミス

問題1　こうした事業（編註：アカデミー＝フランセーズの創設）を背景に，（　M　）などの作家が活躍した 17 世紀前半は，フランス古典主義演劇の全盛期となった。

◀解答解説▶

　フランス古典主義演劇の作家というと，範囲内ではコルネイユ・ラシーヌ・モリエールの３人を習うが，このうちモリエールは喜劇作家で残る２人が悲劇作家，３人ともルイ 14 世の宮廷で活躍したことと，それぞれの代表作がコルネイユは『ル＝シッド』，ラシーヌは『アンドロマク』，モリエールが『人間嫌い』と『守銭奴』というところまで覚えていれば，早慶上智の文化史対策としてもお釣りが来るぐらいである。しかし，これらの情報であっても，この空欄 M をこの３人から絞り込めない。どころか，前述の通りこの３人はいずれもルイ 14 世時代（在位 1643 ～ 1715 年）に活躍と習うから，「17 世紀前半」に活躍と言われると違和感があるのである。多くの受験生が混乱したことであろう。その意味では，問題自体に認識の誤りがあるように思われる。私自身もフランス古典主義演劇は全くの門外漢だが，少なくとも高校世界史の情報だけで判断するならその全盛期は 17 世紀半ば・後半である。

　さて，それでも無理やり手がかりを見つけるとすると，用語集に記載はあれど普通は覚えないそれぞれの作家の生没年がある。コルネイユの生年は 1606 年，ラシーヌは 1639 年，モリエールは 1622 年である。ここから 1650 年までにすでに活躍していたとなると，コルネイユが最も妥当であろう。同じ推理で『赤本』もコルネイユを正解としていた。用語集は収録対象の人物の生没年をほぼ必ず載せているので，極めてデジタルな判断をするなら本問も用語集の情報から正解に辿り着くことができるが，さすがにこれを範囲内とは見なせない。また，前述の 17 世紀「前半」と「半ば・後半」のズレからそもそも出題ミスの嫌疑がかかる。１つ前の出題ミ

スと同じ大問であり，その他の問題にも際どいヒントの出し方が散見されたため，本問の作題者は信用できない。

　ここまで推論したところで識者に尋ねたところ，もう少し深い事情が判明した。**コルネイユはピークが 17 世紀前半でルイ 14 世時代ではなく，かつ代表作の『ル＝シッド』は古典主義ではなくスペイン演劇の影響を受けたバロック演劇である。**ただし，後半生では古典主義の作品を書いているから，単純に古典主義作家とするには扱いが難しい作家であるようだ。また，17 世紀前半にはすでに古典主義演劇は提唱されていて，実際に『ル＝シッド』はそれに当てはまらないと非難されていた。しかし，古典主義演劇の全盛期となるとやはり半ば・後半である。

　してみると，この問題文はコルネイユの全盛期が 17 世紀前半というのは正しいが，その時期のコルネイユが古典主義演劇の作家ではなかったという点や，17 世紀前半が古典主義の全盛期ではなかったという点で決定的に矛盾しており，出題ミスと断定していいだろう。しかし，あえて本問を擁護するならば，**全ての教科書でコルネイユが活躍したのはルイ 14 世の治世で，その代表作の『ル＝シッド』は古典主義の演劇作品と書かれている**から，そもそも高校世界史・受験世界史の側のコルネイユの説明が全く誤っている。1 冊くらい正確な表現，気を使った表現をしている教科書は無いかとさらって読んでみたが，全滅したのでちょっと笑ってしまった。これはもう，現役の教科書執筆者に古典主義演劇に多少なりとも知識・関心がある人が全くの不在であると言わざるを得ず，高校世界史の教科書執筆者という現代の日本でも最高水準の知識人階層でそうなっているのだから，フランスの古典主義演劇を高校世界史で扱うべき市民的一般教養と見なすこと自体が間違っているということになるのではないか。

２６．東洋大　2/9 実施

出題ミス（複数正解）

問題4　問6　下線部 (f) に関連して（編註：ギリシア正教）述べた文として**最も不適切なもの**を，次の中から一つ選べ。

① ギリシア正教会の首長はビザンツ帝国の皇帝だった。

② 聖像を禁止する勅令が，ローマ＝カトリック教会との対立を深めた。

③ 教会建築の特色は，ドームとモザイク壁画である。

④ ノヴゴロド国のウラディミル1世は，ギリシア正教に改宗してこれを国教にした。

◀解答解説▶

　②・③は正文。④はノヴゴロド国がキエフ公国の誤りで誤文。これが作題者の想定する正解だろう。まずいのは①で，**ギリシア正教会の首長は仮に皇帝教皇主義の学説をとったとしてもコンスタンティノープル総主教であってビザンツ皇帝ではない。**ビザンツ皇帝はコンスタンティノープル総主教の任免権を有していたから政教両権を握っていたとするのが皇帝教皇主義の学説であって，さすがに皇帝が首長そのものとする学説を唱えていた人はいないはずである。①は古い教科書に則ったとしても誤文と判定せざるを得ず，本問は複数正解である。なお，本問については大学当局から何の発表もない。

２７．東洋大　2/9実施（2つめ）

出題ミス（複数正解）

問題4　**問12**　下線部(l)に関連して（編註：ヨーロッパに残されたオスマン帝国領ではスラヴ系諸国の独立を目指す運動が続き，列強が介入した）述べた文として最も適切なものを，次の中から選べ。

① ロシアがパン＝スラヴ主義を唱えて，スラヴ系民族の独立運動を支援した。

② 第一次バルカン戦争後セルビアは領土の分配に不満をもち，第二次バルカン戦争が勃発した。

③ オーストリアは，サン＝ステファノ講和条約でボスニア・ヘルツェゴヴィナの占領と行政権を認められた。

④　第二次バルカン戦争に敗北を喫したブルガリアはロシアに接近した。

⑤　ビスマルクが調停したベルリン会議で，ブルガリアの独立が認められ
た。

◀解答解説▶━━━━━━━━━━━━━━━━━━━━━━━━━━

　③はサン＝ステファノ条約がベルリン条約の誤り，④はロシアがドイツ
の誤り，⑤はブルガリアの独立が認められなかったのでそれぞれ誤文。
残った①・②は正文と見なせるから，どちらも正解になりうる。やはり**大
学当局から複数正解を認める旨の発表があった。**なお，第二次バルカン戦
争はブルガリアの先制攻撃で始まっているので，ニュアンスから言えば②
はちょっと危うい。

２８．法政大　2/7 実施

悪問

問題３　問５　イタリア戦争について，下記の説明文のうち正しいものを
一つ選んでその番号を解答欄にマークせよ。

1　フランスは，カトリックの国であったが，一時ヘンリ８世と手を結ん
で神聖ローマ皇帝と戦った。

2　神聖ローマ皇帝は，一時スレイマン１世と手を結んでフランスに対し
て優位に立った。

3　この戦争は，1559年にフランス王，スペイン王，イギリス女王との
間に結ばれた条約によってようやく，終結を見た。

4　15世紀末から断続的に続いたこの戦いは，ハプスブルク家とブルボ
ン家との争いとして知られ，その終結は外交革命とよばれている。

◀解答解説▶━━━━━━━━━━━━━━━━━━━━━━━━━━

　2はフランスと神聖ローマ皇帝が逆なので誤文。4はデタラメ。イタリ
ア戦争当時のフランスはまだヴァロワ家であり，外交革命は七年戦争前夜

の出来事。3はカトー＝カンブレジ条約のことを指しており，これは正文。よって3が正解なのは間違いない。

　審議の対象は1で，通常の高校世界史ではイタリア戦争中のイギリスにはほとんど触れられない。せいぜい末期にメアリ1世がフェリペ2世と婚姻した関係でハプスブルク側で参戦し，かえってカレーを失ったことが触れられるくらいであろう。しかし，実際にはヘンリ8世が大陸進出を目指して幾度か介入しており，その際フランス領に侵入するわけであるから，基本的にはハプスブルク側についての介入であった。しかし，カール5世の勢力があまりにも膨張していたことから，1526年に一度だけ寝返ってフランス側についたことがある（コニャック同盟戦争）。ただし，ヘンリ8世はこの同盟に対して消極的で，結局大した派兵もないまま，フランソワ1世がカール5世と講和してしまった。その後はヘンリ8世の離婚問題が浮上したため，イギリスはメアリ1世の即位までイタリア戦争にかかわらなくなっていく。

　こうした経緯から，「一時ヘンリ8世と手を結んで」までは間違いないが，「神聖ローマ皇帝と戦った」とまでは言えない。また，選択肢の文を深読みするなら，「フランスは，カトリックの国であったが」とあるので，この選択肢はイギリス国教会成立後の時期を指していると考えられる。とすると，確かに宗教改革後のヘンリ8世はフランスと手を結んだこともなければ神聖ローマ皇帝軍と戦ったこともないので，明確に誤文である。ただし，受験生の身からすると深読みしてあげる筋合いもない。以上の議論を総合すると，1は正文とは言えないものの，明確に誤文とも言いづらいくらいの文と言えよう。作題者はコニャック同盟戦争とヘンリ8世の国王至上法（首長法）の時期が曖昧なまま作問したのではないか。『赤本』でもほぼ同様の指摘有り。『入試問題正解』はスルーしていた。

２９．法政大　2/7実施（2つめ）

難問

問題3　メディチ家の　カ　は，アカデミー（アカデミア・プラトニカ）

を開設して古代ギリシア研究を奨励したことでも知られる。（中略）こうした文人たちの拠点となっていたのは，$\boxed{\text{カ}}$ によって開設され，$\boxed{\text{カ}}$ の孫でイル・マニフィコと呼ばれた人物の保護の下にあったアカデミーであった。1494 年からフランス王 $\boxed{\text{ク}}$ の侵攻によってメディチ家が追放されて，$\boxed{\text{ケ}}$ が一時フィレンツェを支配することになると，$\boxed{\text{D}}$ の画風も変わっていったが（編註：D はボッティチェリのこと），それでも $\boxed{\text{D}}$ はフィレンツェを去ることはなかった。

問6　空欄 $\boxed{\text{ア}}$ 〜 $\boxed{\text{コ}}$ に最もよく当てはまる語を下の語群のなかから選びその番号を解答欄にマークせよ。

語群

1	アンリ4世	3	エラスムス	9	コジモ
10	サヴォナローラ	13	シャルル8世		
21	フランソワ1世	25	ロレンツォ		

（編註：空欄カ・ク・ケ以外は省略，選択肢は関係のあるもののみ抜粋）

◀解答解説▶━━━━━━━━━━━━━━━━━━━━━━━

　クはシャルル8世。これだけが範囲内。残りのカとケは，厳密に言えば消去法で解答できなくもないが，際どいところなので収録とした。カはコジモ。用語集のメディチ家の説明文の中に記述があり，ロレンツォがその孫であることも書かれている。なお，イル＝マニーフィコは「豪華公」が定訳。ケの正解はサヴォナローラ。**サヴォナローラはマイナーといえども受験世界史の範囲内では，と思った方。残念ながら，一昔か二昔古い。**私が確認した限りで，サヴォナローラが最後に範囲内だったのは 2003 年である。サヴォナローラは確かに扇動者としては優秀で，フィレンツェ市民が豪奢な生活から一転して厳格な宗教家を支持したという人間心理的なおもしろさはあるものの，世界史全体の動きの中では些事である。フィレンツェ史のレベルまでクローズアップすれば重要人物ではあり，以前の高校世界史でサヴォナローラが取り上げられていたのは，その人間心理的なおもしろさと，フィレンツェ中心史観の名残であろう。私的には，その名残が2018年にもなってまだ登場するか，という感慨が湧いた問題であった。

430

　法政大のこの日程は他にも細かい用語の出題が多く，宋慶齢（用語集頻度①），コロンブスの出発港としてのパロス（用語集の説明文内で言及）など，難易度が高かった。

３０. 法政大　2/8実施

難問・悪問

問題1　**問7**　下線部(5)に関して（編註：ワシントン会議），つぎのa〜dのうち説明として適切なものをひとつ選び，その記号を解答欄にマークせよ。

a　この会議で締結された海軍軍縮条約では米・英・日・独・仏の主力艦の保有トン数の比率が決定された。
b　この会議で締結された太平洋における現状の維持を掲げる条約に基づいて，日英同盟が終了した。
c　この会議において，フランスとポーランドとの間に相互援助条約が締結された。
d　この会議で締結された九カ国条約は中国の要求に基づいて，中国の主権と独立を尊重するものであった。

◀解答解説▶

　aはドイツがイタリアの誤り。cはポーランドがワシントン会議不参加で，相互援助条約の締結は1939年。bは正文で，これが正解。審議の対象はd。そのままさらっと読めば問題なく正文だが，深読みするとあやしくなる。九カ国条約は確かに中国の主権と独立を尊重することを規定したが，中国の要求はそれに留まるものではなく，関税自主権の完全な回復や領事裁判権の撤廃など不平等条約の改正であった。これらについては，九カ国条約では即時の解決が否定され，改正の方向で交渉を続けることが取り決められたに過ぎない。これらが最終的に進展するのは北伐終了後の1928年のことである。したがって，取り決められた中国の主権と独立の

尊重は中途半端なものであり，「中国の要求に"完全に"基づ」く形だったとは言えない，と解釈すれば，ｄは誤文になる。というよりも，そのように解釈しないとｄは正文になってしまう。そして，ここまでの詳細なワシントン会議での様子は高校世界史範囲外であるから，ほとんどの受験生にはｂとｄの複数正解の出題ミスに見えるはずである。私もかなり悩んだが，深読みすれば正解が出ることから出題ミスとまでは踏み込めないものの，悪問・難問とは言えると判断して収録した。『赤本』は悪問とは指摘していないものの，ｄを誤文と見なせる理由についての解説は有り。『入試問題正解』はスルーしていた。なお，法政大のこの日程の第１問は全体として選択肢４つのうち１つだけ範囲内でそれが正解といったような問題が多く，ぎりぎりで収録を回避していて良い印象は無い。

３１．法政大　2/9 実施

難問

問題２　朝鮮には北西部を中心とした地域に二つの建国神話がある。ひとつは，□１□朝鮮である。

問１　空欄□１□～□７□に当てはまるもっとも適切な語句を次の選択肢から選び，その記号を解答欄にマークせよ。

ａ　衛氏　　ｂ　箕子　　ｉ　石氏　　ｍ　苻氏　　ｐ　李氏　　ｒ　呂氏
（編註：空欄２～７は省略，関係のある選択肢のみ抜粋，ａの衛氏は次の空欄□２□の正解）

◀解答解説▶
　私は建国神話・伝説については，その存在に何らかの大きな歴史的意義があり，神話・伝説であることを込みで教えるのならば，「世界史」として教えることに反対ではない。でなければ，モーセからして教科書から消さないといけなくなってしまう。という前提に立てば，日本史における記

紀神話も，朝鮮の檀君神話や箕子朝鮮も教えても別にかまわないと思う。とはいえ，現在の高校世界史では檀君神話も箕子朝鮮も範囲外である。本問の場合，消去法でも答えは出まい。ａの衛氏は次の空欄 2 の正解なので消せるし，ｐの李氏も消せるだろうが，残りはありそうでなさそうな名前ばかりである。なお，石氏・呂氏は現在の朝鮮人の姓にもよくあるそうだが，苻氏は私にもよくわからない。どこからとってきたのだろうか。

３２．法政大　2/9実施（２つめ）

難問

問題２　高麗時代，金富軾らによって完成された『 II 』によれば，新羅の法興王23年（536年）にはじめて年号（建元）を立てたという。（中略）朝鮮王朝時代の1451年に完成した史書『 IV 』によると，高麗は当初，天授という独自の年号を使用したが，当時の五代十国から冊封されると，王朝交代に従ってそのたびにその王朝の年号を用い，950年に第４代の光宗がふたたび独自の年号を立てたが，963年には宋の年号乾徳を採用したという。

問２　空欄 I ～ IV に当てはまるもっとも適切な語句を次の選択肢から選び，その記号を解答欄にマークせよ。

ｄ　経国大典　　ｅ　高麗史　　ｆ　三国史記
（編註：空欄 I・III は省略，関係のある選択肢のみ抜粋）

◀解答解説▶

　これも前問同様の大問から，朝鮮史の難問。空欄 II はまだ解きやすい。三国時代のことが書かれている史書だから『三国史記』だろうという推測で正しい。空欄 IV について。『経国大典』は用語集には記載がないが，実教出版の教科書の脚注にのみ記載があるという黒に近いグレーゾーンであり，早慶上智対策としては比較的よく見る用語である。『経国大典』は

朝鮮王朝時代の書物には違いないのだが，**これは歴史書ではなく法典**であり，うろ覚えだと歴史書に見える書名である。『高麗史』は範囲外の用語であるから，早慶上智対策をしていた受験生ほど聞きかじったことのある『経国大典』を選んだことだろう。一応，「迷ったときは見知らぬ言葉の方」というのが超難問に接した時のテクニックではあるが，作題者はそのような小手先テクニックを推奨したいということか。逆に早慶上智対策をせず，直感で『高麗史』を選べた受験生もいたと思われ，勉強が報われないという意味では作題者の性格が悪い設問である。なお，これら以外に消去法で解答が出るものの朝鮮王朝の測雨計も問われていた。

３３．法政大　2/9 実施（３つめ）

難問

問題3　**問8**　下線部 (3) に関連して，次のア〜エのうち，20 世紀のラテンアメリカ文化の事例として**誤っているもの**を一つ選び，その記号を解答欄にマークせよ。

ア　ガルシア＝マルケスの小説　　イ　シケイロスの壁画
ウ　ネルーダの詩　　エ　ホセ＝マルティの詩

◀解答解説▶

　4 人全員が用語集頻度が低いか範囲外というきつい問題。アのコロンビアの小説家ガルシア＝マルケスは帝国書院の教科書にのみ記載があるが，他の教科書や用語集に記載が無いので黒に近いグレーゾーンだろう。イのメキシコの画家シケイロスは用語集頻度②で範囲内だが，早慶上智対策で覚える用語だろう。ウのチリの詩人ネルーダは完全な範囲外で，おそらく受験世界史でここが初出。エのホセ＝マルティはかなり古い課程なら範囲内だったが，近年では範囲外である。詩人としてよりも，キューバ独立運動の指導者としての方が有名で，1895 年に達成を見ないまま亡くなった。ということで全員ラテンアメリカ文化に関連した人物として誤りでは

ないのだが，ホセ＝マルティは1895年に亡くなっているから「20世紀の」という条件に当てはまらない＝正解。**ここまで人選が酷なのに，正誤のポイントは生没年**というひねりが効きすぎた問題と言えるだろう。

３４．法政大　2/12実施

| 難問・誤植？ |

問題1　しかし，デンマーク王権の優位（編註：カルマル同盟のこと）を不服としたスウェーデンは，1523年に　③　の下で独立した。

問3　空欄　①　〜　⑤　にもっとも適したものを以下の語群から選び，その記号を解答欄にマークせよ。

c　ヴァルデマール４世　　g　カール12世　　h　グスタフ＝アドルフ
i　グスタブ１世（原文ママ）　　　　j　グスタフ３世
i　ジギスムント３世　　m　ホーコン４世　　n　マグヌス
（編註：空欄③以外の問題は省略，関係のある選択肢のみ抜粋，hのグスタフ＝アドルフは空欄④の，gのカール12世は空欄⑤の正解。）

◀解答解説▶

　勘の良い人は当てられそうな問題。グスタフ＝アドルフ（グスタフ２世）の先祖なのだからiのグスタフ１世が正解だろうという推測で正しい。cのヴァルデマール４世は14世紀のデンマーク王，mのホーコン４世は13世紀のノルウェー王。iのジギスムント３世は16世紀末のスウェーデン王で，一時はポーランド王も兼ねたが，そのせいでかえってスウェーデンから放逐された。以後はスウェーデンへの復帰を願ってポーランド軍を率いて戦ったが，その相手がグスタフ＝アドルフであった。jのグスタフ３世は18世紀後半のスウェーデン王。
　nのマグヌスはスウェーデン王に何人かいる名前であるが，なぜこの人だけ何世か示されていないのかよくわからない。それよりも不可解なのが

表記である。グスタフ１世だけ表記が「グスタブ」になっているのは全く
の謎。他の選択肢では「グスタフ」になっているだけに。

３５．法政大　2/12 実施（２つめ）

誤植（出題ミスの可能性）

問題3　問4　下線部 (1) に関与し（編註：<u>タバコ＝ボイコット運動</u>），パ
ン＝イスラーム主義を提唱し，ウラーピーの反乱（原文ママ）に影響を与
えた思想家の名前として正しいものを次のア〜エから一つ選び，その記号
を解答欄にマークせよ。

ア　アフガーニー　　　　イ　イブン＝アブド＝アルワッハーブ
ウ　サイイド＝アリー＝ムハンマド　　　エ　ムスタファ＝カーミル

◀解答解説▶

　問題自体はアのアフガーニーを正解として成立しているものの，「**ウラー
ピー**」は「**ウラービー**」の誤植である。「ウラーピーの反乱という事件は
存在していない」と言われればその通りであるから，厳しく見れば出題ミ
スになるかなり危うい誤植。大学当局からの訂正発表は無し。

３６．法政大　2/16 実施

難問

問題3　問2　下線部 (2) に関連する次の文章について（編註：1939 年の
<u>ドイツのポーランド侵攻</u>），空欄a・bに入る最も適切な語を下記の語群
Ａから，空欄ア〜エに入る最も適切な語を下記の語群Ｂから選び，その
数字を解答欄にマークせよ。
ドイツのポーランド侵攻の直前に締結された独ソ不可侵条約は，世界に衝

撃を与えた。この条約を調印したのはソ連代表 a とドイツ代表 b である。この条約には，その後長く存在が否定された秘密条項が付されており，これに従いソ連はポーランドの東半分を占領した上で，1939 年秋には領土の割譲を求めて ア と開戦した。さらにロシア革命後に独立していたバルト海に面するタリンを首都とする イ ，リガを首都とする ウ ，カウナスを首都とする エ に軍を進駐させた。

〔語群 A〕

4 ヴィルヘルム 2 世	8 トゥルゲーネフ	9 トロツキー
11 ヒンデンブルク	13 フルシチョフ	15 ベネシュ
16 マサリク	18 モロトフ	
19 リッベントロープ	20 レーニン	

〔語群 B〕

4 エストニア	16 トルコ	18 フィンランド
22 ユーゴスラヴィア	24 ラトヴィア	25 リトアニア

（編註：A・B ともに関係のある選択肢のみ抜粋）

◀解答解説▶

　範囲内かつ簡単な問題は空欄アのフィンランドしかない。まず人名から。独ソ不可侵条約を別名でモロトフ＝リッベントロップ協定と呼ぶのは第二次世界大戦に詳しければ常識的な知識だが，高校世界史では要請されない知識である。ドイツ代表の空欄ｂの方がまだ何とかなる。11 のヒンデンブルクは別の問いの正解であり，1934 年に亡くなっている。とすると，残りのドイツ人は 19 のリッベントロープしか残っていない。一方，モロトフは無理である。9 のトロツキーは追放されている，8 のトゥルゲーネフと 20 のレーニンは死んでいると消しても，13 のフルシチョフが残ってしまう。事実，この時のフルシチョフはすでに高官である。「迷ったときは見知らぬ言葉の方」というのが超難問に接した時のテクニックであるが，実践できる受験生は少なかろう。

　次に地名であるが，空欄アは前述の通り 18 のフィンランドで唯一の基本問題。空欄イ・ウ・エは，バルト三国の国名と位置だけなら中学地理の

範囲として問題ないが，首都の名前が唯一の手がかりとなると，高校世
界史として難問であろう（高校地理としても難問だが）。実は単純に北か
ら順番で正解というのが判明したら，がっくりくる受験生もいるのでは。
なお，リトアニアの当時の首都はカウナスだったが，現在はヴィルニュス
である。これは当時のリトアニア政府も本当はヴィルニュスとしたかった
が，ポーランドが占領して強引にポーランド領に編入してしまったため，
仕方なくカウナスとしたという経緯がある。戦間期のポーランド，知れば
知るほど同情心が薄れていきますね。なお，そういう事情で戦間期のリト
アニアの日本領事館があったのはカウナスであり，現在は杉原千畝記念館
となっている。

３７．明治大　全学部統一入試

出題ミス

問題2　問4　下線部 (4) に関連して（編註：17 世紀には植民活動の対象
範囲も広がりが見られるようになった），もっとも適切なものを一つ選び
なさい。

A．オランダは東インド会社を設立し，北アメリカのハドソン川河口に
　　ニューネーデルラントを建設した。
B．フランスは 17 世紀初頭からカナダへ進出し，ケベック植民地を中心
　　に毛皮取引を盛んに行った。
C．イギリスのヴァージニア植民地は，植民当初から黒人奴隷を使用した
　　プランテーションでの綿花栽培で繁栄した。
D．ポルトガルは，17 世紀初頭にアジア進出の拠点としてバタヴィアを獲
　　得した。

◀解答解説▶

　Ａはニューネーデルラントを建設したのが東インド会社ではなく西イン
ド会社。一応，「建設した」の主語をオランダととるなら正文ではあるが，

その場合は「東インド会社を設立し」が浮くちぐはぐな文になるし，そのような読み方は作題者の意図ではなかろう。Ｃのヴァージニア植民地は，植民当初から長らくタバコのプランテーションが広がっていた。綿花に切り替わるのは 18 世紀末以降。Ｄは言うまでもなくバタヴィアがオランダの拠点なので誤り。消去法で言えばＢが正解になり，実際に明確な誤りは無いのだが，厳密に言えばフランスのカナダ進出は 16 世紀のうちに始まっている。有名どころだとフランソワ１世の派遣した探検家カルティエが後のケベックに辿り着いて，ケベック建設の基礎を築いている。用語集もこれをとってカナダの項目に「16 世紀以降フランス・イギリス勢力が進出した」としているので，Ｂは誤文ということになる。したがってＡ～Ｄに正文が無く，正解が無い。**大学当局からお詫びと全員正解とした旨の発表があった。**

３８．明治大　情報コミュニケーション学部

難問

問題４　問２　下線部 (2)「バスティーユ牢獄」についての記述として**最も適切なもの**を次の①～④のなかから一つ選び，その番号を解答欄にマークしなさい。

① パンの値上がりに苦しんでいたパリの民衆は反発し，圧制の象徴とされていたパリのバスティーユ牢獄の無血開城に成功し，囚人７人を解放した。
② バスティーユ牢獄は，14 世紀にたてられた城塞で 17 世紀から監獄として使われていた。投獄されるのは平民のみであったが，経費節減から取り壊しが決定されていた。
③ バスティーユ事件の政治的影響力は大きく，各都市でも新しい自治体と民兵が組織される中，自衛した農民たちが領主の館を襲撃するなど「大恐怖」が全国的に広がり，封建的特権の廃止がラマルチーヌらによって宣言された。

④　バスティーユ事件の後，国王は国民衛兵創設や新市長バイイ就任など
　　パリ市が独自に行った改革を認めた。

◀解答解説▶━━━━━━━━━━

　フランス革命からの異様な難問。いずれの選択肢も範囲外で判断が全く
付かない。それも下線部通り，ほぼバスティーユ牢獄襲撃事件からの出題
である。『ベルばら』マニアでも欲しかったのだろうか。①は誤文。バス
ティーユ牢獄襲撃事件はかなりの死傷者が出ている。フランス革命はそ
の当初から血なまぐさい。②も誤文。貴族も投獄されていた。実は政治犯
がいなかったというのはそれなりに知られた話ではあるが，そのひっかけ
か。③は途中まで正しいが，ラマルチーヌが誤り。彼は第二共和政の臨時
政府の実質的な初代首相であり，詩人としても有名。後に大統領選に出馬
するもルイ＝ナポレオンに敗れている。1つ前の課程までは低頻度ながら
範囲内であった。というわけで残った④が正文。この④が範囲外の情報の
中でも細かいので，かなり詳しい受験生ほど②が正文と勘違いしそうで，
ねらってやったのならかなり悪質なひっかけ問題である。

３９．明治大　情報コミュニケーション学部（２つめ）

出題ミス（複数正解）

問題5　次の文章 A～J をよく読み，下線部 (1)～(4) のうち，**適切でな
いもの**を一つ選び，その番号を解答欄にマークしなさい。

I　アメリカは中立法のためにイタリアのエチオピア侵略やスペイン内戦
に対しても中立を守っていた。(1)1939 年にヨーロッパで第二次世界大戦
が始まるとアメリカではドイツを最大の脅威ととらえ，イギリス・フラン
スへの武器輸出解禁を支持するような世論が高まり，中立法は廃止され
た。さらに，(2) フランスが降伏して 1940 年 9 月に日独伊三国同盟が成立
したことにより，ローズヴェルト大統領は三選後の 1941 年 3 月，武器貸
与法を成立させた。(3)アメリカはイギリス・中国・ソ連への物資援助を

おこなっていたが，参戦には踏み切らなかった。その後，(4)ローズヴェルトは1941年，イギリスの首相チャーチルと大西洋上の軍艦で会談をおこなって大西洋憲章を発表し，民主主義国共通の戦争目的を明らかにした。

◀解答解説▶

　一見してどこにも誤文がなく，困ってしまう。その上，精査すると危ない文が2つある。まず(1)，中立法は1935年に制定された後に幾度か改定されており，次第に骨抜きになっていく。そして最終的に1941年の武器貸与法で中立法は空文化するが，廃止にはなっていない。用語集も「空文化した」とは書いているが，廃止したとは書いていない。旺文社の『世界史事典』でも「1941年，武器貸与法が制定されて，この法律は事実上無効となった。」とあり，「事実上」という文言が入っている。次に(3)，「イギリス・中国・ソ連への物資援助をおこなっていた」とあるが，アメリカがソ連への物資援助を始めたのは1941年11月のことである。(4)の大西洋憲章が1941年8月のことなので，(3)はそれより前の時期を示しているから，ソ連の部分が誤りである。よって(1)・(3)の複数正解になるが，どちらを正解のつもりで作った問題なのかがよくわからない。作題者は中立法または武器援助法について，何か大きな勘違いをしているのではないか。

　例年の情コミュは「受験生とコミュニケーションができていない」悪問での収録が多かったが，この年は明後日の方向に反省したのか，純粋に知識的な難問が多かった。これはこれでディスコミュニケーションではあるのだが，悪問より難問の方がマシではあるか。

40. 明治大　国際日本学部

難問

問題1　問10　19世紀後半，ロシアにおいて重要な文学作品が数多く生み出された。『アンナ・カレーニナ』で知られるロシアの作家が晩年に書いた大作を，次の選択肢（A〜D）の中から一つ選びなさい。

A 『戦争と平和』　　　B 『カラマーゾフの兄弟』
C 『復活』　　　　　　D 『父と子』

◀解答解説▶

　たまにあるトルストイについての難問。トルストイだからＡの『戦争
と平和』を選んで終わりにしてしまいそうになるが，よくよく見ると『復
活』もトルストイの著作である（Ｂはドストエフスキー，Ｄはトゥルゲー
ネフ）。とするとこれは２択になるが，どちらが晩年の著作かとなると受
験世界史の範囲を大きく超越するものになるだろう。正解はＣの『復活』
で，トルストイの生没年が 1828 ～ 1910 年のうちの 1899 年の著作で
あるから，まあ晩年といってよいか。一方，『戦争と平和』は 1869 年に
完結編の刊行であるから，かなり若い時期の著作になる。ちなみに『アン
ナ＝カレーニナ』は 1878 年に完結。

４１．明治大　国際日本学部（２つめ）

出題ミス

問題３　次の文章（1 ～ 10）が説明する島（もしくは諸島）が存在する
地域を【図α】から選び，その記号（A ～ Y）を解答欄にマークしなさい。
なお，いずれの地域にも明らかに該当しない場合は，解答欄に記号Zをマー
クすること。

4　スペイン継承戦争後の 1713 年に締結された講和条約によって，この
　　島の領有権はオーストリア＝ハプスブルク家に移譲され，1720 年には
　　サヴォイア家がこの島を含む領域に王国を樹立した。
（編註：他の問い，及び地図 α は省略）

◀解答解説▶

　素直に解答するならサルデーニャ島が該当するが，**オーストリアとスペ
イン・フランスの講和は 1713 年のユトレヒト条約ではなく 1714 年のラ**

シュタット条約**である。したがって，ユトレヒト条約とラシュタット条約を厳密に分ける立場をとるなら，問題が成立しておらず出題ミスになる。ということで，大学当局からお詫びと全員正解とした旨の発表があった。**

４２．明治大　国際日本学部（３つめ）

| 出題ミス（複数正解） |

問題４　問８　下線部 (c) の戦争（編註：Opium Wars）は，第一次と第二次があり，後者はアロー戦争とも呼ばれる。それぞれの講和条約が結ばれた二つの都市の組み合わせとして，もっとも適当なものを一つ選び，マークしなさい。

A　第一次：北京　第二次：南京　　　B　第一次：北京　第二次：天津
C　第一次：天津　第二次：北京　　　D　第一次：天津　第二次：南京
E　第一次：南京　第二次：天津　　　F　第一次：南京　第二次：北京

◀解答解説▶━━━━━━━━━━━━━━━━━━━━

　世界史の基礎的な知識があれば，複数正解である理由がすぐに察せられるであろう。アヘン戦争の講和条約は南京条約。アロー戦争の講和条約は一度天津条約を結んだ後，中国側が一方的に破棄して戦争が再開され，最終的に北京条約で決着が付いた。したがって，天津条約も北京条約もアロー戦争の講和条約である。よってＥとＦは両方正解と見なしうる。**大学当局から謝罪と複数正解を認める旨の発表があった。**

　経営学部は収録なし。これにより昨年に達成してしまっていた全日程グランドスラムは何とか避けた形。

４３．明治大　政治経済学部

出題ミス・参考書のミス

問題２　以下の地図（１～４）は異なる４つの時代のアフリカ大陸と，そこに存在したいくつかの国々の領域を示している。また，４つの地図はそれぞれ，史料（ア～キ）のいずれかひとつが書かれた時代と対応している。なお，地図はすべての国を網羅しているわけではなく，地図上には示されていない国々も存在していた。このことをふまえて，設問（１～２）に答えなさい。

設問１　地図の空欄（A～F）に当てはまる国名を選択肢（１～10）から選び，その記号を解答欄にマークしなさい。

【選択肢】
1．アクスム王国　　　２．オレンジ自由国　　　３．ガーナ王国
4　カネム王国　　　　５．ソンガイ王国　　　　６．ダホメ王国
7．トランスヴァール共和国　　　　　　　　８．ベニン王国
9．マリ王国　　　　10．モノモタパ王国

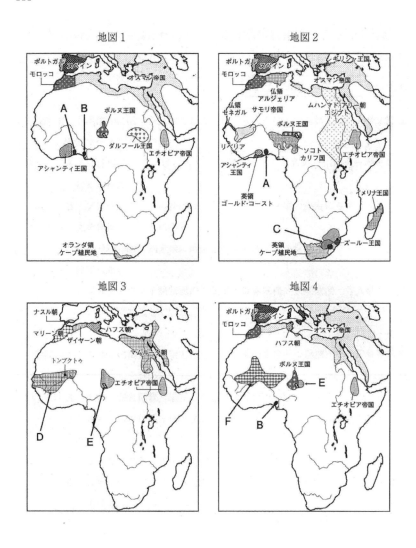

地図1

地図2

地図3

地図4

設問2 地図（1〜4）の時代に対応する史料（ア〜キ）を選び，その記号を解答欄にマークしなさい。

ア．私としては恋する女性の皆さまを助け，慰めてさしあげたい。（中略）そのために私は百のお話をいたすつもりでございます。その中には作話や寓話も愚話も実話もございますが，それらは七人のうら若き淑女と三

人の青年紳士の一団が最近のあの死の恐怖のペストが猖獗を極めたところに集まって十日の間にお話しなさったものでございます。

イ．洋の東西を問わず，過去数世紀の間に世の人びとが実際に見たり，噂に聞いたりした出来事がどんなに輝かしいものであっても，インディアスで起きた事柄は例外なく，過去のそれらの出来事をひとつ残らず翳らせ，沈黙させ，忘却の彼方へ追いやって余りあると思えるほどのものであった。インディアスでの出来事の中には，無辜の人びとを殺害し，破壊へ追いやったり，いくつもの集落や地方や王国を見る影もなく破壊したりするような犯罪行為が数々あり，そのほかの出来事も例外なく，それに劣らず，人を戦慄させるものであった。

ウ．ちょうど聖降誕祭の日，ミサのために王が至福の使徒ペテロの前での祈りから立ち上がった時，[教皇]レオは彼の頭上に冠を載せ，そして[居ならぶ]すべてのローマ人達が賛同の歓呼をあげた。崇高なるカール，神によって冠されし偉大にして平和をもたらせるローマ人の皇帝に生命と勝利あれ！そして讃美歌のあと彼は，いにしえの皇帝たちの慣例に従って教皇から跪坐の礼を受け，続いてパトリキウスの称号を廃して，インペラトールにしてアウグストゥスと称された。

エ．合衆国政府が熱望することは（中略）「利益範囲」を主張する諸国が，かかる「範囲」内で，あらゆる国々がそれぞれの通商と航行に関する完全に平等な扱いを受けることを公式に承認し，これから生じる疑問の余地のない利益が，中国におけるすべての国々の通商に関して保証されることであり，それゆえ合衆国政府は，ドイツ皇帝陛下の政府が下記のごとき公式の保証を与え，かつ他の関係諸国からも，それら各国が何らかの影響力を有する領域に関して，同様の保証を確保するために協力をなすならばこれを欣快とするものである。

オ．古い政府権力の中心地であると同時にフランスの労働者階級の社会的拠点でもあったパリは，帝政によって授けられたその古い政府権力を復興し永続化しようとするティエールや田舎紳士たちの企てに対して，武

器を持って立ち上がったのである。パリが抵抗できたのは，ひとえに，包囲の結果軍隊を追い払い，大部分が労働者からなる国民軍にかえたからである。この事実は今や，一つの制度にされなければならなかった。したがって，コミューンが発した最初の政令は，常備軍を廃止してそれを武装した人民にかえることだった。

カ．すなわち，必要なことは，東方の地に住むあなた方の兄弟たち，すでにたびたび求めたにもかかわらずあなた方の援助を得られずにいる兄弟たちのもとへ，馳せ参じて助けることである。（中略）トルコ人はロマニアの国境地帯でキリスト教徒たちの土地をますます占領し，すでに七度に及ぶ戦いで敗れた側を征服し，多数のものを殺しあるいは捕らえ，教会を破壊しては神の王国を略奪した。（中略）ところで，その地に赴くすべての者には，たとえ旅の途上であるいは航海の途中で，または異教徒に対する戦いで，死に遮られて生涯を終えたとしても，即座に罪の赦免が与えられるだろう。

キ．したがって，特権を持たない構成員のみが国民議会の選挙権及び被選挙権を持つのだ。第三身分の意思は市民全体にとって常に善である。特権身分が自らの個別利益を顧みることなく，単なる市民として，すなわち，ほかでもない第三身分として投票するのを望まないなら，特権身分の意思は常に悪である。したがって，第三身分だけでおよそ国民議会と言ったときに想起されるものを構成するには十分なのだ。

◀解答解説▶

非常に凝ったアフリカの地図を掲載した気合いの入った問題である。設問1は普通に解答可能。それぞれの地図の年代を特定すると，自然とそれぞれの答えが出る。地図1はオランダ領ケープ植民地があり，アシャンティ王国が栄えていることから，大西洋三角貿易の時代である。また，南イタリアとシチリアがスペイン領ではないことも加味すると，1714年〜18世紀末の約80年間のいずれかである。よってAがダホメ王国，Bがベニン王国。アシャンティ王国とあわせてこの3つはいずれも黒人奴隷の輸出で栄えた国であり，唯一高校世界史としてはグレーゾーンのアシャンティ

王国（用語集未収録）が問われていないのは良心的。ダホメとベニンの区別は難しいが，早慶上智対策としては西から順にアシャンティ，ダホメ，ベニンと覚えさせられるところである。地図２は仏領アルジェリアやムハンマド＝アリー朝エジプトの存在から 19 世紀の 1840 年代以降，そしてオスマン帝国の領土がバルカン半島にかなり残っていることから 1878 年より前とわかる。よって C はオレンジ自由国。真北にあるのがトランスヴァール共和国。地図３はマムルーク朝の存在から 1250 年以後，ナスル朝の存在から 1492 年以前とわかる。もう少し狭めるなら，ザイヤーン朝の成立が 1336 年，マリーン朝の滅亡が 1465 年であるから，その約100 年間というところまでは絞れるが，解答上はあまり必要ない。この時期のニジェール川上流域の D はマリ王国の版図。E は難易度が高いが，一応用語集頻度①で範囲内である。チャド湖周辺に前近代に栄えたのはカネム＝ボルヌー王国で，分けるなら 14 世紀頃までをカネム王国，以後をボルヌー王国と呼ぶ。したがって E はカネム王国。地図４はオスマン帝国がエジプトとアルジェリアを獲得しているがチュニジアを獲得していない，スペインがシチリアと南イタリアを有していることから，1520 〜1570 年頃とわかる。この頃のニジェール川上流域の F はソンガイ王国。

　設問２。アはペスト禍の最中の男女十人による百物語であるから，間違いなく『デカメロン』。その年代は 14 世紀半ばなので地図３の時期に入る。イも特定容易で，ラス＝カサスの『インディアスの破壊に関する簡潔な報告』。16 世紀半ばの出来事なので地図４が該当。ウはカール戴冠だから 800 年の出来事で該当無し。エは合衆国政府が中国の通商の自由を訴えていることから，ジョン＝ヘイの門戸開放宣言と思われ，1899 年であるから，該当無し。オはマルクスによるパリ＝コミューンに関する論評であるので，1871 年の出来事で，これが地図２の時代にぴったりとはまる。カはクレルモン宗教会議のウルバヌス２世の演説にほかならず，1095 年で該当無し。最後のカはアベ＝シェイエスの『第三身分とは何か』で，刊行は 1789 年。際どいところだが，ぎりぎりで地図１の時期に入るので，これが正解なのだろう。
　……と，ここまで長々と説明したが，いたって普通の問題のように思える。しかし，**大学当局はこのうち地図２に関するものについて，受験生全**

員を正解とすると発表した。わかりにくい書き方だが，設問１のＣと設問２の地図２（正解はオ）の２問ということだろう。なぜこれらを出題ミスとしたのだろうか。挙げられている理由を読むと，「地図２にあるサモリ帝国が一部参考書と異なる記述となっていた」とある。これは不可解な理由である。確かに，地図２にあるサモリ帝国の領域は不正確で，地図２上のサモリ帝国の領域は現在のマリ共和国の南部に位置しているが，実際のサモリ帝国の位置はそれよりは南のギニア共和国からコートジボワール北部にかけてである。つまり，「一部参考書と異なる記述となっていた」のではなく，単純に「不正確だった」が理由となるべきだ。前者の表現ではあたかも「ある参考書を元に作図したが，事後に別の参考書を見たら異なる領域が示されていたので，そちらの参考書で学習してきた受験生の不利を解消するために全員正解とした」というように読め，自らの示した地図も誤りではないと主張していると解釈できる。明治大学が何を参照してこの地図を作ったのかわからないが，サモリ帝国の建国者サモリ＝トゥーレといえばギニアの国家的英雄であり，ギニアが領域に入っていない時点で違和感を覚えるはずである。覚えなかったのであれば，そもそも作題者のアフリカ史に関する見識を疑わなければならない。なお，サモリ＝トゥーレは 2013 年以前の課程ならマイナーながら範囲内であったが，現行課程では範囲外の人物である。直接問題にかかわっているわけでもないので，地図に載せる必要がなかったのではないか。**何のために問題文に「地図上には示されていない国々も存在していた。」と入れたのか。**

　しかし，実はより悪いのは『赤本』の対応である。**『赤本』は，地図２と設問２を読み間違えて，設問２の史料文を全て不掲載とした上で，「設問２は問題不備により全員正解となった」と完全に誤った情報を載せている。**明治大学は出版社や予備校に対して，出題ミスとなった問題は掲載しないよう依頼している。しかし，上述の通り，設問２でも地図２にかかわるもの以外はちゃんと問題が成立しているので，不掲載にする理由はない。逆に，設問１のＣは出題ミスで不掲載の指示が出ているが，地図２ともども掲載し，解答まで載せてしまっている。

　しかし，『赤本』の担当者もそんなに雑な仕事はしていないだろうと思い，改めて調べてみたところ，驚愕の事実が発覚した。なんと大学のHPに掲載された発表ではちゃんと「地図２に関するものが出題ミス」となっ

ているのに，**各予備校・出版社に配布された紙ベースの出題ミス一覧表では「設問2を全員正解とした」となっている**のだ。これで謎が氷解した。おそらく大学当局の事務方がこの出題ミス一覧表を作成する際に打ち間違えたのだろう。『赤本』はこの一覧表の文言に従って，設問2を不掲載としたのだろう。しかし，それならそれで『赤本』の編集者または解答解説作成者は不審に思って大学に問い合わせるべきだったのはないか。**いずれにせよ，出題ミスを出した作題者・明治大学の入試課スタッフ・『赤本』関係者と登場人物全員の仕事が杜撰すぎる。**

４４．明治大　文学部

出題ミス

問題1　**問11**　下線部 (i) に関連して（カルタゴは激しい戦争の末，潰滅させられる），次の文の中で誤りを含むものを一つ選びなさい。

A．第1次ポエニ戦争に勝利したローマは，海外領土としてシチリア島を獲得し，それを最初の属州とした。
B．第2次ポエニ戦争でカルタゴのハンニバルが，アルプスを越えてイタリア半島に侵攻し，カンナエの戦いでローマ軍を破った。
C．第3次ポエニ戦争で，ローマはザマの戦いで決定的勝利をおさめ，カルタゴからヒスパニアを奪って属州に加えた。
D．ポエニ戦争の結果，前146年にカルタゴは滅亡し，その領土は属州北アフリカとしてローマの版図に組み入れられた。

◀解答解説▶

　A・Bは正文。Cが明確な誤文で，これは第2次ポエニ戦争の出来事。おそらくこれが作題者の想定する正解。Dは一見正文だが，「北アフリカ」が誤り。属州の名前はただの「アフリカ」である。ところが**当局発表では複数正解とせず，「選択肢の一部に不備があった」ために全員正解にした**という。作題者がそういう方針だったのだろうか。

450

45. 明治大　法学部

出題ミス

問題2　問2　下線部アに関して（編註：<u>カフカス</u>），19世紀後半，ロシアは2回にわたるイランとの戦争に勝利して，イランの支配領域を割譲させることでこの地域の支配を確立した。第2次イラン＝ロシア戦争の結果としてむすばれ両国間の国境線を確定した条約を何というか。

◀解答解説▶

　2回にわたる戦争の講和条約は，第1次がゴレスターン条約（1813年），第2次がトルコマンチャーイ条約（1828年）である。これらによって，現在のカフカス諸国・イランの国境線が画定した。しかし，年号を見てもらえばわかる通り，**両条約ともに19世紀前半**であり，後半にはこれに当てはまる戦争も条約もない。したがって正解が存在しない。やはり**大学当局から謝罪と全員正解とした旨の発表があった**。なお，確定は画定の変換ミスだと思われる。

46. 明治大　法学部（2つめ）

奇問

問題4　問2　（ア）　下線部⑦に関して（編註：<u>しだいにギリシアの影響を受けて，ギリシアの神々とイタリアの神々とが結びついていった</u>），オリンポス12神のなかで商業を司るとされていた神は何か。

A　ヘスティア　　B　ヘルメス　　C　アルテミス
D　ヘファイストス　　E　デメテル

◀解答解説▶

　ここから文化史の難問が３つ続く。まずはギリシア神話の典型的な難問である。どうもギリシア神話の神々の区別は常識か高校世界史の範囲内と考えている教員が根強く存在しているらしい。確かに資料集や用語集に一応の説明はあるが，以前から繰り返しているように通常の世界史で覚える部分ではなく，その意義も感じない。正解は B。ヘスティアはかまどの女神，アルテミスは狩猟の女神，ヘファイストスは鍛冶の神，デメテルは農業の女神である。

４７．明治大　法学部（３つめ）

難問

問題４　問２　（エ） 下線部㊤に関して（編註：パピニアヌス），法学者パピニアヌスの著書として知られるものは次のうちどれか。

A　『解答録』　　B　『義務論』　　C　『労働と日々』
D　『神統記』　　E　『国家論』

◀解答解説▶

　Cの『労働と日々』とDの『神統記』はヘシオドス，Eの『国家論』はキケロ（他にプラトン，ボーダン，スピノザ等）なので誤答とわかるが，AとBはどちらも範囲外のものなので普通の受験生に区別はできない。私も全くわからなかったので調べてみたところ，パピニアヌスはセウェルス朝（193～235）の時代に活躍した法学者で，カラカラにより暗殺されたとのこと。主著は『質疑録（定義録）』『解答録』だそうなので，正解はAになる。優れた実務家で，『解答録』も実務上の難問を扱ったものだそうだ。

　Bの『義務論』の著者はキケロ。なお，赤本は「難問だが消去法で対処したい」と解説していたが，範囲外の語句が２つある以上は消去法でも解けない。全く解説になっておらず，**４３番**といい『赤本』の明治大は雑な

仕事が目立つ。あるいは『義務論』を基礎知識と考えているのかもしれないが，通常の学習でキケロの著書は『国家論』以外は覚えない。一応『義務論』を含めて『友情論』や『法律論』を載せている資料集もあるが，これをもって範囲内と見なすのはまったくもって無理である。

４８．明治大　法学部（４つめ）

【難問】

問題４　問２　（オ） 下線部㋐に関して（編註：『ローマ法大全』），『ローマ法大全』は，６世紀にユスティニアヌス帝がトリボニアヌスら法学者に命じて編纂させたものであるが，このなかに収録されているもののなかでラテン語で書かれていないものは次のうちどれか。

A 『ユスティニアヌス勅法彙纂』（『旧勅法彙纂』）
B 『法学提要』
C 『新勅法』
D 『ローマ法学説類集』（『学説彙纂』）
E 『改訂ユスティニアヌス勅法彙纂』（『新勅法彙纂』）

◀解答解説▶

　これも定番の範囲外の難問で，**４６番**や**４７番**も同じ大問であることに鑑みるに，明らかに故意に超難問を課していると思われる。一応，ビザンツ帝国は７世紀前半に公用語がラテン語からギリシア語に切り替わったという範囲内の知識があれば，ユスティニアヌス帝の時代から徐々に切り替わっていたのだろうという推測から，「新」のつくCか改訂されたEのいずれかが怪しいと気づいて２択までは絞れるだろう。実際にこの推測で正しく，正解はCの『新勅法』になる。なお，明治大法学部は2015年にも『ローマ法大全』で難問を出しており，同一人物の犯行と思われる（２巻**2015その他３６番**，p.327）。

４９．明治大　農学部

問題3　**問4**　下線部 (ウ) に関連し（編註：ヒンドゥー教），最も適した
ものを下から一つ選び，解答番号 (20) の記号にマークしなさい。

A　冠婚葬祭などの日常生活に関わっている。
B　シヴァ神を信仰する一神教である。
C　『リグ＝ヴェーダ』を聖典とする。
D　バラモン教を否定することから生まれた。

◀解答解説▶

　Ａが明確な正文＝正解，Ｂ・Ｄは誤文。残ったＣが審議の対象で，過
去にもあったが（1巻 **2012 その他３２番**，p.269），ヒンドゥー教は"特
定の"聖典を持たないだけで，聖典として扱われているもの自体は存在す
る。『リグ＝ヴェーダ』等のヴェーダ聖典もそうである。よって，"特定の"
という指定が入っていない，どころか『リグ＝ヴェーダ』を具体例として
挙げているＣは常識的に判断すれば正文であり，正解と見なすべきであ
る。よって本問は複数正解であろう。どうも大学教員に一定の割合でヒン
ドゥー教が全く聖典を持たないかのように勘違いしている人がいるような
のだが，我が国の知識人のヒンドゥー教理解が大丈夫なのか，不安になっ
てきた。

５０．立教大　2/11 実施

問題2　B　11．性差による社会的な束縛を問題にした知識人が皆無だっ
たわけではない。「女性よ，目覚めよ」で始まる『女性の権利の宣言』を

1791 年に発表した人物は誰か。その名をしるせ。

◀解答解説▶

　オランプ=ド=グージュが大流行している。ここまで出したい大学が多いのであれば，教科書のコラムではなく本文に下ろして，かつ用語集にも載せて範囲内にすることも，各教科書会社（特に山川）は考えた方がよいのでは。この語が増える分には反対も少なかろう……と書いていたら，2018 年 12 月の改訂で用語集がオランプ=ド=グージュを拾って用語集頻度③となり，2019 年度以降の入試では範囲内扱いとなった。以後消えることもなかろうから，2018 年の入試がオランプ=ド=グージュが範囲外と見なされる最後の年となったと言えよう。

５１. 立教大　2/12 実施

出題ミス

問題1　アメリカの（　ハ　）が 1837 年にワシントン・ボルティモア間に世界最初の電信線を架設して以降，1870 年代には中国，インド，南北アメリカ，オーストラリアにまたがるグローバルな電信ネットワークが完成した。

A. 文中の空所（イ）～（ハ）それぞれにあてはまる適当な語句をしるせ。

◀解答解説▶

　ハはモース（モールス）が入る予定だったと思われるが，モースが電信機とモールス信号を発明したのは 1837 年ながら，**ワシントン・ボルティモア間に世界初の電信線を架設したのが 1844 年なので**，年号と事項にズレが生じている。**大学当局から謝罪と全員を正解にした旨の発表があった。**間違えやすいポイントであり，校正上気づきにくいものであるから若干同情する。私も初見では出題ミスに気づかなかった。

　なお，同大問では「1811 ～ 16 年にラッフルズが副総督として占領行

政を指揮していた場所」として「ジャワ」を問う問題が出ていた。用語集に記載があり，ボロブドゥールの発見者がラッフルズという話は早慶上智対策で出てくるので一応正式な収録対象からは外したが，受験生には酷な問題である。

52．同志社大　全学部（2/5 実施）

難問

問題3　設問2　下線部 (b) について（編註：レーニンが<u>その訪れを確信していたヨーロッパ革命</u>），この見解の根底にある考え方に関する記述として正しいものを次の1 − 5より選び，番号を解答欄Ⅲ − A の (1) に記入しなさい。

1．西欧先進工業国と肩を並べるほどに資本主義の発達したロシアでの革命は，全世界のプロレタリアートの武装蜂起による世界同時革命の狼煙となる。

2．絶対王政下にあって資本主義が異例の発達を遂げたロシアでの革命は，いまだ真の民主主義を実現できないでいる西欧先進工業国に文化革命を引き起こす。

3．西欧先進工業国に従属する半封建的なロシアでの革命は，原料供給地としての植民地の独立を誘発し，窮乏化した西欧プロレタリアートの革命化を促進する。

4．資本主義の発達の遅れたロシアでの革命は世界革命の先駆けにすぎず，西欧先進工業国での革命が不可欠であって，それなしにはロシアでの革命も存続できない。

5．資本主義の萌芽段階にあったロシアでの革命は，同様の段階にあったイタリアやスペインやポルトガル等の農業国での革命を誘発し，英独仏の先進工業国への挟撃を可能にする。

◀解答解説▶

　マルクス＝レーニン主義の思想は以前ほど世界史で詳しくやらなくなった。現在となっては，世界革命論（永続革命論）と一国社会主義論の説明がトロツキーとスターリンの対立の場面で初めて出てきて，無謀な革命の輸出よりもソ連の国力充実を優先させるべきだとするスターリンが勝利した，という程度で終わりである。私もそれで問題無いと思う。してみると，本問ほど細かな知識が必要な問題となるとほとんど化石である。一般的な受験生からすると，帝政ロシアの工業化の遅れから1と2は誤りとわかるが，3・4・5の判別は難しかろう。

　正解は4である。マルクス主義の本来の思想で言えば，共産主義革命とは最も工業化が進んだ国々で発生してから後続の国に波及するというものであった。レーニンはこれを，工業化が遅れた国で無理やり革命を起こすことで，先進諸国にもすぐさま革命が波及するはずであると解釈して，ロシア革命を実行に移した。しかし，先進諸国はすでに社会民主主義に傾いていたため，共産主義革命への賛同者は少なく，革命の連鎖は生じなかった。一瞬でも成功したのは，同じく農業国であったハンガリーくらいという，レーニンの予想を裏切る結果になったのである。

５３．同志社大　文・経済学部（2/6実施）

難問

問題3　南米北部ではベネズエラの革命家（　f　）（編註：正解はボリバル）が共和国政府を樹立したが，いったんスペイン軍に弾圧され，奥地の根拠地で立て直しを図った。（　f　）らは1811年(1819年)にベネズエラ，19年にコロンビア，22年に（　g　）を解放した。

　3　エクアドル　　34　パラグアイ　　39　ボリビア

　（編註：関係のある選択肢のみ抜粋）

◀解答解説▶

　パラグアイの独立はボリバルの指導ではない（なお，サン＝マルティンの指導でもない）。しかし，エクアドルとボリビアは両方ともボリバルの指導であるから，判別手段が年号しかない。この区別は受験生には過度に酷だろう。ベネズエラとコロンビアに地理的に近い方だろうという推測でエクアドルと答えた受験生が多いと思われるが，それで正解。ボリビアは 1825 年の独立である。なお，ベネズエラとエクアドルの独立年は，大コロンビアが解体した 1830 年と見なす立場があり，大概の資料には両方の年号が併記されている。よって，独立年を 1830 年と見なした場合は正解が無くなる……というのは意地悪な指摘か。

５４．同志社大　社会学部（2/10 実施）

【悪問・難問】

問題３　設問 C　以下の (1) ～ (5) について，(i)(ii) とも正しければ１，(i) のみ正しければ２，(ii) のみ正しければ３，(i)(ii) とも正しくなければ４を選び，番号で解答欄Ⅲ － C に記入せよ。

(4)　(i)　ベルリンの壁が解放された翌年，東ドイツの人民議会選挙では早期統一を求める連合党派が勝利した。
　　(ii)　同盟国を失うことを懸念したゴルバチョフは，東西ドイツの統合に反対した。

◀解答解説▶

　(i) の内容は範囲外の判断になるが，何となく正文とわかるだろう。むしろまずいのは (ii) で，ドイツ統一に対するゴルバチョフの態度は諸説あり，この正誤は確定できない。過去にも類似した悪問がある（１巻 **2013 早慶１５番，**p.127）。おそらく誤文のつもりで作ったと思われ，解答速報をやっている代ゼミと増田塾の解答はともに２。『赤本』の解答も２であった。『赤本』は解説で「はじめは安全保障上の理由から統一に乗り気

458

でなかったが，西ドイツやアメリカの働きかけもあり，西側との協調関係維持の目的もあって最終的に合意した」と書いており，まさに本問の正誤が困難なのはこうした理由である。

５５．立命館大　2/2実施

出題ミス

問題3　〔9〕　19世紀後半，1886年と96年のイギリス議会でアイルランド自治法案が提出されたが，成立はしなかった。このときのイギリス首相は誰か。

◀解答解説▶

　正解はグラッドストンが想定されていると思われるが，**アイルランド自治法案の提出は1886年と1893年**である。気をつけていても見落とすようなたぐいの誤植で，若干は同情する。**大学当局から謝罪と全員正解にした旨の発表があった。**

５６．立命館大　2/7実施

難問

問題1　〔4〕（編註：『漢書』に，秦代の前221年，身長五丈（約11m）の巨人12人が現れ，始皇帝は吉兆と判断したが，実際には凶兆であったという事実を引いて）巨人の話が記されているのは『漢書』の「五行志」という部分で，ここでは巨人の出現などの異常現象が董仲舒の唱えたある学説に基づいて説明されている。その学説を何説というか。

◀解答解説▶

　立命館大らしい中国史の難問。正解は天人相関説または天人感応説，あ

るいは災異説。言われてみると，理屈は知っている，『三国志』等で読んだことがあるという人は多かろうと思う。天（自然現象）と人間の行いには相関関係があるとするのが天人相関説（天人感応説）で，このうちの凶兆を強調して（ダジャレではない），天変地異の発生は君主に対する警告であるとするのが災異説である。ともに董仲舒が採用して武帝期から前漢末にかけて発達した。これにより儒学は陰陽家の思想を吸収して占いの要素が色濃くなる。すなわち，社会秩序の維持を論じる学問であった儒学に宗教的色彩が加わるようになったとも言い換えられよう。『史記』の記述もかなり天人相関説に拠っている。ここからさらに陰陽五行説に基づいて経書を解釈する，また自然現象や政治的展開を予言する讖緯説が成立する。そして自らの皇帝即位を予言させる王莽によって政治利用されることになる。以上の説明は新版（2017 年 11 月初版）の『詳説世界史研究』にのみ記述があり，グレーゾーンであるが，やはり過剰な難易度と判断して収録した。

５７．関西大　2/3 実施

悪問

問題1　問 A　A（編註：ベトナム）に存在した国として適当でないものを一つ選び，その記号をマークしなさい。

(ア) 林邑　　(イ) 南詔　　(ウ) 大越　　(え) 占城

◀解答解説▶

　イの南詔だけ雲南地方の王国だからこれが正解，という発想で作られた問題だと思うが，詰めが甘い。南詔は 860 年代に安南都護府が置かれていたハノイを陥落させてベトナム北部を占領している。866 年には唐が奪回しているので（唐にそんな体力が残っていたことに驚きである），極めて短期間の支配ではあるが，南詔はベトナムに存在していた期間がある。厳密を期すと本問は正解が無くなる。そんな数年間なんて無視すれば

いいと私自身も思うのだが，用語集の「安南都護府」の項目にこの説明文があるのだから仕方がなく収録対象とした。

５８．関西大　2/4実施

出題ミス

問題４　問３　下線部③に関連し（編註：<u>陸路でインドへ赴き</u>），７世紀後半，中国からインドへ赴いた仏僧が著した見聞記として最も適当なものを次の（ア）～（エ）から選び，その記号をマークしなさい。

（ア）『大唐西域記』　　（イ）『仏国記』　　（ウ）『南海帰寄内法伝』
（エ）『西遊記』

◀解答解説▶

ぱっと見でウが正解に見えるものの，問題点が２つある。一つは単純な誤字で，**「帰」と「寄」が逆。**『南海寄帰内法伝』が正しい。これは普段から使っている用語なら記憶されているだろうし，そうでなくとも普通に変換すればほとんどの場合で正しい方しか出てこないはずなのだが……今時どうしてこんな誤植を起こしてしまったのか，よくわからない。もう一つは下線部との齟齬で，**『南海寄帰内法伝』を著した義浄は往復ともに海路**である。すなわち，<u>「陸路でインドへ赴」</u>いていない。その観点から考えても，**本問は正解がない。大学当局より謝罪と全員を正解にした旨の発表があった。**例によって『赤本』は勝手に誤植を直していたが，下線部との齟齬について言及し，その上で仕方なくウが正解としていたので，今回はまだマシな勝手な修正である。

５９．関西学院大　2/6 実施

問題5　②　国共内戦期とその前後の中国に関する記述として、誤りを含むものはどれか。

a. 共産党は土地改革を行い、貧農に土地を分配した。
b. 重慶で政治協商会議が開かれた。
c. 国民党政府は憲法を公布したが国会選挙を実施しなかった。
d. 国民党政府のもとで急激なインフレーションが生じた。

◀解答解説▶

　aは正文，bは細かいが用語集に記載があり正文。dは用語集に記載が無いが，山川の『詳説世界史』の本文に記載があり，正文。したがって，cの情報自体は範囲外だが，一応消去法でcが誤文と判断できる。国民党政府は1947年に選挙を実施している。さて，ここで問題になるのが「用語集に記述がなく，特定の1冊の教科書にしか記載がない」という情報である。この場合，山川の『詳説世界史』はシェア50％超の教科書であるからあまり問題にならないが，とはいえこの教科書を読んでない受験生にとっては範囲外も同然になる。

　この年の関西学院大の問題は，本問によらず本日程によらず，どの日程も非常にテクニカルな作りをしていた。用語集と複数の教科書を隅々まで読めば，どこかに解答の根拠になる情報が書いてあるのである。本問以外で一例を出すと，上海協力機構（東京書籍の教科書の本文に記載があるが用語集は拾わず未収録），G20（上海協力機構に同じ）等である。つまり，これらは広義の意味では範囲内なのだ。しかし，たとえば山川の『詳説世界史』で勉強してきた子はこの現代中国史の問題は解けるが，上海協力機構が出された問題では未知の情報に接するということになる。しかも，この上海協力機構やG20の問題は，この**５９番**と同じ日程であるから，本日程で満点を取るには事実上2冊の教科書を読んでいることが前提にな

る。

　私はそのような作りの問題を範囲内と呼ぶのには抵抗がある。なぜ用語集というものが存在しているのか。そして，なぜ本企画では問題点があることを理解しつつも用語集を基準としているのかという基本に立ち返ろう。現実的に言って，受験生が複数の教科書を参照し，かつ隅々まで暗記するというのは不可能である。だからこそ，やむなく用語集が統一基準としてデファクトスタンダードになっているというのが受験世界史の暗黙の了解ではなかったか。そのデファクトスタンダードには問題点があるから反抗したいということであれば，それ自体には反対しないが，であれば受験生の負担が減る方向に活動すべきであるし，**こんなところに労力をかけてテクニカルに「範囲内！」と叫ばれても，そもそもそんなことに気づくのはおそらく世の中で私含めて数人だけである。**はっきり言って作題者の自己満足であるし，**仮に本企画を気にしてこのようなことをしているのであれば，無意味な労力なのでやめてほしいと言っておく。**私がやむなく用語集を本企画の基準として採用しているのは，上述のようなデファクトスタンダードであるからであって，最も多くの人が納得するであろう基準がこれしかないからである。本来であれば用語集の隅々まで丸暗記というのも受験生にとっては無益な苦行であるから止めるべきだと考えている。ましてや用語集が落とした，特定の1冊の教科書にしかない記述だけを拾って問題を作るのは，受験生にさらなる苦行を課すだけであり，範囲外から問題が作られるのとさして変わりが無い。

　そういうわけで，今回の関西学院大の一連の「中途半端な難問」については，1問1問精査し，たとえばG20についての文は常識の範囲内と言えなくも無いからセーフ，上海協力機構についての文も，現在の中国とロシアの関係を知っていれば推測がつくからセーフといったように判断し，大半を本企画上のぎりぎり範囲内と見なして収録対象から外し，どうにも範囲内と見なしがたかった本問1問を代表例として掲載して，このような長文の警告を掲載するという対処をとった。念のため，このようなぎりぎりの判断をやめて際どいものを全てアウトにした場合，本年の関西学院大の収録対象問題は5問ほど増えることになる。読者諸氏にもこのような「テクニカル系広義の範囲内」問題について考えてみてもらいたい。

６０．甲南大　2/1 実施

悪問

問題３　４．13 世紀後半の元の遠征の結果，〔a．ジャワのマジャパヒト
王国　b．タイのスコータイ朝　c．ビルマのパガン朝　d．ベトナムの陳
朝〕は滅亡した。

◀解答解説▶

　よくある勘違いによる悪問。c が正解と想定されていると思われるが，
実際にはパガン朝は元の遠征で滅亡していない。他大でも過去に出題歴が
ある（２巻 **2014 その他３１番，**p.376）。

６１．甲南大　2/1 実施（**２つめ**）

出題ミスに近い

問題３　７．ハワイがアメリカ合衆国に併合されたのは，〔a．南北戦争の
開始　b．パナマ運河の開通　c．フロンティアの消滅　d．アメリカ＝ス
ペイン戦争の終結〕直後であった。

◀解答解説▶

　d の米西戦争終結が正解として想定されていると思われる。a は 1861
年，b は 1914 年，c は 1890 年であり，d のみ同じ 1898 年だからだ。
しかし，同年ということは，アメリカのハワイ併合が米西戦争の終結より
も後でなければ当てはまらない。そこで，これらの時系列を見てみると，
意外にも非常に厄介な事実が明らかになる。

1897 年６月　アメリカとハワイ共和国が併合に関する条約を調印
1898 年４月　米西戦争勃発

　7月　ハワイ併合条約を議会が承認し，条約が批准される。

8月12日　アメリカ合衆国がハワイを正式に併合。

同日　アメリカ・スペイン両国が停戦に合意。

　8月13日　アメリカ軍がフィリピンのマニラを占領。米西戦争
　　の最後の戦闘。

　9月下旬　　和平交渉の開始。

　12月10日　パリ条約締結，米西戦争が正式に終戦。

　太平洋戦争の終戦日は8月14日か15日か9月2日か，というのと全く同じ議論になってくるが，何をもって米西戦争の終結と見なすかが論点になる。もっとも，いずれにせよハワイ併合が米西戦争終結の直後と主張するのはかなり苦しい。パリ条約の12月10日をもって終戦と見なせば，米西戦争の終結はハワイ併合よりも後になる。8月13日の最後の戦闘でも1日違いではあるが同様。ただし，この戦闘は決着について事前に話がついており，スペインはアギナルド指導下のフィリピン軍ではなくアメリカに対して降伏したという形をとるために，一応の戦闘を行ったというだけに過ぎない。とはいえ，停戦合意をもって戦争終結と見なしたとしても同日でしかなく，確実に「直後」と言える状況ではない。ほぼ出題ミスと言って差し支えないだろう。これについて，甲南大学からの発表はない。『入試問題正解』にも同様の指摘有り。

〔番外編〕神戸学院大

問題2　次の漫画を読み，下記の設問に答えよ。

(1)

大西巷一『乙女戦争 ディーヴチー・ヴァールカ』第1巻

問1　この漫画に描かれる15世紀前半にベーメンでおきた戦争の名称として空欄　a　に入る最も適切な語句を，次のA～Dの中から1つ選べ。

A　シュマルカルデン　　B　フス　　C　ハンザ　　D　ユグノー

問2　傍線部（ア）に関連して，教皇権の興隆の頂点にたった教皇の名前として，最も適切な語句を，次のA～Dの中から1つ選べ。

A　グレゴリウス7世　　　　　B　レオ3世
C　インノケンティウス3世　　D　ボニファティウス8世

問3 傍線部（イ）に関連して，第一回十字軍の遠征路として最も適切なものを次の地図上のA～Dの中から1つ選べ。

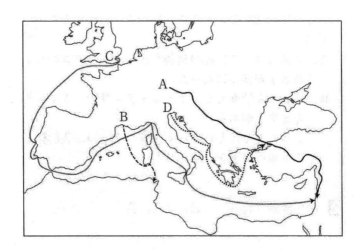

問4 傍線部（ウ）に関連して，ルターの宗教改革のきっかけとなった贖宥状は何を目的としていたか，最も適切なものを，次のA～Dの中から1つ選べ。

A　第7回十字軍の遠征費用
B　サン＝ピエトロ大聖堂の新築費用
C　サンチャゴ＝デ＝コンポステラの巡礼費用
D　サン＝ヴィターレ聖堂の改修費用

問5 傍線部（エ）に関連して，神聖ローマ帝国の皇帝でなかった者を次のA～Dの中から1つ選べ。

A　ジギスムント　　　B　ヨーゼフ2世
C　レオン3世　　　　D　ハインリヒ4世

大西巷一『乙女戦争 ディーヴチー・ヴァールカ』第2巻

問6　傍線部（ア）に関連して，この時期の皇帝でコンスタンティノープルを攻略し「征服王」と呼ばれたスルタンとして最も適切な語句を，次のA～Dの中から1つ選べ。

A　セリム1世　　　B　バヤジット1世
C　セリム2世　　　D　メフメト2世

問7　傍線部（ア）に関連してハンガリーを征服したスルタンとして，最も適切な語句を，次のA～Dの中から1つ選べ。

A　アッバース1世　　　B　スレイマン1世
C　ダレイオス1世　　　D　チャンドラグプタ1世

問8　傍線部（イ）に関連して，ビザンツ帝国の滅亡した年を，次のA

〜Dの中から1つ選べ。

A 1453　　B 1463　　C 1473　　D 1483

問9 傍線部（ウ）に関連して，神聖ローマ帝国滅亡の経緯として最も適切なものを次のA〜Dの中から1つ選べ。

A 第一次世界大戦中におこった二月革命によってニコライ2世が退位した。

B ブルボン復古王政がパリ市民によって打倒され，シャルル10世がイギリスに亡命した。

C ナポレオンの保護下でライン同盟が結成されたのにともなって西南ドイツ16邦が離脱し，フランツ2世が帝位を退いた。

D 第二共和政下のパリで発生した労働者の蜂起がきっかけとなった。

問10 傍線部（エ）に関連して，1414年から1418年に起こった教会大分裂解消のため開かれた公会議を，次のA〜Dの中から1つ選べ。

A トリエント公会議　　　B コンスタンツ公会議

C ニケーア公会議　　　　D エフェソス公会議

問11 傍線部（オ）に関連して，南フランスでキリスト教の異端派として討伐されたものを次のA〜Dの中から1つ選べ。

A アリウス派　　　　B アルビジョワ派

C ネストリウス派　　D アタナシウス派

問12 傍線部（カ）に関連して，中世騎士の理想像や冒険を題材とした騎士道文学でないものを，次のA〜Dの中から1つ選べ。

A 『ローランの歌』　　　　B 『ニーベルンゲンの歌』

C 『アーサー王物語』　　　D 『オデュッセイア』

◀コメント▶

　恒例の神戸学院大の漫画の問題。2018 年はなんと『乙女戦争』，フス戦争を扱った名作である。これについては作者の大西巷一氏も喜んでおり，Twitter で反応していた（https://twitter.com/kouichi_ohnishi/status/973927134061215744）。

　問題自体は例によって綺麗に成立している。しいて言えば，難易度が易しすぎて，せっかくの漫画を生かしきれていない気も。一応解答は，問 1 は B のフス。問 2 は C のインノケンティウス 3 世。問 3 は A（これが多少難しいか）。問 4 は B。問 5 は C のレオン 3 世。問 6 は D のメフメト 2 世。問 7 は B のスレイマン 1 世。問 8 は A の 1453 年。問 9 は C。問 10 は B のコンスタンツ公会議。問 11 は B のアルビジョワ派。問 12 は D の『オデュッセイア』。

　※　この他，京都産業大で出題ミスの発表があったが，問題を入手できなかった。

コラム3

高校世界史で，近世・近代の経済史学上の論点はいかに扱われているか

　教科書間で記述や解釈が違う項目に注目して，高校や予備校の授業でどう扱われるべきか，また入試問題で出題されるべきかを考察した。今回は欧米の近世・近代の経済史にかかわるテーマ3つを取り上げる。以下の本文で言及しているのは高校世界史の主要な教科書5冊（山川『詳説世界史』『新世界史』，東京書籍『世界史』，実教出版『世界史』，帝国書院『新詳世界史』）と山川の『用語集』『詳説世界史研究』である。それぞれの正確な書誌情報は本書の序文に付した参考文献を参照してほしい。

1．16世紀の「価格革命」をどう説明するか

　16世紀の西欧では，その世紀を通じて長期的・持続的な物価騰貴が生じ，最終的に約3〜4倍まで上昇した。これを価格革命と呼ぶ。100年間で3〜4倍では革命と呼ぶには随分と緩やかな物価騰貴であるように思われるが，この物価騰貴はその速度で歴史に残ったわけではなく，様々な影響をもたらしたがゆえに命名されたものである。その影響を高校世界史の内容に沿って列挙してみよう。

① 　当時の封建領主は永代的な固定地代を農民から徴収していたため，物価騰貴に追随できず，相対的に経済的に困窮することになった。
② 　当時の西欧の主要産業の一つに銀鉱山の経営があったが，価格革命は銀価格の下落をもたらしたため，多くの鉱山に一時的な経営破綻をもたらした。これにより没落した名家としてアウクスブルクのフッガー家が

有名である。

③　持続的なインフレが投機ブームを生んだ。かつ，同時期の商業革命の影響により主な投機先が英仏蘭であったため，これらの地域が近世の商工業の先進地域となる基盤が生じた。

④　この価格革命は東欧では緩やかだったために，特に農産物において物価に大きな東西格差が生まれた。結果として東欧は西欧向けの穀物生産に特化して，経済的に従属的な地位に自主的に転落していくことになった。

　かくのごとく価格革命は歴史的な意義が極めて大きいため，高校世界史での扱いも極めて大きく，入試でも頻繁に出題される。一方，**価格革命は発生した原因が確定していない**という面白い現象でもある。現在のところ有力な学説は 2 つある。

1．アメリカ大陸から大量に銀が流入したことに原因を求める説

　比較的古い学説。銀貨は当時の西欧の主要な通貨であったため，スペインは征服したアメリカ大陸で多くの銀山を発見し，採掘した銀を持ち帰って銀貨に鋳造した。当時のスペインはオスマン帝国・フランス・ルター派等と絶え間なく戦争を続けていたため，軍事費という形で銀貨が西欧中にばらまかれた。流通する貨幣量が増えたのだから，貨幣数量説から言ってインフレが発生するのは当然である，とする説。

2．西欧の人口増加に原因を求める説

　比較的新しい学説。西欧の人口は，1340 年代のペストの大流行を契機に 16 世紀に入るまでの間は減少するか停滞するかであった。しかし，16 世紀に気候が温暖化すると急速に回復・増加し，それに伴って穀物需要が増加した。そして穀物に引っ張られる形で諸物価も騰貴し，16 世紀の 100 年間は人口増加との両輪でインフレ・スパイラルが続くことになった，とする説。

　前者の貨幣数量説的な説明（以下煩雑なので貨幣数量説と表記）は，なんと 16 世紀当時にはすでに唱えられていたという伝統があり，かのアダム＝スミスやケインズ等の歴史上の経済学者たちが支持し，研究に蓄積が

ある。ただし，貨幣数量説は 1950 年代以降に本格的な検証が始まり，た
とえば「アメリカ大陸での鉱山開発が本格化する前の 16 世紀初頭からイ
ンフレが始まっている」「17 世紀にもアメリカ大陸からの銀の流入が続い
ているが，インフレは止まっている」といったように多面的に批判されて
いる。1960 年代後半には早くも後者の説を取る川北稔氏に「近年にいたっ
てあますところなく批判され，本来の形を喪失している」とまで言われて
いる（「価格革命期英国の経済成長——1550–1620 年代」『史林』第 49 巻 4
号，1966 年，p.614」）。ただし，2020 年代現在でも完全に否定されてきた
かというとそうでもなく，「全面的には採用されないが，影響をゼロに見
積もるのは不可能」というような空気である。一方，後者の人口増加原因
説は，工業製品よりも農産物の価格が先行して上昇したことに支えられて
いる。しかし，これはこれで史料の制約もあって単独での立証は難しいよ
うだ。そもそも単独で説明するのではなく，両説が複合して起きたのでは
ないか，という論もある。

　さて，本稿は価格革命の原因を探りたいわけではなく，どちらを取るか
の意思を表明したいわけでもなく，こうした「学界で割れている学説の高
校世界史における取り扱い」の研究が目的であるので，以下に比較・検討
した。なお，歴史的意義についてはほぼいずれの教科書も①・③・④には
触れていた。②は用語集のみに記載あり。

《貨幣数量説的な説明のみを掲載》

・山川『詳説世界史』:「ラテンアメリカの銀山から大量の銀が流入し，ヨー
　ロッパの物価は 2 ～ 3 倍に上昇した。この物価騰貴は価格革命と呼ば
　れ」（pp.204-205）
・山川『詳説世界史研究』:「ラテンアメリカの銀が大量にヨーロッパに流
　入し，ヨーロッパの物価は 2 ～ 3 倍にも上昇した。この価格革命で」
　（p.253）
・東京書籍:「アメリカ大陸から大量の銀が流入して，価格革命と呼ばれ
　る物価騰貴が起こった」（p.208）
　　→　山川の『詳説』は良くも悪くも保守的なので，納得の記述。『詳説
世界史研究』はこうしたものは両論併記にするイメージがあったが，ここ
では旧説のみ支持。経済史で先進的な記述の多い東京書籍はちょっと意外。

《人口増加原因説のみを掲載》

・帝国書院：「16世紀のヨーロッパでは人口が増加し，食料や土地の価格が上がり，激しい物価上昇（インフレーション）が起こった。これは価格革命と呼ばれ」（p.151）

→　川北先生が執筆陣にいる教科書なので，言うまでもなくこちらの説をとっている。また，新説大好き帝国書院の性格がそのまま現れたとも言える。

《両論併記》

・山川『新世界史』：「人口が大きく増え，これが生産全般を刺激した一方で，新大陸の銀の流入もあって生産増と価格上昇（価格革命）が両立していた。」（p.182）

・実教出版：「アメリカ銀の大量流入と人口増加により，物価が大幅に上昇した（価格革命）。」（p.185）

・山川『用語集』：「銀の大量流入により起こった」としつつ，「人口増加が価格革命のより直接的な原因とする説もある」と補足。（p.152）

→　山川は仲間割れ。『新世界史』の説明は面白いが，高校生が読むにはちょっと固い気も。実教出版の説明は簡素ではあるが，適切な表記であると思う。

【まとめと感想】

　やはり現状においては両論併記で複合的な原因とするのが最も穏当であり，実教出版の説明が一番優れていると思われた。簡素すぎて高校生が一読しただけでは意味がとれないだろうという批判はありうるものの，実教出版の教科書は本文外で小麦価格の推移のグラフを載せて補足している点と，教科書は高校の授業で用いられる素材であるからある程度簡素でよいという点を考慮すると，やはりこの程度の表記でよいと思われる。また，帝国書院の教科書を除けば他の教科書も結局因果関係を説明しきれていない点を踏まえると，両論併記をしている時点で現状ではやはり相対的に優れていると言っていい。高校教科書は紙幅が極めて限られているので，どうしても説明が長くなる貨幣数量説は扱いが難しく，そこは教科書を使って教える高校教員の役割であって，力量が問われるところになる。

　山川の仲間割れは面白い。仲間割れというよりも，『詳説』はとにかく堅牢に，『新世界史』は執筆者の好きなように書かせるスタイル，『用語集』で詳細に補足説明，という３冊で分業をしていると言った方がいいかもしれない。帝国書院の記述は短い字数で人口増加原因説の因果関係を示すことができていて，これはこれで良い記述であると評価しうる。かえすがえすも両論併記していない点だけが惜しい。新説を優遇するとしても，複合説がある現象で旧説に一切触れないのは過剰反応であると思う。帝国書院は資料集（タペストリー）では両論併記であったから，教科書制作会社としてのイデオロギーを教科書で示しつつも，受験対応の観点から資料集では現実に即した対応という分業体制なのかもしれない。一方，東京書籍が両論併記していないのは，経済史で他の追随を許さないというそのスタイルからすると，ちょっと残念である。

2．イギリス農業革命と産業革命をどう説明するか

　イギリスでは18世紀後半から19世紀前半にかけて，産業革命が起きているが，その前段階として農業革命も起きている。農業革命とは，狭義には農業技術の革新である。細かく言えば農具の改良や土壌改良手法の確立等もあいまって全般的に改良されていて，ちょっと面白いエピソードとしては，刃物産業で有名だったシェフィールドで刃物の柄に牛骨が使われていたことから，その周辺の農村で骨屑が肥料に転用されるようになって生産力が増大したというものがある。しかし高校世界史上でも取り上げられる最大の革新は，三圃制農業が四輪作農法（ノーフォーク農法）に切り替わったことであった。すなわち，輪作の周期に窒素固定を行うマメ科の植物（の根粒菌）を入れることで地力の回復を早めつつ，家畜用作物も生産することができるようになった。これによって休耕地が消滅し，穀物が増産され，同時に畜産物の肥育も容易になった。近代的混合農業の始まりである。

　こうした農法の切り替わりは農村のあり方に波及することになる。イギリスの農村ではそれまで，自作農たちの耕地を共有地として，共有地に柵を設けない開放耕地制と，それによる共同体的・集団的農業が営まれてい

た。しかし，ノーフォーク農法が伝播すると，この新農法を導入したい一部の有力農民は，地主と組んで耕地を"柵で囲い込み"，他の農民を耕地から追い出して大農場を形成した。これにより開放耕地制と共同体的農業は崩壊し，多くの自作農は失地農民となる。地主は旧来からの大土地に合わせて失地農民の土地を占拠・買収・兼併し，さらなる大土地所有を達成した。一方，有力農民は農業資本家に転身し，地主から大農場を借り受けて企業的に経営し，地主と利潤を分かち合うようになった。この柵の設置による農地の集積を第2次囲い込みと呼び，企業的農場経営の誕生を農業の資本主義化と呼ぶ。広義の農業革命は，この第2次囲い込みと農業の資本主義化を含む。余談であるが，この頃の地主による土地兼併はすさまじく，第2次囲い込みが完了した1870年代の調査では，わずかに4200～4300人程度（全人口の1%未満）の貴族・ジェントリが，イングランドとウェールズの全所有地面積の50%以上を所有していたというデータがある（川北稔編『新版世界各国史11　イギリス史』（山川出版社，1998年））。フランス革命当時のフランスでさえ，全人口の約2%にあたる貴族・聖職者が国土の40%を所有していたとされているに過ぎないから，それをはるかに超える寡占状況である。

　さて，この「第2次囲い込みによって生じた失地農民はどこに行ったのか」というのが今回の論点である。**従来の説では「失地農民は都市に移動して工業労働者となり，産業革命に労働力を供給した」とされてきた。**事実として，産業革命期（18世紀後半～19世紀前半）のイギリスは全人口に占める農村人口の割合が減少し，都市人口の割合が高まっている。都市化が急速に進んだのが統計から読み取れるのである。

　しかし，**近年ではこの失地農民移動説は半ば否定されている。**まず，農業革命期のイギリスは食糧の増産と輸入が進んだことで飢饉が激減し，人口爆発が起きている。1750年頃に約600万人だったイングランドの全人口は，1800年頃に約860万人，1820年頃に1200万人を超え，1850年頃には1600万人を突破していたというのだから増え方が尋常ではない。このうちの農村人口は，1750年頃には約260万人，1800年頃には約310万人，1850年頃には約380万人と見積もられているから，なんと農業革命期には農村人口も増加している（帝国書院のタペストリー等）。旧説の通りなら，減少していなければおかしいはずである。理屈があわない。ただし，

計算してみるとわかるが，全人口に占める農村人口の"割合"は急減していて，都市化自体は間違いなく生じている。

　しかし，失地農民が都市に移動したわけではないのなら，2つの疑問点が生じることになる。まず，失地農民はどこに行ったのか。次に，失地農民が工業労働力に転化したわけではないのなら，産業革命の労働力はどこから供給されたのか。これを解く鍵となるものとして，農業革命は一人あたり・土地面積あたりの生産量を向上させているものの，**農業革命は機械化ではない**という意外と見落とされがちだった点が指摘される。つまり，農業革命では農作業は手作業のままで，農村の労働需要が減らなかったのである。したがって，失地農民の大半が都市に移住したとするなら農村は労働力不足に陥るはずであるが，歴史上そういった現象は起きていない。すなわち**近年支持されている学説は「失地農民はそのまま農村に残って，農業に従事する賃金労働者になった」**というものである。これに伴って「産業革命の労働力はどこから供給されたのか」という問いに対しては「**起きた人口爆発による増加分が，そのまま工業労働力になった**」という解答が出されている。農村では長男が父からそのまま農業労働者の仕事を引き継ぎ，就労機会の無かった農家の次男坊・三男坊が都市に移住し，彼らが工場に就職したのだ。農業革命で増産された食糧は都市に供給されて，都市化を支えることになった。

　しかし，実はさらにこれをひっくり返す議論がある。農業革命で食糧が増産されたとして，人口の増加に本当に直結するか，という点を疑うのである。確かに，増産した食糧を国内消費せず，輸出にまわしてもよいわけである。何より食糧増産に比例して人口が増加すれば一人あたりの収入は増加しない，マルサスの罠を考えれば減少すら起こりうる。人はパンのみによって生きるにあらず，食糧だけあっても人口は増加しない。事実，マルサスの罠による一人あたりの収入の減少は，前近代社会の人口抑制要素として働いてきた。食糧増産が即座に人口増加を呼んだという推論自体が短絡的なのである。

　では人口増加が起きた理由は何か。それは産業革命によってGDPが上昇し，就労機会が大きく増加したことそのものに求められる。前近代の工業はエネルギー源が水力と森林（薪）にしか求められなかったために，拡張性が低く，それほどGDPに寄与してこなかった。産業革命は化石エネ

ルギーを採用したことでこれを突破し，工業部門が多くの労働力を養うことできるようになった。産業革命の労働力を創出する人口増加を達成した要因は，産業革命そのものであるという身も蓋もないトートロジー的な理屈が成り立ってしまうのだ。この観点で言えば，農業革命は都市人口の増加によって生まれた新たな食糧需要に引っ張られて産業革命と並走したということはできるが，必ずしも産業革命の前提として必要な現象だったとまでは言えなくなってしまう。極論，農業革命は偶然にも時期が少し先行したに過ぎず，都市化による穀物需要増が生じなければ大きな歴史的意義を持たなかったとさえ言えるだろう。この議論では，農業革命により生じた失地農民の行き先はさしたる論点にはならない。

　では，現行の高校世界史の教科書・用語集はいずれの説をとっているだろうか，比較・検討してみよう。

《新説寄りの両論併記》

・**東京書籍**：「西ヨーロッパでは，18世紀前半には休耕地を設けない輪作法など新農法が普及して農業生産力が増大し，家畜の品種改良ともあいまって食糧事情は好転した（農業革命）。（中略）こうした好条件のなかで，ヨーロッパ諸国の人口は持続的な増加局面に入った。人口の増加が穀物の需要を高めると，イギリスでは，大地主が村の共用地や小作地を囲いこんで大農場とし（第2次囲い込み），市場向けの大規模な穀物生産が発展した。小農や小作農は自分たちの農地や仕事を失い，大農場で農業労働者となるか，都市へ移住して工業化を支える工場労働者となった。（中略）農村の余剰人口が工業労働力を準備する一方，マニュファクチュアによる時計工業などの飛躍的な発展が，精密な機械をつくる技術を用意した。」（p.268）

（欄外）「18世紀には三圃制をやめ，根菜や牧草栽培で家畜をふやし，畜糞を肥料として穀物増産につなげる新農法（ノーフォーク農法）がすすみ，農機具も改良された。」

→　経済に特化した教科書の面目躍如たる説明量と正確さである。一応は両論併記としたが，ほぼ新説に沿った説明になっている。特記事項としては，農業革命の定義が狭義の技術革新のみになっている。

・**実教出版**：「18世紀には，市場向け穀物増産を目的とした第2次囲い

込みが大規模に行われ（注1），土地を失った農民が，人口増加のため
に仕事のない農民などとともに都市に流入して工業労働者となった。」
（p.244）

「（注1）この第2次囲い込みによって，休耕地をなくして牧草栽培で家
畜を増やし，その糞を肥料として穀物増産を図る新農法（ノーフォーク
農法）が普及して，農業生産が飛躍的に発展した（農業革命）。その結果，
資本をもつ地主が農業労働者を雇って市場向け穀物生産をおこなう資本
主義的大農場経営が確立し，独立自営農民の大部分は没落して労働者と
なった。」

→　東京書籍に比べると表現が簡素だが，問題はないだろう。東京書籍の
説明は情報量が多すぎるので，これくらい簡素な方が受験生は読みやすい
かもしれない。また，ここも東京書籍と同じで農業革命の定義は狭義のも
のを採用しているのが興味深い。

《両論併記にしたかったのかな？》

・山川『詳説世界史』：「市場向け生産をめざす農業が発達し，産業革命期
　に急増する都市人口を支えた。大地主は中小農民の土地や村の共同地を
　あわせて大規模な農地をつくり（第2次囲い込み），すすんだ技術をもっ
　た農業資本家にこれを貸し出して経営させた（農業革命）。土地を失っ
　た農民は，農業労働者や都市の工業労働者となった。」（pp.241-242）

→　**この記述はぐちゃぐちゃでひどいし，短すぎる。**多分，元々は旧説を
ベースとした説明で，後から新説に対応するために「産業革命期に急増し
た都市人口を支えた」という説明を追加したものと思われるが，結果とし
てとんでもないことになっている。以下に理由を列挙しておく。あきらめ
てゼロベースで書き直すのを推奨したい。

○注を含めて，農業技術の革新・輪作農法の説明を一切していない。

○産業革命が先行して，農業革命は後発で起きたという時系列に読めてし
　まう。

文脈が切れているせいで，**農業革命が技術革新を含まず，第2次囲い込み
と農業の資本主義化のみを指すように読める。**また第2次囲い込みも含ま
ず，農業の資本主義化のみを指しているようにも読める。

・山川『**用語集**』：農業革命「18世紀のイギリスにおける，農業技術や農

業経営方式の変革。イギリスでは人口増加と穀物不足への対応が課題と
なったことから新たな農法が開発され，（中略）囲い込みにより土地を
失った農民の多数が都市に流入して工場労働者となり産業革命を進展さ
せた。」(p.190)

→　教科書の『詳説』ほど変ではないが，そのためにかえって旧説の印象
が強い説明になっている。農業革命の定義が広義を採用していて，正確な
のは好印象。

《農業革命と産業革命の関連性を説明していない？》

・**帝国書院**：「生産の中心が農業から工業に移り（注2），各地に商工業都
市が生まれた。」(p.182)

（注2）第1次囲い込み（第1次農業革命）が，耕地を囲い込んで，牧
場化を目指したのとは違って，17世紀以降の囲い込みは，改良された農
法（ノーフォーク農法）を採用して穀物栽培の効率を上げることを目的
とした。これを第2次囲い込み（第2次農業革命）という。囲い込みに
より共有地がなくなったため，土地をもたない農民は家畜の放牧や燃料
を得ることができず，自立した生活が難しくなり，多くは賃金労働者に
ならざるをえなかった。」

→　新説大好きの帝国書院には珍しく，全然気合の入っていない記述内容
で驚いた。記述の大半が注に回されていて，本文は1行しかない。注を読
んでも農業革命と産業革命の関連は読み取りづらい。また**帝国書院の記述
も第2次囲い込みだけを指して農業革命と定義している**が，農業技術革新
と農業の資本主義化はどこに……？

　ついでに言うと，「第1次／第2次農業革命」という言い回しは独特す
ぎて，ともすれば危うい。獲得経済から生産経済への転換を「（原始の）
農業革命」と言ったりするので，ただでさえ用語の使い分けが面倒なので
余分なことをするのはやめてほしい。そもそも第1次囲い込みは目的が牧
羊なのだから"農業"革命ではないのでは？

《旧説：失地農民移動説のみを採用》

・山川『**詳説世界史研究**』：「農村部では，農業革命とよばれる事態が進行
した。すなわち，輪作を中心とする新しい農法（ノーフォーク農法）が

導入されて生産性が高まったため，農業を利益獲得の手段ととらえる農業経営者が増加した。（中略）これによって土地を失った小規模な農民は，一部は農村部にとどまり，農業経営者のもとに農業労働者となった。また，他の一部は都市部に流入し，工場で働く賃金労働者の予備軍になった。」(p.302)

→　両論併記のようで，人口増加に触れていないため旧説と判断される。「工場で働く賃金労働者」という文章はまずかろう。それでは農業労働者が賃金で働いていないように読める。農業労働者も賃金労働者である。

《産業革命自体が人口増加を生んだ説のみを採用》

・山川『**新世界史**』：「農村部では，輪作を中心とする新しい農法が導入されて生産性が高まったため，農業経営者が地主から土地を借りて営む市場向け穀物生産が広まるとともに，新農法の導入を容易にするための土地の集約（第２次囲い込み）が議会主導ですすめられた（農業革命）。」(p.250)

「産業革命前の社会では，水力（水車）や木材（薪）がもちいられていた。そこでは，効率のよいエネルギー源が少ないため，人口が増加すると，効率の低いエネルギー源を利用せざるをえなくなり，生産費用が上昇して賃金の低下や物価の上昇が生じ，結果として人口の増加が抑制されるというメカニズムが働いていた。ところが，産業革命の過程で蒸気機関が発明され，当時としては無尽蔵な量が存在していた石炭などの化石燃料が利用できるようになると，人口が増えてエネルギー源の必要量が増加しても，効率の低いエネルギー源を利用する必要がなくなったため，人口の増加が賃金の上昇や物価の低下と両立可能になった。」(p.252)

→　本記事にわざわざ３つめの説を載せた理由はこれである。引用が長くなりすぎるので割愛したが，この前段で農業革命と産業革命が"並立して"語られているのも面白い。**この説明は高校世界史の多様性を示すものとして貴重であり，**個人的にはよくやってくれたと敬意を表したい。ただし，**入試問題はほぼ旧説・新説から出るという実用面から言えば，教科書として死んでいる。**どうせ発行部数が極端に少なくて受験生にはほとんど読まれていないから，開き直ったのかもしれない。なお，５冊の教科書では唯一，広義の農業革命を採用していて，農業技術革新・農業の資本主義化・

第2次囲い込みを全て含む正確な説明になっている。これも高く評価したい。

【まとめと感想】

　今回は東京書籍の記述が最も良く，実教出版の記述も高校の教員が授業で補足するのを前提にすれば特に問題ないと思う。山川の『新世界史』は上述の通りで，個人的にはその潔さを買いたいが，それ以上の評価は難しい。一方，残りの2冊は一体どうしたのかとしか言いようがない。君たちはそれぞれ堅牢さと新説採用が売りじゃなかったの？

　もう一つ意外だったのは農業革命の定義がばらばらだったことで，広義と狭義に分かれているのは仕方がないと思える範囲だが，広義を採用して正確な説明をしている教科書がよりによって『新世界史』（と『用語集』・『詳説世界史研究』）のみというのは厳しい。例によって『新世界史』・『用語集』・『詳説世界史研究』と『詳説』で仲間割れが発生しているが，今回の仲間割れは流石に直してほしい。

　最後に，山川は『詳説』も『新世界史』もノーフォーク農法の説明を徹底して避けている。事実，用語集の頻度は農業革命が⑦（最大で⑦）なのに対し，ノーフォーク農法は③しかない。つまり，ノーフォーク農法を高校世界史で扱うべきか否かについて，教科書間で意見が割れているということである。以下は私見になるが，**「ノーフォーク」という固有名詞は不要だと思うが輪作農法の説明自体は必要**であると考えている。なぜなら，高校世界史とは現代の社会の姿を描くために必要な知識・理解を学ぶための科目という側面があり，ノーフォーク農法は現代のヨーロッパで行われている混合農業の出発点だからである。他科目との関連性で言えば，混合農業は地理Bで学習するし，マメ科植物と根粒菌は生物基礎で学習するので，その関連性が切れるのも惜しい（世界史履修者が生物基礎を履修しているとは限らないけど）。現代の人口爆発が窒素肥料に支えられていることを踏まえても輪作農法の用語に現代的価値は十分にあると思うのだが，どうも窒素肥料が軽視されている気がしてならないのである。

3.「ニューディール」をいかに扱うか

　一般にフランクリン゠ローズヴェルト政権がとったニューディール（政策）はアメリカ経済を回復させ，世界恐慌からの回復を実現したというイメージを持たれていると思われる。**実際にはアメリカは1937年の秋頃に再度不況に突入し，1938年には二番底を経験している。**ニューディールは議会と司法の抵抗により当初の想定よりも小規模でしか実現されず，十分な効果を発揮することができなかった。司法の抵抗としてはNIRAの違憲判決が有名であろう。議会は，共和党はもちろん民主党も南部の保守派が強く抵抗した。ちょうど民主党がリベラル旋回の途上にあって，伝統的な民主党の党員と亀裂が生じていた時期と重なっていたというのは見過ごされがちであるかもしれない。結局，**アメリカが世界恐慌からの完全な脱却に成功したのは第二次世界大戦による軍需拡大の貢献が大きい。**

　しかし，ではニューディールの歴史的意義が過大評価されているかというと，そうとは思われない。アメリカが第二次世界大戦で「民主主義の兵器廠」たりえたのは，ニューディールによって国家アメリカの民主主義が国民の高い信頼を勝ち得ていたからであり，また政府の経済計画能力の向上という前提条件を達成していたからである。福祉国家と総力戦体制は政府の指導力と政府への信頼の両面において密接な関係があり，ヨーロッパでは第一次世界大戦が福祉国家を生んだと指摘されている。アメリカでは逆に，ニューディールによる社会福祉政策が第二次世界大戦時のアメリカを生んだということになる。**ニューディールは「民主主義」にも「兵器廠」にも必要であった。**

　さて，以上の内容を高校世界史でどう扱うかは判断の分かれるところになる。これは研究の進展で事実や解釈が変わったということではなく，**どこに力点を置いて扱うか**という話になるからだ。政治史や「大きな物語」を重視する目線で言えば，ニューディールが「民主主義の兵器廠」に直結したことを教えられれば十分であるから，1937年の二番底は瑣事でしかなく，高校生に無用な暗記事項を増やすノイズですらある。一方，経済史を重視し，景気循環は現代でも重要な社会現象であってその対策の歴史は現代的な強い意義を持つと見なす立場に立てば，むしろ1937年の二番底

は教えるべき必要事項になる。教える事項が増える分は，別の時代の事項を減らして対応すればよい。

　実際に各社の教科書でもここは記述が割れているので，比較・検討する。なお，ドル＝ブロックが国際経済を悪化させてファシズム諸国の台頭を誘引した点はいずれの教科書にも言及があったことを念のため付記しておく。

《1937 年の二番底には薄く触れる／歴史的意義は民主主義面に言及》

・山川『詳説世界史』：「これら一連の経済復興の効果は限られていたが，国民の不安を軽減し，ファシズム諸国に対抗して民主主義をまもった意義は大きかった。」(p.357)

・山川『新世界史』：「アメリカ経済が 29 年の水準に戻ったのは 41 ～ 42 年頃のことであったが，アメリカ国民は国民生活に安定をもたらそうとした新たな連邦政府のあり方を強く支持した。」(p.367)

・帝国書院：「それでも恐慌は克服されなかったが，企業間競争の公正さと労働者の権利保護が促進されたため，議会制民主主義への信頼が失われず，アメリカはファシズム化からまぬかれることになった。」(p.277)

→　山川出版社の 2 冊は，①二番底そのものには触れないがニューディールの景気回復は限定的だったことには触れる，②歴史的意義では民主主義への貢献を重視するという方針で一貫していた。山川出版社らしい堅牢でバランスのとれた記述であり，特に『詳説世界史』は好印象。帝国書院の記述も山川の 2 冊に近い。割と山川と意見が合わない帝国書院なので，ここまで記述が近いのは珍しい。本題ではないが「まぬかれる」という表現に筆者のこだわりを感じる。

《1937 年の二番底には薄く触れる／歴史的意義は民主主義面・軍需面に言及》

・山川『詳説世界史研究』：「当初の経済復興効果は小さかった。（中略）このような矢継ぎ早の恐慌対策を打ち出したにもかかわらず，その景気回復効果は小さく，1934 年春になっても，約 1,000 万人の失業者が存在した。」(p.468)

「また，経済効果は小さかったが，社会保障法を成立させて貧困層の不

満を緩和させるなど，ファシズム諸国に対抗して民主政治の擁護に成功
した意義は大きかった。」(p.469)

「39 年にヨーロッパで戦争が勃発すると，大規模な軍備拡張を開始する
とともに，41 年には武器貸与法を制定して，イギリスなどの連合国側へ
の支援を開始した。この軍需生産の拡大により，アメリカ経済は量的に
急成長を遂げただけでなく，航空機・石油化学・原子力・コンピュータ
などの先端部門での技術革新にも成功し，戦後世界で覇権を確立する経
済基盤を整備することになった。」(p.469)

　　※　さらにコラムでスタインベックの『怒りの葡萄』を取り上げ，
　　ニューディールが西部の小農民まで行き渡っていないこと，自作農だ
　　けを救済する性格であったことを指摘。(p.468)

→　『詳説世界史研究』はさすがに記述が重厚で，ニューディールの持つ(ブ
ロック経済と合わせて)「アメリカンファースト」という側面や，『怒りの
葡萄』を引用しての都市部・中間層重視の政策であったという側面の指摘
まであった。『詳説世界史研究』は検定教科書ではないので制限が無く十
分な説明をしやすいのは確かだが，それにしてもこれは気合いが入ってい
る。

《1937 年の二番底に触れる／歴史的意義は軍需面に言及》
・**東京書籍**：「こうした政策の結果，景気が回復したが，1937 年にふたた
　び恐慌にみまわれると，彼は財政支出による有効需要拡大政策をとり，
　軍需産業の拡大にものりだした。」(p.371)
→　社会経済史に特化した東京書籍らしい記述。1937 年の年号を出し，
その脱出のために財政出動を増やし，結果的に軍需産業に手を付けること
になった流れは簡明に描いているが，民主主義への影響は言及が無い。

《1937 年の二番底には触れない／歴史的意義にも触れない》
・**実教出版**：特に記述無し。ニューディールの内容説明のみ。(p.355)
→　驚きの記述無し。もちろんニューディールの内容（NIRA や AAA）
はちゃんと説明しているものの，アメリカはそのまま順調に回復した印象
を受ける文章。
・**山川『用語集』**：「ニューディール」「フランクリン＝ローズヴェルト」他，

いずれの項目でも，二番底にも歴史的意義にも言及無し。(p.304)
→ 二番底への言及が無いのはともかく，歴史的意義の説明が無いのは教科書との役割分担ということだろうか。しかし，他のトピックでは辞書という本分をはみ出て教科書的な言及してしまうことが多い『用語集』が，ニューディールだけ抑制的な記述というのも不自然である。

【まとめと感想】

　私見では山川の『詳説世界史』『新世界史』と帝国書院の教科書の記述が好印象である。東京書籍は民主主義への言及があれば完璧だっただけに惜しいが，1冊くらい軍需への言及に偏っていてもよいし，それが東京書籍というのは非常に「らしい」。『詳説世界史研究』は饒舌すぎ，これは教科書でなく参考書だから許されている厚さである。内容が薄かったのは実教出版の教科書と山川『用語集』で，歴史的意義への言及が民主主義にも軍需にも無いのには驚いた。山川『用語集』はまだしも辞書だからという言い訳がきくが，教科書でこれはまずかろう。もっとも，実教出版はその後の第二次世界大戦，特にアジア・太平洋戦争の記述が非常に分厚いので，20世紀前半という大枠で見ると，世界恐慌よりも大戦にウェイトを置きたかったから世界恐慌は短く済ませたのかもしれない。

【3編を再構成してみての感想】

　今回は近世・近代の欧米の経済史でまとめてみたが，やはり全てにおいて優れた記述がある教科書というのはなかなか存在しなかった。最も瑕疵が小さかったのは山川の『新世界史』ということになる。ただし，『新世界史』は産業革命の説明が一般的ではなく，受験向きではない。次点は東京書籍の教科書だろう。経済史に定評のある教科書は事実であった。しかし，価格革命の説明がまずく，経済史に強いといっても近世の初期までは手が回っていないのかもしれない。三番手は実教出版で，他社にはない独特なコラムや章立てが特徴であったが，価格革命や農業革命の説明は端的にすぎる傾向はあるもののよくまとまっている。世界恐慌の説明が淡泊すぎたのが惜しい。四番手は帝国書院ということになろうか。今回の3編でも新説好きという特徴は見られたものの，踏み込みすぎている記述や，逆に旧説のまま取り残されている記述もあるということも露見した。存外に

ダメだったのが山川の『詳説世界史』で，堅牢な記述が特徴ではあるものの，経済史においてはさすがに取り残されているという印象が強まった。

　教科書以外の2冊では，山川の『用語集』も『詳説世界史研究』も，紙幅が制限されていないというアドバンテージがありながら，教科書以上の優れた記述がほとんどなく，残念な結果である。やはり高校世界史の学習において基本となるのは教科書ということになろうか。特に『詳説世界史研究』は意外な結果である。巻末に参考文献を載せる気合いの入り方をしているのに……と思って参考文献一覧を見てみると，近世ヨーロッパの参考文献一覧にはちゃんと川北稔氏の著作が入っているものの，1993年と1996年と古い（1996年は『砂糖の世界史』である），その他の参考文献を見ても全般として20世紀の著作が多くて，令和の高校生が読む参考文献としては機能していない。近代ヨーロッパの参考文献一覧も同様に20年以上前の著作が多く，1冊だけ新しいのが2012年の長谷川貴彦氏の『産業革命』（山川出版社の世界史リブレット）であった……私は読んでいるが，ちゃんと新説で説明していた書籍であった。著者自身が参考文献をちゃんと読んでいないのではないかという疑惑が浮上するところである。**調べれば調べるほど『詳説世界史研究』の信頼性が下がっていく**という思わぬ結果になったところで，本稿の筆を擱きたい。

2017年度

私大・その他

■■■ 2017 私大その他■■■

9．青山学院大　全学部〔2/7 実施〕

出題ミス

問題3　問10　下線部②に関連して，国際連盟について述べた文として適切ではないものを一つ選び，その番号をマークしなさい。

① 安全保障理事会が設置された。
② アメリカ合衆国は不参加であった。
③ 本部はスイスのジュネーヴに置かれた。
④ ソ連は排除された。

◀解答解説▶
　①は不設置なので誤り。こちらが作題者の想定した正解だろう。②・③は正文。④は一見して正文だが，**国際連盟が成立した 1920 年時点でソ連が存在していないので**，その観点で言えば誤文である。よくあるたぐいのミス。これにより①・④の複数正解で出題ミスである。**後日，大学当局より全員に得点を与えた旨の発表があった。**

10．青山学院大　文・社会情報学部〔2/14 実施〕

悪問・難問

問題2　(1)　ヨーロッパ商人がアフリカ西海岸で得た黒人を，南北アメリカ大陸やカリブ海地域に奴隷として売った黒人奴隷貿易は，16 世紀にはポルトガルや（　1　）が，18 世紀にはイギリスが中心となった。

問1　空欄1にあてはまるもっともふさわしい語句を以下の中からひとつ
だけ選び，その記号を解答欄にマークせよ。

1　オランダ　　　2　フランス　　　3　ベルギー　　　4　スペイン

◀**解答解説**▶━━━━━━━━━━━━━━━━━━━━━━━━

　非常に困った問題。まだ国が成立していない3のベルギーは，仮に南ネー
デルラントのことだとしても論外であるが，残りは全て正解の可能性が排
除しきれない。世界史上の大西洋奴隷貿易の輸送数は上からポルトガル（＆
ブラジル）・イギリス・フランス・スペイン（＆ウルグアイ）・オランダで，
この上位5（7）カ国で90％以上を占めている。なお，「16世紀にはポル
トガル」とあるが，実際には16世紀初頭から19世紀半ばまでの間で，
イギリスに負けているのが18世紀後半の50年間だけで，残りの約300
年間はほぼずっとポルトガル（＆ブラジル）が首位を占めている。大西洋
を渡った黒人奴隷の約1200万人のうち，約半数の600万人弱がポルト
ガル人商人の手によると推定されている。

　そういうわけで「16世紀にはポルトガル」となっている時点で疑問点
が生じ，まともに取り合う気力が削がれるが，もうちょっとだけ付き合っ
てみよう。1のオランダは，上述の通り奴隷貿易の5番手で輸送量はそこ
まで大きくないが，ブラジルにサトウキビ＝プランテーションを造成して
そこに黒人奴隷を送り込むという大西洋三角貿易の手法を最初に確立した
国家としては名高く，輸送量の割には奴隷貿易で言及される機会が多い。
ただし，オランダの黒人奴隷貿易は17世紀半ば以降に隆盛していて，16
世紀に挙げるのは難しい。2のフランスも同じで，黒人奴隷貿易が盛んに
なるのはコルベールが出てきてからである。16世紀は全くやっていない
も同然の輸送量だったと見られている。

　4のスペインはご存じの方も多かろう，トルデシリャス条約の関係でア
フリカに拠点が無く，黒人奴隷の輸送はもっぱら他国の商人に委ねてい
て，この奴隷貿易請負契約を世界史上「アシエント」と呼ぶ。アシエント
は莫大な利益を生んだので国家間で争奪され，最終的にユトレヒト条約で
イギリスが勝ち取り，イギリスの奴隷貿易が拡大する契機となった……と
いう説明をされることが多いのだが，実のところ**英・仏・蘭の大西洋進出**

が進むまではけっこう自前で奴隷を調達しており，16世紀後半から17世紀前半にかけてはスペインがポルトガルに次ぐ貿易量になっている。とすると，この空欄1に当てはまる正解はスペインということになり，実際に『赤本』も正解を4のスペインとしている。しかし，高校世界史の範囲で学習する知識でスペインに絞り込むのは無理で，というよりも前述の事情からオランダやフランスを選ぶ受験生がほとんどだろう。

　2017年の青山学院大は例年と比較すると悪問が少なく，問題自体が全体として簡単であった。非常によい傾向である。ただし，訂正表（※）を見る限り，収録対象外としているものの，誤植自体はまだまだ多い。

※　青山学院大と明治大は，例年，全入試日程終了後に，発覚した誤植・出題ミスを訂正するリストを作成して，予備校・教育関係の出版社に配布している。詳しくは2巻（p.294）参照のこと。

11．学習院大　法学部

難問

問題5　問4　(b)　1968年のチェコスロヴァキアにおける体制改革運動は，「□□□□社会主義」の実現を目指すものであったとされる。この空欄に挿入するのに最も適切な語句を答えなさい。

◀解答解説▶

　正解は「人間の顔をした」。用語集のドプチェクの項目に説明があるので厳密に言えば範囲内だが，普通は聞かないポイントであるので収録した。資本主義経済は労働者に機械の歯車であることを強いるので労働者の疎外が発生する，という批判をしたマルクス主義だったが，実際に現れた社会主義経済は，資本主義経済以上に非人間的な服従を労働者に要求するものだった。このような反省から，チェコスロヴァキアの第一書記ドプチェクが掲げたスローガンが「人間の顔をした社会主義」であり，内容としては言論の自由化や基本的人権の尊重，議会制民主主義の導入，市場経済の

一部導入が挙げられていた。しかし，これらは実現することなく，ソ連の介入・ワルシャワ条約機構軍の侵入を受けることになる。

１２．成蹊大　経済学部

悪問

問題1　問6　下線部 (3)（編註：<u>16 世紀末には豊臣秀吉の，17 世紀には清の侵略をうけ，清の属国とされた</u>）に関連する次の①〜④の記述のうち，正しいものをひとつ選び，その番号をマークせよ。

① 日本で文禄・慶長の役とよばれる戦いは朝鮮では文永・弘安の倭乱とよばれる。
② 太宗は朱子学を官学にし，明の制度にならった官僚制を強化した。
③ 英宗（正統帝）の時代に訓民正音（ハングル）という朝鮮文字が制定された。
④ 江戸時代に朝鮮通信使が来日し，朝貢貿易をおこなった。

◀解答解説▶

　①は出来の良い中学生なら誤文とわかろう。文永・弘安の役は元寇のこと。③は英宗（正統帝）が明の皇帝であり，朝鮮王朝ではない。④は，当時の日朝貿易は朝貢貿易の形態とは見なされていない。宗氏が朝鮮半島側にある倭館に交易船を送っていた形である。すると残った②が正解＝正文かと思われるが，朝鮮王朝が朱子学を官学化したタイミングは曖昧で，一般的に言えば建国時点から朱子学が官学であったと言ってよい。建国者の李成桂を担ぎ上げたのが儒学者官僚層であり，建国の理念自体が朱子学であるとも言える。一方で，後半にあるように官僚制を整備したのは第３代の太宗であり，その過程で朱子学の地位も確定したと考えるのであれば，太宗の時代に官学化したとも言えなくもない。正誤判定のポイントにすること自体が間違っているが，無理に答えを出すなら①・③・④が明白に誤っているので，②とするほかあるまい。『入試問題正解』は明確に出題ミス

という指摘をしていたが，私的には一応答えが出るので悪問止まりと判断
した。『赤本』は②を正解として特に注記なし。

１３．成城大　法学部〔2/7 実施〕

出題ミス

問題2　問5　下線部 (D) について，ジャワ島以東の小スンダ列島東端に
ある島の一部は，20 世紀にいたるまでポルトガルに領有され，その後，
インドネシアとの紛争を経て，2001 年に正式に独立した。ポルトガル語
も公用語とするカトリック系のこの小国の名称を記せ。

◀解答解説▶━━━━━━━━━━━━━━━━━━━━━━

　素直に解答をするなら正解は東ティモールになるが，**東ティモールの独
立年は 2001 年ではなく 2002 年である**から，厳密に言えば正解がない。
後日，大学当局からお詫びと全員を正解としたという丁寧な発表があった
ので，その記録にとどめておく。

１４．聖心女子大　2/1 実施

出題ミスに近い

問題1　問 13　(B)　下線部 (B) について（編註：<u>アナトリアやギリシア
の諸都市</u>）。アナトリア，ギリシアの都市でないものを下記から３つ選び，
記号で答えなさい。

　　ア．アテネ　　　　イ．ロンディニウム　　　ウ．アンティオキア
　　エ．コリントス　オ．ミラノ　　　　　　　カ．エフェソス
　　キ．テッサロニキ　　　ク．カルタゴ

◀解答解説▶

アナトリアでもギリシアでもない都市というとイ・ウ・オ・クとなり，**「３つ選べ」なのに正解が４つある。** おそらく作題者の想定する正解はイ・オ・クで，ウのアンティオキアは現在トルコ共和国領だからアナトリアに含まれると言いたいのだろう。しかし，**現在の国境線が歴史的・地理的な地域区分と一致しているとは限らない**のであり，アンティオキアは地理的な位置を考えても歴史的な経緯を考えてもシリア地方と見なすのが正しい。受験世界史に限っても，私は本問以外でアンティオキアをアナトリア地方と見なしている問題を見たことがない（そもそもアンティオキア自体が初期キリスト教の五本山以外でほぼ出題されないマイナーな都市ではあるけど）。なお，『入試問題正解』は注釈なくイ・オ・クを正解としていた。

１５．専修大　全学部日程

出題ミス（複数正解）

問題１ 〔設問５〕 下線部(5)に関連して（編註：1848 年の第二共和政下），正しいものはどれか。もっとも適するものを次の①〜④から一つ選び，マークしなさい。

① この政治体制は，同年の二月革命によって築かれた。
② この後にジャコバン派が国民公会を主導した。
③ ブルボン復古王政が倒された。
④ この時期の憲法は，ルイ＝ナポレオン政権下でも実施された。

◀解答解説▶

②は 1789 年に始まるフランス革命のこと。③は 1830 年の七月革命のことなので誤りだが，①と④は両方正しい。おそらく作題者の想定する正解は①であり，④は何かの勘違いで誤文として作ったのだと思われる。フランス第二共和政で 11 月に制定された 1848 年憲法は，同年 12 月にルイ＝ナポレオンが大統領に当選・就任した後も廃止されず，1852 年に改

定されるまで続いた。**後日, 当局から複数正解を認める旨の発表があった。**

１６. 専修大　経済(国際経済・経済)・商(マーケティング)・文（日本語・環境地理・日本文学文化）・法（法律）・ネットワーク情報学部〔2/10 実施〕

出題ミス

問題2　〔設問 21〕　下線部 (21) に関連して（編註：<u>人類は世界の様々な場所に拡散し, 居住するようになった</u>）, 人類の進化に関わる以下の文章のうち正しいものはどれか。もっとも適するものを次の①～④の中から一つ選び, マークしなさい。

① 　ジャワ原人や北京原人などのホモ−エレクトゥスは死者埋葬などの精神文化を発達させた。
② 　南北アメリカ大陸に１万数千年前に拡散したのは, 現生人類であるホモ−サピエンスだった。
③ 　旧人のネアンデルタール人は, 骨角器を用いて生活をより豊かにした。
④ 　アウストラロピテクスは, 剥片石器に加え, 石斧や石臼などの磨製石器を使用した。

◀解答解説▶

　①は, 死者埋葬のスタートが旧人なので誤り。④は, 磨製石器の使用開始は新人なので誤り。②は正文で, 作題者の想定する正解と思われる。ただし, 定説にまではなっていないが, 一応, 近年の考古学的発見などから南北アメリカ大陸への人類の移動は数万年前～十数万年前までさかのぼれるという提唱はなされている。審議の対象は③で, 確かに高校世界史上は骨角器の使用はほぼ新人からとされているものの, 骨角器の使用は旧人でも確認されている。よって, ③は厳密に言えば正解になる可能性がある。2016 年の獨協大が全く同じミスをしており, あちらは当局発表でミスが認められた (**2016 その他 8 番**, ２巻の p.152)。専修大当局からは特に

発表なし。

　実は，本問は概ね山川の『詳説世界史 B』の本文からのコピペである。その意味では出題ミスにしてしまうのはかわいそうではあるのだが，教科書が研究成果に基づいていないのだから仕方がないし，コピペの時点で情状酌量の余地を認める気が起きない。

１７．中央大　統一入試

出題ミス

問題1　【設問Ⅲ】　問2　下線部②（編註：拓跋氏の北魏が華北を統一した）に関する記述として誤っているものを1つ選びなさい。

(a)　北魏は太武帝のときに華北を統一した。
(b)　孝文帝は，都を洛陽に移した。
(c)　孝文帝は，均田制や三長制によって農耕社会の安定につとめた。
(d)　仏教が国教とされた。
(e)　雲崗の仏教遺跡はこの時代のものである。

◀解答解説▶

　いずれの選択肢もすべて正文で，出題ミスである。一応，『赤本』が正解をdとしている通り，作題者の想定する正解もこれなのだと思う。他の選択肢には瑕疵がなく，dは太武帝の時代に廃仏されているから，太武帝の時代に限れば確かにdは誤文になる。しかし，問題文を読んでも，リード文の下線部も，下線部の周りまで含めて読んでも，**本問の文脈は特に太武帝の時代に限定されているわけではない。**そもそも，そうだとしたらbやcの選択肢で孝文帝の名前が出ていることと矛盾してしまう。そして，帝室が仏教を信仰し，仏教を管轄する役所があり，国家事業として石窟寺院が造営されていた，太武帝期以外の北魏を指して「仏教が実質的な国教の地位であった」というのを否定するのは不可能である。中央大当局からの発表は無し。

18. 中央大　文学部

難問

問題1　(9)　この辞典（編註：バグダードで<u>カシュガリーが辞典を完成させた</u>）はある言語の語彙をアラビア語で説明したものである。その言語は何か。

◀解答解説▶

　正解はトルコ語。カシュガリーは範囲外であるが，カシュガルの都市名から来ていると推測がつけば正解にたどり着けなくはないだろう。ただの難問と推測で解けるぎりぎりの良問の境界線上にある問題。ところで本問のカシュガリー，2015年の早稲田大・人間科学部でも出ているが**（2015早慶22番）**，あちらの問題はほとんど出題ミスであり（いかに質の低い問題だったかの解説は2巻 p.265 参照のこと），こちらの問題の方が出来が良い。

19. 中央大　商学部〈経営・金融学科〉

出題ミス（複数正解）

問題3　【設問Ⅰ】　問4　下線部④に関連して（編註：<u>仏教はいうまでもなくインドから中央アジア経由で中国に伝来された</u>），次の (a)〜(d) の4名の僧のうち，インドからの渡来僧でないものを1名選びなさい。なお，該当するものがなければ (e) を選びなさい。

(a) 仏図澄　　(b) 鳩摩羅什　　(c) 達磨　　(d) 玄奘

◀解答解説▶

　一目見た瞬間にわかる出題ミス。(a)仏図澄と(b)鳩摩羅什は西域出身，

(d) 玄奘は中国人であるから，**(a)・(b)・(d) の複数正解**である。(c) 達磨がインドからの渡来僧なので，これだけ誤答。おそらく，「渡来僧でないもの」として玄奘を答えさせたかったか，「インドからの渡来僧」で達磨を答えさせたかったかいずれかだったところ，何かの手違いでこうなってしまったものと思われる。『赤本』からも同様の指摘あり。これだけ明白な出題ミスであるのに，なんと**17番**に引き続きこれも大学当局からの発表はない。

２０．中央大　商学部〈経営・金融学科〉（２つめ）

```
出題ミス（複数正解）
```

問題３【設問Ⅰ】問５　下線部⑤に関連して（編註：<u>漢王朝</u>），漢の武帝の対外政策として**誤っているものを１つ**選びなさい。なお，該当するものがなければ (e) を選びなさい。

(a)　東北方面で，匈奴の東部勢力を攻撃するために衛氏朝鮮を攻略して楽浪郡など４郡をおいた。
(b)　西北方面で，甘粛地方を奪って敦煌郡など４郡をおいた。
(c)　中央アジア方面（西域）で，大宛に遠征などして，タリム盆地の諸都市にまで支配を広げた。
(d)　南方で，秦末に自立した南越を滅ぼして南海郡など９郡をおいた。

◀解答解説▶
　(a)，漢が衛氏朝鮮を攻めたのは対匈奴戦とは直接関係がなく，単純に衛氏朝鮮が朝貢に来なかったからという理由であるからこれを誤文と見なすことができる。また (d)，南越の自立は厳密に言えば秦の滅亡後，楚漢戦争中になるのでこれも誤文と見なせる。よって**(a) と (d) の複数正解となり出題ミス**となるが，当然高校世界史では扱わない内容であるので受験生には (a) の正誤を判定できない。何の疑いもなく (d) を選んだ受験生も多かったことであろう。もっとも，(d) の内容も細かく，普通は覚えてな

いところなので，誤文がないと見なして (e) を選んだ受験生の方が多そうであるが。こちらは後日，**大学当局から「適切な正解を導けない状況であることから，全員に得点を与える」**と発表があった。

２１．中央大　経済学部Ⅰ〔2/14 実施〕

悪問

問題1　人類が類人猿と区別される特徴として，道具の製作・使用，火の使用，言語の使用，直立二足歩行などが挙げられる。最古の猿人として著名なのが（　A　）である。

◀解答解説▶

　せめて選択肢問題なら，と思うような問題。「最古の猿人として著名」以外にヒントがない上に，用語を記述する問題であるがゆえに，複数の正解候補が思い浮かび，絞れない。「著名」であるという点を重視すればアウストラロピテクスになるだろうが，約 420 万年前から活動を始めたとされるアウストラロピテクスが「最古の猿人」だったのは一昔前までで，現在ではその後の急速な古人類学の進歩により，それよりも古い猿人が多数見つかっている。しかし，それらの多くは人口に膾炙している名前ではない。次点で有名なのは約 440 万年前に活動したとみなされているラミダス猿人であろう。発見されたのは 1990 年代のこと。2001 年にはさらにさかのぼって約 700 ～ 600 万年前に活動したと推測されているサヘラントロプス（トゥーマイ猿人）が見つかっている。ちなみに，アウストラロピテクスは用語集頻度⑥，ラミダス猿人とサヘラントロプスは頻度②である。したがって，性善説をとって作題者が用語集を参照したか最新の研究を追っているとするなら正解はサヘラントロプスに絞れるが，であれば「著名な」という余分な文言をつけないで欲しかった。そのせいで，ラミダス猿人かアウストラロピテクスの可能性を排除しきれない。『赤本』にも同様の指摘あり，正解を併記している。『入試問題正解』は注記なく**アウストラロピテクスを正解としており**，さすがにそれはまずかろう。

２２．中央大　経済学部Ⅰ〔2/14 実施〕

出題ミス（複数正解）

問題2　**問3**　下線部③に関連して（編註：ヨーロッパ石炭鉄鋼共同体），誤っているものを１つ選び，マーク解答用紙にマークしなさい。

ア．ヨーロッパ石炭鉄鋼共同体（ECSC）の当初の加盟国は，フランス・西ドイツ・イタリア・スペイン・ベルギー・オランダである。

イ．1958 年にはヨーロッパ経済共同体（EEC）とヨーロッパ原子力共同体（EURATOM）が設置された。

ウ．1967 年にはヨーロッパ石炭鉄鋼共同体・ヨーロッパ経済共同体・ヨーロッパ原子力共同体が合併してヨーロッパ共同体（EC）が結成された。

エ．1977 年の拡大 EC には，イギリスのほかデンマークとアイルランドが加盟した。

◀解答解説▶

　非常に明白な出題ミス。アはスペインがルクセンブルクの誤り，エは1977 年が 1973 年の誤りであるから，**アとエの複数正解**となる。『赤本』と『入試問題正解』でも同様の指摘あり。1977 年が 1973 年の誤植で，作題者の意図はアが正解なのだと思う。これも大学当局からの発表なし。この年の中央大学当局はどうかしていたとしか思えないほど，対応が杜撰である。

２３．東京経済大　キャリアデザインプログラム・コミュニケーション・経営・経済・現代法学部〔2/7 実施〕

出題ミス

問題2　**問 14**　下線部 (k) に関連して（編註：遠洋航海を可能にした航海

術の進歩），遠洋航海を可能にした航海術の進歩では羅針盤の改良がとりわけ重要であったが，15・16世紀のヨーロッパにおける諸種の技術革新として最も適切なものを，次の①～④の中から一つ選び，マークして答えなさい。 34

① 印刷術の改良 　　② 製紙法の発明 　　③ 火器の改良
④ 蒸気機関の発明

◀解答解説▶━━━━━━━━━━━━━━━━━━━━━━━━━

　②は14世紀より前に製紙法が伝播していて大きな改良があったわけではなく，④は当然18世紀のことなので誤りだが，①・③はどちらも正解になりうる。受験世界史の軍事技術への冷淡さを考えると，①が正解として作られたと思われるが，史実として③を否定する材料が無いので，複数正解だろう。『入試問題正解』は①を正解として特に注記なし。

２４．東京女子大　2/3実施

出題ミス

問題１　問３　下線部③について，19世紀後半，マレー半島では，錫の採掘が盛んとなる。シンガポールなどの港市支配から，領域支配にその範囲を拡大したイギリスは，1895年，マレー連合州を結成した。この連合州に含まれるのは，マレー半島とある島の北部である。その島の名称を答えなさい。

◀解答解説▶━━━━━━━━━━━━━━━━━━━━━━━━━

　マレー連合州とマレーシアの取り違えであろう。ボルネオ島北部は英領マレーにすら含まれない。さらに言えば，マレー連合州は英領マレーの一部でしかない（２巻のコラム１p.82参照）。後日，**大学当局からお詫びと全員を正解にした旨の発表があった。**

２５．東洋大　2/9 実施

出題ミスに近い

問題4　**問2**　下線部 (a)（編註：産業革命）に関連して述べた文として最も不適切なものを，次の中から一つ選べ。　40

① 　アメリカでは，18 世紀末にホイットニーが綿繰り機を発明して以来，綿花の輸出が拡大した。

② 　イギリスでは，19 世紀前半に工場法が制定されて，年少者の労働時間が制限された。

③ 　ベルギーでは，19 世紀初頭，イギリスの機械・技術の輸出解禁に促され，工業化が進んだ。

④ 　フランスでは，18 世紀末に社会保険制度を実施して労働者の統合を試みた。

⑤ 　ロシアでは，19 世紀末ごろにフランス資本を導入したことなどにより，工業化が進んだ。

◀解答解説▶

　①・②・⑤は正文。④は確実な誤文であり，作題者の想定する正解もこれであろう。審議の対象は③で，**ベルギーの産業革命の始まりは独立直後の 1830 年代からとされており，19 世紀初頭ではない。**初頭の指す範囲には個人差があるといえど，30 年代まで含まれると考える人はいないだろう。本問は③・④の複数正解とされても仕方がないと思う。

２６．東洋大　2/9 実施（２つめ）

悪問

問題4　**問3**　下線部 (b) に関連して，制定当時のアメリカ合衆国憲法に

盛り込まれた考え方として最も不適切なものを，次の中から一つ選べ。 41

① 大統領制 　　② 連邦主義 　　③ 軍隊に対する文民統制
④ 政教分離 　　⑤ 普通選挙権

◀解答解説▶━━━━━━━━━━━━━━

①・②・③は正しいので誤答。⑤は明確な誤りで，アメリカで白人普通選挙が確立したのは 1830 年代のこと。さらに人種差別を禁止したことを含めて憲法上に普通選挙の規定が記されたのは修正第 14 条（1868 年）・修正第 15 条（1870 年）による。これが作題者の想定した正解であろう。審議の対象は④で，**合衆国憲法で政教分離が規定されたのは修正第 1 条（1791 年）によるから，「制定当時」（1787 年）ではない。**よって，厳密にとれば④も正解になってしまうはずである。ただし，合衆国憲法は国家の枠組みを決める条項の発効を急ぐために，基本的人権にかかわる条項を後回しにして成立し，基本的人権にかかわる条項は修正第 1 〜 10 条（いわゆる権利章典，全て 1791 年に成立）として追加したという事情がある。ゆえに，修正第 10 条までは「修正」というよりも「原型への追加」であり，作題者としては修正第 10 条までが「制定当時」と考えている可能性がある。この主張はそこまで無理筋とは考えないものの，入試問題なのだから明白な誤答を用意してほしかったところ。

２７．日本女子大　文学部（英文・日本文・史学）〔2/1 実施〕

文問

問題２　問２　文章中の下線部 (A) 〜 (G) に関する次の問いの答えを記入しなさい。

(C)　（編註：ヘンリ 7 世は，封建貴族を抑え，中央集権化を推進した）このために利用した特別裁判所の名称を答えなさい。

◀解答解説▶

　星室庁裁判所の設立者は，高校世界史内でもヘンリ7世かヘンリ8世かで分かれている。というよりも，以前はヘンリ7世で統一されていたところ，近年山川出版社が教科書も用語集もヘンリ8世説に変えた。こうした場合，他の教科書も追随することが多いのだが，本件については現在のところなく，山川が孤立しているという珍しい状況になっている。

　「星室庁」は国王評議会が開かれた場所として15世紀前半から存在したが，裁判所としての機能が国王評議会から分離し，国王直属の裁判所として権能が明確化して法的な地位を得たのが，1487年でヘンリ7世の時代。この頃は主にバラ戦争の戦後処理に用いられていた。その後，ヘンリ8世の時代に権限が大幅に強大化し，王権に対して反抗的な貴族を弾圧する機関として機能した。制度的な完成は1540年頃とされる。しかし，ステュアート朝時代に濫用が強まって反感を買い，1641年に廃止となった。したがって，形式的な意味合いではヘンリ7世で誤りではないが，絶対王政を支えた機関という実態で言えばヘンリ8世でも誤りではない。どちらも通ってしまうのである。こうした箇所は「設立者を問わない」か，選択肢問題にしてしまって選択肢にヘンリ7世・8世のどちらかしか入れない，というのが穏当な対応であろう。

２８．フェリス女学院大　国際交流学部

出題ミス

問題2　問4　下線部(3)のハプスブルク家に関連して，次の(a) ～ (c)のなかから誤っているものを一つ選び，その記号を解答欄に記入しなさい。誤っている答えがない場合は，(d)を記入しなさい。

(a)　カール5世（カルロス1世）は，ヴォルムス帝国議会を開き，ルターを召喚して自説の撤回を迫った。
(b)　フェリペ2世は，レパントの海戦で地中海の制海権をにぎったほか，ポルトガルの王位を兼ねた。

(c) スペイン継承戦争の結果，フェリペ5世の王位継承が認められ，スペインのハプスブルク家支配は終わった。

(d) 誤りなし。

◀解答解説▶

　よくあるレパントの海戦の出題ミス。作題者は (a) 〜 (c) に誤りなしとして (d) を正解のつもりで作ったのだろう。しかし，レパントの海戦で地中海の制海権を握っていないという指摘があって，訂正発表になったと思われる。**大学当局から謝罪と (b) と (d) の複数正解を認める旨の発表があった。**同様の誤りは 2016 年の早稲田大（**2016 早慶21番**，2巻のp.112）等でも見られ，やはり近世の地中海を専門としない大学教員の間で，レパントの海戦の敗戦がオスマン帝国衰退の決定打であるという誤解が根強く蔓延していることが推察される。

２９．法政大　2/7実施

出題ミス・難問

問題2　17 世紀から 18 世紀には，イギリスを中心に各国の貴族や上流階級の子弟が成人前に教育の仕上げとしてヨーロッパ各地の名所旧跡を探訪し見識を深める「グランド・ツアー」と呼ばれる旅行が盛んにおこなわれた。1786 年から 1788 年までのイタリア旅行での見聞をまとめた　C　の『イタリア紀行』は，こうした教育旅行の盛んであった時代の旅行記の白眉である。（中略）

　この時代は，主人公が旅を通じて成長し変化していく様を描く「教養小説」と呼ばれるジャンルがドイツを中心に流行した。代表作としては，　C　の『ヴィルヘルム＝マイスターの遍歴時代』（1795 〜 96 年）や，ナポレオン戦争にも従軍した愛国詩人アイヒェンドルフの『愉しき放浪児』（1823 年）が有名である。

◀解答解説▶

　これは意外な盲点かも。空欄Ｃの正解とされている「ゲーテ」自体は当然の範囲内で用語集頻度は最大の⑦であるが，代表作として挙げられているのは『若きウェルテル（ヴェルテル）の悩み』と『ファウスト』であり，『ヴィルヘルム＝マイスター』や『イタリア紀行』までは普通学習しない。一応，用語集に「1786年からのイタリア旅行後」に文学活動に専念し始めたことが記載されており，年号の一致から正解を推測できなくはないが，そこまで覚えていた受験生は絶無に近かろう。ただし，早慶向けの参考書ではここまでずらずらと作品名を並べていることがあるので，そちらで覚えていた受験生はいたかもしれない。

　ところで，1795 〜 96 年に出版されたのは『ヴィルヘルム＝マイスターの**修行**時代』であって『**遍歴**時代』ではない。書名の取り違えにより問題文に事実誤認があり，範囲外の難問である以前に出題ミスである。

３０．法政大　2/9 実施

出題ミス

問題２　中世ヨーロッパで，地中海商業圏についで栄えたのが，北海，バルト海を中心とした北ヨーロッパ商業圏である。その代表的な都市として，北ドイツでは，のちにハンザ同盟の盟主となった　Ｄ ，フランドル地方では，ハンザ同盟都市で毛織物工業や商業の中心地として繁栄したが，15 世紀以降アントウェルペン（アントワープ）にフランドル経済の中心の座を奪われた　Ｅ があげられる。イギリスではイングランドの中心都市でアングロ＝サクソン時代以来の商業上の要地である　Ｆ が一時期ハンザ同盟の一員であった。

問２　空欄 Ａ 〜 Ｇ に当てはまるもっとも適切な語句を次の選択肢 a 〜 r から選び，その記号を解答欄にマークせよ。また，選んだ語句はすべて現在の都市名として存在している。それらの位置を下の地図上のア〜ツから探し，その記号を解答欄にマークせよ。

b　アムステルダム　　h　パリ　　i　ハンブルク

k　フランクフルト　　l　ブリュージュ（ブルッヘ）

m　ブレーメン　　q　リューベック　　r　ロンドン

（編註：関係のある選択肢のみ抜粋，地図問題は適正であるので省略）

◀解答解説▶

　Dはリューベック（q）でこれは問題ないとして，Eは普通に考えれば
ブリュージュ（l），Fはロンドン（r）になるが，後者２つはおかしい。**ブ
リュージュ・ロンドン・ベルゲン・ノヴゴロドの４つはいわゆる「４大在
外商館」であって，都市自体がハンザ同盟に加盟していたわけではない。**
よって，厳密に考えればEとFは当てはまる都市が存在せず，出題ミス
になると思われる。受験生がよくやる勘違いではあるが，出題者がやって
はいけない。『赤本』はノーチェックでブリュージュとロンドンを解答し
ていた。気が抜けすぎでは。

３１．法政大　2/9実施（２つめ）

難問

問題3　**問11**　下線部(8)に関して（編註：<u>19世紀末から1910年代にか
けてさまざまな抵抗運動が起こり</u>），次のア～エのうち，この時期のイン
ドネシアの抵抗運動についての説明ではないものを１つ選び，その記号を
解答欄にマークせよ。

ア　イスラームに基礎を置いて原始共産社会への復帰を理想とするサミン
　　運動が中部ジャワに広まり，納税拒否などの抵抗運動を行った。

イ　スマトラ西部ではパドリ派と呼ばれるイスラーム厳格派が中心となっ
　　てオランダへの抵抗戦争が展開された。

ウ　ジャワ中部に知識人，商人層を中心にサレカット＝イスラーム（イス
　　ラーム同盟）が結成され独立を掲げるようになった。

エ　ジャワ人団体ブディ＝ウトモが設立された。ブディ＝ウトモはジャワ

語で「最高の英知」を意味した。

◀ **解答解説** ▶━━━━━━━━━━━━━━━━━━━━

　純粋な難問。ウとエは範囲内の基礎的な知識で正文とわかるが，アとイ
は範囲外。アについては旧課程の用語集なら頻度①で掲載があったが，新
課程になって消滅した。正文である。つまりイが誤文ということになるが，
パドリ戦争もインドネシアの出来事であり，この点は誤りではない。とい
うよりも，イの文に書かれている内容それ自体は正しいのだ。しかし，パ
ドリ戦争は 1820 ～ 37 年にかけて起きた反乱であるので，問題の条件の
「この時期」＝ <u>19 世紀末から 1910 年代にかけて</u>にあわない，というこ
とである。近代インドネシア史はたまに難問が出るというか，他の近代の
東南アジア諸国史に比べると純粋な難問への遭遇率が高いように思われる
のだが，何か出しやすい土壌があるのか，それとも特定の出す人が何人か
いるのか。

３２．法政大　2/12 実施

難問

問題 1　（編註：宋代中国の話題として）黄河流域と長江流域，そして沿
海海港都市が水運で結ばれている利を生かして，　B　と呼ばれる物流を
担う移動商人が登場し，運送ネットワークが構築された。加えて，消費地
で店を持ち小売する　C　，そして　B　と　C　を仲介する仲買業者で
ある　D　といった流通を担う組織が発達した。

問2　空欄　A　～　Q　にもっとも適したものを以下の語群から選び，
その記号をマークせよ。

a　会館	b　瓦子	c　牙人	d　客商	f　行
g　公行	i　互市場	j　作	k　坐賈	l　荘客
q　茶館	s　鎮	v　客家		

（編註：関係のある選択肢のみ抜粋）

◀解答解説▶

　この **2/12 日程は全体的に意味不明なほど難しく，法政大入試の歴史に残してよい。**早稲田大の入試として見たとしても十分に難しい水準で，法政大の受験生の層に鑑みると狂気的と言えよう。特にこの第１問は全て中国史で，隙無く難問が続く拷問構成である。しかし，巧妙に用語集を見て作ってある問題もかなり多く，それらを慎重に取り除いた結果，収録対象となったのは３つだけであった。

　本題。いきなり激烈な難問で，選択肢には普通の受験生は見たことの無い用語が並ぶ。範囲内の用語で削れるのはａの会館，ｆの行，ｇの公行，ｉの互市（場），ｊの作，ｓの鎮，ｖの客家くらいか。あとはｑの茶館はどう見ても違いそうということで削れるとしても，残った選択肢が多すぎて消去法を働かせようがないし，漢字の字面からそれっぽいものを当てはめようとしても，似たような用語が多すぎてそれも難しい。これだけどうしようもない中国史の問題も珍しい。また，**これだけ異様な問題であったにもかかわらず，何の解説も載せずに淡々と解答だけ掲載した『赤本』は職務放棄では。**

　正解は，Ｂの行商人がｄの客商，Ｃの小売商がｋの坐賈，Ｄの仲買商人がｃの牙人である。牙人は牙行・牙郎・牙儈という表現もある。その他の用語について。ｂの瓦子は商人のことではなく，宋代以降の都市で発達した盛り場のことを指す。劇場，寄席，飲食店，妓楼，茶館が建ち並んだ。荘客は商業とは全く関係の無い言葉で，佃戸の別称である。ｑの茶館は半ば一般名詞であるが，宋代以降の都市に発展した喫茶店のこと。

３３．法政大　2/12 実施（２つめ）

| 難問・悪問 |

問題１　問7　下線部 (5)（編註：両税法）の説明として**誤っているもの**を次のア～エから一つ選び，その記号を解答欄にマークせよ。すべて正し

い場合はオを選べ。

ア　唐代半ばに宰相楊炎の提案によって施行された。
イ　各戸の資産と耕作面積に応じて課税された。
ウ　作物の収穫期にあわせて夏と秋に徴税された。
エ　宋代に方田均税法の課税方式の整備がなされた。

◀解答解説▶━━━━━━━━━━━━━━━━━━━━━━

　ア・イ・ウは範囲内の知識で正文とわかるが，エは範囲外の知識が必要になる。なので「すべて正しい場合はオを選べ」という指定がなければ消去法で解答できるのだが，この余分な文言のせいでエの正誤判定をさせられることになる。しかもこのエは正文なのか誤文なのか，非常に判定しづらい。何度も繰り返し書いていることではあるが，「すべて正しい場合はオを選べ」という設問方式は難問・悪問の温床であるので即刻やめていただきたい。

　宋代の王安石が新法の1つとして方田均税法なる法令を発布し，耕作地の検地を行ったのは事実であるが，旧法党の政権になると廃止されている。すなわち「整備がなされた」というには定着していないのである。とはいえ，わざわざ「すべて正しい場合はオを選べ」が用意してあることを考えると，作題者の意図する正解はおそらくオであろう。『赤本』もオとしているが，本問も一切解説していない。『赤本』の解説を書いた人は本問が標準的な問題だと考えているのだろうか。

　その他，範囲内ながらこれは厳しかろうと思ったものを要点だけ書き並べておく。明代で大運河を改修した皇帝は洪武帝か永楽帝か（永楽帝が正しい，北京遷都で物流の再整備が必要になった）。宋代の王安石の新法に平準法が含まれるか否か（含まれないが，均輸法は含まれるのでややこしい）。マルコ＝ポーロは揚州をカンツーと呼んだか否か（呼んでいない。カンツーは揚州の別称の江都を由来とするムスリム商人による呼び名，マルコ＝ポーロによる揚州の呼び名はヤンジュウ）。魚鱗図冊の作成が開始された時期は明代か否か（誤り，有名なのは明朝の洪武帝のものだが，開始自体は宋代）。書き並べてみて思うのは，やはりそもそも範囲内の知識自体がかなり細かいということと，**「範囲内なら何を出してもいい」**とい

510

うのは悪しき思い込みであるということだ。**範囲内から出すのは必要最低限の配慮であって，問題の質の良さには直結しない。**

３４．法政大　2/12実施（３つめ）

難問・悪問

問題３　問４　下線部(3)（編註：第二次世界大戦後）の時期に新たな世界秩序を形成するために多くの体制や専門機関が作られた。次のア～カの中で最も遅くに作られた体制または専門機関を一つ選び，その記号を解答欄にマークせよ。

ア　世界保健機関（WHO）
イ　関税と貿易に関する一般協定（GATT）
ウ　国際通貨基金（IMF）
エ　国際復興開発銀行（IBRD）
オ　国際連合教育科学文化機関（UNESCO）
カ　国際労働機関（ILO）

◀解答解説▶

　厳密に言えば範囲内だが，あまりにも無味乾燥すぎる年号問題なので取り上げておく。多くの年号が瑣末である中，標準的な知識で判断がつくのがカのILOであろう。ILOの創設は第一次世界大戦後であるから，この中では最も早い。しかし，このILOが選択肢にあるのは，別種の問題がはらむ。なぜなら，問題文には「第二次世界大戦後の時期に新たな世界秩序を形成するために多くの体制や専門機関が作られた」とあり，**選択肢ア～カは全て第二次世界大戦後の発足というのが問題の前提になるが，ILOの創設は前述の通り第一次世界大戦後であるから該当しない。**この時点で問題が破綻していると言える。一応，組織としてのILOの創設は1919年であるが，国際連合の付属機関として仕切り直してILO憲章を制定したのは1946年であるから，本問ではILOの創設を1946年と見なして

いる可能性がある，という擁護はできる。『赤本』の解説はこれをとって
ILO の創設を 1946 年としているが，そこまで問題作成者におもねる必要
を感じない。

　それでも ILO については見なかったことにして解答を進めると，次に
とっかかりになりそうなのはイ・ウ・エの３つである。この３つはブレ
トン＝ウッズ会議（1944 年 7 月）で創設・締結が決まったものであるか
ら，実際の創設・締結も似たような時期だろうと推測がつく。しかし，実
際には IMF と IBRD は 1945 年末でほぼ同じ時期だが，GATT の発効は
1947 年であるから大きくずれていたりする。残りの WHO と UNESCO
はどうにもならないだろう。これらは完全に年号を覚えているかどう
かという極めて単純な知識問題にしかならない。さて正解であるが，
UNESCO の創設は 1946 年，WHO の創設は 1948 年であるから，これ
ら６つの組織・体制の中で WHO の創設が最も遅い。したがって正解は
アになる。

　この第３問も「範囲内なら何を出してもいい」の精神の発露が如実に見
られた。アメリカの水爆実験成功とサンフランシスコ平和条約はどちらが
早いか（サンフランシスコ平和条約は 1951 年，アメリカの水爆実験成功
は 1952 年）。ギリシアの王政廃止は 1946 年か否か（誤り，1973 年）等。

３５．明治大　全学部統一入試

出題ミス（複数正解）

問題1　**問 11**　諸帝国における交通網について述べた以下の記述のう
ち，誤りを含むものをひとつ選びなさい。　　11

A．秦は統一後，中国の南北をつなぐ大運河を開通させた。
B．ローマ帝国では交通網が整備され，軍用道路としてアッピア街道が建
　設された。
C．アッシリアでもアケメネス朝ペルシアでも，駅伝制が実施されていた。
D．モンゴル帝国では初期から駅伝制（ジャムチ）が採用された。

◀解答解説▶

CとDは正文。Aは当然ながら秦が隋の誤り。Bはアッピア街道の建設時期は前312年から前244年頃とされており，これは共和政の時代であるから，A・Bはともに誤文である。本件については**大学当局から複数正解を認める旨の発表があった。**

３６．明治大　全学部統一入試（２つめ）

出題ミスに限りなく近い（複数正解）

問題2　問3　下線部(1)に関連して（編註：ムハンマド），ムハンマドおよびイスラーム教について述べた記述として，もっとも適切なものを一つ選びなさい。　　16

A.　ムハンマドはクライシュ族出身である。

B.　征服地の異教徒がイスラーム教に改宗すれば，ジズヤは免除された。

C.　カーバ神殿は，メディナにある立方体の聖堂である。

D.　イスラーム暦はムハンマドがアッラーの啓示を受けた年を起点としている。

◀解答解説▶

Aは正文で，作題者の想定する正解もこれであろう。Cはメディナがメッカの誤り，Dはヒジュラが起点なので誤り。審議の対象はBで，これは時代によって異なる。イスラーム教成立間もない時期であれば，異民族は改宗してもジズヤを支払う義務が課せられていたが，ウマイヤ朝末期・アッバース朝成立以後は信徒の平等が確立して，信徒であれば民族に拠らずジズヤは免除となった。当然，免除された時期の方が長いし現在の教義でもそうであるので，一般的な教義は後者と言える。よって，**問題文にも下線部にも時代の指定がない以上，一般的なイスラーム教の教義で考えるべき**という方針をとるなら，Bは正文になるので，本問はAとBの複数正解となる。一方，A・C・Dの選択肢から，本問は極めて初期のイスラー

教について問われていると解釈すれば，Ｂを誤文と見なせなくもないが，
極めて作題者に甘い解釈ではあるだろう。『赤本』でも同様の指摘あり。

３７．明治大　全学部統一入試（３つめ）

出題ミスに限りなく近い（複数正解）

問題４　問３　下線部 (3)（編註：ソ連）に関する以下の記述のうち，誤
りを含むものを一つ選びなさい。

A.　最初はロシア・ウクライナ・ベラルーシの３ソヴィエト共和国で始まっ
　　た。
B.　1930 年前後の第１次五カ年計画で農業の機械化・集団化が推進された。
C.　ソフホーズと呼ばれた国営農場では，土地の生産用具が国有とされ，
　　農民は俸給制で働いた。
D.　1930 年代初め，列強諸国中最後にアメリカがソ連を承認した。

◀解答解説▶━━━━━━━━━━━━━━━━━━━━━━━
　ＢとＣは正文。Ａはザカフカースを含んだ４つのソヴィエト共和国な
ので誤りであり，これが作題者の想定する正解だろう。Ｄは，**アメリカが
ソ連を承認したのは 1933 年 11 月であるから，どう考えても「初め」に
はならず**，誤文と見なさざるをえない。「初め」や「初頭」と言って許さ
れるのは最初の五分の一の期間くらい，どれだけ広くとっても第１四半期
までというのが一般的な取り方だと思われる。すなわちこの場合は 1931
年中か 32 年の上半期までであろう。1933 年の出来事を初めとするのは
無理がある。すると本問はＡとＤの複数正解であろう。本問については
当局発表も『赤本』の指摘もない。

514

３８．明治大　情報コミュニケーション学部

問題文が悪い

問題1　ハンガリーとフィンランドがウラル語系の言語を持っているのは，それぞれ，　A　人，フィン人というアジアからの遊牧民によって作られたからである。

◀解答解説▶

　2017年の明治大・情コミュは**50問中９つが収録対象**で，ぎりぎり範囲内と判断したが実際には受験生が解くのは困難と思われるものも含めると15個近くに上る。学力差を適正に分散させるべき入試問題としては全く機能しておらず，失格と言わざるをえない。また収録対象とした９つは出題ミス・悪問・難問・奇問の全ての種別が含まれており，かつ**難問のほとんどは『詳説世界史研究』（2017年２月当時の版）の本文を精査もしないままコピペ**という恥しかない所業をやらかした。**2017年ワースト入試問題は早慶上智の日程ではなくこの明治大の情コミュ**という評価を与えておく。これほど解いていて胸糞悪くなった入試問題もなかなかない。
　さて，本題。空欄Ａの解答は素直に入れればマジャール人だが，それ以前の問題がある。まず，マジャール人を「アジア系」とするのは大きな問題がある。詳しくは２巻の**コラム1**（p.70）を参照してほしいが，非印欧語系かつウラル山脈以東を原住とする民族を「アジア系」と呼称することがあるが，その定義で言うと，マジャール人はアジア系とは言いがたい。次に，それを横に置いておくとしても，マジャール人は確かに遊牧民が出自だが，**フィン人を遊牧民としてしまうのは大問題では。**前近代のフィン人は生活形態として遊牧をとっておらず，主要な生業は農耕である。**サーミ人と誤解しているのでは。**しかも，不安になって『詳説世界史研究』を見たら，この文章もそこからのコピペであった。私の中の『詳説世界史研究』に対する信頼感が失墜した事件であるのだが，それはそれとして，コピペするにしても，せめてコピペ元の文章に全幅の信頼を持つようなことはせず，事実関係を確認してからにしてほしい。そこに研究者の矜持はな

いのか。いくらなんでも。

３９．明治大　情報コミュニケーション学部（２つめ）

$\boxed{\text{難問}}$

問題 1　フランク人は，サリー・ $\boxed{\text{B}}$ ・上フランクの勢力からなってい
たが，それらを統一し，西ヨーロッパ世界の形成に大きな役割を果たし，
フランク王国を建設したのがサリー人のメロヴィング家から出た $\boxed{\text{C}}$ で
ある。

◀解答解説▶━━━━━━━━━━━━━━━━━━━━━━

　Ｃの解答はクローヴィスで簡単な問題だが，Ｂは超難問。正解はリブア
リー（人）。リブアリという表記もある。サリー人の方はいずれにせよ範
囲外であるにせよクローヴィスを輩出していることやサリカ法典という形
で後世に名前が残っていることから比較的知っている人が多いが，リブア
リー人の方は知名度が低い。リブアリー人の残した法典はリブアリア法典
と呼ばれる。なお，上フランクはカッティ人のことを指していると思われ
る。フランク人は多くの部族に分かれていたが，大きく分けるとサリー・
リブアリー・カッティの３つになる。ではなぜ本問はこのような不自然な
表記になっているかというと，この問題文が『詳説世界史研究』の完全コ
ピペだから。『詳説世界史研究』の表現が「サリー・リブアリー・上フラ
ンク」なのである。

　この他，範囲内ながらの難問として，スコラ学者のカンタベリ大司教と
いうヒントだけからアンセルムスを，『然りと否』の著者というヒント
だけからアベラールを答えさせるものが出ていたことを付記しておく。

４０．明治大　情報コミュニケーション学部（３つめ）

難問

問題2　また，アルゼンチン出身のサン＝マルティンの支援により，1818年に　D　が独立した。

◀解答解説▶

　本問は厳密に言えば範囲内だが，あまりにも安直すぎて質の低い難問であるため，収録対象とした。サン＝マルティンが独立を指導した国はアルゼンチン，チリ，ペルーの３つであるが，本問は1818年という独立年以外に全くヒントがないので，この３つから絞り込みようが無い。仮に「アルゼンチン出身というヒントがあって，アルゼンチンが答えということも無いだろう」と考えてこれを外しても，まだ２択である。正解はチリで，アルゼンチンは1816年，ペルーは1821年。勘で３択から当たった受験生はそこそこいても，年号を覚えていてぴったり当てた受験生は極めて少なかったと思われる。

　なお，空欄Eではブラジルの初代皇帝としてペドロの名前を聞いていた。用語集のブラジル独立の説明文には記載があることもあり，年号に比べるとマシと判断して正規の収録対象とはしなかったが，決して良い問題とは思っていないことを付記しておく。

４１．明治大　情報コミュニケーション学部（４つめ）

難問

問題2　問3　下線部(2)の独立戦争において（編註：アメリカ独立戦争のこと），植民地側の農民の民兵は何と呼ばれたか。解答欄に記入しなさい。

◀解答解説▶

　範囲内で解答をひねりだそうとするとパトリオット（愛国派）あたりになると思うが，「農民の民兵」という指定から考えるとこれは誤答になると思われる。要求されている用語はミニットマンになるが，『詳説世界史研究』にしか記載が無く，範囲外と見なしてよかろう。数分で戦闘準備できることからこの名称がついたとされる。

４２．明治大　情報コミュニケーション学部（５つめ）

難問

問題２　問４　下線部 (3) のカリフォルニアと東部を結ぶ最初の大陸横断鉄道は東西から建設された。その鉄道が連結されたユタ州のポイントはどこか。解答欄に記入しなさい。

◀解答解説▶

　正解はプロモントリー。山川の教科書の挿絵の説明文には記載があるので厳密に言えば範囲内だが，普通は覚えない。例によって『詳説世界史研究』には記載がある（ご丁寧にも「プロモントリー＝ポイント」という表現）。一応，早慶上智対策では触れられないわけではないが，その中でも覚えない部類の地名だろう。

４３．明治大　情報コミュニケーション学部（６つめ）

出題ミス・難問・奇問

問題４　問３　下線部 (3)「豊臣秀吉」の記述として**適切でないもの**を次の①〜④のなかから一つ選び，その番号を解答欄にマークしなさい。

①　豊臣秀吉は南蛮貿易の利益を得つつ，新式の鉄砲を用いて日本の統一

を進めた。さらに領土の拡大をめざして朝鮮に侵攻した。侵攻は1592年と97年の2回にわたって行われ，朝鮮では壬辰・丁酉の倭乱と呼ばれている。

② 朝鮮侵攻は7年間にわたって続き，李氏朝鮮は明による救援と名将李舜臣の水軍による活躍や民衆義勇軍の抵抗によって切り抜け，最終的に1598年に豊臣秀吉と講和を結ぶにいたった。

③ 玉甫の海戦において李舜臣は日本水軍を打ち破ったが，この際に豊臣秀吉の軍を苦しめたのが亀船（亀甲船）であった。この船は上部を尖った鉄錐を植えた木材の屋根でおおい，乗組員を防御することができた。

④ 豊臣秀吉の朝鮮侵攻は最終的に李氏朝鮮の優位によって終結することになったが，朝鮮半島全土の被害は甚大で，さらに国内の反乱なども続いた。この機に乗じて北の満州族が侵入を試みた。後金（清）のヌルハチの子であるホンタイジは太宗となったのちに，明と冊封関係にあり清の建国を認めない李氏朝鮮を攻め，臣属させた。

◀解答解説▶

　ここから2問，日本史から出題した上に，受験日本史としても範囲外で，しかも出題ミスという最悪な問題が続く。まずこの問3，①は正文。ただし，問題冊子上は「壬辰」が「壬申」となっており，この誤字は試験日より事前に判明したため，黒板で受験生に対して訂正したということが例の訂正表により告知されている。②は誤りが明白，慶長の役は秀吉が死んだために撤退したが，**豊臣政権は講和していない。**講和交渉を行ったのは徳川政権である。③は**「玉甫」が「玉浦」の誤字。**また，この海戦に亀船が参戦していたかは現在の研究でも不明である。④は唯一憂いなく正文と見なせる。

　という不手際だらけの問題であったため，後日，**当局から受験生全員に得点を与えた旨の発表があった。**それにしても，一つ一つの文が長すぎる。長すぎるからこそ，出題ミスになるのである。よくばって選択肢1つにいくつもの正誤のポイントを積み込もうという方が無謀であり，せいぜい2，3箇所にしておくべきだろう。また，ここまで来ると指摘するのもおおくだが，今時「李氏朝鮮」はなかろう。なお，本問も①・②・④が『詳説世界史研究』からのコピペであるが，コピペ元の文章はきっちりと「壬

辰」で「朝鮮」である。「壬申」は変換ミスとしても,「李氏朝鮮」は意図
的に改悪したということであるから,全くもう意味がわからない。残った
③も,後段の亀船の説明は山川の用語集のコピペである。この作題者,コ
ピペでしか問題作れないんですかね。それとも上からそういうお達しでも
出てるんですかね。

４４．明治大　情報コミュニケーション学部（７つめ）

出題ミス・難問・奇問

問題２　**問４**　下線部 (4)「鎖国」についての記述として**適切でないもの**
を次の①〜④のなかから一つ選び,その番号を解答欄にマークしなさい。

①　徳川家康が推進した朱印船貿易は,海外貿易の許可証として朱印を押
　　した文書をもつ貿易船によって,江戸幕府による鎖国政策が行われるま
　　で続けられた。

②　日本と中国のあいだの銀と生糸の貿易は 16 から 17 世紀にかけてさか
　　んになり,大きな利益をあげた。中国人と日本人だけではなく,ポルト
　　ガル人,オランダ人もまたその利益をめぐってしのぎを削った。

③　徳川家康が江戸幕府を開いた後に,統治の基礎固めの目的のためにキ
　　リスト教が禁止され,貿易の統制が行われた。日本人の海外渡航の禁止
　　と長崎出島での清とオランダ以外の外国との交易を認めないという,徹
　　底した鎖国状態は 1630 年代に開始された。

④　鎖国状態の例外的な外交としては朝鮮通信使が挙げられる。これは李
　　氏朝鮮が織田信長に派遣した使節であり,江戸時代以降は天皇が即位す
　　るたびに祝賀を兼ねて来日,交渉を行った。

◀解答解説▶

　①・②は正文。④がおそらく作題者の想定する正解で,朝鮮通信使が織
田信長に派遣されたことはない。また,天皇の代替わりではなく,将軍の
代替わりが朝鮮通信使来日のタイミングである。

　残った③は，正文のつもりで作られたと思われるのだが，問題だらけである。まず，**1630年代に清は中国を支配していないので，"開始され"ようがない。**清の中国本土への進出は1644年からである。ここは清を「中国」にしておくべきであった。次に，**日朝貿易のことを無視している。**江戸時代の貿易はいわゆる「四つの窓口」として整理するのが一般的な解釈であり，長崎での中国とオランダとの貿易以外に，北海道和人地でのアイヌの交易，琉球との貿易，対馬を介した日朝貿易が存在した。アイヌは国ではないとしても，琉球と朝鮮を無視する道理はない。というか，自分で④に「鎖国状態の例外的な外交としては朝鮮通信使が挙げられる」と書いているのだが……まさか，朝鮮通信使は来て国交はあっても交易はしていなかった，と誤解していないだろうか。さらに，**オランダ商館を出島に移したのは1641年であるから1630年代ではない。**確かに徹底した鎖国政策の開始は1630年代に始まるが，オランダ商館の平戸から長崎への移動は鎖国完成の最後の最後に行われた政策なのである。とどめに，**清の商人との交易地は出島ではない。**そもそも1680年代までは明清交代の混乱や清側の強力な海禁政策により，日本への来航は少なかった。ゆえに，中国人商人の来航は長崎一港に制限されていたものの，長崎市内での行動は無制限であった。しかし，1680年代に清の海禁が緩和されたことを受けて中国人商人の来航が増加し，同時に密貿易が増えたため，江戸幕府は貿易統制の強化を決断し，長崎郊外に唐人屋敷を設置して，中国人商人を集住させた。これが幕末の開国まで続く。

　以上のように，③はあまりにも問題点が多すぎて，全く意味不明な文になっている。しかもこの③も『詳説世界史研究』の本文を元に作られているのだが，なぜかここだけ完全コピペではなく大幅な改変が入っていて，そのせいで誤文になっている。おそらくこの分野の専門家ではなく，事実関係をよく知らないままに改変したのであろう。**この問題を作った人は，世界史ではなく高校日本史を学習し直した方がいいし，何なら中学の日本史からやった方がいい。**今時は「四つの窓口」くらい中学の日本史でも学習する。なお，『赤本』は③についての指摘は無く，大学当局の訂正表にも記載がない。そんなバカな。

４５．明治大　情報コミュニケーション学部（８つめ）

出題ミス（複数正解）・難問

問題４　問７　下線部(7)「航路発見」について**適切でないもの**を次の①
〜④のなかから一つ選び，その番号を解答欄にマークしなさい。

① 大航海時代の航海を可能にするためには，航海術においても進歩が必
要であった。航海にはポルトラーノ図と呼ばれる海図が用いられた。

② 1400 年頃まではオールと漕ぎ手を必要とするガレー船や，１本マスト
に四角帆をはった約 150 トン前後のハンザコック（原文ママ）が北海・
バルト海で，２本マストの２枚の三角帆をはった商船が地中海で用いら
れた。

③ 「航海王子」エンリケのもとの船長たちはキャラヴェル船を用いてい
た。これには３本のマストに大小３枚の三角帆をはったキャラヴェル＝
ラティーナ，四角い帆をはったキャラヴェル＝レドンタがあり，どちら
も従来の船より細長く，大洋航海に優れていた。ヴァスコ＝ダ＝ガマの
航海にもこの形の船が用いられた。

④ 1450 年頃にはそれよりも大型のナウ船が登場し，コロンブスのサン
タ＝マリア号はこの形式であった。そして最終的により巨大な 1000 ト
ン以上のキャラック船が登場した。

◀解答解説▶

　範囲外の用語のオンパレードで，例によって『詳説世界史研究』からの
コピペで作られた文が多い上に，半可通な引用をしたせいで出題ミス級の
事故が起きている。まず，①はポルトラーノ図が範囲外だが正文。②は**ハ
ンザコックという名前の船は無く**，定訳は「コッグ船」または「コグ船」
である（英語だと cog，ドイツ語だと Kogge）。『詳説世界史研究』が「コッ
ク」と間違えているのでコピペ先の本問も間違えている。正文のつもりで
作られたのだと思うが，「コック」のせいで誤文だろう。

　③もおそらく作題者は正文のつもりで作ったと思われるが，「**キャラヴェ**

ル=レドンタ」が「キャラヴェル=レドンダ」の誤りなので誤文である。これも『詳説世界史研究』からの完全コピペであり，**『詳説世界史研究』の本文自体がキャラヴェル=レドンタになっている**という悲劇的な事故が起きている。④が作題者の想定した誤文＝正解であり，サンタ=マリア号はキャラック船である……と言いたいところなのだが，まだなお問題が出てくるのが本問のすごいところだろう。**ナウ船にはキャラック船のことを指す用法がある。**とすると④は一転して正文になるかに見える。しかし今度は，サンタ=マリア号の排水量は約 150 トン程度と見られており，キャラック船としては小型の部類に入るから「大型のナウ船」というのは誤りである。そもそも④はどう読んでもナウ船とキャラック船を区別しているようにしか読めないから，一周まわって作題者の想定通り誤文という結論になろう。**この④も『詳説世界史研究』**からの引用で，元の文章自体がナウ船とキャラック船を明らかに区別している。私の中での『詳説世界史研究』への信頼性がもはや暴落しそうである。『詳説世界史研究』は大航海時代のページを全面改定した方がいい。④については選択肢の文中に「それよりも」があるという不自然さが何よりもコピペの証拠で，自分でコピペしていて気づかなかったのだろうか。これも『赤本』の指摘も訂正表での告知もなし。

４６．明治大　情報コミュニケーション学部（９つめ）

出題ミス・難問

問題4　問8　下線部 (8)「教義上の理由から植民地支配・統治のあり方に批判がなされる」の記述として**適切でないもの**を次の①〜④のなかから一つ選び，その番号を解答欄にマークしなさい。

① 16 世紀前半，アメリカ大陸のスペインによる探検事業は，新世界の征服事業に転じた。この事業をになったのはコンキスタドールと呼ばれる勇敢だが残虐な者たちであった。

② 西インド諸島の新しい領土を手に入れた後に，スペインは商務省をお

いて植民地貿易を王室の支配下においた。エスパニョーラ・キューバで
はプランテーション経営による砂糖生産が開始されたが，先住民はすで
に虐げられ，十分な数はいなかったために，アフリカから黒人が奴隷と
して連れてこられていた。

③　スペインの植民地において，先住民であるインディオをプラトンの国
家論にしたがい強制労働にかりだし酷使・虐待するエンコミエンダ制に
たいし，ドミニコ派修道士のラス゠カサスは廃止を訴えた。その理由と
してラス゠カサスは，インディオたちが組織的国家を有していることか
ら理性的存在であることを指摘し，けっして「野蛮」ではなく，キリス
ト教に改宗可能であることを挙げた。

④　植民地支配を正当化するものとして，ヨーロッパ人のあいだには「文
明」「理性」の「野蛮」に対する優位という観念が根強かった。こうした「文
明」「理性」の側にいるヨーロッパ人たちが，「野蛮」な住民を統治・支
配するのは当然だという独断は，「大西洋革命」を契機に変化を被るよ
うになった。

◀解答解説▶━━━━━━━━━━━━━━━━━━━━━━

　例によって全面的に『詳説世界史研究』からのコピペ，または中途半端
な改変である。①と④は正文で，まともに判断できるのはこの２つだけだ
ろう。②は商務省がインディアス評議会の誤りで誤文＝正解。とすると③
は正文＝誤答になるはずであるが，プラトンがアリストテレスの誤りなの
で，こちらも誤文＝正解である。なお，この先住民の奴隷化の正当化にア
リストテレスが使われたということについては，同じく範囲外の先例とし
て 2014 年に早稲田大の社会科学部で出題されている（１巻 **2014 早慶
２５番**，p.52）。

　他の問題は『詳説世界史研究』に依拠しすぎた結果だったり改変が雑だっ
たりすることによる出題ミスと思われるが，本問については**③を誤文にし
たのを忘れて，②も誤文にしてしまったというより単純なミスの様相**が見
て取れる。これも**赤本**と当局の訂正表のどちらでも指摘な

524

４７．明治大　文学部

奇問

問題４　問９　下線部(h)（編註：富の偏在が地球規模で進行する）の事態の一端を示す文書が，2016年，ある国から流出し，その内容が各国に衝撃を与えた。その国名を一つ選びなさい。

A．モナコ　　B．ヴァチカン　　C．スイス　　D．パナマ

◀解答解説▶

　時事問題。「評価が未定で，後世に"歴史的事件"となるかわからない事象」を問うているという点で，紛れもなく世界史ではない時事問題である。正解はDのパナマ。2016年の出来事であるのと，比較的頭に残りやすいニュースであったから，当時の受験生の正答率もそこまで低くなかったと思われる。受験生は時事問題にも関心を持てというメッセージなのだと思うが，であれば「何をどう考えても５年後の世界史の教科書に載るネタ」でやってほしい。実際，本書が出版される2021年現在として，パナマ文書に世界史的意義があるとは思えない。

４８．明治大　法学部

難問

問題４　問２　（ア）　下線部⑦に関して，奴隷制度に関する次の記述のうち正しいものはどれか。

〔選択肢〕

A　フランスは，1789年人権宣言第１条で「人間は，自由，かつ権利において平等なものとして生まれ，生存する。社会的差別は，共同の利益

に基づくものでなければもうけられない。」と定めた。これを受け，ナ
ポレオンは，奴隷貿易禁止と奴隷制廃止を立法化した。

B　解放奴隷の家に生まれたトゥサン＝ルヴェルチュールを指導者とする
反乱から独立運動を展開したフランス領サン＝ドマングは，ハイチとし
て独立した。憲法に黒人共和政を明記した国家ハイチの誕生をうけ，そ
の後独立したブラジルなどのラテンアメリカ各国でも，19 世紀前半には
奴隷制度が廃止された。

C　スペイン政府は，1807 年に奴隷貿易を禁止し，1833 年には奴隷制度
を廃止したが，これは，スペインにおける関税引下げに応じない砂糖プ
ランターたちの勢力を抑え，スペインでの砂糖価格を引き下げることを
直接の目的とするものであった。

D　ラテンアメリカでは，19 世紀後半からの経済発展にともなって労働力
の需要が高まり，欧米や日本を含むアジアからの移民を引きよせた。例
えばブラジルのプランテーションにおけるコーヒー栽培では，イタリア
や日本からの移民が奴隷制度廃止後の重要な労働力となった。

E　19 世紀，米国では，新しくできる州が奴隷制度を採用するか否かをめ
ぐり，奴隷制度を維持する北部諸州と奴隷制度を廃止した南部諸州とが
激しく対立していた。

◀**解答解説**▶

　範囲内で誤文とわかるのは C と E で，C はスペインがイギリスの誤り。
E も北部と南部が逆なのであっさりとわかる。残りは範囲外の知識が必
要。ただし，比較的難関私大対策で見られるものが多く，2 択くらいまで
は絞れた受験生がそれなりにいたのではないかと思う。

　A，フランスの奴隷貿易・奴隷制廃止の流れはかなり複雑で，範囲内で
言えば 1848 年の最終的奴隷制廃止以外は扱わない。当初，フランス革命
政府はジャコバン政権時代に奴隷制廃止を実施しようとしたが，ナポレオ
ンが奴隷制を復活させている。その後，復古王政時代のルイ 18 世が奴隷
貿易を廃止し，最後に第二共和政が 1848 年に奴隷制自体を廃止した。よっ
て A は誤文になる。B は，ブラジルの奴隷制廃止は 19 世紀末の 1888 年
なので誤文である。

　ということで残った D が正解だが，ブラジルへの移民にイタリア人が

多かったかどうか，範囲内の知識では判断できないだろう。ブラジルへの移民では，ポルトガル人とアフリカ系黒人を除くと，イタリア人が最も多い。次点でスペイン人，三番手に日本人が来る。アルゼンチンやアメリカ合衆国への移民でもイタリア人が多かったし，とにかく19世紀末のイタリア人は国外流出が激しかったと言えよう。ただし，厳密に言えばイタリア人移民は1870年代から20世紀初頭に多く，日本人移民はイタリア人と入れ替わるように20世紀初頭から始まって1920年代に多くなる。時期がずれているので，単純に並列されるとやや違和感がある。

４９．明治大　商学部

出題ミス

問題1　中国における仏教の興隆とともに，直接インドにおいて仏教を学びたいと願う多くの僧侶たちが，陸路・海路を辿り，幾多の困難を乗り越えインドに赴いた。なかでも，法顕の『仏国記』，玄奘の『大唐西域記』，□キ□の『南海奇帰内法伝』は，いずれもインド，スリランカ，東南アジア諸国の古代史研究における，貴重な史料となっている。

◀解答解説▶

　どこが間違っていて出題ミスなのか，非常に気づきにくい。『南海"奇"帰内法伝』は，『南海"寄"帰内法伝』が正しい。書名が間違っているので空欄□キ□に当てはまる著者名がないということになる。**本問については大学当局から全員を正解としたという発表があった。**

　明治大は2017年の全日程合計で15個の収録対象を出した。9日程で15個は同年の早稲田大とほぼ同ペースである。もっとも，15個のうち9つは情コミュであり，それを除いた8日程では6つと，それでも多いが他のMARCHよりやや多いという部類に落ち着く。また，2016年は全日程から収録対象を出す日程グランドスラムを達成していたが，国際日本・経営・政経・農学部の4つで収録対象なしとなり，この点では改善された。

2017 年の明治大は，悪化したとも改善したともいえ，評価が難しい。

５０．立教大　2/6実施

難問

問題1　2．19世紀以降に発足した次の国際的組織 a 〜 d のうち，設立のもっとも古いものを解答欄の i に，次に古いものを ii に，以下同じように iv まで年代順にマークせよ。

a．一般（万国）郵便連合　　　b．国際オリンピック委員会
c．国際赤十字社　　　　　　　d．国際連盟

◀解答解説▶

　厳密に言えば範囲内だが，普通は覚えない年号シリーズ。標準的な知識でわかる年号は国際連盟の 1920 年だけである。とはいえ，b と c はセンスのある受験生なら推測がつく。1896 年に第1回の近代オリンピックというのはやや細かい知識ではあるが通常の受験勉強で触れる範囲であるので，b の設立はその直前と推測できるし（1894 年），国際赤十字社も 1859 年のソルフェリーノの戦い（イタリア統一戦争）が契機だというのは習うところだから，その直後と推測できる（1864 年）。なので，選択肢がこの3つまでならむしろ良問であった。ぶち壊したのは a の選択肢である。一般（万国）郵便連合自体，用語集頻度は③であるが，入試に出る頻度は非常に低く，早慶上智の受験生でも覚えている者は少なかろう。いわんや年号をやという話である。これの設立年は 1875 年。したがって，正解は c → a → b → d。

５１. 立教大　2/6実施（2つめ）

悪問

問題1　2. iv. 19世紀後半のイギリス帝国主義に関する次の文を読み，文中の空所（ニ）～（ヘ）それぞれにあてはまる適当な語句または数字をしるせ。

（編註：空所（ニ）・（ホ）を含む部分は特に問題無いので省略。）

　1895年に植民地相となった（　ヘ　）は，セシル＝ローズを支援してオランダ系ブール人と戦い，南アフリカ戦争を引き起こした。

◀解答解説▶━━━━━━━━━━━━━━━━━━━━━━

　（ヘ）に入るのはジョゼフ＝チェンバレンになるが，かなり際どい。**ジョゼフ＝チェンバレンが南アフリカ戦争を起こした時には，セシル＝ローズは失脚している。**そのため，文の前半と後半がつながっていると考えると，文自体の事実関係が誤りとなり，自動的に（ヘ）に入る人名もなくなる。一応，読点で区切られているので，「セシル＝ローズを支援してオランダ系ブール人と戦い，（ローズの失脚後に）南アフリカ戦争を引き起こした」という文脈であると考えれば問題は成立する。しかし，日本語としてはかなり不自然であろう。受験生によくありがちな勘違いであるが，出題側がやってはダメである。

５２. 立教大　2/8実施

難問

問題2　現代的な衛生観が本格的に普及し始めるのは，公衆衛生学がヨーロッパ諸国で発展する19世紀であった。（中略）ヨーロッパでの衛生環境の向上をうながした一大契機は（　ハ　）の大流行だったが，この病気はもともとインドの風土病であった。

◀解答解説▶

「19 世紀」と「インドの風土病」以外ノーヒントでこれは難問。正解は
コレラである。一応，東京書籍の教科書の冒頭のコラムに疫病の歴史があ
り，そこにコレラがインドの風土病であることも，コッホが病原菌を特定
したことも記載があったが，これを範囲内とは見なすまい。なお，コレラ
が元々インドの風土病だったということを利用した難問は，2009 年の早
稲田大・社会科学部でも出ている（1 巻 2009 **早慶２７番**，p.453）。

５３．立教大　文学部〔2/11 実施〕

悪問・難問

問題２　B.　13. 朝貢国に正式な通交の証である割符を発行し，それをも
つ船とのみ貿易を行う制度を初めてしいた皇帝は誰か。次のａ～ｄから
１つ選び，その記号をマークせよ。

a. 永楽帝　　b. 建文帝　　c. 洪武帝　　d. 宣徳帝

◀解答解説▶

　これは言葉の語義の問題である。いわゆる勘合貿易についての問題であ
るが，**一般に勘合貿易というと日明貿易のことを指すが**，実際にはチャン
パーやアユタヤ朝に対しても明は勘合貿易の形態をとっていたから，**実際
には日本だけが勘合貿易をしていたわけではない**。問題は，割符を用い
た貿易一般という意味合いでの勘合貿易が始まったのは 1383 年なので c
の洪武帝であり，日明間の勘合貿易が始まったのは 15 世紀初頭なので a
の永楽帝になる。とはいえ「世界史」の入試問題なのだから，世界的な観
点から解答すればよいのではと思われるかもしれないが，実際に高校世界
史の教科書・用語集を見てみると，日明貿易と同義語で使っている場合が
多い。一応注釈で割符を用いたのは日明間に限定されないことに言及して
いる教科書もあるが，それでも本文では純粋に日明貿易の意味で用いられ
ていた。しかも，それを創始したのは洪武帝・建文帝・永楽帝のいずれか

であるか言及しているものは1つもなかった。

　ひるがえって本問，問題文で日本という縛りがされていないので，正解は洪武帝になると思われる。そうなると，かなりよく勉強してきた受験生でもa・b・cの3択からは絞れないだろう。勘でcと当てた受験生はセンスがあってよく，そのセンスを見るという意味では必ずしも悪問というわけではないのだが，ほとんどの受験生はそういう仕掛けであること自体に気づかず，日明貿易の同義語と捉えてaと解答したのではないかと思う。センスを見る問題とするには，問題文を練る労力があと一歩足りなかった。

５４．立教大　2/13実施

| 難問 |

問題1　5．13世紀に東方貿易の拠点として栄えたクリミア半島に進出した都市国家はどれか。次のa～dから1つ選び，その記号をマークせよ。

　a．ヴェネツィア　　b．ジェノヴァ　　c．ミラノ　　　d．ローマ

◀解答解説▶

　aとbまでは絞れるが，そこからが難しい。今回確認してみたら，そういえば教科書には意外と載っていなかった。実教出版の教科書を見るとヴェネツィアとジェノヴァの航路が区別してあって，黒海に向かっているのがジェノヴァだけなので，これを見るとわかるが，これだけで範囲内と言い張るのは苦しかろう。ジェノヴァは香辛料貿易以外だと黒海の交易で強く，北岸から小麦を輸入して西欧で輸出する貿易で栄えていた。多少なりとも中世イタリア史に親しみがあれば常識レベルの知識ではあるが，意外と高校世界史と重ならないものである。

５５．立教大　2/14 実施

難問

問題 1　C　1．i．カロリング＝ルネサンスの文人で，『カール大帝伝』を著した人物は誰か。次のａ～ｄから１つ選び，その記号をマークせよ。

a．アインハルト　b．アルクイン　c．エリウゲナ　d．ベルナルドゥス

◀解答解説▶

　ｂとｄは範囲内の知識で誤答とわかるが，ａとｃからが絞れない。正解はａのアインハルトで，一昔前の早慶対策なら確実に出てくる人物。旧課程なら用語集頻度①であったが，新課程では範囲外となった。もっとも，ｄのベルナルドゥスは旧課程だと範囲外で，新課程になって用語集頻度①となり初めて受験世界史に登場した。従来の早慶対策ではあまり出てこなかった人なので，実際の受験生は２択どころか３択で迷ったことだろう。ベルナルドゥスはシトー修道会を発展させ，第２回十字軍を提唱した人物であるが，第２回十字軍自体が受験世界史ではマイナーな存在なので，なぜ新課程で範囲内に入ってきたのか，よくわからない。微妙に範囲内になったせいで，こういう使われ方をするのである。ｃのエリウゲナは旧課程でも新課程でも範囲外であり，カロリング＝ルネサンス末期の代表的な哲学者とされる人物で，西フランク王の初代シャルル２世（禿頭王）に厚遇された。エリウゲナは「アイルランド人」の意味。私自身も受験世界史では本問で初めて見た人物であり，受験世界史という枠組みを外したところで中世西欧の神学史か思想史でもやっていない限り知らない人物であろう。数合わせにしても他にもっと適切な人がいたのではと思う（受験世界史範囲内ならアンセルムスとかアベラールとか）。

５６．立教大　2/14 実施（２つめ）

難問・出題ミス

問題２　C．４．この国（編註：朝鮮民主主義人民共和国のこと）に関する次の出来事 a ～ d のうち，もっとも古いものを解答欄の i に，次に古いものを ii に，以下同じように iv まで年代順にマークせよ。

a．核拡散防止条約からの離脱を宣言した
b．核実験の実施を初めて発表した
c．金日成が死亡し，金正日が後継者になった
d．朝鮮戦争後初めて南北両朝鮮の首脳会談が実現した

◀解答解説▶

　非常に経緯が細かいので，解説も細かく述べていく。北朝鮮は 1985 年に NPT に加盟したが，冷戦終結の流れを受けて軍事的な自立を目指し，核開発を開始。しかしこれは当然 NPT の枠組みから外れる行為であるため，1992 年の IAEA の査察で核開発疑惑が浮上。これを受けて 1993 年に北朝鮮は NPT からの脱退を宣言するが，国際社会の非難を受けて 1994 年に撤回している。その 1994 年に金日成が死去し，金正日が跡を継いだ。その後も北朝鮮は核開発を続け，2000 年の初の南北首脳会談を挟んで，2002 年には核開発の事実を公表，2003 年に再度の NPT 脱退を宣言した。今度はアメリカと中国とロシアの制止を振り切って核開発を続行し，2006 年の核実験成功の発表へとつながる。

　さて，となると本問は非常に困った選択肢があることがわかる。**a が指しているのは 1993 年の脱退宣言なのか，2003 年の脱退宣言なのかわからない**ということだ。「初めての」とも「離脱した」とも書いていない以上，どちらともとれてしまうし，当然それによって正解も変わる。1993 年の方だととれば正解は a → c → d → b，2003 年の方だとすると c → d → a → b となる。

５７．名古屋学院大　1/30 実施

出題ミス

問題3　問7　秦に仕えた法家に<u>当てはまらない</u>ものは，次のうちどれか。

① 李斯　　　② 商鞅　　　③ 韓非　　　④ 蘇秦

◀解答解説▶

　①・②は当てはまるので誤答。④はそもそも法家ではないので，作題者の考えた正解はこれだろう。しかし，③の韓非は秦に仕えていないので，これも当てはまらず，正解になってしまう。同様の出題ミスは 2014 年の中央大でも見られた（２巻 **2014 その他１４番**，p.356）。

５８．南山大　外国語（英米）・総合政策学部〔2/13 実施〕

難問

問題2　(17)　コレラに関するつぎの二つの文について正誤を判断し，a と b の両方が正しければ⑦を，a が正しく b が誤っていれば④を，a が誤っており b が正しければ⑦を，a と b の両方が誤っていれば㊉を選びなさい。

a. インドの風土病であった。
b. マイヤーによってコレラ菌が発見された。

◀解答解説▶

　b はマイヤーが物理学者なので即座に誤りとわかるが，a の判定は難しい。正文なので，答えはイになる。2017 年はやたらとコレラが聞かれたが，何だったのだろう。

５９．京都産業大　現代社会・外国語・文化・法・経済・経営学部〔1/25 実施〕

出題ミス

問題２　G. 下線部 g に関連して,「ギリシア正教会」の説明として正しいものはどれか。

1. 教会はビザンツ皇帝を首長とした。
2. 教会建築には, 主にゴシック様式が採用された。
3. 『ローマ法大全』の編纂により, 教義が確立した。
4. 典礼にはラテン語が用いられた。

◀解答解説▶

　２はビザンツ様式などを想定した誤りで, ゴシック様式の作例は少ない。３は『ローマ法大全』が世俗法を扱ったものであるので誤り。４は「ギリシア正教会」なら典礼（奉神礼）はギリシア語である。残った１が作題者の想定する正解と思われるが, これはとんでもない勘違いである。**仮に（すでに否定された古い学説の）皇帝教皇主義をとったとしても, 組織構成上で皇帝が首長の地位にあったという学説ではない**のだから, いずれにせよ誤文である。つまり, この問題の作題者は古い学説を信奉している上に誤解して覚えているという可能性があり, 手の施しようがない。結果的に正文が１つもないので, 出題ミスである。大学当局からの発表はなく, 『入試問題正解』は１を正解としていた。

６０．同志社大　法・グローバル－コミュニケーション学部〔2/8 実施〕

⬛ 難問

問題3　こうして，ヨーロッパ列強は，アフリカ内陸部に対しても関心を示すようになった。また，熱帯の風土病（　イ　）の特効薬が開発・普及したことで，ヨーロッパ人による奥地への進出が可能になった。

設問A　（　ア　）～（　ソ　）の空欄に最も適切な語句・人物名・数字を下の語群から選び，番号を解答欄Ⅲ－Ａに記入しなさい。

9．黄熱病　　29．デング熱　　39．マラリア

◀解答解説▶

　範囲外の典型的な問題で，難関私大対策をとっていれば解答できたかもしれない。正解はマラリア。特効薬はキニーネのことであろう。キニーネは1820年頃に製剤化に成功している。黄熱病は野口英世が研究していたように，アフリカ分割の前に解決した病気ではない。なお，現在に至るまで特効薬が発見されていない。

６１．同志社大　社会学部〔2/10 実施〕

⬛ 悪問・出題ミスに近い

問題3　**設問2**　（エ）バンドン会議の主導者の一人で，エジプトの大統領だった人物はだれか。

◀解答解説▶

　正解はナセル……で終われば易問なのだが，**ナセルが正式に大統領と**

なったのは 1956 年 6 月のことであり，1954 年 11 月からそれまでは首相（革命評議会議長）である。しかも，高校世界史上でもナセルの大統領在任期間はきっちり 1956 ～ 70 年となっており，言い逃れは難しい。ただし，1954 年 11 月から 1956 年 6 月の間のエジプトは大統領が不在であり，ナセルが事実上大統領であったと見なされているので，これを強弁すれば問題が成立していると見なせなくもない。

６２．立命館大　2/1 実施

悪問

問題１　〔２〕西周王朝を滅ぼしたのも「戎」の一つである。その「戎」は何と呼ばれていたか。
（編註：〔２〕都市に住む人々とは文化や習慣の異なる人々「戎」が住んでいた）

◀解答解説▶

　２巻のコラム１（p.68）で書いている通り，犬戎が西周を滅ぼしたというのは誤りに近い。それもあって，現在の高校世界史では犬戎は扱われなくなりつつある。中国史に強く，収録対象を出したとしても「難問」という立命館大にしては珍しいミス。他の大学でも「西北の異民族が西周を滅ぼした」という問題文が見られたが，問われているものの答えが鎬京であったり，その文言が直接問題にかかわりがなかったりであったので，収録対象外とした。一方，本問は正解が犬戎であるので，やはりまずい。

６３．立命館大　2/1 実施（２つめ）

難問

問題１　〔４〕唐代にはこの「圏」など，現在確認されているだけで 18

文字が新たに作られた。これらの新字を総称して何文字というか。

　（編註：周辺諸国がもはや「外」でなくなった唐王朝の時代に，「國」という文字に含まれている「或（域）」が限界の意味であるとして，無限の意味を表す「八方」に置き換えた〔4〕「圀」字が新たに作られたのも，そのような意識が背景にあったからであろう。）

◀解答解説▶

　教科書・用語集等には記載が無いが，一般教養としてはそれなりに知られている語かもしれない。正解は則天文字。別解としては則天新字・武后新字がありうる。名前の通り，則天武后が制定し，後世ではすぱっと廃れた。私自身，「水戸光圀」以外で一般に使用されている事例を知らない。

６４．立命館大　2/4実施

出題ミスに近い

問題4　しかしその後もアイルランドの抵抗運動は続き，1905 年に民族政党である　F　党が結成される。そして　F　党が中心となって第一次世界大戦中に起こした　G　蜂起などを経て，1922 年に自治領となり，1931 年に　H　によって主権国家としての地位を獲得した。

◀解答解説▶

　普通に解答すれば F はシン＝フェイン，G はイースター，H はウェストミンスター憲章である。しかし，**イースター蜂起の主犯はシン＝フェインではない**ので，厳密に言うと G は解答が不在になる。詳しくはコラム 1 を参照（p.206）。大学入試のレベルで，シン＝フェイン党をイースター蜂起に絡めて出題するのは避けた方がよい。

６５．関西大　2/3実施

表記の問題

問題3　この前2000年ごろより，北方から（　9　）語族が南下し，前16世紀からギリシア本土で新たな文明が生まれることになった。

(ウ)アルタイ　　(ナ)セム　　(ハ)インド＝ヨーロッパ
（編註：関係のある選択肢のみ抜粋）

◀解答解説▶

　単純に考えれば(ハ)のインド＝ヨーロッパ語族が正解だが，語族を民族分類に用いているのは高校世界史特有のルールで，「語系」とぼかすのが慣習である。「語族」とそのままなのは，さすがにちょっと。

６６．関西大　2/6実施

悪問

問題3　こうした情勢の中で，アイルランドの独立を掲げる（　11　）党の一部グループは，大戦中の1916年に中心都市の（　12　）で「イースター蜂起」と呼ばれる武装蜂起を起こした。
　（編註：12の正解はダブリン）

(ソ)シン＝フェイン　　(ヌ)統一アイルランド
(ノ)アイルランド国民　　(ハ)青年アイルランド
(ヒ)アイルランド独立
（編註：関係のある選択肢のみ抜粋）

◀解答解説▶━━━━━━━━━━━━━━━━━━━━━━━━━

　これも６４番と同じ，単純に考えれば（ソ）のシン＝フェイン党が正解になるが，厳密に言えばシン＝フェイン党はイースター蜂起に参加していない。

６７．関西大　2/7 実施

用語が古い

問題２　（　７　）はチベットにも侵入し，この地の宗教である（　９　）の保護者となり，モンゴルに（　９　）が拡大するのに貢献した。
　（編註：７の正解はアルタン＝ハン）

(シ) ラマ教　　(テ) 回教

◀解答解説▶━━━━━━━━━━━━━━━━━━━━━━━━━

　だから 2017 年にもなってラマ教なんて入試問題で使うなや。 問題自体の難易度は非常に低い。

６８．関西学院大　2/6 実施

悪問・出題ミスに近い

問題５　⑥　アジアやアフリカの民族の自立を目指す運動に関する記述として，誤りを含むものはどれか。

a.　イランではレザー＝ハーンが独立を回復し，パフレヴィー朝を創始した。

b.　３度のイギリスとの戦いの末，アフガニスタンは独立を認められた。

c.　デュボイスはパン＝アフリカニズムの運動に取り組んだ。

540

d. イスラーム教の価値観を基礎とするムスリム同胞団がアルジェリアで
　結成された。

◀解答解説▶

　誤文選択であるのに，純粋な正文はcのみである。しかもcはデュボ
イスの用語集頻度①という難問。一方，dは単純にムスリム同胞団の結成
地はエジプトなので誤り。唯一明確な誤文であり，作題者の想定する正解
はこれであろう。

　aは「独立を回復し」が審議の対象。確かにカージャール朝は1919年
にイラン・イギリス協定を結んでイギリスの保護国下に置かれることに
なっていたが，カージャール朝の議会がこれを批准しなかった。結果とし
て協定が発効されないまま，レザー＝ハーンがクーデタを起こして政権を
握り，この政権が協定を公式に破棄した。確かにレザー＝ハーンはその他
にも領事裁判権の撤廃などを行ってイギリスの影響力を低下させてイラン
の国際的地位を向上させているが，「独立を回復し」となると言いすぎで
ある。

　bはあたかもアフガニスタンが独立戦争を三回起こし，三度目の正直で
独立できたかのように読めてしまうが，実際の独立戦争は第3次のみであ
る。第1次はアフガニスタンの勝利でイギリスの惨敗。第2次は軍事的に
は引き分けないしアフガニスタンの勝利だが，外交上はイギリスがアフガ
ニスタンの保護国化に成功したというもの。この経緯を「3度のイギリス
との戦いの末」と表現してしまってよいものだろうか。ということで，自
然と読めばa・b・dの複数正解であるが，作題者に寄り添って読んであ
げれば何とかdに絞れるという悪問である。

６９．神戸女子大　家政（家政）・健康福祉（社会福祉）・文学部〔1/20実施〕

悪問

問題3　問11.　下線部(11)（編註：印象派や後期印象派の画家たち）に

関連して述べた文として誤っているものを，次の①〜④のうちから一つ選べ。

① 「草上の昼食」,「笛を吹く少年」で知られるマネは，フランス印象派の創始者である。
② 連作「睡蓮」で知られるモネは，印象派の名前の由来となった作品を描いている。
③ セザンヌはタヒチで暮らし，大作「我々はどこから来たのか　我々は何者か　我々はどこに行くのか」を描いた。
④ 「ひまわり」や「自画像」で知られるゴッホは，オランダ出身の画家である。

◀解答解説▶

　②と④は正文。明確な誤文は③で，セザンヌがゴーガンの誤り。作題者の想定する正解もこれであろう。審議の対象は①である。印象派という集団はわかりやすいようで捉えにくい集団で，創始者をマネと断定してよいかどうかは議論がある。美術史上のマネの功績は，当時の西洋美術の最大の権威であったフランスの官展に，伝統的な手法から逸脱した作品で挑戦し，かつそれが一定程度世間に認められたという点にある。そしてこれにモネやルノワールが追随した。マネはそうした前衛芸術を志す若者集団の敬意を集め，慕われた長老格の人物であった。一方で，マネは印象派集団の主催する展覧会，いわゆる「印象派展」に出品したことが一度も無く，画風も他の印象派・ポスト印象派の画家とは異なっていて，人間関係を考慮しなければ印象派には含める必要がなくなる。少なくとも，生前の本人が印象派を名乗ったことはない。

　よって，1860〜70年代に出現した前衛的な画家集団を，密接な人間関係込みで「印象派集団」と括るのであれば，マネを印象派の創始者としてもあながち間違いではない。一方で，「印象派とは，印象派展に出品したことがある人物である」という厳格な定義をとった場合や，筆触分割や戸外制作などの技術的・画風上の特徴を重視する場合は，マネは創始者であるどころか，印象派に含まれないということになる（この場合の創始者はモネになるだろう）。ここは意見の分かれるところであり，印象派をど

う定義するかによってマネが印象派に含まれるか否かが変わるというのが共通認識と言っていい。

　ということを踏まえた上で問題に立ち返ると，①の選択肢は多少なりとも西洋美術史に詳しい人なら作らない文であり，正誤いずれでも解釈可能である。一方で，それ以上に③は解釈の立ち入る余地なく事実関係で誤文であるから，作題者の脳内をエスパーして①を正文と見なせば解答が出る。『入試問題正解』ははっきりと出題ミスと指摘していたが，私的には悪問のレベルでとどまっていて出題ミスとまでは言えないだろうと思う。マネを印象派に入れる解釈が成り立つ以上，出題ミスと断定するのは手厳しすぎるように思われる。

７０．久留米大　文学部〔2/3実施〕

出題ミス

問題3　問4　下線部（c）（編註：スエズ戦争のこと）に関する次の（ア）～（エ）の出来事について，順序の正しいものを，下記①〜④のうちから一つ選べ。

（ア）　エジプトがスエズ運河の国有化を宣言する。
（イ）　イギリスとアメリカが経済援助を停止する。
（ウ）　イギリスとアメリカがイスラエルとともに軍事行動をおこす。
（エ）　エジプトがアスワン＝ハイダムの建設に着手する。

①ア→イ→エ→ウ　　　②イ→エ→ウ→ア
③ア→エ→イ→ウ　　　④エ→イ→ア→ウ

◀解答解説▶━━━━━━━━━━━━━━━━━━━━
　スエズ戦争を起こしたのはイギリスとアメリカではなく，イギリスとフランスであるので（ウ）は事実に反しており，解答不能である。後日，**大学当局から謝罪と全員に得点を与えた旨の発表があった。**なお，アメリ

をフランスに直した場合，④が正解になる。大学が自主的に発表した出題ミスであるので，事実関係と，ちゃんと成立していればスエズ戦争にかかわる時系列を把握していないと正解できない良問であったので惜しいということだけ述べておく。

　なお，久留米大はもう１問出題ミスがあったが（法学部・人間健康学部（総合子ども学科）〔2/7 実施〕），問題冊子の原本を入手できなかったので確認できていない。

７１．福岡大　2/2 実施

出題ミスに近い

問題２　1914 年になってこの地の自治法が成立したが，その実施は第一次世界大戦勃発を理由に延期され，これに反発した（　お　）は 1916 年にイースター蜂起と呼ばれる武装蜂起を起こした。

問１　文中の空欄（　あ　）〜（　く　）にあてはまる最も適切な語句を下記の語群の中から選び，その番号を記入せよ。
〔語群〕
(15) オコンネル　　(25) シン＝フェイン党　　(36) フェビアン協会
（編註：関係のある選択肢のみ抜粋）

◀解答解説▶
　非常によくある誤解。空欄おに入るのは (25) シン＝フェイン党のつもりで作られたと思われるが，シン＝フェイン党はイースター蜂起を主導していない。

※　これ以外に中部大・大阪産業大・フェリス女学院大から出題ミスの発表があったが，問題を入手できていない。

大学入学共通テストの試行調査

　試行調査は本実施前に高校生に受験させて，平均点などのデータをとって本番の作問に活かすためのものである。大学入学共通テスト（以下共通テスト）では，2017・2018年の2回実施された。その問題は試行調査であるからある程度雑に作ったと推測され，特に2017年のものは非常に問題が多かったので，ここに列挙する。これらから，共通テストそのものが持つ作問上の困難が見えてくるのである。

1．2018年度大学入学共通テスト試行調査

リード文・悪問

問題2　C　（前略）

スラメット：パンチャシラという，インドネシアの建国五原則を図案化したものです。例えば，真ん中の星は唯一神への信仰を表しています。これは，イスラーム教を国教としているということではなく，キリスト教やヒンドゥー教，仏教も**容認されており，国民それぞれが自分の宗教を持つことを勧めているのです。**その他には，インドネシア民族主義，国際主義・人道主義，全員一致の原則，社会の福利があり，現在の憲法前文にも引き継がれています。

（後略，強調は編者）

問8　会話文にあるパンチャシラ（建国五原則）の内容と国章の図柄とを参考に，インドネシアの建国の指導者の名a・bと，その人物が目指したと考えられる事柄について述べた文**あ・い**との組合せとして正しいものを，下の①〜④のうちから一つ選べ。　　16

インドネシアの建国の指導者の名

a　スカルノ　　　　　　　　　　　　b　ナセル

インドネシアの建国の指導者が目指したと考えられる事柄

あ　地域や宗教の違いを超えて，国民全体の統合を目指した。

い　国民の政治的な権利を抑圧しながら，国家主導の経済開発を目指した。

① 　a ― あ　　② 　a ― い

③ 　b ― あ　　④ 　b ― い

◀**解答解説**▶━━━━━━━━━━━━━━━

　私は最初気にしていなかったのだが，友人による指摘があってまずい点を理解したので，本企画に採用した。パンチャシラの第1条は「国民それぞれが自分の宗教を持つことを勧める」等という生ぬるいものではない。国家が指定した6つの宗教（イスラーム教・キリスト教のカトリックとプロテスタント・ヒンドゥー教・仏教・儒教）のうち**いずれかの信仰を持つことを強制するもの**で，これら以外の宗教（たとえばユダヤ教）の信仰や無神論は認められず，ひどい場合には弾圧の対象となる。すなわち，これら以外の宗教の信仰や無神論は弾圧の対象である。これをリード文のようにまとめてしまうのは大きな問題があろう。とはいえ，これがセンター試験であれば，リード文は問題を解く上で読む必要がほとんど全く無かったので，読んだ受験生に悪影響を及ぼすにせよ，問題を解く上での支障はなかった。加えて，センター試験のリード文はそうした非実用的な存在であったがために，時間が余って試験中暇になるような少数の受験生しか読んでいなかったというのもある。

　しかし，試行調査は「リード文を読む」ことを要求する設問が登場する。今回であればまさに問8がそうで，リード文に従って素直に解けば**あ**は正文という判断になるが，パンチャシラの内容を知っていればこれを正文とは選びづらくないか。しかも，**い**の開発独裁はスハルトの政策であるから問題文の要求の「建国の指導者」に反するため明白な誤文であり，本問は厳密には正解が存在しない。

　また，必ずリード文の内容に従わなければならない（＝自分の知識で解

いてはいけない），という問題文の指定があるなら，しぶしぶながら**あ**を正文と選ぶことも可能だろう。しかし，問題文の指示は「会話文にあるパンチャシラの内容と国章の図柄とを**参考に**」（強調は編者）であり，知識で解くことも許されている。むしろ，a・bの正誤判断は純粋な知識問題であるから，リード文から得られた情報だけで解こうとすると矛盾が生じてしまう。

　なぜこうしたことが起きるかというと，理由は２つある。まず，共通テストの作問目標の一つに「読解力と知識を組み合わせた出題」があるため，知識だけで解ける問題や，読解だけで解ける問題というのは作問しづらくなっている。結果として，読解内容と事実がずれると，救いようのない不成立問題が出現してしまう可能性が高くなっている。次に，共通テストでは「受験生の初見史料・情報を読解させるような出題」も作問の目標になっている。しかし，入試にせよ模試にせよ，作問者は自分の専門分野以外は高校教科書をあまりはみ出ない程度の知識しか持っていない（これは本企画を書いている自分を含めて）。にもかかわらず，自分の専門分野外かつ超高校世界史の史資料を使わざるをえないとなると，どうしてもこういう事故の確率は高くなる。共通テストはこうした作問上の負担を度外視して企画されており，大学入試センターから予備校・高校に至るまでの現場の負担は重い。

２．2018年度大学入学共通テスト試行調査（２つめ）

リード文

問題　4　B　資料１　トルコ語碑文「ビルゲ＝カガン碑文」(735 年建立)
天神のごとき天から生まれた突厥のビルゲ＝カガンとして（後略）

◀解答解説▶

　これも同友人の指摘。資料１は突厥の残した碑文であるが，トルコ語といえば普通は現在のトルコ共和国で主に話されている言語を指す。突厥が話していた・碑文を記す際に用いた言語は突厥語（古代テュルク語）であ

り，当然ながらトルコ系言語ではあるが現在のトルコ語とは別物である。ラテン語で書かれた碑文を「イタリア語碑文」と書くくらい無理がある。問題の都合上で突厥という名前を伏せたかったのかなと思って読んでいくと，問4の問題文で普通に「突厥」と明示されるので，伏せた意味が無い。結果として「トルコ語碑文」は不可思議な表記になっている。

3．2017 年大学入学共通テスト試行調査

出題ミス

問題3　B　次の資料1〜3は，19世紀のアジア・アフリカで起こった民衆反乱やその指導者に関するものである。（引用文は原文を一部省略したり，改めたりしたところがある。）

資料1
我等（東学軍）が義を挙げてここに至ったその本意は，（中略）民衆を塗炭の苦しみから救うことにある。内には暴虐な官吏の首をはね，外には横暴な強敵の群を駆逐することにある。両班と富豪の前に苦痛にあえいでいる民衆と，地方官の下に屈辱をなめている小吏らは，（中略）少しもためらうことなく，ただちに立ち上がれ。

資料2
ファールス地方で，バーブと称するセイイド＝アリー＝ムハンマドが出現した。（中略）彼は，自らを千年もその出現を待望されたイマーム（イスラーム教の指導者）であると述べ，さらに進んで預言者であるとの主張を行った。（中略）彼は捕らえられて投獄された。（中略）知事が彼をシーラーズからイスファハーンに移し，そこに留めた。

資料3
愛する者よ，私と私の支援者たちとは，マフディーの位がこの卑しい身である私にもたらされる以前は，あなた（イスラーム教の一派サヌーシー派

548

の指導者）が宗教を復興してくれるのを待望していた。（中略）この手紙があなたに届いたら，あなたの地方において（中略）ジハードを行うか，あるいはわれわれのもとに移住して来なさい。

問6　資料1〜3に関連して述べた次の文中の空欄　ア　に入れる内容として適当なものを，下の①〜④のうちから一つ選べ。　18

これらの反乱は，列強の政治的・経済的進出や国内の支配層の抑圧のために従来の生活習慣を破壊された民衆が，　ア　から起こったものであった。

① 既存の伝統的な宗教や文化によりどころを求めたこと
② ヨーロッパの政治思想を吸収して政治意識に目覚めたこと
③ 民族意識を覚醒させ，国民国家の建設を目指す運動を激化させたこと
④ 社会主義思想に基づく経済的・社会的平等の実現を目指したこと

◀解答解説▶
　試行調査のまずさの頂点に立つ問題。資料1は朝鮮で起きた東学の乱，甲午農民戦争のこと。資料2はイランで起きたバーブ教の乱，資料3はスーダンのマフディー運動である。問6の選択肢を吟味すると，これらはヨーロッパの政治思想を吸収したわけでない，少なからず民族意識はあったかもしれないが国民国家建設を目指す運動でもない，また社会主義思想とも関係がないから，消去法で①が正解のように見える。資料1〜3の内容を読んでも，それが読み取れるものではないが，誤りとも判断できない。
　しかし，史実に照らし合わせると，本問は大変なことになる。なぜなら**資料1〜3は既存の伝統的な宗教というよりも新興宗教**だからである。資料1の東学はまだしも儒教・仏教・道教を融合させた宗教であるから，伝統宗教から派生したものだと言い張れなくもない。しかし，東学は朝鮮王朝の官学の朱子学とは明確に別物であり，当局からは新興の邪教として弾圧を受けていた。資料3のマフディー運動も，教義の上ではイスラーム教から離脱していないので，一応は既存の宗教を継承しているといえる。しかしこれも，既存のウンマとは別の教団を創設し，創設者が自らを救世主

（マフディー）と位置づけているのは明らかに新興宗教の動きであり，既存のイスラーム教から外れている。そして何より**資料2のバーブ教はイスラーム教を否定している**（より正確に言えばシャリーアの廃止と『クルアーン』の否定を謳っている）ので，完全に伝統的な宗教とは言えない。よって少なくとも資料2だけを論拠としても十分に①は誤答になり，本問は正解不在の出題ミスである。

　なお，本問にはより原理的な問題も内在している。資料1は「両班」とあるので朝鮮半島，資料2は「ファールス地方」とあるのでイランと絞れる（ただし，受験生にファールス地方がイランの地方であるという知識があるとは限らない）。しかし，資料3の「マフディー」はアラビア語で救世主を示す一般名詞であるので，地域を特定できる情報がない。確かに高校世界史で最も有名なマフディーは19世紀後半にスーダンに現れたムハンマド＝アフマドであるから常識的に考えれば資料3はマフディー運動と推定できる。そう，本問が高校世界史に依拠しているという信頼の上で，「常識的に考えれば」。逆に言えば，**マフディーを名乗った人物自体は歴史上複数人存在しており，資料3のどこにも地名を特定する記述が無い以上，他のマフディーの史料である可能性を排除できない。**ここはまあ，大学入試センターが作った問題だから高校世界史から逸脱することは絶対にない，という信頼でもって見逃してあげていいと個人的には思う。丁寧な作問のためのルールとして資料3にスーダンと確実に特定できる文言が入っていてしかるべきで，作問が非常に拙いのは否定できない。

　なお東海大の春田晴郎氏（http://harutaseiro.blog89.fc2.com/blog-entry-1670.html），慶應義塾大の元教授の延近充氏（http://web.econ.keio.ac.jp/staff/nobu/column/column190422.htm）も同様の指摘をしていた。本問によらず，お二人の共通テスト試行調査に対する指摘は私の指摘と同じ箇所になされているものが多く，参考になるのでぜひ参照されたい。

4．2017年大学入学共通テスト試行調査（2つめ）

出題ミス

問題4

資料1　正統カリフの継承図

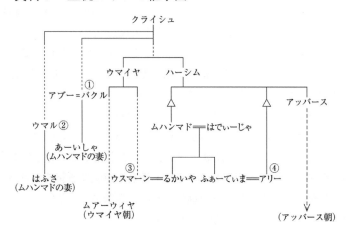

問3　カリフ位について資料1から読み取れる事柄a・bと，イスラーム
　教の宗派について述べた文あ・いとの組合せとして正しいものを，下の
　①〜④のうちから一つ選べ。　21

カリフ位
a　正統カリフは，全て預言者ムハンマドと共通の祖先を持っている。
b　カリフ位が世襲になると，カリフは預言者ムハンマドの親族ではなく
　なった。

イスラーム教の宗派
あ　アリーの子孫のみが指導者であるべきだとする人々が，スンナ派と呼
　ばれた。
い　イランでは，サファヴィー朝がシーア派を国教とした。

① a ― あ ② a ― い
③ b ― あ ④ b ― い

◀解答解説▶

　「イスラーム教の宗派」の方は家系図を気にせず単純な知識問題でいが正文とわかる。問題はカリフ位の方で，aは全員クライシュ族であるから正文である。しかし，**bは「親族」の定義がなされていないので正誤の判断ができない。**ムアーウィヤだってクライシュ族には違いないので，ムハンマドの遠い親戚であるから，親族とも言える。その後のアッバース家もクライシュ族であるから，かなりの後代までムハンマドの親族がカリフを世襲している。この見方をすればbは誤文になる。しかし，かなり関係が遠そうに見えるので，ある程度近くないと親族ではないと見なすのであれば，bは正文とも取れる。

　なお，前出の春田晴郎氏の指摘で知ったのだが，ムアーウィヤの腹違いの姉がムハンマドの妻の一人であるとのことだ。たとえば日本の民法上の親族とは「血族6親等，配偶者，および姻族3親等以内」という定義であるので，これに従うならムアーウィヤとムハンマドは姻族2親等の親族である。したがってbを誤文と解釈することも可能なのだが，**この家系図はムアーウィヤの姉を省略しているのでムハンマドとムアーウィヤの関係を正確に読むことができない**という重大な問題点を抱えている。そして，ムアーウィヤの姉は高校世界史範囲外の存在であり，資料1の家系図にも登場しないことから，わざわざムアーウィヤの姉をもってきてbを誤文とみなす意味が無い。

　したがって，aといの組合せで②が正解，またbといの組合せで④も正解となり，複数正解の出題ミスである。往年の上智大のような日本語の粗雑さであるが，このような問題が表に出てきてしまっているところに試行調査の作りの甘さがうかがえる。

　かくのごとく，試行調査は2年分ともに作りの甘い問題が散見され，かなり不安を抱かせる出来であった。すでに本番の初回が2021年1月に実施されたが，そちらではこうした疑惑の出題はなく，よく軌道修正されていたと思われる。

終章

最後にちょっと，まじめな話を

　さて，ここにも前巻とほぼ全く同じ文章を載せる。というよりも，さらなる続刊が出たとしても，文言や内容を修正しながら載せ続けると思う。

・世界史の方向転換と，悪しき追加主義

　世界史という教科はこの何十年かで大きな変革を遂げている。中国・西欧中心の歴史から，諸地域の歴史への転換である。世界史という科目を教える目的は二つある。一つは，現代の日本の基盤の淵源をたどること。これはさらに二つに区分できる。一つは現代の先進国の共通基盤である国民国家や議会制民主主義，資本主義。もう一つは日本が東アジア文化圏の一部であるということ。すなわち，この目的から言えば，確かに中国・西欧中心の歴史で十分なのだ。そうでなく，諸地域の歴史に転換されたのは，もう一つの目的，つまり世界の多様性と多元的な価値観の学習が重要視されるようになったからだ。

　その際に，中国・西欧の歴史に関する細かな用語が教科書から削減されていれば，丸く収まる話であった。しかし，なかなか削減されず，多くの用語は残された。仮に一冊の教科書から消えても別の教科書では残っていると，用語集上は消滅しない。そして大学入試は用語集を基準に作成されるから，結局覚えるべき用語の数は減らないのである。しかも，イスラーム世界や東南アジア史・遊牧民の歴史などの用語は次々と増加していく。言うまでもなく，現代史も「現代」の範囲が広がるにつれてどんどん増えていった。私は本書のために，1980年代までさかのぼって『入試問題正解』の早慶を確認したが，難易度はまるで変わっていない。どころか，用語が少ない分解きやすかった。

　どうしてこんなことになったのか。誰もばっさりと削る勇気が無かったのだ。教育学の議論ではしばしば出る話題だが，教科書から内容を削ると，必ずどこかから文句が出る。とりわけその分野を専門にしている研究者か

ら「うちの分野は大事じゃないのか」という声がかかる。すると削った人に責任が行く。誰も責任を取りたがらない。だから，教科書を実際に執筆している大学の先生方も，教科書会社も，文科省の役人も，あまり用語を削りたがらない。むしろ増やす分には（表面上）どこからも文句が出ないので，どんどん増やす方向に動く。これは世界史によらずどの科目でも生じた現象で，追加主義と呼ばれる。この悪しき追加主義が，諸悪の根源だと私は考えている。この立場に立つならほとんどの範囲外からの出題は論外，というのはわかっていただけると思う。

・実は暗記科目のほうが出題も，覚えるのも，教えるのも楽

とはいえ，教科書も用語集も資料集も，参考書も含めて，皆大学入試のために使われる本である。だから大学入試の側が変われば，これらの本も変わらざるをえないはずである。ところがそうもいかない事情がある。もちろん大学入試は教科書や用語集を基盤に作成されるので，教科書や用語集が変わっていないから大学入試も変わらないというトートロジーは一理ある。しかし，このトートロジーを抜いても，まだ理由がある。

受験生が受験勉強に費やせる時間は時代が変わろうとも大して変わらない。にもかかわらず年々覚えるべき用語の量は増えていく。するとどうなるか。一つ一つの用語に対する掘り下げが浅くなっていき，用語の名前と簡潔な内容と年号を覚えたら終わり，というようにしなければ，とてもじゃないが範囲内が全て終わらなくなっていくのだ。これが追加主義の害悪の最たるものになる。これに大学，特に私大の側が乗っかる。大量の受験生をさばかなくてはならないから，ちまちまとした論述問題なんて作っていられないし，出題してもどうせ解いてくれない。そもそも大学入試業務なんてものは，少なくない大学教員にとっては研究に直接関係ない事務仕事の一つであって，簡単に終わらせられるに越したことはない。結果として受験生と大学の利害が一致し，マークシート形式で細かい用語の覚えた数を競う安易なクイズ大会が維持されている。

・そして生じる諸問題

ところが，やや矛盾した話だが，早慶のような超難関校の受験生になると，さすがに重要とされる用語くらいは全て覚えてから受験に臨んでく

る。だから，重要語句だけ出す入試では差がつかない。そこで用語集頻度
の低い用語や，全く範囲外の用語の出番となる。論述問題ならば重要語句
だけでの作問でも難問かつ良問は作れるし，マークシート形式でも練りに
練れば良問を作れないこともない。しかし，そこで論述問題を出題したり，
練りに練った作題をしたりという努力を大学側がするかといえば，前述の
通りである。こうして本問の定義するところの「難問」や「奇問」が誕生
する。

　ところがそうした難問の制作過程で，作題者の専門分野外からの細かい
知識を問う出題が増えてしまう。これがもちろん危うい。ここできちんと
したチェック機関を挟んでミスを防ぐ手順がある大学はよい。しかし，そ
の手間さえも省く大学は多いようだ。結果として，作題者本人しか解けな
いような日本語の怪しい問題や，複数正解の問題などが続出してしまう。
こうして本書の定義する「悪問」や「出題ミス」が現れる。これが真相だ。

　**世界史（というか社会科）は暗記科目だから嫌われている？　馬鹿言っ
ちゃいけない。**論述問題中心の科目になったらさらに嫌われるのは目に見
えている。結局のところ，受験生にとっても論述のための深い歴史的理解
をするより，超細かい用語の丸暗記のほうが費用対効果として楽なのだ。
これにまた私大型入試がクイズ大会になる理由がある。**大学にとって受験
料は貴重な収入源であり，論述問題を課せば受験者は減る。だから課せな
い。これは見逃されがちな視点だが，重要な視点だ。**

　さらにこれは教える側にも言える。教科書や参考書をじっくり読み込ん
で，事件や用語の内容を生徒に理解させる授業よりも，「大学入試にはこ
れとこれとこれが頻出だから，絶対に覚えてね。語呂は××だよ」とやっ
ていくほうが圧倒的に楽である。言いたくないが，東大や一橋大の問題を
解かせたら，少なくない指導者が解けないのではないかと思う。難関国公
立大を目指す受験生なんて極々一部しかおらず，ゆえにそのような受験生
に教える機会がある先生方もそう多くない。だから受験世界史の指導の主
流はどうしても早慶を主とした難関私大型になり，論述対策は適当になら
ざるをえない。

　結果として，大学入試にかかわるほぼ全てのプレーヤーが現状を追認し
ている。実際のところ，クイズ大会自体はそう悪いものではないと私も考
えている。もちろん論述問題を課せるならそれに越したことは無いが，「言

語能力・作文能力に関しては国語や小論文と分業しているのだから，世界
史という科目では本当に知識量だけ問えばよい」というのは極論にせよ成
り立つ。加えて，クイズ大会化した構造的な問題を考えれば，これは受験
世界史単体の問題ではあるまい。だから，クイズ大会化への批判はひとま
ず置いておきたい。まずいのは，そうした過程を経て生まれた超クイズ大
会的な副産物，つまり「（範囲外の）難問や奇問」・「悪問」・「出題ミス」
である。

・ではどうしたらいいのか？

　ということで，3つほど提案をしてみようかと思う。

１．専門家や知識人がきちんと声をあげること

　何よりこれであろう。いくつかの大学や何人かの研究者の中でも，やっ
と高校世界史や大学入試への提言が見られるようになった。もっともっと
研究者や，そうでなくともその分野にそれなりに詳しい人たちは，「受験
なんて自分にはもう済んだこと」なんて思わずに，教科書の誤謬や入試問
題の出題ミスについて，積極的に声をあげていくべきだ。そうすることで
問題が社会に共有され，教科書も書き変わりやすくなり，悪問や出題ミス
の問題性が認識されれば入試からも危うい出題が減る。ちょっと考えてみ
て欲しいのだが，**これって実は，自らの研究成果や自分の専門分野の知見
が社会に認知・反映される，かなり大きな機会なのではないか。面倒臭が
らずに，むしろ積極的に活用していく場面なのではないか。**

２．各教科書会社は，潔く収録語句を減らすこと

　次にこれである。悪しき追加主義は，もう捨て去ろう。特に中国史や西
欧史の昔の名残で残っている用語については，ばっさりといくべきだ。専
門家の側も，自分の研究分野が削られたからといって，安易に文句を言っ
てはいけない。より大枠で見て，一般的な日本人が覚えておくべき水準と
して本当に必要な用語なら抗議してもよいし，そうでない用語には口をつ

ぐむべきだ。というよりも，これも専門家の側が積極的に「何を残して，何を削るべきか」を積極的に発信するべきだ。そもそも「一般的な日本人が覚えておくべき水準」がわからないなんていうのは，象牙の塔にこもりすぎた怠慢にほかならない。

3．大学側は専門家のいない分野，及び範囲外からは出題しないか，慎重に出題すること

　そしてこれだ。結局のところ教科書や用語集は大学入試の方を向いているので，入試問題の側が変わっていかなければどうしようもない。前述の通り，細かな用語のクイズ大会化については，構造的な問題を抱えているからちょっとやそっとで解決しそうにない。この辺の改善は制度上の改革が必要になってくるだろう。

　しかし，私が言いたいのはそんな大それたことではない。まとめるに，私が諸大学（特に難関私大）にお願いしたいのは，次の3点だけである。

・最低限範囲外からは出題しないこと。作題担当者はきちんと教科書・用語集を読み込むこと。
・入試問題はなるべくその分野の専門家が作ること。
・自分の専門分野外から出題せざるをえないなら，厳重なクロスチェックを行うこと。そして外部の先生にチェックを依頼すること。

　本編の随所で書いてきたが，入試の世界史は「高校世界史での教え方」と史実の双方に適合したものしか出題してはいけない。どちらかにだけ沿った問題文を作成すると出題ミスになる可能性がある。ゆえに，「高校世界史の範囲には沿っているから」として，教員が自らの専門領域外から作題すると，事故が起きる可能性が高い。専門領域と言ってもそれほど限定して考える必要はない。専門家からするとどう考えてもありえないミスをしなければよいのであって，たとえばベルリン三月革命の専門家であれば近代ドイツ史全般を担当してもよいと思う。

　しかし，それでも規模の小さい大学だと「それでは出題できる範囲が非常に限られてしまう」ということになるかもしれない。あえて言えば，私はそれでもよいと思う。たとえば一橋大は非常に限られた範囲からしか毎年出題しない。慶應大の経済学部も募集要項に「1500 年以降を中心」と書いてあり，実際ほぼ近代史からしか出題されない。これはこれで一つの解決策である。それでもなるべく広い範囲から出題したいという大学は，別の大学や外部機関と協力しあえば解決するのではないかと思う。

　この 3 点を守ってもらうだけで，本書に収録されてしまうような悲しい問題のほとんどは消滅するはずである。本書の存在及びこれらの提言が，今後の大学入試世界史の改善につながっていけば，幸いである。

あとがき

　まじめなことは全部終章で書いたので，ここでは前巻同様に謝辞と，読者へのお願いだけを書いておきたい。まずは編集の濱崎誉史朗さん。新型コロナウイルス感染症で出版業界もどたばたする中，出版に尽力してもらった。次に，引き続き校正を手伝ってくれた皆様。特に tieckP さん，仮名文字一刀流ネ右さんのお三方には大変お世話になったので，名前を挙げてお礼を述べたい。ありがとう。

　さて，読者へのお願いである。これだけ手を尽くして校正しても，おそらくまだ誤字や誤解は残っているのではないかと思う。人間はどれだけ努力しても，ミスを犯してしまう生き物だ。ゆえに本書でも，出題ミスのうち当局発表があったものは，よほどひどいものを除いて報告と解説にとどめた。むしろ悪問や奇問の方で辛辣なコメントを書いたつもりである。とはいえ，入試問題にせよ本書にせよミスが無いに越したことはない。そして，本書のミスの責任は全て私にある。何か気づいたことがあれば，遠慮無く（できればやわらかな文言で）私のブログの方まで報告してほしい。入試問題の出題ミスを指摘する本なのに，解説が誤っているのでは本末転倒である。報告のあったものは正誤表にして掲示する予定である。

　最後に。ここまでお読みいただきありがとうございました。楽しんでいただけたなら，または何かの役に立ったのであれば幸いです。

稲田義智，または DG-Law

nix in desertis: http://blog.livedoor.jp/dg_law/

絶対に解けない受験世界史2

大学入試問題問題シリーズ2

悪問・難問・奇問・出題ミス集
稲田義智
ISBN978-4-908468-14-8
C7022 A5 判 416 頁
価格　2,530 円 税込 (本体 2,300 円 + 税)
発売日　2017 年 8 月 10 日

入試問題製作者、戦々恐々！

前作の社会的反響からか一部の大学では悪問が激減！
受験業界を騒然とさせた話題作から
3 年の月日を経てついに続編が刊行！

×地図でペロポネソス半島が島になっている（中央大　2016 年）
×セゴビアの水道橋と見せかけて熊本県の通潤橋（上智大　2015 年）
×指定字数が 35 字なのに指定語句 3 つで 16 字もある（慶應大　2017 年）
×カリフォルニア州に本拠を置いていない IT 企業を出題　（早稲田大　2017 年）
×知ってる日本人数人レベルの検索結果 11 件のみの用語（青山学院大　2014 年）
×リーバイス・沢田教一・サッカー戦争・ウォーホル・『母をたずねて三千里』は一般
　常識か？

……等などヘンな問題を徹底的に調査・検証・解説・糾弾！
「世界史用語の変化・2015 年補遺」「高校世界史の歴史」
「なぜ世界史・日本史は悪問・難問が多いのか」等のコラムも

大学入試問題問題シリーズ3

絶対に解けない受験世界史3

悪問・難問・奇問・出題ミス集

2021 年 9 月 1 日初版第 1 刷発行

稲田義智

受験世界史研究家。東京大学文学部歴史文化学科卒。世界史への入り口
はコーエーの『ヨーロッパ戦線』と『チンギスハーン・蒼き狼と白き
牝鹿 IV』だったが，実は『ファイナルファンタジータクティクス』と
『サガフロンティア2』の影響も大きい気がする。一番時間を費やした
ゲームは『Victoria(Revolution)』。ゲームしかしてなかった人生だった
が，奇縁にてこういう本を出すことになった。楽しい執筆作業だったが，
ちょっと当分入試問題は見たくない。

nix in desertis: http://blog.livedoor.jp/dg_law/

著者	稲田義智
発行人	濱崎誉史朗
発行所	**合同会社パブリブ**
	東京都中央区東日本橋 2 丁目 28 番 4 号
	日本橋 CET ビル 2 階
	Tel 03-6383-1810
	http://publibjp.com/
印刷 & 製本	シナノ印刷株式会社